Mosquito Verlag

Joseph P. Farrell

Babylons Bankster

DIE ALCHEMIE VON HÖHERER PHYSIK, HOCHFINANZ UND URALTER RELIGION

EINE BETRACHTUNG DER BEZIEHUNGEN ZWISCHEN ÄTHERPHYSIK, WIRTSCHAFT, ASTROLOGIE, ALCHEMIE, GEOMANTIE, DEN TEMPELN DER ANTIKE UND DER POLITIK DER UNTERDRÜCKUNG

Joseph P. Farrell

Babylons Bankster

Titel der Originalausgabe: „Babylon's Banksters“

Deutsche Erstausgabe, 2012

Deutsche Übersetzung: Angelika Tessa
Titelgraphik: Jacob Covey
Layout: Inna Kralovyetts

www.mosquito-verlag.de

ISBN: 978-3943238-02-0

Weh, weh, die große Stadt Babylon, die starke Stadt! In einer Stunde ist ihr Gericht gekommen.

Und die Kaufleute auf Erden werden weinen und Leid tragen über sie, weil ihre Ware niemand mehr kaufen wird, die Ware des Goldes und Silbers und Edelgesteins und die Perlen und köstliche Leinwand und Purpur und Seide und Scharlach und allerlei wohlriechendes Holz und allerlei Gefäß von Elfenbein und allerlei Gefäß von köstlichem Holz und von Erz und von Eisen und von Marmor, und Zimt und Räuchwerk und Salbe und Weihrauch und Wein und Öl und Semmelmehl und Weizen und Vieh und Schafe und Pferde und Wagen und Leiber und Seelen der Menschen.

Und das Obst, daran deine Seele Lust hatte, ist von dir gewichen, und alles, was völlig und herrlich war, ist von dir gewichen, und du wirst solches nicht mehr finden. Die Händler solcher Ware, die von ihr sind reich geworden, werden von ferne stehen vor Furcht ihrer Qual, weinen und klagen und sagen: Weh, weh, die große Stadt, die bekleidet war mit köstlicher Leinwand und Purpur und Scharlach und übergoldet war mit Gold und Edelstein und Perlen! denn in einer Stunde ist verwüstet solcher Reichtum.

Und alle Schiffsherren und der Haufe derer, die auf den Schiffen hantieren, und Schiffsleute, die auf dem Meer hantieren, standen von ferne und schrieen, da sie den Rauch von ihrem Brande sahen, und sprachen: Wer ist gleich der großen Stadt? Und sie warfen Staub auf ihre Häupter und schrieen, weinten und klagten und sprachen: Weh, weh, die große Stadt, in welcher wir reich geworden sind alle, die da Schiffe im Meere hatten, von ihrer Ware! denn in einer Stunde ist sie verwüstet.

Die Offenbarung des Johannes (18: 10-19)

Quelle: Lutherbibel, gemeinfreie Ausgabe, www.zeno.org

Für
Scott Douglas de Hart:
Worte können niemals ausdrücken, wie dankbar ich dir bin.

Und für
Tracy S. Fisher:
Wir werden dich immer schmerzlich vermissen.

Und für Richard C. Hoagland:
in Dankbarkeit für so viele wundervolle Einsichten, stimulierende Gedanken, großartige Unterhaltungen und brillante Analysen.

Und für
George Ann Hughes:
für deine aufrichtigen Gebete und deine großzügige Unterstützung.

Wer Menschen wie diesen begegnen durfte,
hat einen Schatz gefunden.

DANKSAGUNGEN

Wie immer möchte ich Richard C. Hoagland für seine Beiträge zu diesem Buch danken. Ich hatte vor ein paar Jahren beschlossen, über das vorliegende Thema zu schreiben, ohne dass er davon wusste. Dank eines dieser Zufälle, die in unserer modernen Zeit weit verbreitet zu sein scheinen, saß ich bei einer Konferenz in einer seiner Vorlesungen, als er eine Forschungsquelle zitierte, die jetzt in diesem Buch verwendet und genannt wird. Es erübrigt sich zu sagen, dass ich mir rasch Notizen machte. Ich erwarb das genannte Buch und fand eine Goldgrube an Informationen und herausfordernden Gedanken. Es handelte sich um das Buch „Time and Money: The Economy and the Planets“ des Astrologen Robert Gover. Auch wenn ich es im Hauptteil des vorliegenden Textes kurz behandle, lohnt sich die Lektüre des ganzen Werkes auf jeden Fall für diejenigen, die mehr über die esoterischen Aspekte wirtschaftlicher Vorhersagen und Aktivitäten erfahren möchten.

Richard Hoagland spielte noch in anderer Hinsicht eine wichtige Rolle bei der Entstehung dieses Buches, und wiederum war ihm das zum damaligen Zeitpunkt keineswegs klar. Als ich ihn 2008 zu Hause besuchte, zeigte er mir in seiner Bibliothek umfangreiche Datensammlungen, die von einer wenig bekannten Stiftung für zyklische Studien erarbeitet und analysiert worden waren. Wir führten angeregte Gespräche über das Material, wobei vor allem auch die Verbindung von Physik und Finanz zur Sprache kam. Bald machte ich mich selbst auf die Suche nach dem Material und es gelang mir schließlich, eine Ausgabe des klassischen Textes „Cycles: The Science of Prediction“ des Stiftungsgründers und Wirtschaftswissenschaftlers Edward Dewey zu ergattern.

Als ich mich mit dem Buch befasste, stellte ich rasch fest, dass das Hauptthema sich auf so zahlreiche und vielfältige Quellen berief, dass man sie gar nicht alle erfassen konnte. Trotzdem ist an dieser Stelle ein Wort des Dankes an all die Erfinder und Wissenschaftler angebracht, deren Entdeckungen und Theorien von der *Corporautokratie*, der Macht der Großfirmen, an den Rand gedrängt wurden, weil die auf ‚Teufel komm raus‘ die Menschheit im finsteren Mittelalter der energetischen und finanziellen Sklaverei festhalten wollten: An all die Teslas, Farnworths, Kozyrevs, Müllers, Richters, DiPalmas, Bedinis und Beardens dort draußen: Herzlichen Dank! Ich bedaure nur, dass ich Sie nicht alle erwähnen kann, aber seien

Sie versichert, dass Ihre Arbeit und deren Früchte sehr wohl zur Kenntnis genommen werden.

An alle anderen Forscher dort draußen, die ihren Teil dazu beigetragen haben, die finstere Rolle der Privatbanken im Laufe unserer Geschichte und ihre Einmischung in die Angelegenheiten von Staat und Menschheit aufzudecken: Herzlichen Dank! Wie gesagt, es liegt an dem schieren Übermaß an Informationen, dass ich nur einige von Ihnen erwähnen konnte.

Doch lassen Sie uns nun beginnen …

Joseph P. Farrell
Spearfish, South Dakota, 2009

Inhaltsverzeichnis

Vorwort

Prolog und Epilog in einem

oder

Zwei Fliegen mit einer Klappe: Das kommunistische China und Nazideutschland

„Die Beziehung zwischen zwei Vermögensgegenständen kann niemals durch nur eine einzige skalare Größe erfasst werden."

Der Finanzanalytiker Paul Wilmott[1]

A. Auge in Auge mit dem Ungeheuer

„Das moderne Papiergeld und das Reservebankwesen sind in der Tat Manifestationen, durch die, wie beim Stein der Weisen, etwas durch Umwandlung eines ‚Nichts' entsteht, denn durch die Schaffung von Guthaben aus dem Nichts wird Gold gewonnen."

Durch die Verstaatlichung des Geldes und die Schaffung von Kreditinstituten und indem man das Geld privaten, verschwiegenen Händen entwand und es für alchemistische Physik zu verwenden begann, entwickelte es sich allmählich zur obersten Energiequelle, zur höchsten Macht für die Lenkung der Menschheit und zum mächtigsten Zerstörungswerkzeug apokalyptischen Ausmaßes. Und so konnten die Nazis behaupten, dass sie das Geheimnis des Steins (der Weisen) entdeckt hatten. *Sie hatten die Verbin-*

1 Zitiert in Felix Salmon, „A Formula for Disaster", in *Wired*, März 2009, S. 112.

dung zwischen alchemistischer Physik und alchemistischer Finanz durchschaut und vollständig verstanden. Und sie schreckten nicht davor zurück, ihr Wissen zu übelsten Zwecken einzusetzen.

> Bei dieser Verbindung zwischen alchemistischer Physik und alchemistischer Finanz handelt es sich wahrlich um eine Beziehung, die einer eigenen Abhandlung bedarf ... und so wird der Epilog zum Prolog.

So schrieb ich am Ende meines Buches „The Philosophers' Stone: Alchemy and the Secret Research for Exotic Matter".[2] Der Leser mag aus diesen Anmerkungen den Schluss ziehen, dass mehr hinter dieser Geschichte steckt – sowohl aus physikalischer und finanzieller als auch aus historischer Sicht – und dass dafür wohl eine eigene Abhandlung oder ein neues Buch erforderlich wäre. Da kann ich dem Leser nur Recht geben: Es steckt *tatsächlich* so einiges hinter dieser Beziehung zwischen Physik und Finanz, das es zu berichten lohnt.

Die These dieses Buches ist zwar schnell vorgetragen, aber nicht so ohne Weiteres zu verstehen. Seit alten Zeiten besteht eine mehr oder weniger konstante internationale Herrschaft des Geldes, die durch verschiedenste Mittel – wie Betrug, Täuschung, Mord und Krieg – versucht, den beherrschten Staaten ihre Souveränität zur Schaffung von Geld und Krediten zu entreißen und dabei gleichzeitig die tiefe Verbindung zwischen Geldschöpfung und profunder „alchemistischer Physik" zu verschleiern, auf der diese Macht beruht.

Ich kann in diesem Buch nicht erschöpfend auf dieses Thema eingehen, denn dazu wäre eine ganze Buchreihe erforderlich, bei der jeder Band sich mit einer bestimmten historischen Periode auseinandersetzen würde. Außerdem müsste ich den Leser mit Fußnoten überschwemmen, so dass die Hauptthese zu kurz käme. Ich beziehe mich also einfach auf die Grundprämisse und verwende diese als Interpretationsbasis für bestimmte Ereignisse und Daten. So setze ich mich in eher synoptischer Form anstatt erschöpfend mit der Thematik auseinander und hoffe, dem Leser damit die tiefgreifende Verbindung zwischen Physik und Finanz deutlich vor Augen zu führen. So kann er erkennen, warum die internationale private Geldmacht die staatliche Finanzpolitik, aber auch bestimmte Zweige der Physik immer in der einen oder anderen Form unterminieren muss – denn beide entspringen aus derselben geistigen Wurzel.

---

2 Joseph P. Farrell, „The Philosophers' Stone: Alchemy and the Secret Research for Exotic Matter", Feral House 2009, S. 337, Hervorhebung vom Autor.

Wie die Leser meiner früheren Bücher bereits wissen, befasse ich mich immer mit dieser Grauzone, in der alternative Physik und Geschichte sich treffen und decke auf, welche Motive und Geheimnisse dort verborgen liegen und welche Akteure eine Rolle spielen. Bei diesem Buch verfahre ich nicht anders. Allerdings bringe ich hier etwas Neues ins Spiel: den Bereich von Finanz und Wirtschaft. Im Laufe meiner Ausführungen gehe ich auch auf andere Gebiete ein, die meinen Lesern aus früheren Arbeiten vertraut sein werden, wie Alchemie, Astrologie, Astronomie, Torsionsfelder, Ägypten, Babylon, Nazis, antike Schriften und Bände, und befasse mich mit modernen Mathematikgurus, die sich in der Geheimsprache der Statistik und topologischen Überlieferung ausdrücken.

Mit den merkwürdigen Synchronizitäten, die in unserer modernen Welt, und gerade während ich für dieses Buch recherchierte und das Manuskript verfasste, zuzunehmen schienen, erreichen Jahrzehnte – wenn nicht gar Jahrhunderte oder Jahrtausende – der Korruption und der intellektuellen Prostitution im Finanz- und Bankensektor und bei den internationalen Großkonzernen ihren hässlichen Höhepunkt. Die Immobilien- und Derivatblase platzt und die für diese Kernschmelze Verantwortlichen erscheinen mit ausgestreckten Händen vor dem Repräsentantenhaus und bitten um Rettung, nachdem sie durch ihre üblen, unverantwortlichen Machenschaften die amerikanischen Steuerzahler in arge Bedrängnis gebracht haben. Darüber hinaus bestehen sie darauf, von jeder Aufsicht freigestellt zu werden, so als wären sie gezwungen, ihre verborgenen Erpresser zu bezahlen und fürchteten, dass eine Aufsicht ihnen auf die Schliche kommen könnte.

Warum nennen wir dieses Verhalten nur „unverantwortlich" und sprechen nicht von „Verbrechen"? Um diese Frage zu beantworten, müssen wir auf eine Geschichte eingehen, die ich ursprünglich *gar nicht* zur Sprache bringen wollte, als ich vor Jahren den Entschluss fasste, eine Buchreihe, darunter auch *dieses* Buch, zu verfassen. Die jüngsten Ereignisse im Finanzsektor haben mich jedoch bewogen, die Geschichte, die ich nach meinen Büchern „The Nazi International" und „The Philosopher's Stone" schreiben wollte, in einen ganz anderen Zusammenhang zu stellen. Wie der Leser im Laufe dieser Arbeit erkennen wird, glaube ich *sehr wohl*, dass die komplexe Verknüpfung von Physik und Finanz im Laufe der Geschichte von Kriminalität und Verschwörung geprägt war. Paradoxerweise rücken Physik, Finanz und all die anderen Bereiche, die ich im obigen Szenario angesprochen habe, umso *näher zusammen*, je weiter man in der Zeit zurückgeht, und umso stärker riecht es nach einer fest etablierten Verschwörung.

Die heutige finanzielle Kernschmelze erzählt nicht nur von Verschwörung, sondern auch von zunehmender Dummheit und kolossaler intellektueller, politischer und wirtschaftlicher Verantwortungslosigkeit, die proportional zum Ausmaß der Dummheit anwächst. Dennoch ist auch diese Geschichte zutiefst mit der Geschichte des Haupttextes verbunden und eignet sich deshalb hervorragend für einen Einstieg.

Beginnen wir also die Diskussion der Hauptthematik mit der Untersuchung von zwei herausragenden modernen Beispielen, die die herrschenden finanziellen und physikalischen Prämissen über die Macht des Geldes in Frage stellen.

Bei diesen Beispielen handelt es sich um das kommunistische China und um Nazideutschland.

B. Kernschmelze oder Botschaft

B.1. David Lis Formel

Das jüngste Kapitel dieser sehr langen, alten Geschichte nahm seinen Anfang, als ein chinesischer Mathematiker, Dr. David X. Li, eine Formel verfasste, die den Finanzmanipulatoren der Wall Street und der Stadt London wie ein Geschenk des Himmels vorkam. Diese Formel, die zwar den meisten Wirtschaftswissenschaftlern und mathematischen Analytikern vertraut, aber sonst im Wesentlichen unbekannt ist, wird ebenso wie Einsteins Formel E=Mc2 wegen ihres enormen Einflusses auf menschliches Handeln und menschliche Politik in die Geschichte eingehen. Die Formel lautet:

$Pr[TA<1, TB<1] = \Phi 2(\Phi\text{-}1(FA(1)), \Phi\text{-}1(FB(1),\gamma)$.[3]

Li, der im „ländlichen China der 1960er Jahre aufwuchs“[4] erwarb an der Universität von Nankai einen Magisterabschluss in Wirtschaftswissenschaften. Danach verließ er China und erhielt ein MBA-Diplom der Laval Universität von Quebec sowie einen Magistertitel in angewandter Mathematik und einen Doktortitel in Statistik der Universität von Waterloo, in

3 Felix Salmon, „A Formula for Disaster“, in *Wired*, März 2009, S. 78-79.

4 Ebd., S. 78.

Ontario, Kanada.[5] 1997 „landete Dr. Li bei der Canadian Imperial Bank of Commerce" und ging 2004 zu Barclays Capital.[6]

Aber worum geht es bei dieser Formel? Worauf läuft sie hinaus?

Felix Salmon fasst die Auswirkungen dieser Formel in seinem brillanten Artikel: „A Formula for Disaster" in der Märzausgabe des Magazins *Wired* zusammen.

> (Li) nahm eine bekanntermaßen wirklich harte Nuss – nämlich die Korrelationsbestimmung oder anders ausgedrückt, die Frage, wie scheinbar getrennte Ereignisse zusammenhängen – und knackte sie mit einer ebenso einfachen wie eleganten Formel mitten entzwei. Die Formel hielt überall in der internationalen Finanzwelt Einzug.
>
> Fünf Jahre lang sah es so aus, als brächte Lis Formel, die als Gauß-Copula-Funktion bekannt wurde, einen ganz und gar positiven Durchbruch. Man sah in ihr eine Errungenschaft der Finanztechnologie, mit deren Hilfe äußerst komplexe Risiken wesentlich leichter und genauer modelliert werden konnten als früher. Mit seinem brillanten finanziellen Taschenspielertrick ermöglichte Li es den Händlern, enorme Mengen neuer Wertpapiere zu verkaufen, und die Finanzmärkte in schier unvorstellbarem Ausmaß zu vergrößern.
>
> Alle, von den Wertpapieranlegern und Wall-Street-Bankern bis hin zu den Rating-Agenturen und Regulierungsstellen, wendeten seine Methode an. Sie setzte sich so umfassend durch – und brachte den Leuten so viel Geld ein – dass fast alle Warnungen über die Grenzen ihrer Leistungsfähigkeit in den Wind geschlagen wurden.
>
> Dann fiel das Modell auseinander. Die ersten Risse hatten sich bereits gezeigt, als sich die Finanzmärkte auf eine Art und Weise zu verhalten begannen, die die Anwender von Lis Formel nicht erwartet hatten. Im Jahr 2008 weiteten sich die Risse zu regelrechten Abgründen – als Billiarden Dollar in den Untiefen des Finanzsystems verschwanden und das Überleben des globalen Bankensystems auf der Kippe stand.

---

5 Felix Salmon, „A Formula for Disaster", in Wired, März 2009, S. 78..

6 Ebd. Auch wenn Salmon es nicht erwähnt, sollte doch darauf hingewiesen werden, dass die Canadian Imperial Bank of Commerce Verbindungen mit dem Rothschild-Bankenimperium unterhält, und einige Rothschild- Direktoren später für die CIBC tätig wurden.

> […] Lis Gauß-Copula-Formel wird als der Auslöser der unvorstellbaren Verluste in die Geschichte eingehen, die das Finanzsystem in die Knie zwangen.[7]

Was genau bewirkte die Formel also? Und wie? Auf welche Weise konnte sie die finanzielle Kernschmelze auslösen?

Der Schlüssel liegt in dem wichtigen Wort „Korrelation“. Durch Lis Formel schienen „Tausende von sich bewegenden Teilen“[8] des ineinander verwobenen Wirtschaftssystems auf einmal einen Sinn zu ergeben. Salmon veranschaulicht die Wirkung von Lis Formel durch eine einfache Analogie:

> Um die Mathematik der Korrelation besser zu verstehen, wollen wir ein einfaches Beispiel wählen. Nehmen wir ein Grundschulkind, das wir Alice nennen wollen. Das Risiko, dass sich ihre Eltern dieses Jahr scheiden lassen werden, beträgt fünf %, die Wahrscheinlichkeit, dass das Mädchen eine Lehrerin auf einer Bananenschale ausrutschten sehen wird, beträgt ebenfalls fünf %, ebenso wie ihre Chance beim Buchstabierwettbewerb ihrer Klasse zu gewinnen. Wenn Investoren ihre Wertpapiere von den Wahrscheinlichkeiten abhängig machen würden, dass Alice diese Dinge widerfahren, so würden sie alle die Papiere mehr oder weniger zum gleichen Preis handeln.
>
> Wenn wir nun zwei Kinder betrachten anstatt nur eines – also nicht nur Alice, sondern auch Britney, das Mädchen, das neben ihr sitzt – geschieht etwas Wichtiges. Wenn sich Britneys Eltern scheiden lassen, wie hoch ist dann das Risiko, dass sich auch Alices Eltern scheiden lassen? Immer noch fünf %. Die Korrelation geht in diesem Fall gegen Null. Wenn Britney aber Kopfläuse bekommt, dann ist für Alice das Risiko größer, ebenfalls Kopfläuse zu bekommen, und liegt bei ungefähr 50 %. Die Korrelation erreicht vermutlich ungefähr den Wert 0.5. Wenn Britney sieht, wie eine Lehrerin auf einer Bananenschale ausrutscht, wie hoch ist dann die Chance, dass auch Alice das sieht? Sehr hoch, denn schließlich sitzen die beiden nebeneinander. Sie könnte sogar 95 % betragen, was bedeutet, dass die Korrelation fast bei 1 liegt. Wenn Britney den Buchstabierwettbewerb gewinnt, dann liegen Alices Gewinnchancen bei Null, es besteht also die negative Korrelation -1.

---

7 Felix Salmon, „A Formula for Disaster“, in *Wired*, März 2009, S. 78.

8 Ebd., S. 77.

> Wenn Investoren ihre Wertpapiere von den Wahrscheinlichkeiten abhängig machen würden, dass Alice *und* Britney diese Dinge widerfahren, so würde es verschiedenste Preise geben, weil die Korrelationen so unterschiedlich sind.[9]

Bringt man jetzt tausende, ja Millionen von Personen und tausende von miteinander verbundenen Korrelationsbedingungen ins Spiel – Energiepreise, Bau- und Wohnkosten, Kreditangebote und so weiter – bekommt man eine Vorstellung von der Komplexität des Korrelationssystems und der bestechenden Einfachheit von Dr. Lis Formel.

Der Grund, warum die Einfachheit der Formel so bestechend war, ist ebenfalls einfach. Salmon drückt es in seinem Artikel so aus:

> [Es handelt sich um] eine inexakte Wissenschaft. Allein für die Bemessung all dieser anfänglichen Fünf-Prozent-Risiken muss man schon eine Menge verschiedener Daten sammeln und sie allen möglichen statistischen Analysen und Fehlersuchen unterwerfen. Der Versuch einer Bewertung der bedingten Wahrscheinlichkeiten – also der Wahrscheinlichkeit, dass Alice Kopfläuse bekommt, *falls* Britney Kopfläuse bekommt – ist eine Stufe schwieriger, denn die entsprechenden Daten sind spärlicher. *Wegen der nur spärlich vorhandenen historischen Daten besteht ein wesentlich höheres Fehlerrisiko.*[10]

Merken Sie sich die Sache mit den historischen Daten, denn dieser Punkt wird bei den methodologischen Grundannahmen von Dr. Li und seiner Formel, auf die wir gleich eingehen werden, noch eine wichtige Rolle spielen. Eine noch wichtigere Rolle werden die historischen Daten allerdings im zweiten Kapitel spielen.

Gerade wegen dieser historischen Daten oder vielmehr wegen des *angenommenen* Mangels an solchen Daten bot Dr. Lis Formel einen Ausweg aus der Sackgasse, zumindest schien es so:

> Durch die Anwendung einer verhältnismäßig einfachen Mathematik – auf jeden Fall für Wall Street Maßstäbe – stieß Li auf eine geniale Möglichkeit zur Modellierung von Ausfallkorrelationen, *ohne die historischen Ausfalldaten überhaupt in seine Betrachtung mit einzubeziehen. Stattdessen stützte er sich auf Marktdaten über die Preise von Wertpapieren*, die als Credit Default Swaps bekannt sind.[11]

---

9 Felix Salmon, „A Formula for Disaster“, in Wired, März 2009, S.77-78.

10 Ebd., Hervorhebung vom Autor auf S. 78.

11 Ebd., Hervorhebung vom Autor.

Mit anderen Worten, Lis statistisch elegante Copula-Formel basierte auf einer methodologischen Grundannahme, nämlich, dass historische Daten über Credit-Default-Raten unbedenklich über Bord geworfen werden konnten und es ausreichte, sich auf die „aktuellen" Marktpreise der „Credit Default Swaps" zu konzentrieren. Wie wir im zweiten Kapitel noch sehen werden, standen tatsächlich große Mengen an historischen Daten zur Verfügung und diese Daten verwiesen auf eine „Höhere Physik" der Finanzzyklen, die nur wenige Wirtschaftswissenschaftler – und auch Physiker – halbwegs erahnten und noch viel weniger begriffen.

Aber wir wollen nicht vorgreifen. Was sind eigentlich „Credit Default Swaps"? Salmon erklärt den Begriff mit knappen Worten, und an dieser Stelle wird die Geschichte von Lis Formel richtig interessant:

> Als Investor haben Sie heutzutage die Wahl: Sie können entweder Kreditnehmern direkt Geld leihen oder anderen Investoren Credit Default Swaps, also *Versicherungen gegen den Ausfall der Kreditnehmer verkaufen*. In jedem Fall sichern Sie sich einen regelmäßigen Zahlungsstrom – und in jedem Fall verlieren Sie viel Geld, wenn der Kreditnehmer ausfällt. Die Erträge sind bei beiden Verfahrensweisen fast identisch, *aber weil Credit Default Swaps in Bezug auf einen bestimmten Kreditnehmer in unbegrenzter Zahl verkauft werden können, ist die Menge der Swaps nicht so begrenzt wie die Menge der Anleihen und der CDS-Markt wächst rasch*. Obwohl Credit Default Swaps noch relativ neu waren, als Lis Arbeit veröffentlicht wurde, entwickelte sich schnell ein größerer und flüssigerer Markt als bei den Anleihen, auf denen die Swaps beruhten.[12]

Da betrat Dr. Li die Bühne und brachte eine Formel mit, die nichts weiter war als „ein Modell, das der Einfachheit halber auf Preisen anstatt auf realen Ausfalldaten beruhte (worin implizit die Grundannahme lag, dass die Finanzmärkte generell und die CDS-Märkte im Besonderen in der Lage wären, Ausfallrisiken korrekt zu beziffern)."[13] Bei der Beschreibung von Lis Methode nimmt Salmon kein Blatt vor den Mund:

> Es war die brillante Vereinfachung eines verzwickten Problems. Li hat nicht etwa nur die schwierige Ausarbeitung von Korrelationen narrensicher gemacht, er machte sich vielmehr gar nicht erst die Mühe, all die schier endlosen Beziehungen zwischen den verschie-

---

12 Felix Salmon, „A Formula for Disaster", in *Wired*, März 2009, S. 74-79, 112, Hervorhebung vom Autor auf S. 78.

13 Ebd.

denen in einem Pool befindlichen Anleihen zu analysieren und zu berechnen. Was geschieht, wenn sich die Anzahl der Beteiligungen an einem Pool vergrößert oder wenn man negative Korrelationen mit positiven Korrelationen vermischt? Das spielte keine Rolle, so meinte er, denn letztendlich käme es nur auf die endgültige Anzahl von Korrelationen an – eine saubere, einfache, alles umfassende Zahl, die all diese Korrelationen widerspiegelte.[14]

Li hatte also das Problem auf eine simple, dimensionslose Zahl – mathematisch ausgedrückt, einen Skalar – reduziert, die durch ihre Einfachheit die gesamten Finanz- und Wertpapiermärkte der Welt in ihren Bann schlug.

Die Wirkung der Formel war tatsächlich unmittelbar und „elektrisierend", denn den mit „Lis Formel bewaffneten" Finanzgurus der Wall Street erschloss sich damit eine

> [...] neue Welt von Möglichkeiten. Als erstes schufen sie die brandneuen AAA-Wertpapiere. Dank Lis Copula-Formel brauchten Rating-Agenturen wie Moody's – oder andere, die die Risiken von Wertpapieren (oder Wertpapierpaketen) analysieren wollten – nicht mehr über zugrundeliegende Sicherheiten zu rätseln. Sie brauchten nur die Anzahl der Korrelationen und schon hatten sie ein Rating, das ihnen verriet, wie sicher oder riskant das Paket war.
>
> Infolgedessen konnte fast alles zu Paketen zusammengefasst und in AAA-Anleihen verwandelt werden – Unternehmensanleihen, Bankdarlehen, hypothekengesicherte Papiere oder was auch immer. Die daraus entstandenen Pools wurden oft als kollateralisierte Schuldverschreibungen, engl. CDOs, bezeichnet. Man konnte aus einem Pool ein AAA-Wertpapier machen, *sogar wenn kein einzelner Bestandteil dem AAA-Standard genügte*. Man konnte sogar niedrig eingestufte [Pakete] von *anderen* CDOs in den Pool einbringen und [bündeln] und erhielt damit ein als CDO-quadriert bezeichnetes Wertpapier, das an diesem Punkt bereits *so weit von den tatsächlich zugrundeliegenden Anleihen, Schuldverschreibungen oder Hypotheken entfernt war, dass niemand mehr wusste, was es eigentlich enthielt*. Aber das spielte keine Rolle. Man brauchte nur Lis Copula-Funktion.[15]

Mit anderen Worten, Lis Formel führte dazu, dass das Augenmerk auf die relativen Stärken und Risiken der einzelnen Komponenten aufgegeben

---

14 Felix Salmon, „A Formula for Disaster", in *Wired*, März 2009.

15 Ebd., S. 74-79, 112, kursive Hervorhebung vom Autor, Fettdruck im Original auf S. 79.

wurde, weil diese ja nun mithilfe der Copula-Funktion verknüpft worden waren. Das führte zu einer Explosion von immer mehr „Paketen" von Wertpapieren und Credit Swaps und schließlich zu Paketen von Paketen.

Als Folge dieser zunehmenden Verknüpfung und in Bezugsetzung

> wuchsen die CDS- und CDO-Märkte an, *weil sie sich gegenseitig nährten*. Ende 2011 waren Credit Default Swaps im Wert 920 Milliarden Dollar im Umlauf. Ende 2007 schoss der Wert auf 62 **Billionen** Dollar. Der CDO-Markt, der im Jahr 2000 bei 275 Milliarden gelegen hatte, erreichte im Jahr 2006 bereits $ 4,7 Billionen. Und im Herzen von alledem wirkte Lis Formel.[16]

Kurz gesagt, mit Lis Formel ließen sich die vorhandenen Kredit- und Zinsschaffungsmöglichkeiten um zahlreiche neue Schichten erweitern und – wie bei einer alchemistischen Operation – praktisch aus dem Nichts erschaffen.

Noch ein weiteres Risiko lag in Lis Formel. Auch diejenigen Finanzinstitute, die historische Daten *doch* in ihre Betrachtungen miteinbeziehen wollten, hatten nicht genügend zur Verfügung. Schließlich „gab es Credit Default Swaps erst seit weniger als einem Jahrzehnt", einem Jahrzehnt, in dem die „Hauspreise in die Höhe geschnellt waren".[17] Wie bereits aufgezeigt, führte Lis Formel zu einem exponentiellen Anwachsen dieser „Bündelungen" und zur Bündelung von Bündeln mit buchstäblich Millionen von potenziell korrelierten Faktoren. Sie basierten, wie gesagt, *alle nur* auf historischen Daten, die weniger als ein Jahrzehnt zurückreichten. Hier wird eine weitere Schwäche der Formel und ihrer Anwendung auf Wertpapierkorrelationen und Ratingpraktiken deutlich, denn die Methode geht versteckt von der unterschwelligen Annahme aus, dass „Korrelationen Konstanten und keine Variablen" sind.[18] Das bedeutet, dass die Korrelation der einzelnen Komponenten solcher Bündel *konstant bleibt*, obwohl die Komponenten selbst *variabel sind*.

Weil der Blick auf historische Daten zugunsten der impliziten Annahme einer Korrelationskonstanten aufgegeben worden war, konnte man mit dem plötzlich auf dem Wohnungs- und Hypothekenmarkt eingetretenen Preisverfall überhaupt *nicht* umgehen. Kurz gesagt: Die Methode ignorierte die längst allgemein bekannte Tatsache, dass sich das wirtschaftliche Gesche-

---

16 Felix Salmon, „A Formula for Disaster", in *Wired*, März 2009, S. 74-79, 112, kursive Hervorhebung vom Autor, Fettdruck im Original auf S. 79.

17 Ebd., S. 112.

18 Ebd.

hen in immer wiederkehrenden *Zyklen* von Wachstum und Schrumpfung oder anders ausgedrückt von „Aufschwung" und „Abschwung" abspielte. Wie wir noch sehen werden, liegt im Wissen um diese Zyklen eine besondere Geschichte verborgen – eine sorgfältig verschleierte Geschichte.

Verdächtigerweise kehrte Dr. Li nach der Veröffentlichung seiner Formel 2008 nach China zurück und verhielt sich während der ganzen Debatte über die Ursachen und Sündenböcke des Crash bemerkenswert ruhig. Letztendlich ging er nach Peking, wo er heute die Abteilung für Risikomanagement der China International Capital Corporation leitet![19] Damit stellen sich beunruhigende Fragen, zum Beispiel, ob das Ganze vielleicht eine Art von wirtschaftlicher Kriegsführung gewesen sein könnte. Aber wer wollte gegen wen Krieg führen?

Wie auch immer die Antwort lauten mag – und sie ist keineswegs leicht zu finden – fest steht, dass Dr. Lis Formel für jeden, der einen wirtschaftlichen Krieg geplant haben mag, die erforderliche mathematische Waffe und „Technik" hätte liefern können. Das gilt besonders dann, wenn die betreffende Person oder Gruppe über historische oder sonstige Daten verfügte, die den unausweichlichen wirtschaftlichen Absturz vorhersehen ließen, und die, um den Gang der Dinge aus eigennützigen Gründen zu beschleunigen, Lis Formel benutzte, um die Blase aus Korrelaten, Derivatbündeln und Credit Swaps aufzublähen – eine Blase, die platzen musste, sobald der unvermeidliche Preissturz einsetzte. Wie wir im zweiten Kapitel noch sehen werden, lagen deutliche Hinweise vor, die einen unvermeidlichen Wirtschaftsabschwung zwischen 2000-2006 erwarten ließen.

B.2. Der Li-Clan, die Canadian Imperial Bank of Commerce und die Triaden

Das ist noch nicht alles, was es über David Li zu erzählen gibt. Der folgende Teil der Geschichte wurde aber sorgfältig vor der Öffentlichkeit verborgen, und zwar aus Gründen, die rasch einleuchten werden. Wie oben bei der Beschreibung von Dr. Lis zahlreichen beruflichen Veränderungen und Positionen berichtet, begann er 1997 für die Canadian Imperial Bank of Commerce zu arbeiten und wechselte 2004 zu Barclay's. Bei der Veröffentlichung seiner berüchtigten Formel in der Abhandlung „On Default

19 Felix Salmon, „A Formula for Disaster", in *Wired*, März 2009, S. 74-79, 112, S. 112.

Correlation: A Copula Approach" im Jahr 2000 war Li also noch für die Canadian Imperial Bank of Commerce tätig.

Damit rücken einige interessante Verbindungen ins Licht.

Die meisten Menschen wissen, dass chinesische Namen mit dem Nachnamen beginnen, dem dann der Vorname folgt. Nach chinesischem Brauch würde ich also Farrell Joseph und nicht Joseph Farrell heißen. Noch wichtiger aber ist, dass es sich bei Li um einen sehr gebräuchlichen chinesischen Nachnamen handelt, so wie Meier, Müller oder Schmid. Zwischen Menschen dieser Namen besteht nicht unbedingt ein Verwandtschaftsverhältnis. Sie können einander vollkommen fremd sein.

Das gilt auch für China, mit einer wichtigen Ausnahme. In der chinesischen Kultur gelten Menschen, die den gleichen Nachnamen teilen – unabhängig davon, ob sie miteinander verwandt sind oder nicht – als Mitglieder desselben Clans. Zwei einander fremde Chinesen mit demselben Nachnamen werden sich also anders begegnen als zwei Fremde mit *verschiedenen* Nachnamen. Sie werden sich bis zu einem gewissen Grad als Mitglieder einer großen Familie betrachten und dies durch entsprechende Bräuche und Höflichkeiten zum Ausdruck bringen, wie sie unter Familienmitgliedern üblich sind. Damit eröffnet sich möglicherweise ein völlig neuer Erklärungszusammenhang, denn zu der Zeit, als Dr. David X. Li bei der Canadian Imperial Bank of Commerce beschäftigt war und dort seine berühmte Schrift verfasste, gehörten einem anderen Clanmitglied, einem gewissen Li Kai-Shing, bedeutenden Anteile an eben dieser Bank.

Wer aber ist Li Kai-Shing? Er ist einer der berühmtesten chinesischen Milliardäre. Er und seine Söhne Victor und Richard übernahmen wichtige Regierungsposten, um beim Übergang Hong Kongs vom Status einer britischen Kronkolonie zu einer der chinesischen Rechtsprechung unterstehenden Stadt mitzuwirken. Das Finanzimperium von Li Kai-Shing reicht weit in die Medien- und Finanzmärkte Asiens hinein. Wichtig ist auch, dass ein anderer Li, nämlich Li Chiang zeitweise die rotchinesische China International Trust and Investment Corporation leitete, die sich im Wesentlichen um die Außenhandelsbeziehungen Chinas mit dem Westen, und insbesondere mit den Vereinigten Staaten und Kanada kümmerte.[20] Nachdem Dr. David

20 Zitiert in Fritz Springmeier, „Bloodlines of the Illuminati", Ambassador House, 2002, S. 163-185.

Li die Canadian Imperial Bank of Commerce im Jahr 2004 verlassen hatte, verkaufte Li Kai-Shing seine Bankanteile bereits im darauffolgenden Jahr.[21]

Damit ist das Ausmaß der Bedeutung, die dem Li-Clan in China zukommt, noch lange nicht erschöpfend behandelt. Der Clan stellte früher mehrere Kaiser, zum Beispiel Kaiser Li Zhuanxu, der ab 2000 v. Chr. regierte. Ein Li gründete auch die Tang-Dynastie (617-906 n. Chr.). Vor allem scheint der Li-Clan aber schon seit jeher in finanzielle Machenschaften verwickelt zu sein, denn gerade dieser Clan führte während der Tang-Dynastie das Papiergeld in China ein.[22]

Es erschließt sich uns jetzt also folgendes erstaunliches Beziehungsgeflecht:

1) Ein alter, einflussreicher chinesischer Clan, der seit den Anfängen der chinesischen Geschichte mit Regierungsaufgaben und Finanzen zu tun hatte;

2) die Beschäftigung dieses Clans mit den gleichen Aufgaben einige Jahrtausende später, und

3) ein Clan-Mitglied entwickelt *die* Formel, die zur jüngsten Kernschmelze geführt hat. Und dieses Mitglied wird von den Chinesen nicht etwa als möglicher Risikomitverursacher zurückgewiesen, nein, er kehrt nach China zurück und übernimmt einen Posten, bei dem er genau das tut, wofür seine Formel geschaffen wurde, nämlich Risiken bewerten!

Das alles wirft natürlich ein ganz besonderes Licht auf David X. Lis Rückkehr nach Rot-China und die Übernahme einer Position, die mit der „Bewertung von Risiken" zu tun hat, und zwar in einem chinesischen Unternehmen, das sich mit Überseehandel befasst. Es scheint unwahrscheinlich, dass beide, er und sein Namensvetter Li Kai-Shing, der Canadian Imperial Bank of Commerce zufällig den Rücken gekehrt haben.

Aber das ist immer noch nicht alles, was es über den Li-Clan zu erzählen gibt.

Der Li-Clan „ist eine der Hauptfamilien, die die berüchtigte chinesische Geheimgesellschaft, bekannt als die Triaden, beherrschen".[23] Fritz Spring-

---

21 www.absoluteastronomy.com/topics/Canadian_Imperial_Bank_of_Commerce. Nach dieser Webseite war die CIBC auch eindeutig in den Enron-Skandal verwickelt.

22 Fritz Springmeier, a.a.O., S. 164-165.

23 Ebd., S. 176.

meier fand heraus, dass die folgenden Lis Führer verschiedener Triaden-Gruppen waren:

Li Chi-t'ang	Chef für Auslandsangelegenheiten
Li Hsien-chih	
Li Hsiu-ch'eng	Hunan
Li Hung	Honan
Li K'ai-ch'en	Triade Shanghai
Li Lap Ting	Provinz Kwangsi
Li Ping-ch'ing	Triade Shanghai
Li Shinh-chin	
Li Wen-mao	Nord-Peking, Fatshan
Li Yuan-fa	Hunan
Li Choi-fat	Hong Kong
Li Jahfar-Mah	England[24]

Was aber sind die Triaden? Die Triaden sind eine kriminelle chinesische Geheimgesellschaft, die zutiefst in den Opiumhandel und in okkulte chinesische Praktiken verstrickt ist. Springmeier bezeichnet sie als „eine Art Kreuzung zwischen Freimaurern und Mafia – ähnlich der Freimaurerloge P2 – nur viel größer.[25] Tatsächlich schätzen einige die Mitgliederzahl der Triaden und ähnlicher östlicher Geheimgesellschaften auf annähernd zwei Millionen, wenn nicht sogar mehr. Die Möglichkeit, dass der ganze wirtschaftliche Zusammenbruch möglicherweise eine verdeckte wirtschaftliche Kriegsoperation darstellte, ist also keineswegs von der Hand zu weisen, besonders, wenn man weiß, dass die Canadian Imperial Bank of Commerce eng mit dem Rothschild-Bankenimperium verbunden ist.

---

24 Fritz Springmeier, a.a.O., S. 176.

25 Ebd. Mit Freimaurerloge P2 ist die berüchtigte Loge Propaganda Due gemeint, die von dem Freimaurer Licio Gelli geleitet und schließlich in den 80er Jahren von der italienischen Regierung ausgehoben wurde. Zu der Zeit, als die Loge von den italienischen Behörden geschlossen wurde, zählte sie über 2000 Mitglieder, und ihre Verbindungen reichten tief in den Bankenbereich, die italienische Regierung, verschiedene italienische Parteien und den Vatikan hinein. Viele, denen der Tod von Papst Johannes Paul I verdächtig vorkam, vermuteten, dass er ermordet wurde, weil er das Ausmaß der Infiltration des Vatikans durch die Freimaurerloge P2 durchschaut hatte, und entschlossen war, dem ein Ende zu setzen und eine Säuberung durchzuführen. (Zitiert in David Yallop, „In God's Name"). Viele bringen auch den seltsamen Tod des Bankers Robert Calvi, der am Hals an der Blackfriars'-Brücke in London aufgehängt gefunden wurde - eine typisch freimaurerische Vorgehensweise – mit dem P2-Skandal in Verbindung. Viele Faschisten aus Italien und anderen Ländern spielten in der Loge eine herausragende Rolle. Es überrascht sicher nicht, dass der Logengründer Licio Gelli nach Argentinien floh, als die Loge aufflog.

Wir haben also klare Hinweise darauf, dass China möglicherweise ein Signal setzen und zeigen wollte, dass das Land keineswegs bereit war, beiden wie auch immer gearteten anglo-amerikanischen Plänen, nach denen der gesamten Welt eine „Neue Weltordnung“ übergestülpt werden sollte, eine untergeordnete Rolle zu spielen.

Hier lohnt es, sich einmal die typischen Merkmale des Li-Clans anzusehen:

1) Der Clan ist sehr alt; seine Wurzeln reichen mehrere Jahrtausende zurück, und er befasst sich mit Regierungsaufgaben und Finanzen;

2) der Clan steht mit einer Geheimgesellschaft in Verbindung, deren Hauptaktivitäten sich auf:

   a) okkulte religiöse Praktiken,
   b) kriminelle Organisationen und Geschäfte,
   c) Anschläge, Erpressungen und Infiltrierung der Regierung und des Finanzsektors konzentrieren.

3) Der Clan hat eindeutig mit einem mathematischen Modell zu tun, das auf die Wirtschaft und das Kreditwesen abzielt; damit wird offensichtlich, dass er insgeheim an der Entwicklung konkreter Methoden solcher Art interessiert ist, ebenso wie an

4) einer Methode, die als die Hauptschuldige des jüngsten wirtschaftlichen Zusammenbruchs ausgemacht werden kann, der sich hauptsächlich auf die Finanzelite der anglo-amerikanischen Welt auswirkte.

Wie wir noch sehen werden, lassen sich solche Aktivitäten und Beziehungsstrukturen nicht nur in diesem oder den vorigen Jahrhunderten feststellen. Sie reichen (wie der Li-Clan selbst) Jahrtausende zurück und wurzeln in der Geschichte der menschlichen Zivilisationen und ihrer Bankerschicht selbst. Die Kontinuität der Verhaltensmuster und Beziehungsstrukturen geht – nicht zuletzt – noch auf „etwas anderes“ zurück, nämlich die „menschliche Natur“, die „Gier“ oder auch „die Vorhersehbarkeit des Verhaltens einer bestimmten sozio-ökonomischen Klasse“.

Dieses „andere“ betrifft den wenig bekannten Zusammenhang zwischen Physik und Finanz, der so alt ist wie die Begeisterung des Menschen für die Sterne, denen ein Einfluss auf gutes oder schlechtes Schicksal zugeschrieben wurde. Das bedeutet, dass seit alters her eine enge Verbindung zwischen Physik und Wirtschaft bestand und sich diejenigen, die beide für geschlossene Systeme hielten, mit denen stritten, die beide als offen betrachteten. Diejenigen, die Physik und Finanzen für geschlossene Systeme halten, wollen wir als „Bankster" bezeichnen und damit eine kriminelle, chimärische Hybridform aus den Worten Gangster und Banker schaffen. Diese Menschen werden von einer schier grenzenlosen Machtlust und kriminellen Gier angetrieben, und sie verachten die Menschheit und wollen sie versklaven. Sie wissen aber auch um bestimmte geheimnisumwitterte Dinge, vor allem um die enge Verbindung zwischen Physik und Finanz.

B.3. Chinas Geld

Es gibt einen wenig bekannten Aspekt der boomenden Wirtschaft Chinas, der von westlichen Finanziers, Wirtschaftswissenschaftlern und Medienmogulen nur widerstrebend diskutiert wird. Es handelt sich um die Tatsache, dass Chinas Geld von *China* selbst geschaffen und *nicht* von Privatbankern geliehen wird. Chinas Geld ist also schuldenfrei. Das kommunistische China folgt damit dem von der amerikanischen Verfassung festgelegten Prinzip, wonach die Macht der Geldschöpfung und der Geldausgabe beim Kongress und damit beim Staat liegt. In ihrer Magisterarbeit über das ganze Problem der Geldausgabe im Rahmen privater Zentralbankmonopole, „Web of Debt", beschreibt Ellen Hodgson Brown, worin der Hauptunterschied zwischen dem chinesischen System und den von dem meisten anderen Staaten angewanden System liegt:

> Der Schlüssel liegt im Bankensystem. Chinas Währung wird von der Regierung ausgegeben und das Land verfügt über ein System von Banken, die im Eigentum des Staates stehen. Nach Wikipedia handelt die chinesische Volksbank „ungewöhnlich, weil sie sich als Nationalbank *auf das Land konzentriert und nicht auf die Währung*". Der Gegensatz vom „nationalem Bankensystem" im Vergleich zum „privaten Zentralbankensystem" geht auf Lincoln, Carey und die amerikanischen Nationalisten zurück. Henry C. K. Liu unterscheidet die beiden Systeme so: Eine Nationalbank dient den Interessen des Landes und seiner Menschen. Eine Zentralbank dient den Interessen der privaten Weltfinanz.[26]

26 Ellen Dodgson Brown, „Web of Debt: The Shocking Truth about Our Money System and How We Can Break Free", Baton Rouge, Louisiana, 2008, S. 254-255.

Auch wenn die chinesische Yuan-Währung aufgrund festgelegter Wechselkurse an den Dollar gebunden ist, beweist Chinas Bankensystem, dass die chinesische Regierung das verstanden hat, was die amerikanischen Politiker und viele andere Menschen vormals wussten, nämlich dass eine Privatbank *nur das Grundkapital schafft und nicht die Zinsen.*

Wenn das Geld eines Landes also *nur Grundkapital darstellt, auf das Zinsen zu entrichten sind, dann muss immer irgendjemand verlieren, denn es wird nie genug Geld im Umlauf sein, um die Schuldzinsen zu zahlen. Die Staatsverschuldung kann also niemals ausgeglichen werden, sie kann immer nur weiter wachsen.* Wenn andererseits das Geld eines Landes *eine Quittung für gelieferte Güter und erbrachte Dienstleistungen darstellt und zinsfrei vom Staat selbst ausgegeben wird, dann kann das Land der Vollbeschäftigung nahekommen, weil es kein eingebautes Prinzip von Schuld und Mangel gibt.*

Diese beiden Systeme, einmal das System, in dem Geld aufgrund eines Privatmonopols in begrenztem Umfang ausgeschüttet wird und den Charakter einer zinspflichtigen Schuldnote hat, und zum anderen das System, in dem der Staat zinsfreies Geld als Quittung für Güter und Dienstleistungen erschafft, haben während der gesamten Geschichte miteinander konkurriert. Im ersten System wird Geld in einem *geschlossenen* Kreislauf in Umlauf gebracht. Es zirkuliert also niemals so viel Geld, wie es Schulden gibt. Mangel liegt also an der Tagesordnung, denn die beschränkten Geldmengen wetteifern um beschränkte Güter, Ressourcen und Energien. Das zweite System ist *offen* und kann sich in dem Maß ausdehnen, wie die Wirtschaft anwächst, deren Güter und Dienstleistungen es repräsentiert. Um es physikalisch auszudrücken: Das erste System kann *niemals* einen Over-Unity-Effekt erzielen, während das zweite System diesen *voraussetzt.*

C. Nazi-Deutschland: Physik und Finanz vollständig durchschaut

Die Verbindung zwischen Finanz und Physik wurde in der modernen Zeit von der Nation klar erkannt, die nicht nur staatliches, schuldenfreies Geld ausgab, sondern auch zahlreiche geheime Forschungsprojekte über die physikalischen und technischen Grundlagen „freier Energie“ förderte: Nazi-Deutschland.

Als die Alliierten dem unterlegenen Deutschland nach dem Ende des Ersten Weltkrieges Reparationszahlungen auferlegten, entsprach deren

Gesamtsumme dem dreifachen Wert des gesamten deutschen Vermögens![27] Jeder, der sich mit Geschichte beschäftigt hat, weiß, dass Deutschland seine Währung durch eine Hyperinflation aufblähte und die Alliierten mit zunehmend wertloseren Reichsmark bezahlte, dabei aber gleichzeitig die deutsche Wirtschaft zugrunde richtete. Da diese Reichsmark aber von einer von privaten Interessen kontrollierten Bank stammten, musste sich Deutschlands Schuldensituation zwangsläufig dramatisch verschlechtern.

In seinem 1967 erschienenen Buch „Die Magie des Geldes" ließ Hitlers Reichsbankpräsident Dr. Hjalmar Horace Greeley Schacht die Bombe platzen:

> Die dramatische Abwertung der Mark begann kurz nach der „Privatisierung" der Reichsbank, also ihrer Übergabe an private Investoren. *Was die Kriegsinflation zur Hyperinflation ausweitete, waren nach Schacht die Spekulationen ausländischer Investoren, die den Ausverkauf der Mark betrieben und Wetten auf ihren Wertverlust abschlossen* […]. Spekulationen mit der deutschen Mark wurden möglich, nachdem die Reichsbank enorme Mengen dieser Währung für Darlehen zur Verfügung gestellt hatte. Die DM-Noten wurden nach Bedarf gedruckt und zu profitablen Zinsen an die Banken verliehen. Als die Reichsbank die Gier nach der DM nicht mehr alleine befriedigen konnte, durften auch private Investmentbanken Geld aus dem Nichts erschaffen und es gegen Zinsen verleihen.[28]

Nicht Deutschlands Regierung war also für die Hyperinflation verantwortlich, sondern Deutschlands *private Zentralbank mit ihrem nationalen Geldschöpfungsmonopol – Geld in Form von umlaufenden Schuldverschreibungen – schuf das Problem*! Deutschlands Wirtschaft war von den Bankern zerschmettert und zu Grunde gerichtet worden.

Bis Hitler kam.

Zwar wissen viele, dass Hitler und seine Nationalsozialistische Partei mit Hilfe privater Finanziers in Deutschland an die Macht kam,[29] doch nur wenigen ist klar, wie schnell Hitler sich gegen seine Förderer wendete und sich weigerte, das Spiel nach den alten Regeln der Rockefellers und Rothschilds zu führen:

---

27 Hodgson, „Web of Debt", S. 229.

28 Ebd., „Web of Debt", s. 233. Hervorherbungen vom Autor.

29 Siehe beispielsweise die bahnbrechende Forschungsarbeiten von Anthony Sutton, „Wall Street and the Rise of Hitler", 1976.

> Dank seiner autokratischen Macht – von der amerikanische Greenbacker nur träumen konnten – war Hitler in der Lage, die totale Kontrolle über die Wirtschaft auszuüben. Er konnte ihre Theorien testen und beweisen, dass sie funktionierten. Wie Lincoln stand auch Hitler vor der Wahl, sich entweder der totalen Schuldensklaverei zu unterwerfen oder sein eigenes Rechengeld zu drucken. Er setzte einen Plan für öffentliche Arbeiten um, wie ihn schon Jacob Coxey und die Greenbackers um 1890 vorgeschlagen hatten. Zu den geförderten Projekten zählten Überschwemmungsschutzmaßnahmen, Reparaturarbeiten an öffentlichen Gebäuden und privaten Residenzen, sowie der Bau neuer Häuser, Straßen, Brücken, Kanäle und Hafenanlagen. Die Kosten der verschiedenen Projekte wurden auf eine Milliarde der nationalen Währungseinheit festgesetzt. Dafür wurde eine Milliarde nicht inflationärer Wechsel ausgegeben, die als Arbeitswertgutscheine bezeichnet wurden. Millionen Menschen fanden bei diesen Projekten Arbeit und wurden mit den Arbeitswertgutscheinen entlohnt. Die Arbeiter konnten die Scheine für Güter und Dienstleistungen ausgeben und schufen so Arbeitsplätze für weitere Menschen. Die Arbeitswertgutscheine hießen auch MEFO-Wechsel oder Federgeld. Sie waren ein Mittel, um die Aufnahme von Darlehen von internationalen Kreditgebern zur Zahlung der internationalen Schulden zu umgehen.

Wozu die Nazi-Machenschaften gegen die internationale Finanzmacht führen würden, war vorhersehbar. Es wurden keine ausländischen Kredite gewährt und Deutschland war es fast gänzlich verwehrt, Außenhandel zu betreiben. Wiederum umging das Nazi-Regime die Bankster und stellte den Außenhandel wieder her, indem es die Position der Vermittlungsinstanz strich und sich einfach auf den Tauschhandel mit anderen Ländern verlegte.[30]

Woher hatte Hitler diese „radikalen" Finanzideen?

Als er zum ersten Mal an einer Tagung der Nationalsozialistischen Partei teilnahm, lernte er die Ansichten des deutschen Ökonoms Gottfried Feder kennen.

> Feder vertrat die Auffassung, dass der Staat sein Geld selbst durch eine staatliche Zentralbank schaffen und kontrollieren sollte, anstatt es von privaten Banken ausgeben zu lassen, die dafür Zinsen verlangten. Aus dieser Sichtweise konnte gefolgert werden, dass die

---

30 Hodgson, „Web of Debt", S. 230.

> Finanzmächtigen die Bevölkerung versklavt hielten, indem sie dem Staat die Kontrolle über das Geld entzogen.[31]

Feder und die anderen deutschen Theoretiker stützten ihre Theorien auf Untersuchungen über die amerikanische Verfassung und vor allem auf die Tatsache, dass Präsident Abraham Lincoln das Vorgehen der Nordstaaten im amerikanischen Bürgerkrieg durch Schaffung schuldenfreier „Greenbacks“ unter Umgehung der New Yorker Banken und ihrer Zinsforderungen finanziert hatte.[32]

Aber Nazi-Deutschland unternahm noch einen weiteren, bedeutenden Schritt. Als die führenden Köpfe des Dritten Reichs erkannt hatten, dass Deutschland auf Gedeih und Verderb den Bankstern ausgeliefert war, die die Ölquellen der Welt und damit die Energie kontrollierten, die zur Aufrechterhaltung der nationalen Souveränität notwendig war, gründeten sie unter anderem die SS-Abteilungen *Forschung, Entwicklung und Patente* und die *SS Entwicklungsstelle 4.* Der topgeheime Auftrag dieser Abteilungen bestand darin, Patente zu suchen und zu sichern, die für die nationale Sicherheit bedeutsam werden könnten, und *Technologien, die auf „freier Energie“ basierten oder andere nützliche Technologien zu erforschen und zu entwickeln. Sie sollten es Deutschland ermöglichen, selbst physische Medien zur unmittelbaren Energiegewinnung herzustellen und daraus den Energiebedarf zu decken oder diese als Waffe zu benutzen.*[33] Nimmt man noch die Tatsache hinzu, dass die Vorstellungen von wenig bekannten Prinzipien der Höheren Physik im intellektuellen Schmelztiegel der SS zirkulierten und verfeinert wurden, und bedenkt man, dass in alten Erzählungen und Epen tiefgründige physikalische Wahrheiten verborgen liegen,[34] so erhält man ein aufschlussreiches Geflecht von Umständen:

1) Eine Nation, die sich ihr souveränes Recht zur Ausgabe ihrer eigenen schuldenfreien Währung zurückgeholt hat, und damit aus dem Bannkreis der internationalen Finanzmacht ausbricht;

---

31 S. Zarlenga, „The Lost Science of Money“, Valatie, New York, S. 590, zitiert in Hodgson, „Web of Debt“, S. 231.

32 Ebd.

33 Dieses Thema habe ich in meinen früheren Bücher, „Das Reich der Schwarzen Sonne“, „Die Bruderschaft der Glocke“, „Secrets of the Unified Field“, Adventures Unlimited Press, und „The Philospher's Stone“, Feral House, ausführlich behandelt.

34 Dieser Punkt wird in meinen Büchern, „Das Reich der Schwarzen Sonne“ und „The Philosopher's Stone“, Teil 4, erörtert.

2) eine Nation, die aber auch klar erkannt hat, dass sie diese Machtdominanz nur dann vollständig brechen kann, wenn sie Zugang zu einer völlig anderen, nahezu unerschöpflichen Energiequelle gewinnt, die nicht dem Monopol der privaten Finanzmächtigen unterliegt;

3) dieser Nation muss also daran gelegen sein, die Technologien zur Manipulation einer solchen Energie zu entwickeln und zu kontrollieren; und

4) diese Nation hat schließlich eine *sehr alte Verbindung* zwischen der Physik und der Finanzpolitik entdeckt und versucht, beide zu entwickeln.

Aus dieser Liste wird leicht verständlich, warum Nazi-Deutschland wenige Jahre, nachdem das Regime an die Macht gelangt war, nahezu Vollbeschäftigung erreichte, und warum es ganz bewusst für den unvermeidlichen Krieg aufrüstete. Die Liste deckt aber auch einen möglichen, versteckten *Grund* für die Kriegsvorbereitungen auf, der über die Lust der Nazis auf „Lebensraum“ und Welteroberung hinausgreift. Deutschlands Entscheidung, eigenes, vom Staat geschaffenes Geld auszugeben, „bedeutete ja, dass die internationalen Finanziers keine Kontrolle mehr über Deutschland ausüben ... es nicht über den internationalen Goldstandard kontrollieren konnten. Dies mag sie motiviert haben, Deutschland stattdessen durch Krieg zu kontrollieren.“[35] Dieser versteckte Kriegsgrund – nämlich, dass die Alliierten praktisch als „Vertreter“ der internationalen Geldherrscher gegen eine starke Macht vorgingen, die eigentlich alle Verbindungen zu diesen durchtrennt hatte – kann auch die alliierte Forderung nach Deutschlands bedingungsloser Kapitulation erklären, bei der es darum ging, die Fortsetzung des Krieges zu gewährleisten, bis Deutschland im Wesentlichen zerstört und besetzt werden konnte.

Die Verbindung zwischen Bankenmacht und dem Versuch, exotische Physiktechnologie zu erlangen oder zu unterdrücken, kann auch noch aus einem anderen Blickwinkel erhellt werden, bei dem es um einen andauernden Konflikt geht.

---

35 S. Zarlenga, „The Lost Science of Money“, Valatie, New York, S. 590, zitiert in Hodgson, „Web of Debt“, S. 231.

D. Energie und autarke Geldschöpfung

Betrachtet man diese voneinander unabhängigen Beispiele, besonders das Beispiel Nazi-Deutschlands, so zeigt sich, dass es in der Geschichte einen andauernden Konflikt gab zwischen denjenigen, die die Energieproduktion auf der Grundlage „alternativer Energietechnologien" demokratisieren und gleichzeitig den privaten Händen die Geldschöpfungsmacht entreißen wollten, um sie dem Staat zurückzugeben, und denjenigen, die verborgene Technologien und Physik monopolisieren und in gleicher Weise das Privatmonopol über die Geldschöpfung verschiedener Staaten behalten wollten.

Was können wir aus diesen sehr unterschiedlichen und einmaligen Beispielen schließen?

1) Beim kommunistischen China haben wir es mit einer modernen, hochtechnisierten Weltmacht zu tun, die ihr eigenes staatliches, schuldenfreies Geld ausgibt, und aufgrund dieser Tatsache einen Wirtschaftsboom erlebt, durch den sie sich von der internationalen Geldmacht unabhängig gemacht hat.

2) Im Fall von Nazi-Deutschland haben wir eine Nation vor uns, die nicht nur die Vorteile einer staatlichen, schuldenfreien Währung sah, sondern auch ganz klar die Verbindung erkannte, die zwischen souveräner Geldmacht und dem analogen physikalischen Prinzip der *unmittelbaren* Energiegewinnung aus dem physischen Medium, also einer Energieversorgung ohne nicht-erneuerbaren Energiequellen besteht. Das Interesse der Nazi-SS an alten esoterischen Texten deutet darauf hin, dass zwischen dieser Art von Finanzwesen und dieser Art von Physik ein Zusammenhang bestehen könnte.

Wie wir noch sehen werden, brach der Konflikt zwischen diesen beiden Lagern im Lauf der Geschichte immer dann gewalttätig aus, wenn die erste Gruppe, die ein offenes System befürwortete, die dominierende Ordnung der Geldwechsler – oder Bankster – über den Haufen zu werfen versuchte, oder umgekehrt, wenn die Bankster, die ihre Macht durch ein geschlossen physikalisches und finanzielles System erweitern wollten, auf die unvermeidliche Drohung reagierten, die von Zivilisationen und Ländern ausging, wenn sie sich einem offenen System verschrieben. In jüngster Zeit brach dieser Konflikt in Form des Zweiten Weltkriegs aus, als Nazi-Deutschland – wie viel Völkermord und Verbrechen gegen die Menschlichkeit es auch begangen haben mag – zumindest *teilweise* erkannte, worum es bei dieser Auseinandersetzung ging: um einen Krieg, der Deutschland von der ruchlosen internationalen Geldmacht befreien sollte – von den Juden fälschlicherweise als Naziideologie bezeichnet – die in Großbritannien, dem britischen Empire und den Vereinigten Staaten von Amerika beheimatet war.

Das Streben von Nazi-Deutschland nach „freier Energie" und „Energie-Unabhängigkeit" oder „Autarkie" und nach einer radikal alternativen, hyperdimensionalen Physik gehörte mit zu dieser Auseinandersetzung.[36] Es geschah auch nicht ohne Grund, dass Nazi-Deutschland das Konzept des öffentlichen, schuldenfreien *Staatsgeldes* wieder aufnahm, während es gleichzeitig supergeheime fortschrittliche Physikprojekte verfolgte. Die beiden Ansätze waren miteinander verknüpft und das – wie wir noch sehen werden – schon seit langer Zeit. Die Nazis waren in moderner Zeit einfach diejenigen, die die Verbindung zwischen Physik und Finanz erkannt hatten und beschlossen zu handeln. Was Nazi-Deutschland betrifft, so lag dem Holocaust eine dunkel-grausame Logik zugrunde. Nachdem die Nazis das „Weltjudentum" als die Quelle der internationalen Geldmacht identifiziert hatten, erschien es ihnen in ihrer verqueren Denkart als „gerechter Schlag" gegen diejenigen, die Deutschland durch den Versailler Vertrag und die Dawes- und Young-Pläne so verwüstet und geplündert hatten, nunmehr die in ihren Konzentrationslagern versklavten Juden für ihre neue Physik und die damit zusammenhängenden Technologien zu benutzen, aus denen eine neue Wirtschaft als Grundlage ihres Reichs entstehen sollte. Darin steckte tatsächlich eine Halbwahrheit, denn in den entsprechenden Finanzzirkeln war der jüdische oder zionistische Einfluss ein tragendes Element. Man denke nur an Namen wie Rothschild, Warburg, Schiff und ähnliche. Aber damit endet die Wahrheit und die Lüge beginnt, denn auch protestantische Geldmacht spielte eine herausragende Rolle. Konsequenterweise hätten die Nazis sich also auch über die protestantische Aristokratie in England, Amerika, Kanada und auch im eigenen Land Gedanken machen müssen.

Der Zweite Weltkrieg endete natürlich mit der Niederlage Nazi-Deutschlands, nicht aber notwendigerweise mit der des Nazitums und seinem Streben nach alternativer Physik und Finanz.[37] Wie wir noch sehen werden, begann die Nachkriegszeit mit einem ungewöhnlichen Ereignis, einem

---

36 Die Hintergründe dieser Bestrebungen und die bürokratischen Strukturen, die die Nazis dafür schufen, sind in meinen Büchern, „Die Bruderschaft der Glocke", Adventures Unlimited Press, 2005, „Secrets of the Unified Field", Adventures Unlimited Press, 2007, „The Nazi International", Adventures Unlimited Press, 2008 und „The Philosophers' Stone", Feral House, 2009 beschrieben.

37 Joseph P. Farrell „The Nazi International: The Nazis' Postwar Plan to Control Finance, Conflict, Physics and Space", Adventures Unlimited Press, 2008, S. 249-350.

Ereignis, das meines Erachtens von vielen falsch gedeutet wurde. Statt anzunehmen, dass eine Art Entspannung oder Modus Vivendi zwischen dem „internationalen Nazitum“ auf der einen Seite und der globalen anglo-amerikanischen Geschäfts- und Bankenelite auf der anderen Seite erzielt worden war, betrachten Viele bestimmte Geschehnisse als Beweise dafür, dass es eine mehr oder weniger kohärente, monolithische „internationale Geldverschwörung“ gibt, die in die Endphase ihres Spiels um die totale Weltherrschaft eingetreten ist. Je näher diese Gruppe ihrem Ziel kommt, umso schärfer und prägnanter äußern sich die Spannungen innerhalb ihres Gefüges, insbesondere auch deshalb, weil die Bankster in ihrem geschlossenen System von Physik und Finanz gefangen sind. Die nach dem Krieg erreichte Entspannung zeigt eindeutig Zeichen des Zerfalls, denn jede Faktion kämpft darum, die führende Position einnehmen zu können, sobald das Ziel erreicht sein wird. Dieses Problem der globalen Elite wird noch dadurch verschärft, dass Wirtschaftsmachten in Eurasien – Russland, China und Japan – zunehmend deutlicher machen, dass sie es leid sind, nach den ermüdenden alten Regeln des anglo-amerikanischen Imperiums zu spielen. Denken Sie an das mysteriöse „Verschwinden“ von Dr. Li aus dem Westen und seinen neuen Auftritt als Risikomanager eines renommierten Unternehmens im kommunistischen China!

Wenn dieser Konflikt der Anschauungen über Physik und Finanz sich nicht gerade in offener Gewalt und Krieg Bahn bricht, wird er in heimlicher, versteckter Form weitergeführt. Die Geschichte von Dr. Li ist dafür ein Beispiel. Bei ihrem Untergrundkrieg greifen die verschiedenen Gruppen der internationalen Bankster zu allen möglichen okkulten Mitteln, die ihnen zur Verfügung stehen, um die offene Entwicklung der alternativen Physik – und damit gleichzeitig der alternativen Wirtschaftsformen und Finanzinstitute, die einer solchen Physik auf dem Fuße folgen würden – zu unterdrücken. Sie wollen den Status quo aufrechterhalten und sich dabei gleichzeitig als führende Kraft an die Spitze zu setzen. Im Prinzip setzen sie dazu drei verschiedene Methoden ein: Als Erstes müssen sie die *Technologien* unterdrücken, die von einer anderen Physik künden, als der „Konsumphysik für die Massen“, die sie dem Volk bisher so sorgfältig aufoktroyiert und in ihren Akademien und Lehrbüchern angepriesen haben. Zum Zweiten müssen sie *die alternative Physik selbst* unterdrücken, auf der ihre eigene Macht beruht, wie wir noch sehen werden. Und drittens müssen sie die tiefgreifende, uralte Verbindung zwischen alternativer Physik und alternativen Finanz- und Wirtschaftsinstituten verschleiern.

Sie müssen also kurz gesagt, die offene Entwicklung unterdrücken und gleichzeitig heimliche Entwicklung betreiben, damit sie diese dann monopolisieren können, um die Macht in ihren Händen zu festigen. Ebenso muss jede Faktion innerhalb der „Neuen Weltordnung" die Entwicklung alternativer Theorien und Technologien durch konkurrierende Gruppierungen behindern, sabotieren oder selbst überlegene Versionen oder Abwehrmittel dagegen schaffen. Die Befürworter eines offenen Systems der Physik und der Wirtschaft sehen sich einem Spießrutenlaufen vor all ihren Gegnern ausgesetzt und müssen die von ihnen entwickelten Theorien und Technologien so schnell wie möglich einer möglichst breiten Öffentlichkeit vorstellen. Kurz gesagt, die „guten Jungs" versuchen, die Wissenschaft insgesamt zu demokratisieren.

Augenscheinlich befinden wir uns also inmitten einer sehr komplexen Dynamik, die nicht nur auf Einzelpersonen, sondern auf ganze Zivilisationen mit all ihren Institutionen einwirkt, und dabei gleich mehrere Disziplinen berührt – Physik, Wirtschaft und Finanz, Theologie und Geschichte. Sie zieht sich wie eine Goldader oder ein roter Faden durch alle Jahrtausende menschlicher Geschichte. Wenn wir markante Geschehnisse der modernen Zeit, in denen sich dieser Konflikt Bahn brach, mit alten Manifestationen ähnlicher Natur vergleichen, müssen wir in Betracht ziehen, dass alte Megalithen und Tempel Zeugnis von einer hochstehenden astronomischen und astrologischen Wissenschaft und dem damit verbundenen physikalischen Wissen ablegen. Außerdem müssen wir uns fragen, *warum so viele dieser alten Stätten auch mit der Anwesenheit von Geldwechslern oder Bankstern zu tun haben*. Und wir müssen uns fragen, inwieweit das alles auf einen interplanetarischen Krieg hinweist, der vor langer Zeit in unserer himmlischen Nachbarschaft stattgefunden haben könnte.[38] Zudem müssen wir überlegen, warum sich die Alchemie von der alten Zeit bis in die moderne Zeit so hartnäckig behaupten konnte und warum sie im Mittelalter und in der frühen Renaissance kontinuierlich von Königen und Kaisern gefördert worden ist. Wir müssen in all den Jahrhunderten – und ganz besonders in unserem eigenen – nach Anzeichen für die mutwillige Unterdrückung der entsprechenden Physik und ihrer Auswirkungen auf die Wirtschaft suchen. Schließlich wird es auch wichtig sein, dass wir uns fragen, warum für die Bankster und königlichen Eliten die Blutlinien so eine entscheidende Rolle spielen.

38 Joseph P. Farrell „The Cosmic War: Interplanetary Warfare, Modern Physics and Ancient Texts"; Adventures Unlimited Press, 2006.

Angesichts all dieser komplexen Dynamiken und unzusammenhängenden Fakten, sah ich mich beim Schreiben dieses Buches mit einem Problem konfrontiert. Normalerweise ist mir daran gelegen, beim Schreiben ein hohes Maß an „Vollständigkeit" oder zumindest Gründlichkeit zu erreichen. Aber ich erkannte schnell, dass ich, wenn ich jede Facette dieser komplexen Dynamiken nur halbwegs gründlich untersuchen wollte, nicht nur ein Buch, sondern gleich *mehrere* Bücher schreiben müsste, denn jeder Aspekt der Problematik erfordert eigentlich eine eigene Abhandlung. Alleine die Beteiligung der großen Konzerne an der Unterdrückung von Erfindungen und Technologien, die auf neuer Physik und neuen Energiequellen beruhen – es gibt darüber zahlreiche Internetgeschichten und Bücher – würde ganze Bände in Anspruch nehmen. Ebenso eröffneten die Machenschaften der internationalen Bankster ein weites Feld für Forschung und Spekulation und führten zur Veröffentlichung von Hunderten von Büchern über das Thema, sowohl von „wahren Insidern" als auch von denjenigen, die die Sache von außen beleuchteten. Fügte man nun Wirtschaft und Physik und die Systeme der Geldschöpfung in dieses Bild mit ein, so würde die Bibliografie eines solchen Werkes alleine schon auf ein ganzes Buch anwachsen.

Ich musste also einen anderen Weg gehen und so versuchte ich, das *Gesamtbild zu skizzieren* und mit Beweisen und Beispielen zu untermauern. Dieses Buch wurde deshalb bewusst so angelegt, dass es als ein weiteres Kapitel der gesamten Geschichte, nicht nur in Zusammenhang mit meinen eigenen, früheren Büchern über alternative Wissenschaft und Geschichte, sondern auch mit all den Werken anderer Forscher gelesen werden sollte. Ich stütze mich also auf die bereits vorhandenen Forschungsarbeiten und gehe davon aus, dass der Leser bereits mit diesen vertraut ist.

Damit keine Missverständnisse aufkommen: Nur, weil dieses Buch nicht erschöpfend und vollständig ist, ist es noch lange keine leichte, heitere Lektüre. Ich musste mich mit einer Menge verschiedenster Einzelheiten, Konzepte, Disziplinen und deren wechselseitigen Verbindungen befassen. An dieser Stelle soll der Leser auf zweierlei hingewiesen werden: Zum einen wurde dieses Buch großenteils in Form einer „Einleitung" geschrieben, um so all diese Verbindungen und ihre Auswirkungen aufzeigen zu können. Erst ganz am Ende, im letzten Kapitel, werden alle Fäden zusammengefasst und ein Gesamtresümee gezogen. Sie brauchen also etwas Geduld, während ich die Daten vor Ihnen ausbreite und meine Schlüsse ziehe. Zum Zweiten trage ich in diesem Buch eine zwar spekulative, aber doch gut untermauerte Argumentation vor. Denn würde ich jeden einzelnen Punkt in aller Ausführlichkeit behandeln, bräuchte ich dafür, wie gesagt, jeweils ein ganzes Buch für sich.

Dieses Werk ist ein Überblick, keine Enzyklopädie, eine Studie, kein Gemälde, eine Abhandlung und kein mathematischer oder historischer Beweis.

Wenn ich also Quellen nenne, bestimmte Themen aufgreife und deren Verwobenheit zeige oder Schlussfolgerungen ziehe und über Auswirkungen spreche, hoffe ich, den Leser dadurch bewegen zu können, sich selbst ausführlicher mit den angesprochenen Fragen zu befassen, denn das Problem liegt nicht in einem *Mangel* an Informationen, Interpretationen und Schlussfolgerungen, sondern in einem Zuviel. Logischerweise ist die von mir hier vertretene Interpretation nicht die einzig mögliche. Ich behaupte aber, dass meine Deutung zumindest plausibel ist und sich nicht nur mit dem riesigen Informationenkomplex aus Alchemie, Astrologie, Astronomie, Torsion, Ägypten, Babylon, Nazis, Finanzen, Geometrie, Erdgitter, „Skalarphysik", alten Schriften und Textsammlungen auseinandersetzt, sondern auch mit der geheimnisvollen Sprache moderner Mathematikgurus, die von Wirtschaftsstatistik und topologischen Überlieferungen sprechen.

Wenn ich auch nur einen winzig kleinen Beitrag dazu leisten kann, dass diese albernen, geisteskranken und ruchlosen Bankster mit ihren mörderischen, utopischen und abgehobenen Plänen für eine Neue Weltordnung abdanken müssen, umso besser. Denn eines dürfte mittlerweile offensichtlich geworden sein: Wenn bei der privaten Geldschöpfung Geld als verzinsliche Schuldnote geschaffen wird und von den Banken nur das Grundkapital, nicht aber die Zinsen in Umlauf gebracht werden, dann folgt daraus logischerweise, dass bei einem solchen System die Schulden immer nur *anwachsen*, aber niemals bezahlt werden können. Aufgrund dieser Tatsache können der Einfluss und die Macht der Privatbankster-Klasse über die Politik eines Staates nur zunehmen – zum wachsenden Schaden für das Volk und das öffentliche Wohl dieses Staates.

Jede Diskussion über Finanzpolitik, gleich von *welchem* Politiker, *welcher* Partei oder in *welchem* Land, die nicht mit einem Aufruf zur Wiederherstellung des Geldschöpfungs- und Geldausgaberechts des Staates beginnt, damit Geld dem öffentlichen Wohl und nicht der Raffgier der Banksterklasse dienen kann, ist nichts weiter als Täuschung, und zwar aus einem einfachen Grund. Das große Geheimnis des Geldes liegt nicht darin, dass es *etwas* vertritt, sondern, dass es *jemanden* vertritt. Damit bleiben nur zwei Grundmodelle, die wir aus der Geschichte kennen. Beim ersten Modell stellt das Geld eine verzinsliche Schuldnote dar – und dieses „Etwas“ wird von einem Privatmonopol – einem „Jemand“ zum Nutzen und Profit seiner eigenen Klasse geschaffen. Beim zweiten Modell steht das Geld für Güter und Dienstleistungen – einem „Etwas“, das die Bürger eines Staates geschaffen haben – die „Jemande“ – die durch Vermittlung ihres Staates das Geld schuldenfrei an sich selbst ausgeben.

Das Problem mit dem Geld ist also nicht so sehr das *Was* oder das *Wieviel*, sondern das *Wer*, also die Frage, wer hinter der Geldausgabe steht. Das erste Modell ist eine Art „falsche Alchemie“ oder eine Technik der schwarzen Magie. Diese Technik besteht darin, die Herrschaft über den Willen, das Genie und die Aktivitäten der Menschen und letztlich über das Medium selbst zu erlangen. Wie wir noch sehen werden, beruht das alles auf einer atemberaubenden Serie von historischen, konzeptionellen und physikalischen Täuschungen. Diese Täuschungen können nur solange aufrechterhalten werden, wie es Menschen gibt, die nicht bereit sind, die Täuschungen auffliegen zu lassen oder Menschen, die sich mit dem System abfinden und nicht bereit sind, sich von dessen Ketten zu befreien.

I.

Historische und konzeptionelle Hintergründe

„Wir werden eine Weltregierung haben, ob es Ihnen passt oder nicht – und zwar entweder durch Eroberung oder durch Zustimmung“.

James Warburg, Sohn von Paul Warburg, 17. Februar 1950, vor dem Ausschuss für auswärtige Angelegenheiten des US-Senates.

„Einzelne Akte der Tyrannei können einer zufälligen Tageslaune zugeschrieben werden, aber eine ganze Serie von Unterdrückungsakten, die zu einer bestimmten Zeit beginnen und unverändert alle Ministerwechsel überdauern, beweist klar, dass hier ein vorsätzlicher und systematischer Plan vorliegt, nach dem wir in die Sklaverei geführt werden sollen.“

Thomas Jefferson

„Aber wenn eine lange Reihe von Missbräuchen und Übergriffen, die stets das gleiche Ziel verfolgen, die Absicht erkennen lässt, die Menschen absolutem Despotismus zu unterwerfen, so ist es ihr Recht und ihre Pflicht, eine solche Regierung zu beseitigen und neue Wächter für ihre künftige Sicherheit zu bestellen.“

Unabhängigkeitserklärung der Vereinigten Staaten von Amerika

Eins

Die Nachkriegs-Détente der Verschwörer

„Da es vollkommen unmöglich ist, die Geschichte des 20. Jahrhunderts zu verstehen, ohne sich ein Bild von der Rolle des Geldes in der Innen- und Außenpolitik und der Rolle der Banker im wirtschaftlichen und politischen Leben zu machen, müssen wir uns diesen vier Bereichen näher widmen."

Dr. Carroll Quigley[1]

Wenn es, wie das obige Zitat nahelegt, „vollkommen unmöglich" ist, die Innen- und Außenpolitik eines Staates zu analysieren, ohne sich mit der Rolle des Geldes zu beschäftigen, könnte man auch mit Fug und Recht behaupten, dass es vollkommen unmöglich ist, die alte Geschichte – oder eine *beliebige* geschichtliche Periode – zu verstehen, ohne die Rolle des Geldes und seiner Manipulation in der jeweiligen gesellschaftlichen Organisation, der Politik und der Wissenschaft zu ergründen.

Zumindest in der modernen Zeit ist Geld jedoch das Ergebnis eines „alchemistischen" Verfahrens oder einer Art „Finanztechnologie", eines Vorgangs also, bei dem ein Nichts in ein Etwas verwandelt wird. Heutzutage geschieht das, indem man einen einfachen Eintrag auf einem Bankkonto – ein „Nichts" – in eine Einheit für wirtschaftlichen Austausch – ein „Etwas" – umwandelt. In vergleichbarer Weise werden bei der „Wissenschaft" der Alchemie einfache Metalle in Gold verwandelt, was voraussetzt, dass sowohl die Physik als auch die Technologie vorhanden sind, um einen solchen Akt zu vollbringen. Wenn ich nun *beide* Verfahren als alchemistisch bezeichne, möchte ich damit andeuten, dass den magischen Verfahren der Banken eine tiefgründige Physik, vielleicht auch eine zutiefst missverstandene Physik zugrunde liegt. In jedem Fall haben wir damit die *konzeptionellen Pole* festgelegt, zwischen denen sich unsere Geschichte bewegt.

1 Carroll Quigley, „Tragedy and Hope: A History of the World In Our Time", S. 54.

Es gibt aber auch noch zwei *historische Pole*, die den Rahmen für unsere Geschichte abstecken.

A. Ein hypothetisches Szenario

Stellen Sie sich vor, es hätte eine sehr hochstehende, extrem alte Zivilisation gegeben, die den Gipfel sozialer und wissenschaftlicher Errungenschaften erreicht hatte. Dann, in einem Anfall von Wahnsinn und Gier, zerstörte sie sich selbst in einem großen Krieg. Als die unbeschreibliche Zerstörung ihren Höhepunkt erreichte und die hochstehende Wissenschaft und Technologie – genau die Wissenschaft und Technologie, die in diesem Krieg eingesetzt worden war – aufgrund der enormen Zerstörung der Infrastruktur nicht länger aufrechterhalten werden konnte, erkannten beide Seiten, dass alles verloren war. Sie vereinbarten, so viel wie möglich von ihrer Wissenschaft und Technologie zu retten, indem sie eine ausgefeilte Symbolsprache ersannen, die entschlüsselt werden sollte, sobald die Zivilisation wieder eine ähnliche Stufe der wissenschaftlichen und sozialen Entwicklung erreicht haben würde. Die Strategie zielte auf langfristiges Überleben und schließlich Wiedererschließung ab. Beiden Seiten war vollkommen klar, dass die tatsächliche Bedeutung der Symbole kurzfristig betrachtet wahrscheinlich verloren gehen würde. Nichtdestotrotz wurden geheime Bruderschaften gegründet, die diese Symbole bewahren und weitergeben und, soweit möglich, mit der Dekodierung und Wiederherstellung genau der Wissenschaft und Technik beginnen sollten, die zum Untergang der Zivilisation geführt hatte.

Man darf wohl annehmen, dass jede Seite parallel dazu eine Bestandsaufnahme der ihr verbliebenen wissenschaftlichen und technischen Werte durchführte und dieses Wissen versteckte, um eine mögliche Wiederentdeckung und Wiederbenutzung vorzubereiten. Ebenso kann man annehmen, dass die „Sieger“ des besagten Krieges die Werte und Technologien der „Verlierer“ katalogisierten und konfiszierten und das zerstörten, was sich nicht transportieren oder in sonstiger Weise nutzen ließ; ebenso untersagten sie den Besiegten sicherlich die Weiterentwicklung und Anwendung ihrer Technologien.

Wenn das alles ziemlich vertraut klingt und an das Vorgehen der siegreichen Alliierten gegenüber den besiegten Deutschen nach dem Ersten und Zweiten Weltkrieg erinnert, dann ist der Leser auf der richtigen Spur.

In unserem imaginären Szenario gehen wir jedoch von einem noch zerstörerischen Krieg aus, und wir nehmen an, dass die wissenschaftlichen und technologischen Errungenschaften ein so hohes Niveau erreicht hatten, dass sich unsere modernen Zerstörungsinstrumente dagegen wie Kindergewehre ausmachen würden. Wir wollen weiter annehmen, dass diese mystische Gesellschaft weit im Kosmos verbreitet war und der Krieg ein wahrhaft kosmisches, interplanetarisches Ausmaß erreichte, so dass alle späteren Zivilisationen und Kriege nur Schatten waren, die den langen Aufstieg zu einem ähnlich hohen Entwicklungsstand begleiteten. Die Strategie der Bestandsaufnahme, des Versteckens von Technologien und Wissenschaften, der Erschaffung komplexer Symbole und der Gründung von geheimen Bruderschaften, die dies alles bewahren sollten, geht weit über die Aktivitäten der siegreichen Alliierten oder der besiegten Deutschen in jüngster Vergangenheit hinaus. Der Umfang war also größer, während sich die Aktivitäten und Strategien kaum voneinander unterschieden.

An einem Pol haben wir also eine im Nebel der Vorgeschichte verlorene und in zahlreichen Mythen und alten Epen beschriebene, äußerst hochtechnisierte und hochstehende Zivilisation, die sich selbst vor Äonen von Jahren in einem interplanetarischen Krieg zerstörte, einem Krieg, der sie die Wissenschaft kostete, auf der ihr fabelhafter Wohlstand und ihre Macht gegründet waren. Nach den katastrophalen Ereignissen bemühten sich die, die von dieser Zivilisation übrig geblieben waren, so viel wie möglich von ihrem Wissen zu bewahren, um es schließlich eines Tages wiedererschließen zu können. So entstanden die Geheimgesellschaften, Mysterienschulen und Zivilisationen, die den Stempel dieses alten Vermächtnisses trugen. Unter ihnen finden wir auch die zwei Zivilisationen, mit denen wir uns hier näher befassen wollen: die mesopotamischen Kulturen von Sumer, Babylon und Assyrien auf der einen Seite und Ägypten auf der anderen Seite. Bestimmte Elemente innerhalb dieser Kulturen begannen bald mit der Konsolidierung und Ausweitung ihrer Macht und konnten folglich zumindest einen Teil des wissenschaftlichen Vermächtnisses ihrer Vorgänger bewahren, denn genau dieses wissenschaftliche Vermächtnis – so verzerrt, zerstört und fragmentiert es aufgrund des Krieges auch war – bildete die Grundlage ihrer Macht.[2] Die Kriegsparteien, also die „Guten“ und die „Bösen, die Sieger und die Besiegten, gingen teilweise in den Untergrund, die einen, um die verlorene wissenschaftliche Fülle zum Wohl aller zu bergen

2 Die Geschichte dieses sehr frühen kosmischen Krieges findet sich in meinem Buch „The Cosmic War: Interplanetary Warfare, Modern Physics, and Ancient Texts“, Adventures Unlimited, 2006.

und zu bewahren und die anderen, um sie sich wieder anzueignen und damit erneut nach Hegemonie und Weltherrschaft zu streben. Zwischen den Gegnern schwelte verdeckt – über Jahrtausende hinweg – eine Art Guerillakrieg. Zeitweilig wurde sogar eine Détente vereinbart, da beide Seiten nach dem Krieg bis zu einem gewissen Grad die guten Dienste und das Wohlwollen des Gegners brauchten, um zu überleben. Entspannung bei gleichzeitiger verdeckter Kriegsführung: Mit dieser Dynamik werden wir uns im Laufe dieses Buches ständig auseinandersetzen müssen.

Am anderen Pol traf sich in wesentlich jüngerer Zeit nach einem weiteren uns wohl bekannten Krieg die goldene Bank- und Wirtschaftselite Europas und Nordamerikas in ganz ähnlicher Weise und tagte vom 29. bis 31. Mai 1954 in einem kleinen Hotel namens Bilderberg[3] in Oosterbeek, Holland. Bis zum heutigen Tag wird das heimliche jährliche Treffen der superreichen Klasse internationaler Bankster mit dem Namen des Ortes bezeichnet, an dem es zum ersten Mal stattfand: Bilderberg-Gruppe. Sie – oder genauer gesagt, die internationale Klasse der sehr Wohlhabenden, die sie vertritt – weist alle klassischen Anzeichen dafür auf, dass sie die historischen und wissenschaftlichen Lektionen von ihren ägyptischen und babylonischen Vorfahren gelernt hat, und nicht nur diese, sondern, was noch wichtiger ist, die von *deren* Vorgängern, denn Ägypten und Babylonien waren davon nur ein schwacher Abglanz.

Der Zeitpunkt des Treffens – 1954 – ist ebenfalls bemerkenswert, denn einige behaupten, dass Präsident Dwight D. Eisenhower sich 1954 an einem Ort in Kalifornien heimlich mit einer „außerirdischen Delegation" traf. Andere dagegen glauben, dass Eisenhower sich keineswegs mit Außerirdischen, sondern mit sehr irdischen Nazis in deren geheimem Hauptquartier in Argentinien traf.[4] Zur gleichen Zeit – also etwa 1954 – zeigte die Luftwaffe der Vereinigten Staaten ein deutliches, wenn auch streng geheim gehaltenes Interesse an den Forschungen des in Argentinien lebenden Nazi-Wissenschaftlers Dr. Ronald Richter über freie Energie und deren vielversprechende Möglichkeiten für fortschrittliche Antriebssysteme und Energienutzung.[5] Zu dieser Zeit verschwand die Diskussion über Antigravitationsphysik aus der öffentlich zugänglichen Literatur.[6] Betrachtet man

---

3 Daniel Estulin, op. cit., S. 19-20.

4 Joseph P. Farrell,; „The Nazi International", Adventures Unlimited Press, 2009, S. 300-301.

5 Ebd., S. 249-350.

6 Dieser Umstand fiel verschiedenen Autoren und Forschern auf, allen voran Nick Cook, Autor des Buches „The Hunt for Zero Point" und Michael Schratt, Herausgeber einer exzellenten DVD-Präsentation mit dem Titel „That's Classified: USAF Secrets Revealed", Michael Schratt, Crystal Lake, Illinois.

die ungewöhnliche Synchronizität dieser so verschiedenen Ereignisse als nicht zufällig, sondern vermutet einen irgendwie gearteten Zusammenhang, so lässt sich daraus der Schluss ziehen, dass in finanziellen Kreisen ein starkes Interesse an Höherer Physik besteht und der Kampf um finanzielle und technologische Hegemonie auf subtile Weise damit verknüpft ist.

Zwischen diesen ungleichen *historischen* Polen – einem, der extrem weit in die Vergangenheit reicht und einem aus ganz moderner Zeit – spielt sich die Geschichte also ebenfalls ab.

Offenbar haben wir es – zumindest in der modernen Zeit – mit etwas zu tun, was sehr nach einer Verschwörung aussieht. Und wie bei allen Verschwörungen gibt es verschiedene „Faktionen", also Gruppen, die um die höchste Macht wetteifern, sich aber aus welchen Gründen und aufgrund welcher Umstände auch immer zeitweilig zusammenschließen und gemeinsame Sache machen, um ihr erklärtes Ziel der globalen Herrschaft und Hegemonie zu erreichen. Die Verschwörer, wer auch immer sie sein mögen, erscheinen daher an beiden Polen der Geschichte. Nach dem entsetzlichen, zerstörerischen Krieg legten sie ihre Waffen nieder und begannen gemeinsam an ihrer unmittelbaren Zukunft zu arbeiten. Kurz gesagt, sie einigten sich auf eine friedliche Koexistenz, eine Politik der Entspannung.

Doch wie alle Entspannungsvereinbarungen ist auch diese zum Scheitern verurteilt, denn es können sich Meinungsverschiedenheiten über die Mittel und Wege zur Erreichung des Ziels ergeben. Und sie werden sich letztendlich ergeben – wenn es nicht schon geschehen ist – und zwar über die Frage, welche Faktion am Ende die Führung übernehmen wird. In dieser Hinsicht ähnelt die moderne Situation ihrer „paläoantiken" Vorgängerin, der Hochkultur, die sich selbst zerstörte und ihr Vermächtnis danach rasch an andere Zivilisationen weitergab, wozu sie Mysterienschulen, priesterliche Bruderschaften und die Klasse der reichen Kaufleute und Goldschacherer gründete. Diese sollten einen Aspekt der verlorenen Wissenschaft nutzen – die finanzielle und wirtschaftliche „Alchemie" – um damit den anderen Aspekt zu retten, nämlich die verlorene Physik der alchemistischen Manipulation des physikalischen Mediums selbst.

Somit haben wir die beiden anderen Pole, zwischen denen sich diese Geschichte bewegt: die Physik auf der einen Seite und die Wirtschaftswissenschaft der Hochfinanz und ihrer Schwester der Wissenschaft des „Social Engineering" auf der anderen Seite. Insgesamt haben wir also vier Pole: zwei sehr weit auseinander liegende zeitliche Pole und zwei konzeptionelle oder disziplinäre Pole, die offenkundig durch ihren jeweiligen Gegenstand und ihre Methodik weit voneinander getrennt sind. Aus all den genannten Gründen ist unsere Geschichte zum einen historisch, bewegt sich zum anderen aber auch in der merkwürdigen und schwer zu greifenden Welt höchst abstruser Physik und der gleichermaßen abstrusen Welt der Finanz. Die Beziehung zwischen den beiden Gebieten ist allerdings noch abstruser. Alles in allem handelt es sich also um eine interdisziplinäre Geschichte.

Ehe wir fortfahren, sollten wir die bisherigen Feststellungen noch einmal zusammenfassen und klarstellen, was dieses Buch aufzeigen möchte:

1) In alter wie auch in neuer Zeit gab und gibt es eine „internationale, begüterte Klasse“, die ihre Macht aus ihrem Verständnis und der Manipulation der Wissenschaft der Hochfinanz und aus der Monopolisierung der Geldschöpfungsmacht in ihrer privaten Hand ableitet;

2) Diese Klasse führte an beiden Enden des historischen Pols äußerst zerstörerische Kriege. In paläoantiker[7] Zeit erreichte der Krieg interplanetarische Ausmaße und führte zur Fragmentierung der physikalischen und wirtschaftlichen Komponenten einer einst einheitlichen, integrierten wissenschaftlichen Weltsicht, in der diese Komponenten früher zusammengefasst waren.

3) Das Ergebnis dieses kosmischen Krieges in alter Zeit war die Gründung von Zivilisationen und Geheimorganisationen, die das Erbe dieser alten Zivilisation antraten, und in denen sich die begüterte Klasse rasch etablierte; zumindest ein Teil des Wissen der Alten über Hochfinanz und deren Beziehung zur Physik verblieb damit in den Kreisen dieser Gesellschaften.

4) Nachdem sie sich etabliert hatte, vereitelte diese Klasse alle Anstrengungen zur Wiederentdeckung der physikalischen Komponente des alten wissenschaftlichen Vermächtnisses und blockierte alle Bemühungen derjenigen, die im Lauf der Jahrtausende diese wiederfinden und *den Massen zur Verfügung stellen* wollten. Der Grund, warum solche Versuche stets blockiert wurden, bestand darin, dass ansonsten die Hegemonie der Klasse unwiederbringlich verloren gewesen wäre.

---

7 Ich prägte den Begriff „paläoantik“ in meinem ersten Buch „Der Todesstern Giza“, engl. „The Giza Death Star“, um damit auf das hohe Alter dieser hochstehenden Zivilisation hinzuweisen, die noch vor den bekannten klassischen Kulturen der Ägypter und der Sumerer und den vedischen und chinesischen Zivilisationen existierte.

Also ging der paläoantike „kosmische Krieg", über den ich an anderer Stelle ausführlich berichtete, in den Untergrund. Er wurde zu einem verdeckten Krieg, einem Guerillakrieg, der über die Jahrtausende hinweg gezeichnet war vom Kampf derjenigen, die ihre Macht erhalten wollten, indem sie die verloren gegangene Einheit zwischen Hochfinanz, Wirtschaft und Physik wiederherstellten und sie für sich monopolisierten, um die Menschheit zu versklaven, und denjenigen, die nicht nur diese verlorene Einheit wiederherstellen, sondern sie auch „demokratisieren" und mit der großen Masse der Menschheit teilen wollten.

Dieses Buch bewegt sich also nicht nur zwischen zwei zeitlich weit auseinander liegenden und zwei disziplinären Polen – Physik und Hochfinanz – die sich scheinbar hinsichtlich ihres Gegenstands und ihrer Methodik unterscheiden, es befasst sich auch mit der Dynamik dieses Konflikts, den die Bankster, aus Gründen, die im Laufe dieses Buches noch deutlich werden, verlieren müssen, wie außerordentlich groß ihre Macht und die byzantinische Raffinesse ihre Pläne und Intrigen auch sein mögen.

Aber, so wird der Leser fragen, geht die Einbeziehung des ersten Treffens der Bilderberger in diese Jahrtausende alte Geschichte nicht ein bisschen zu weit?

Im Gegenteil, die Beweise zeigen ganz eindeutig in diese Richtung. Um das erkennen zu können, muss man die Treffen der Bilderberger, und insbesondere das erste Treffen genauer unter die Lupe nehmen. Bisher hat noch niemand diese Tagungen eingehender untersucht und aufgedeckt als Daniel Estulin, und deshalb möchte ich mich an dieser Stelle mit seinem Werk befassen.

B. Estulins Untersuchungen und die Standarderklärungen

Estulin, ein in Kanada lebender russischer Emigrant, begann sich für die Bilderberg-Gruppe zu interessieren, als er gemeinsam mit anderen 1996 die Bilderberg-Verschwörung zur Zersplitterung Kanadas und die geplante „Einverleibung" von Landesteilen in die USA aufdeckte.[8] Estulin war von einem KGB-Agenten auf diese Verschwörung aufmerksam gemacht worden, den er „Vladimir" nennt. Dabei entgingen er und sein Informant nur knapp dem Tod. Als sie beide gerade in einen Lift steigen wollten, hielt sein

8 Daniel Estulin, op. cit. Seiten ii, 6-7, 16-17.

Informant ihn im letzten Moment zurück und zeigte ihm, dass dem Lift der Boden fehlte![9] Diese beiden Ereignisse drängten Estulin dazu, so viel wie möglich über die Bilderberg-Gruppe in Erfahrung zu bringen. Ich werde mich hier eng an das Ergebnis seiner Untersuchungen mit dem Titel „The True Story of the Bilderberg Group" halten. Hinter den Erkenntnissen, die er in seinem Werk veröffentlicht, steckt jedoch etwas ganz anderes als Estulin und andere, die sich mit der Gruppe beschäftigt haben, vermuten.

Bevor ich hier deutlicher werden kann, möchte ich erst einmal aufzeigen, was Estulin tatsächlich über die Gruppe herausgefunden hat.

B.1. Estulins Quellen

Estulins Buch ist ausführlich dokumentiert und enthält zahlreiche Fotos, echte Fotos von Bilderberg-Einladungen, etc. Wie gelangte er zu solchem Insider-Wissen? Seine Antwort ist ganz einfach: „Ohne die Hilfe der ‚ehrenhaften Opponenten' innerhalb und außerhalb der Gruppenmitgliedschaft hätte ich das niemals erreichen können."[10] Später erklärte er, wer seine Quellen waren: Hotelpersonal – Köche, Hoteldiener, Kellner, Reinigungskräfte und andere Hotelangestellte, die die Bilderberger so besonders gründlich untersucht hatten![11] Wie sich zeigte, erhielt Estulin auch wichtige Hilfe von russischen Geheimagenten. Diese Tatsache wird noch eine wesentliche Rolle spielen, wenn es darum geht, am Ende dieses Buches Schlussfolgerungen zu ziehen, zeigt sie doch, dass ausländische Geheimdienste, besonders derjenigen Nationen und Machtblöcke, die nicht unter dem Einfluss der Bilderberger stehen, die Pläne dieser selbsternannten globalen Elite sehr sorgfältig und genau beobachten.

---

9 Daniel Estulin, op. cit. Seiten ii, 6-7, 16-17.

10 Ebd., S. ziv.

11 Ebd., S. 10

B.2. Protokolle

B.2.1. Teilnehmer

Wer sind die typischen Teilnehmer an den Bilderberg-Treffen?

Nach Estulin sind es die Leute, die man bei einer solchen Versammlung der selbsternannten Weltelite erwarten würde:

> An dem jährlichen Treffen nehmen die Präsidenten des Internationalen Währungsfonds, der Weltbank und der Federal Reserve, die Chefs der 100 mächtigsten Unternehmen der Welt, wie Daimler-Chrysler, Coca-Cola, British Petroleum (BP), Chase Manhattan Bank, American Express, Goldman Sachs und Microsoft, die Vizepräsidenten der Vereinigten Staaten, die Leiter von CIA und FBA, die Generalsekretäre der NATO, amerikanische Senatoren und Kongressmitglieder, europäische Premierminister und Führer von Oppositionsparteien sowie führende Herausgeber und leitende Angestellte von führenden Zeitungen der Welt teil.[12]

Eine solche Gruppenliste liest sich wie das Who's Who der Mächtigen der westlichen Welt:

> Alle US-Präsidenten seit „Ike" Eisenhower gehörten der Bilderberg-Gruppe an. Sie besuchten die Treffen nicht unbedingt selbst, sondern entsandten oft ihre Vertreter. Weitere Mitglieder sind Ex-Premierminister Tony Blair und die meisten führenden Mitglieder der britischen Regierung. Sogar Kanadas prominenter ehemaliger Premier Pierre Trudeau zählte zu den Mitgliedern. Zu den ehemaligen Teilnehmern der Bilderberg-Treffen zählten auch Alan Greenspan, der ehemalige Leiter der Federal Reserve, Hillary und Bill Clinton, John Kerry, Melinda und Bill Gates und Richard Perle.
>
> Dazu gehören auch die Menschen, die lenken, was Sie sehen und hören sollen – Medienbarone wie David Rockefeller, Conrad Black (der mittlerweile in Ungnade gefallene ehemalige Inhaber von über 440 Medien überall auf der Welt, von *The Jerusalem Post* bis zu Kanadas neuester Tageszeitung *The National Post*), Edgar Bronfman, Rupert Murdoch oder Sumner Redstone, CEO von Viacom, einem internationalen Medienkonglomerat, das praktisch jeden wichtigen Bereich der Medienindustrie berührt. Sie alle haben das Geheimnis dieser

12 Daniel Estulin, op. cit.,xiv.

> Geheimgesellschaft gewahrt und aus diesem Grund ist Ihnen der Begriff „Bilderberg“ vielleicht noch unbekannt.[13]

Bei einer solchen Konzentration politischer, finanzieller und medialer Macht ist es verständlich, dass die Treffen weitgehend im Geheimen abgehalten wurden.

Die obige Liste erzählt aber noch nicht die ganze Geschichte. Auch die zu den jährlichen Treffen eingeladenen Einzelpersonen verdienen nähere Beachtung. Dazu schreibt Estulin:

> Es ist wichtig, zwischen den aktiven Mitgliedern zu unterscheiden, die jährlich[14] mitarbeiten und anderen, die nur gelegentlich eingeladen werden. Etwa 80 Personen gehören zu den regelmäßigen Mitgliedern und nehmen schon seit vielen Jahren teil. Nebenfiguren, die eingeladen werden, um über bestimmte Themen aus ihrem Einflussbereich und über ihr professionelles und akademisches Wissen zu berichten, haben keine Vorstellung davon, welche Struktur hinter der Bilderberg-Gruppe steckt. Sie ahnen nicht im Entferntesten, welche größeren Ziele und globale Agenda die Gruppe verfolgt. Ein paar wenige Auserwählte werden eingeladen, weil die Bilderberger sie für nützliche Werkzeuge im Rahmen ihres globalistischen Plans halten. Dafür verschaffen sie diesen Personen später besondere Machtpositionen. Wenn die Eingeladenen allerdings nicht gleich beim ersten Mal überzeugen, werden sie links liegen gelassen.

Es ergibt sich folgende Struktur:

1) *Regelmäßige Teilnehmer* – Menschen wie David Rockefeller und Henry Kissinger vertreten die grundlegenden finanziellen und politischen Interessen der Gruppe;

13 Daniel Estulin, op. cit., S. 22-23. Estulin führt US-Verteidigungsminister William Perry, den Kanadier Jean Chretien, den allgegenwärtigen finsteren Henry Kissinger, David Rockefeller, George Soros und verschiedene Mitglieder der belgischen, spanischen und niederländischen Königshäuer als Teilnehmer des Treffens von 1996 auf, bei dem versucht wurde, Kanada auseinanderzubrechen; siehe S. 5. Weitere Namen nennt Estulin auf S. 28-29. Kanada sollte faktisch dadurch gesprengt werden, dass Quebec einseitig seine Unabhängigkeit erklärt. Daraus sollte die Zersplitterung Kanadas resultieren und die USA sollten sich die Stücke nach und nach bis zum Jahr 2000 einverleiben (S. 4-5). Die verächtliche Haltung der Bilderberger für die Ansichten der normalen Bevölkerung – Ansichten, die sie durch ihre Medienorgane mitkreieren und manipulieren – lassen sich wohl kaum deutlicher veranschaulichen, als anhand dieses idiotischen Komplotts. Man kann sich schwer vorstellen, dass es den französischsprachigen Quebecern in einer Union mit den USA besser gehen könnte als im kanadischen Herrschaftsgebiet. Wahrscheinlich wären die Auswirkungen negativ gewesen.

14 Daniel Estulin, op. cit., S. 33.

2) *Gelegentliche Teilnehmer* oder deren Vertreter vertreten eine ähnliche Gesinnung, werden aber nur eingeladen, soweit die Situation es erfordert;

3) *Profis und Akademiker*, deren Erfahrung und Fachwissen in bestimmten Situationen benötigt wird, vermutlich, um bestimmte Strömungen innerhalb ihres Spezialgebietes zu analysieren und über diese zu berichten und um Vorhersagen zu treffen und „Empfehlungen" auszusprechen.

Im weiteren Verlauf dieses Buches werden wir sehen, wie sich diese drei Gruppen im Einzelnen zusammensetzen, denn innerhalb dieser Gruppen gibt es noch weitere Untergruppen:

> Jedes Land entsendet eine Delegation, die typischerweise aus drei Personen besteht, einem führenden Industrieboss, einem hochrangigen Minister oder Senator und einem Intellektuellen oder Herausgeber einer führenden Zeitung. Die Vereinigten Staaten entsenden stets die größte Teilnehmergruppe, während kleineren Ländern wie Griechenland und Dänemark höchstens zwei Sitze zur Verfügung gestellt werden. Zu den Konferenzen erscheinen bis zu 130 Delegierte. Zwei Drittel der Teilnehmer kommen aus Europa, der Rest aus den Vereinigten Staaten und Kanada. (Mexikanische Globalisten gehören einer weniger mächtigen Schwesterorganisation an, der Trilateralen Kommission).
>
> Ein Drittel der Delegierten kommt aus Regierungs- und Politikerkreisen, die anderen zwei Drittel stammen aus den Bereichen Industrie, Finanz, Bildung, Arbeit und Kommunikation. Die meisten Delegierten sprechen fließend Englisch und beherrschen Französisch als optionale Zweitsprache.[15]

An dieser Stelle bedarf es einer genaueren Analyse. Beachten Sie folgende Schwerpunkte:

1) Die Bilderberg-Gruppe neigt stark zu einer europäischen Sichtweise, obwohl die USA die größte Einzeldelegation stellen;

2) Der Schwerpunkt der Gruppe liegt im privaten Sektor, nicht im Bereich Politik oder Regierung, und die wichtigsten Mitglieder kommen aus der Welt der Finanz, der Industrie, der Arbeit und der Wissenschaft.

---

15 11 Daniel Estulin, op. cit., S. 26-27.

Daraus kann man berechtigterweise den Schluss ziehen, dass sich die Bilderberg-Gruppe, auch wenn sie offenkundig versucht die verschiedenen inneren Gruppierungen und Interessen zu einer „Einheitsfront“ für die gemeinsame Sache zu vereinen, in zwei große Faktionen aufspaltet, die wiederum in zwei Unterfaktionen zerfallen:

1) Die „europäische“ Faktion

2) Die „nordamerikanische“ Faktion (ohne Mexiko)

Innerhalb dieser zwei Faktionen gibt es jeweils:

a) Die Faktion der Politiker und Regierungsmitglieder, der es auf die Rolle der öffentlichen Machtinstitutionen und der Bürokratien ankommt, die unweigerlich zusammen mit diesen Machtinstrumenten auftauchen;

b) die private Finanzfaktion,[16] die das Privatmonopol der Geldschöpfung betont und auf der dominanten Rolle gegenüber anderen großen Privatsektoren wie Arbeit, Medien, Wissenschaft, etc. besteht.

Diese insgesamt vier internen Faktionen werden noch bedeutsam werden, wenn wir im Laufe dieses Kapitels die Motive für die Gründung der Bilderberg-Gruppe analysieren. Sie werden sehen, dass der Autor hier erheblich von der Standardmeinung über den tatsächlichen Zweck und die Macht der Bilderberger abweicht.

Merken Sie sich aus den bisherigen Feststellungen Folgendes: Die private europäische Faktion dominiert hinsichtlich der Anzahl ihrer Vertreter. Das wird auch aus der Tatsache offenkundig, dass die Gruppe „seit ihrer Gründung von einem kleinen inneren Kern gelenkt wird, den seit 1954 ein Komitee ‚weiser Männer‘ aus einem europäischen Vorsitzenden, einem europäischen und einem US-amerikanischen Generalsekretär und einem Schatzmeister ernennt.“[17]

Anschließend fügt Estulin seiner Aufzählung typischer Bilderberg-Teilnehmer noch ein wichtiges Detail hinzu. Nach einer inoffiziellen Pressemitteilung werden die Teilnehmer aus einer Liste „wichtiger, respektierter Personen, die aufgrund ihrer speziellen Kenntnisse, persönlichen Kontakte und ihres Einflusses in nationalen und internationalen Zirkeln zu den Zielen

16 Unter „Finanz“ verstehe ich in diesem Zusammenhang die Institutionen, insbesondere die zentralen Privatbanken wie die Federal Reserve, die Bank von England, etc., die über die private Macht verfügen, wirtschaftliche Mittel des Austausches oder Schuld- und Kreditinstrumente oder Ähnliches zu schaffen.

17 Daniel Estulin, op. cit., S. 27.

und Ressourcen der Bilderberg-Gruppe beitragen können“[18] ausgewählt. In der Gruppe der „privaten“ Teilnehmer unterscheidet man im Wesentlichen zwischen sechs typischen Profilen:

1) Industriellen;

2) Finanziers;

wie bereits ausgeführt; doch dann wird die Liste interessant:

3) *Ideologen*;

4) Militärs;

5) Spezialisten wie Rechtsanwälte, Journalisten, Ärzte, etc. und

6) Gewerkschaften.[19]

Man wird sich fragen, welche *Art* von Ideologen hier gemeint ist.

Viele Menschen haben versucht, diese Frage zu beantworten und die wahren Gründungszwecke und Ziele der Gruppe zu ergründen. Die Literatur über die Bilderberg-Gruppe ist daher voll von Dokumentationen und Spekulationen über die Art von Ideologen, die an den Treffen teilnimmt. Genannt wird ein breites Spektrum, das von Fabian-Sozialisten, Globalisten, Befürwortern einer Weltregierung über Tier- und Umweltaktivisten oder Feministen bis hin zu Befürwortern der Geburtenkontrolle und der *Bevölkerungsreduzierung* und ähnlichen Kategorien reicht.

Ein Ideologentypus wird jedoch *selten* genannt, und selbst wenn, dann entgeht sogar den scharfsichtigsten Verschwörungsforschern meist, was sich daraus hinsichtlich der wahren Gründungszwecke der Gruppe und der äußerst seltsamen „Union“ der vier vorgenannten Faktionen schlussfolgern lässt. Auch diese wenigen Forscher begnügen sich also mit der „Standarderklärung“ – auf die wir in diesem Kapitel noch zu sprechen kommen werden. Sie schreiben der Gruppe eine monolithische Struktur und eine nahezu allwissende und unfehlbare Macht zur Erreichung ihrer Ziele zu. Damit entgehen ihnen die bedeutenden Signale der jüngsten Zeit, die darauf hinweisen, dass, wie in vergleichbaren Gruppen auch, erhebliche Konflikte zwischen den Faktionen bestehen.

Wie gelingt es dieser Schattengruppe eigentlich, ihre Existenz und ihre Treffen geheim zu halten? Man sollte annehmen, dass ein alljährlich stattfindendes Treffen der westlichen Elite und der Mächtigen, das seit 1954

18 Daniel Estulin, op. cit., S. 27.

19 Ebd., S. 86.

stattfindet, zumindest *ein gewisses Maß* an Aufmerksamkeit erregt hätte, sogar in den strikt von der Gruppe kontrollierten Medien.

B.2.2. Vorabkontrolle, Sicherung und Bekanntgabe des Tagungsortes

Die Antwort liegt in den außergewöhnlichen Sicherheitsvorkehrungen, die nicht nur die Treffen selbst, sondern vor allem deren Vorbereitung umgeben und die von der Auswahl des Tagungsortes bis zum Zeitpunkt von dessen Bekanntgabe alles abdecken.

> Nach Angaben einer Quelle innerhalb des Lenkungsausschusses „müssen die geladenen Gäste alleine kommen, ohne Ehefrauen, Freundinnen, Ehemänner oder Freunde. Persönliche Assistenten [sprich schwerbewaffnete Bodyguards, meist aus den Reihen ehemaliger Agenten des CIA oder SIS (Secret Intelligence Service, auch bekannt als MI6)] dürfen nicht an der Konferenz teilnehmen und müssen ihre Mahlzeiten in einem separaten Speisesaal einnehmen. Nicht einmal David Rockefellers persönlicher Assistent darf ihn zum Mittagessen begleiten. Den Gästen ist es ausdrücklich untersagt, Journalisten Interviews zu geben."
>
> Um die Aura hermetischer Abgeschlossenheit zu wahren, buchen die Bilderberger für die Dauer der Konferenz, die sich meist über drei bis vier Tage erstreckt, ein ganzes Hotel. Sie lassen alle anderen Gäste vom CIA und dem örtlichen Geheimdienst aus dem Gebäude ausquartieren, um die private Ungestörtheit und Sicherheit der Teilnehmer sicherzustellen. Alle Pläne der Hotelanlage unterliegen der Geheimhaltung, das Personal wird gründlich überprüft, die Loyalität der Mitarbeiter wird sichergestellt und ihr Hintergrund und ihre politische Ausrichtung werden unter die Lupe genommen. Verdächtige Personen werden während der Konferenzdauer ausgeschlossen.
>
> Die Regierung des Gastlandes kümmert sich um alle Sicherheitsbelange der anwesenden Teilnehmer und ihrer Begleitpersonen. Sie übernimmt auch die Kosten für militärischen Schutz, Geheimdienstüberwachung, den Einsatz nationaler und lokaler Polizeikräfte und für zusätzliche private Sicherheitskräfte, die den Schutz der Privatsphäre und Ungestörtheit der allmächtigen Weltelite gewährleisten sollen. Die Teilnehmer brauchen die Vorschriften und Regelungen des Gastlandes nicht zu beachten. Sie müssen sich keiner Zollkontrolle unterziehen und keine gültigen Papiere wie beispielsweise Reisepässe mit sich führen. Das alles ist für Bilderberg-Besu-

cher nicht erforderlich. Bei den Treffen darf sich niemand, der nicht „dazu gehört“ dem Hotel nähern. Die Elite bringt häufig eigene Küchenchefs, Köche, Kellner, Sekretärinnen, Telefonanlagen nebst Telefonisten, Hilfskräfte sowie Reinigungs- und Sicherheitskräfte mit.[20]

Eine weitere Sicherheitsmaßnahme besteht darin, den Teilnehmern, die vier Monate vor dem Treffen eingeladen werden, den Tagungsort erst eine Woche vorher bekannt zu geben. Alle Dokumente, die den Teilnehmern zugestellt werden, werden persönlich an sie adressiert und tragen den Stempel „persönlich und streng vertraulich; Veröffentlichung untersagt“.[21]

Erkennen Sie, was das bedeutet? Bei solchen Treffen der Superreichen und Mächtigen mit all ihren Kontakten zu Bank-, Medien- und Regierungskreisen geht es nicht nur um die Sammlung von Wissen und die Verbreitung und den Austausch von Informationen, sondern es existiert auch ein eigenes internationales Klassifizierungssystem. Man kann annehmen, dass die *Inhalte* der Publikationen von Delegation zu Delegation variieren. Man kann ebenfalls annehmen, dass bestimmte Personen mehr Informationen erhalten als andere – und somit einen höheren „Berechtigungsstatus“ innehaben.

B.2.3. Die Sitzungen und ihre Regeln

Bei jedem Treffen finden täglich vier Sitzungen statt, „zwei am Vormittag und zwei am Nachmittag“, mit Ausnahme des Samstags. An diesem Tag steht der Nachmittag für Freizeitaktivitäten zur Verfügung.[22] Für die Sitzungen gilt eine „rotierende alphabetische Ordnung“, das heißt, in einem Jahr sitzen die „As“ in der ersten Reihe, im nächsten die „Zs“ und so weiter.[23]

Bei allen Sitzungen werden die Vorschriften des Royal Institute of International Affairs befolgt. Diese besagen, dass zwar Diskussionsinhalte ausgetauscht werden dürfen, die Identität der Personen, die gewisse Aussagen treffen und die Identität der anwesenden Teilnehmer aber nicht preisgegeben werden dürfen. Außerdem obliegt es den Teilnehmern, Stillschweigen über die auf den Treffen der Bilderberg-Gruppe erhaltenen Informationen zu wahren.[24]

---

20 Daniel Estulin, op. cit., S. 25.

21 Ebd., S. 30-31.

22 Ebd., S. 26.

23 Daniel Estulin, op. cit., S. 26.

24 Ebd., S. 27.

B.3. Ziele und Geschichte: Die Schikanen der Bilderberger

Laut Estulin erstellte die Bilderberg-Gruppe 1989 ein Dokument, aus dem hervorgeht, dass das erste Treffen im Jahr 1954

> „aus der von vielen führenden Bürgern auf beiden Seiten des Atlantiks geäußerten Besorgnis resultierte, dass Westeuropa und Nordamerika nicht so eng zusammenarbeiteten, wie sie dies in Fragen von wesentlichem Belang tun sollten. Man war der Überzeugung, dass regelmäßige, diskrete Diskussionen dazu beitragen könnten, ein besseres Verständnis für die komplexen Kräfte und wichtigen Tendenzen zu entwickeln, denen sich die westlichen Nationen in der schwierigen Nachkriegszeit ausgesetzt sahen."[25]

Hinter dem Wunsch, einfach nur „in diskretem Rahmen" zu diskutieren, lag jedoch von Anfang an ein weiteres Ziel verborgen:

> Nach Aussagen von Giovanni Agnelli, dem mittlerweile verstorbenen Chef von Fiat, wählten Lord Rothschild und Laurence Rockefeller, die Schlüsselfiguren von zwei der mächtigsten Familien der Welt, persönlich 100 Leute der Weltelite aus, um heimlich die Regionalisierung Europas zu betreiben. Er sagte auch: „Die europäische Integration ist unser Ziel. Dort, wo die Politiker versagen, hoffen wir Industriellen, Erfolg zu haben."[26]

Merken Sie sich dieses Ziel der europäischen Integration, denn es wird bei der Erforschung der wahren Gründungsmotive der Bilderberg-Gruppe noch eine wichtige Rolle spielen.

Innerhalb von nur 14 Jahren nach dem ersten Treffen im Jahr 1954 fassten die Bilderberger – nachdem der europäische Markt gut in Gang gekommen und dabei war, sich zur Europäischen Wirtschaftsunion und schließlich zur Europäischen Union weiterzuentwickeln – eine weit größere Vision ins Auge:

> Was George Ball während seines Vortrags mit dem Titel „Internationalisierung der Geschäftswelt", der auf der Bilderberg-Tagung vom 26.- 28. April 1968 in Mont Tremblant, Kanada gehalten wurde, gegenüber den Bilderbergern äußerte, erlaubt einen viel wahrheitsgetreueren und sehr erhellenden Einblick in die wirtschaftliche Orien-

---

25 Zitiert in Daniel Estulin, op. cit., S. 23.

26 Ebd., S. 23-24.

tierung der Gruppe. Ball, der als Wirtschafts-Staatssekretär unter JFK und Lyndon Johnson tätig war, dem Lenkungsausschuss der Bilderberg-Gruppe angehörte und als leitender Geschäftsführer für Lehman Brothers und Kuhn Loeb Inc., arbeitete, formulierte, wie die neue Bilderberg-Politik der Globalisierung aussehen sollte und wie sie die Strategien der Gruppe beeinflussen würde.

„Im Wesentlichen", so schreibt Pierre Beaudry in „Synarchy Movement of Empire", skizzierte Ball die Vorteile einer neukolonialistischen Weltwirtschaft, die auf einem *Weltunternehmen* beruht und beschreibt einige der Hindernisse, die ausgeräumt werden müssen, damit diese Strategie Erfolg haben kann. Nach Ansicht von Ball sollte zuerst und vor allem die *archaische politische Struktur des nationalen Staates* beseitigt werden."[27]

Estulin fasst zusammen, wie dieses „Weltunternehmen" nach den Vorstellungen der Bilderberger praktisch auszusehen hat. Die Ziele sind:

1) Eine internationale Identität;
2) zentralisierte Kontrolle über das Volk;
3) *Nullwachstum der Gesellschaft*;
4) *ein Zustand ständigen Ungleichgewichts*;
5) die zentrale Lenkung der gesamten Erziehung und Ausbildung;
6) die zentrale Kontrolle über die gesamte Außen- und Innenpolitik;
7) eine Machtkonzentration bei den Vereinten Nationen;
8) ein westlicher Handelsblock (eine NAFTA-ähnliche Union zwischen Nord- und Südamerika);
9) die Expansion der NATO;
10) ein einheitliches Rechtssystem;
11) ein sozialistischer Wohlfahrtsstaat.[28]

Beachten Sie die Punkte 3 und 4 (Nullwachstum und ständiges Ungleichgewicht), denn sie werden für unsere Analyse der Gründungsmotive der Gruppe noch wichtig werden.

---

27 Daniel Estulin, op. cit., S. 93, Hervorhebung im Original.

28 Ebd., S. 41-43.

Diese „bescheidenen“ Ziele beeinflussen die kritische Auswahl der Personen, die zu den Bilderberg-Treffen eingeladen werden. Wie Estulin sagt, sucht der Lenkungsausschuss der Gruppe einfach nur „nach einem begeisterten Anhänger der Eine-Welt-Ordnung und einem [...] Sozialisten.“[29] Das ist ein weiterer, wichtiger Hinwies, dem im Rahmen dieses Buches noch eine zentrale Bedeutung zukommen wird, denn im Wesentlichen besagt er, dass die Weltsicht der Bilderberg-Gruppe *in einem intellektuell geschlossenen System angesiedelt ist*; abweichende oder gegenteilige Ansichten sind bei der typischen Zusammenstellung der Gruppe nicht vertreten. Das gibt der Gruppe eine klare ideologische Färbung. Schließlich sind alle Mitglieder Ideologen, deren Ideologie, einfach ausgedrückt, auf die globale Weltherrschaft durch eine selbsternannte Elite orientiert ist. Das Ziel besteht darin, „die Welt mit oder ohne ihre Zustimmung mit Gewehren oder mit Butter zu regieren.“[30]

David Rockefeller gehört zweifellos zu den Hauptdrahtziehern und Akteuren dieser konzertierten Elite-Aktion zur Versklavung der Menschheit. Im Jahr 1972 gründeten er und sein Protégé Zbigniew Brzezinski die Trilaterale Kommission, eine Bilderberg-ähnliche Gruppe, die auch Japan und den Orient in ihre Reihen miteinschloss. Ziel war es, eine „internationale Allianz zu schaffen, die Strategien und politische Taktiken zur Konsolidierung der vier Säulen der Macht – der politischen, monetären, intellektuellen und kirchlichen – unter einer zentralen Weltregierung ausarbeiten sollte.“[31] Die „kirchliche“ Komponente ist ein langer, schmutziger Teil der ganzen Geschichte und zu kompliziert, um sie an dieser Stelle zu vertiefen, denn dafür wäre ein eigenes Buch vonnöten. Es mag hier genügen zu erwähnen, dass die Rockefeller-Stiftung viele leidenschaftliche Projekte der ökumenischen Bewegung gefördert und sich sehr für den Weltrat der Kirchen eingesetzt hat. Was diesen Aspekt anbelangt, so werden wir im zweiten Teil dieses Buches noch sehen, dass die Allianz zwischen Bankstern und einer zynischen „Tempelelite“ schon sehr lange besteht und weit in die Geschichte zurückreicht.

Jedenfalls nahm Rockefeller auf dem Bilderberg-Treffen von 1991 kein Blatt vor den Mund und erklärte, dass die „supranationale Hoheit einer Elite aus Intellektuellen und Weltbankern der seit Jahrhunderten praktizierten nationalen Selbstbestimmung sicherlich vorzuziehen ist“[32]. Bedenkt

29 Daniel Estulin, op. cit., S. 24.

30 Ebd., S. 8-9.

31 Ebd., S. 142.

32 Zitiert in Daniel Estulin, op. cit., S. 61.

man die Unfähigkeit der Bilderberg-Gruppe Standpunkte zu ertragen, die nicht in ihr „geschlossenes“ Weltbild passen, so überrascht es nicht, dass aktive Schritte unternommen wurden, um diejenigen zu entmachten, die eine gegenteilige Meinung vertraten und/oder danach handelten.

Beispielsweise waren die Bilderberger dagegen, dass sich Präsident Charles De Gaulle ein unabhängiges atomares und thermonukleares Arsenal schuf, weil Frankreich dadurch auf der geopolitischen Weltbühne zu unabhängig und nationalistisch zu werden drohte.[33] Estulin behauptet auch, dass die Bilderberg-Gruppe hinter der Entmachtung von Premierministerin Margaret Thatcher stand, weil diese sich gegen eine einheitliche Währung für Großbritannien und das restliche Europa gewehrt hatte, die zweifellos einen Verlust nationaler Souveränität für ihr Land bedeutet hätte.[34] Estulin legt sogar Beweise dafür vor, dass der italienische Premierminister Aldo Moro aus ähnlichen Gründen von der Gruppe ermordet wurde, und dass Henry Kissinger dabei seine Hand im Spiel hatte.[35] Nach Estulin stand hinter der schmutzigen Watergate-Affäre und dem Rücktritt von Präsident Richard M. Nixon in Wirklichkeit dessen Widerstand gegen das GATT-Abkommen, ein Projekt, das unweigerlich zu den NAFTA-Abkommen führen musste und schließlich in die Verschmelzung der USA, Kanadas und Mexikos zu einem regionalen Superstaat münden sollte.[36]

B.4. Vorsichtige Schlussfolgerungen und Implikationen: Die Versuchung, sich mit der üblichen Erklärung zufrieden zu geben

Solche Erwägungen führen viele Leute in die „Versuchung, sich mit der üblichen Erklärung zufrieden zu geben“, wie ich es nenne, nämlich, dass die Bilderberger und ähnliche Gruppen[37] eine mehr oder weniger monolithische Struktur aufweisen, ihre Macht und ihre Fähigkeiten nahezu unschlagbar und ihre subtilen Planungen so umfassend sind, dass sie ihre Ziele selten verfehlen und, was am wichtigsten ist, dass sie keine oder

33 Daniel Estulin, op. cit., S. 20.

34 Ebd., S. 50.

35 Ebd. S. 50-51.

36 Ebd., S. 59.

37 Ähnliche Gruppen sind beispielsweise das Royal Institute of International Affairs oder „Chatham House“, die Milner Group, der Council on Foreign Relations, die Trilaterale Kommission und andere.

nur wenige Anzeichen für einen ersthaften Bruch oder eine Zersplitterung aufgrund von Machtkämpfen *in den eigenen Reihen* aufweisen. Sie sind mit einem Wort eine Art *Bienenstock* oder eine *Herde* mit einer entsprechenden Mentalität, die sie dem Rest der Welt aufzuerlegen versuchen, um Dominanz und Hegemonie zu erreichen.

Diese Bienenstock- oder Herdenmentalität der Bilderberg-Gruppe zeigt sich in der Art und Weise, wie sie und andere Gruppen dieser Art die Welt wirtschaftlich, konzeptionell, physikalisch und politisch betrachten, denn in allen vier Bereichen glauben sie an ein *geschlossenes* System. Es ist daher erforderlich, sich grundsätzlich klarzumachen, was in diesen vier Bereichen jeweils unter einem „geschlossenen System" zu verstehen ist.

Ein geschlossenes Wirtschaftssystem basiert auf der Vorstellung, dass der Energievorrat der Erde, auf dem das Finanzsystem der Bankster gründet, auf nicht-erneuerbaren Energien wie Öl, Gas, etc. beruht. Das System ist geschlossen, weil es auf der Prämisse von *Knappheit und Nichterneuerbarkeit* beruht. Aus diesem Grund „ist den Bilderbergern daran gelegen, die Welt zu de-industrialisieren und, zunächst in den USA, alle wissenschaftlichen Entwicklungen zu unterdrücken. Besonders die Kernfusionsexperimente, die auf die friedliche Nutzung der Kernkraft in der Zukunft abzielen, werden sabotiert."[38] Beachten Sie, welche tiefgreifenden Wirkungen das Paradigma eines geschlossenen Wirtschaftssystems zeitigt. *Es zwingt die Bilderberger und ähnliche Gruppen zu aktiven Schritten, um die wissenschaftliche Entwicklung neuer Theorien und darauf beruhender Technologien zu unterdrücken, die den Energievorrat der Welt – und damit das Finanzsystem – verändern und auf eine neue Grundlage stellen würden. Die monopolisierte Finanzmacht wäre dann nicht mehr nötig, um ein Medium für Austausch und Kredit zu schaffen.* Zu solchen aktiven Schritten gehören unter anderem:

1) Die Unterdrückung physikalischer Theorien, die von „offenen Energiesystemen" ausgehen, wie die Hyperraum-Theorie, die Nullpunktenergie-Theorie und andere Theorien, aufgrund derer Technologien zur Anzapfung neuer Energien entwickelt werden könnten. Diese Theorien befassen sich mit offenen Systemen und Energievorräten, die praktisch unerschöpflich sind. Als Konsequenz müsste sich das Finanzsystem zwangsläufig drastisch ändern. Das Monopol zur Geld- und Kreditschöpfung würde verschwinden, denn auch das Finanzwesen würde zu einem offenen System werden.

38 Daniel Estulin, op. cit., S. 44.

2) Die Förderung physikalischer Theorien auf dem öffentlichen „Ideenmarkt“, die absichtlich so angelegt sind, dass sie in einer „Sackgasse“ enden müssen, weil sie den praktischen technischen Zugang zu solchen Energievorräten als „theoretisch unmöglich“ hinstellen und damit wissenschaftlichen Debatten und Diskussionen ein Ende setzen. Damit wird die Physik selbst zu einem konzeptionell geschlossenen System.

3) Die Unterdrückung von Personen, Gruppen, Unternehmen oder Ländern, die solche Energiesysteme entwickeln, unabhängig davon, ob es sich um herkömmliche Kernenergie oder exotischere Energieformen wie kontrollierte Kernfusion oder so genannte „freie Energien“ handelt.

4) Die Förderung so genannter „energiesparender“ Technologien, die im Grunde nur teure „Aufrüstungen“ existierender Technologien und Energiesysteme darstellen, und das Finanz- und Machtmonopol der Elite unangetastet lassen.

Diese Gesichtspunkte leiten fast zwangsläufig zum nächsten „geschlossenen System“, nämlich dem „konzeptionell geschlossenen System“ über.

Wie bereits mitgeteilt, fördert die Gruppe jede Art von Physik, die absichtlich in die „Sackgasse“ führt. Dabei gibt es zwei Möglichkeiten, entweder ein geschlossenes physikalisches System oder aber ein offenes physikalisches System, dessen *praktische Nutzanwendung in naher Zukunft impraktikabel und sogar theoretisch unmöglich erscheint*. Die interne Dynamik der Gruppe schließt solche Theorien also nicht nur konzeptionell aus, sie führt auch zur Konzeptionalisierung der gesamten menschlichen Erfahrung. Eine praktisch umsetzbare, offene Physik würde nicht nur zur Demokratisierung der Energie führen, sondern auch ihre Anhängsel, die finanzielle und politische Macht auf viel mehr Menschen verteilen, weil eine größere Anzahl von Menschen zu gesteigertem Wohlstand und mehr Freiheit gelangen würde. Die Gruppe beweist die Wirkung ihres eigenen geschlossenen Systems der Physik, indem sie geschlossene, monopolisierte Finanz- und Politiksysteme fördert. Das zeigt sich an der Tatsache, dass die Gruppe, wie wir bereits gesehen haben, nur solche Personen rekrutiert, die ihre Ansichten und Ziele teilt.

Damit wird ein erster Schwachpunkt offenkundig. Die Gruppe verschreibt sich in unwissenschaftlicher Weise einem geschlossenen System, in dem Fortschritt vermieden und unterdrückt werden muss und demonstriert damit ihre Unfähigkeit, sich anzupassen und sich verändernde Umstände zu tolerieren, die sie nicht kontrollieren kann. Kurz gesagt, sie kann sich nicht *weiterentwickeln* und muss daher stagnieren, dahinwelken und zugrunde gehen.

Damit kommen wir zu einem weiteren Problem der Gruppe, auf das ich bereits in früheren Büchern, Talkshows und Radiointerviews hingewiesen habe und das ich als das „Ausbreitungsproblem" bezeichne. Estulin skizziert es in folgender Weise:

> Warum hasst die Neue Weltordnung die Atomenergie so sehr? Nach John Coleman, einem früheren britischen MI6-Geheimagenten sind Atomreaktoren, die enorme Mengen billiger Elektrizität herstellen „der Schlüssel, der die Länder der Dritten Welt aus ihrer Rückständigkeit befreien könnte. Wenn sie billige Atomenergie in reichlichen Mengen zur Verfügung haben, werden die Länder der Dritten Welt allmählich von der Entwicklungshilfe der USA unabhängig, die sie bisher in einem untertänigen Status festgehalten hat und fangen an, ihre Souveränität zu beanspruchen.
>
> Weniger Entwicklungshilfe bedeutet weniger Kontrolle über die Bodenschätze eines Landes durch den IWF und größere Freiheit und Unabhängigkeit der Menschen. Die Vorstellung, dass Entwicklungsländer ihr eigenes Schicksal in die Hand nehmen könnten, stößt die Bilderberger und ihre Vasallen ab.
>
> Das wird auf Seite 13 des Grundsatzberichts der Bilderberg-Gruppe von 1955 bestätigt: „Im Bereich der Atomenergie folgte eine wissenschaftliche Entdeckung auf die andere [...]. Es konnte nicht ausgeschlossen werden, dass die Wissenschaftler immer mehr Menschen die Bombe in die Hände legen würden und sich die ‚Atombombe so zur Waffe der Armen' entwickeln könnte. Das Gleiche galt für die Entwicklung der Atomenergie für friedliche Zwecke, wo wir gleichsam das Unvorhersehbare vorhersehen mussten."[39]

Mit anderen Worten, in den ersten zehn Jahren nach dem Zweiten Weltkrieg machten sich die Bilderberger darüber Sorgen, dass die Atomenergie – und damit auch Atombomben – eine so starke Verbreitung erfahren könnten, dass der Gruppe die Kontrolle entglitte. Es wäre gelinde gesagt ein politischer Albtraum, wenn kleinere Staaten den Rest der Welt erpressen

---

39 Daniel Estulin, op. cit., S. 44-45.

könnten. Man kann also sagen, dass *einige* der Gründe für die Unterdrückung der Wissenschaften in der Tat altruistisch waren.

Damit endet der Altruismus aber auch schon, denn das virtuelle westliche Monopol auf solche Waffen in der damaligen Nachkriegsperiode ermöglichte es der Gruppe, sie den Menschen und der Welt, die sie versklaven wollte und noch immer versklaven will, „als ein letztes Mittel anzudrohen". Damit kommen wir wieder zu dem anderen Problem zurück, dem offenen System der Physik und der Energiequellen. Wie wir in diesem Buch noch sehen werden, können solche Systeme relativ leicht technisch erschlossen werden. Wenn eine solche Physik aber als Waffe missbraucht wird, könnte sich die Wasserstoffbombe dagegen wie ein Silvesterkracher ausmachen. Die Gruppe muss also einerseits versuchen, die öffentliche Erforschung und Entwicklung einer solchen Physik zu unterdrücken, um deren Ausbreitung zu vermeiden, während sie sie im Geheimen für sich selbst entwickelt, um sich ein weiteres Monopol und technische Hegemonie zu verschaffen. Wie wir noch sehen werden, besteht auch hier eine Verbindung zur frühen Geschichte.

Eine Konsequenz des Konzepts geschlossener Systeme in Physik, Wirtschaft und Finanz besteht darin, dass ständig Kriege[40] geführt werden müssen, weil die schwindenden Ressourcen von immer mehr widerstreitenden Interessengruppen umkämpft werden. Auch die Gruppe selbst ist davor nicht gefeit, denn Knappheit wird unweigerlich zu internen Faktionskämpfen führen, wenn eine Faktion mehr Ressourcen für sich beansprucht als die geplante „Weltregierung" oder das „Weltunternehmen" zu geben bereit ist.[41] Bewegt sich die physikalisch-wirtschaftliche Ordnung in einem solchen geschlossenen System, muss das System die Welt und zuletzt auch sich selbst verschlingen.

Nach ihrer eigenen Prämisse und Philosophie ist die Gruppe *dem Untergang geweiht.*

Aus diesen kurzen Überlegungen lässt sich zumindest ein Schluss ziehen: *Für die aufstrebende globale Gemeinschaft ist ein offenes System der Physik letztendlich der Schlüssel zu einem offenen System der Wirtschaft, einem offenen konzeptionellen System und zu offenen Finanz- und Politiksystemen.* Die tiefgreifende Beziehung zwischen Physik, Finanz und politischer

---

40 Daniel Estulin, op. cit., S. 95.

41 Estulin erwähnt hier den Fall der wirtschaftlichen Vergewaltigung Argentiniens durch die Bankster. Der Grund war, dass die Atommacht Argentinien weitgehend Mexikos Energiebedarf deckte, ohne die von der Gruppe und ihren Ölbaronen kontrollierten Zapfhähne zu bemühen; siehe S. 45.

Ordnung ist der Bilderberg-Gruppe und ähnlichen Gruppen natürlich nicht unbekannt, wie ihre aktive Unterdrückung eben dieser Physik und der darauf beruhenden Technologien beweist.[42] Die grundlegende Frage, der wir uns nun in diesem Buch widmen müssen, ist, warum eine solche Beziehung überhaupt besteht. Wir werden wesentliche Merkmale herausarbeiten und bestimmte Aspekte beleuchten, die zeigen, wie sich diese Verbindung im Lauf der Geschichte manifestiert hat.

C. Ungewöhnliche Gäste beim ersten Treffen und die Détente als alternative Erklärung

Wie bereits ausgeführt, bleiben bei der üblichen Charakterisierung der Gruppe und ihrer Vertreter als monolithischer, allwissender und allmächtiger Block einige äußerst bedeutsame Tatsachen außer Betracht, die sich unmittelbar auf die Untersuchung der frühen Bilderberg-Treffen auswirken, besonders derjenigen, die in den Jahren 1954 bis 1960 stattfanden. Diese Tatsachen lassen sich in drei Klassen einteilen:

1) Die Anwesenheit von zwei ungewöhnlichen Gästen mit bekanntem Nazi-Hintergrund beim ersten Treffen;

2) der größere Zusammenhang des Überlebens der internationalen Nazi-Organisation nach dem Krieg, ihr finanzielles und politisches Kapital und ihre Ziele;

3) Ereignisse – nach dem ersten Bilderberg-Treffen – die zeigen, dass es zwischen der anglo-amerikanischen Bankenelite und der internationalen Nazi-Organisation eine gewisse Verständigung gab, obwohl beide ihre eigene globalistische Agenda zur Weltherrschaft verfolgten.

Jeder der genannten Punkte muss genauer untersucht werden. Nur so können wir vielleicht zumindest einen möglichen Grund für die Gründung der Bilderberg-Gruppe verstehen.

42 Diese aktive Unterdrückung in Zusammenhang mit den Interessen der Banken wird in den folgenden Kapiteln noch genauer untersucht werden.

C.1. Zwei prominente Gäste mit Nazi-Hintergrund

Den meisten Menschen, die Recherchen über die Bilderberg-Gruppe angestellt haben, ist die Rolle von Prinz Bernhard der Niederlande als Initiator und Vorsitzender eines der ersten Treffen in den 1950ern aufgefallen, und einige, wie beispielsweise Jim Marrs, haben auch festgestellt, dass Prinz Bernhard ein früherer SS-Offizier war und als Vizepräsident des berüchtigten Chemie-Riesen I.G. Farben tätig war.[43] Bei den ersten Treffen tauchte noch eine andere wichtige Figur auf, und das Zusammenspiel dieser beiden Männer legt den Schluss nahe, dass es noch einen weiteren verdeckten Grund für die Formierung der Bilderberg-Gruppe gab.

Bei dem Mann handelt es sich um Dr. Hermann Josef Abs, Vorsitzender der Deutschen Bank, Mitglied des Souveränen Malteser Ritterordens, Mitglied der Vorstände von I.G. Farben, Daimler-Benz und Siemens.[44]

Neben seinen Sitzen in den Vorständen der mächtigsten und größten Bank und einiger der größten Unternehmen wie Siemens und I.G. Farben wurde Abs als Geschäftspartner der Privatbank Delbruck, Schickler und Co. in Berlin zu einem engen Mitarbeiter des Reichsleiters der Nazi-Partei und Finanzgenies Martin Bormann, denn Abs' Privatbank verwaltete die Konten der Reichskanzlei und zahlte Adolf Hitler sein Gehalt als Reichskanzler aus![45]

C.2. Der Zusammenhang zwischen der internationalen Nazi-Organisation der Nachkriegszeit und dem Namen „Bilderberg"

Abs' Anwesenheit bei den Bilderberg-Treffen zusammen mit seinem Vorstandskollegen Prinz Bernhard enthüllt noch etwas anderes, was sich nicht allein aus seiner „freundschaftlichen" Beziehung zu Martin Bormann ableiten lässt. Das wird ersichtlich, wenn man sich klar macht, welche

---

43 Siehe Jim Marrs, „The Rise of the Fourth Reich: The Secret Societies that Threaten to Take Over America", S. 48.

44 Daniel Estulin, op. cit., S. 200-201. Estulin veröffentlicht auf diesen Seiten sogar Bilderberg-Dokumente. Informationen über die Mitgliedschaft von Abs im Souveränen Malteser Ritterorden (SMRO) und seine Sitze im Vorstand von I.G. Farben, Daimler und Siemens finden sich unter http://moversandshakersofthesmom.blogspot.com/2008/08/hermann-abs.html, S. 2.

45 http://moversandshakersofthesmom.blogspot.com/2008/08/hermann-abs.html, S. 2.

Rolle die Deutsche Bank im Rahmen von Martin Bormanns „strategischem Evakuationsplan“ zur Verschiebung gewaltiger Geldsummen ins Ausland spielte. Dieser Plan für die Nazi-Führer und die deutsche Unternehmerelite nahm erstmals bei dem streng geheim gehaltenen Treffen in Strasbourg, Frankreich im August 1944 Gestalt an.[46]

Wie ich in einem meiner früheren Bücher, „Nazi International“ schrieb, ergaben sich aus diesem Treffen sieben Folgen:

1) Bormann konfiszierte praktisch alle ausländischen Guthaben der deutschen Unternehmen und unterstellte sie der Kontrolle der Nazi-Partei.

2) Diese Geldmittel wurden dann an die Unternehmen ausgeschüttet, die mithalfen, die Ziele der Konferenz zu erreichen.

3) Ein Hauptziel war die Errichtung von „Forschungsbüros“, die nach dem Vorbild der I.G. Farben und ihrem Modell N.W. 7 geheime Informationen sammeln, ausländische Forschungsergebnisse stehlen und eigene Forschungen betreiben sollten.

4) Da diese technischen Büros jeweils einem Nazi-Offizier unterstanden, der Bormann direkt Bericht erstattete, ist klar, dass Bormanns *Absicht* darin bestand, nicht nur Spionage, sondern eigene *Forschung* zu betreiben, und zwar auch in den Abteilungen deutscher Unternehmen – den „technischen Büros“ – die nur locker mit der Partei verbunden waren.

5) Jedes Forschungsbüro wurde mit dem Mäntelchen einer anderen Tätigkeit versehen, wie „Untersuchung von Wasserressourcen“.

6) Ziel des großen Fluchtprogramms war es, den Alliierten den Zugang zu den wertvollsten deutschen Wissenschaftlern und Technikern und den Zugriff auf das in den Patenten verkörperte Wissen zu verwehren. Diese sollten vielmehr in sichere Häfen ins Ausland verbracht werden. Aus all diesen Erwägungen lässt sich der Schluss ziehen, dass die Partei nach Bormann Wunsch *unabhängig und eigenständig weitere Forschung betreiben* und gleichzeitig die Ergebnisse der Spionagetätigkeit bei deutschen Firmen verwalten

46 Nähere Informationen zur Geschichte dieses Treffens und seiner Bedeutung finden sich in meinem Buch „Nazi International: The Nazis' Postwar Plan to Control Finance, Conflict, Physics, and Space“, Adventures Unlimited Press, 2008, S. 63-83.

und austauschen sollte, gerade so wie es der Partei und Bormann passte.

Daraus ergibt ein sehr offensichtlicher und wichtiger Punkt:

7) Martin Bormann *wollte den Krieg auf jeden Fall überleben, um all diese Aktivitäten koordinieren zu können.*[47]

Von Bedeutung ist in diesem Zusammenhang die Einrichtung von „Forschungsbüros" unter der Leitung von Verbindungsoffizieren der Nazi-Partei, die geheime Informationen sammelten, die laufenden Forschungsaktivitäten der Nazis in der Nachkriegszeit beaufsichtigten und Bormann direkt Bericht erstatteten. Verfolgen wir diesen Gedanken weiter, dann könnte die Anwesenheit von SS-Offizier Prinz Bernhard nicht nur als Mitgründer der Bilderberg-Gruppe, sondern auch als Vorsitzender des ersten Treffens ebenso wie die Anwesenheit von Dr. Hermann Josef Abs, einem Vorstandskollegen von Prinz Bernhard bei der I.G. Farben, bei späteren Treffen ein Indiz dafür sein, dass *die Bilderberg-Gruppe als ein weiteres „Verbindungsbüro" von Bormanns internationaler Nazi-Organisation gegründet wurde, das es der Partei nicht nur ermöglichte, hinter verschlossenen Türen mit ihrem Hauptrivalen im Kampf um die Macht – der anglo-amerikanischen Bankelite – „Informationen auszutauschen", sondern auch einen ständigen Fluss von geheimen Informationen für ihre Aktivitäten und Ziele aufrecht zu erhalten.*[48] Es handelte sich kurz gesagt um eine Zweckehe, die darauf abzielte, riesige Mengen von Geld durch das System der Unternehmen und Banken der anglo-amerikanischen Elite zu schleusen und zu waschen. Wie immer, wenn man mit dem Teufel Geschäfte macht, haftete Bormanns Geld die Drohung an, dass die „Schuldscheine eines Tages eingelöst werden müssten."

Diese Auffassung wird in Estulins Buch unterstützt:

> Die meisten Berichte gehen davon aus, dass die ursprünglichen Mitglieder ihre Organisation nach dem Hotel Bilderberg benannten, in

---

47 Joseph P. Farrell „Nazi International: The Nazis' Postwar Plan to Control Finance, Conflict, Physics, and Space", Adventures Unlimited Press, 2008, S. 76.

48 Vielleicht erklärt sich aus Abs' guten Beziehungen zu den westdeutschen Kanzlern Konrad Adenauer, Ludwig Erhard und Kurt Georg Kiesinger (einem früheren Mitglied von Dr. Josef Göbbels' Propaganda-Ministerium), warum Bormann und seine internationale Nazi-Organisation für die westdeutschen Politiker und Staatsanwaltschaften ein so heiß diskutiertes Thema waren. Die Staatsanwaltschaften beschwerten sich oftmals und hatten das ungute Gefühl, dass die westdeutsche Regierung von einer unsichtbaren Hand gelenkt würde, die ihre Bemühungen zum Scheitern brachte, Bormann und andere Spitzen-Nazis zu überführen. Abs, der vor, während und nach dem Krieg enge Regierungskontakte pflegte, könnte in der Tat als Mittelsmann zwischen Bormann und den deutschen Regierungen der Nachkriegszeit fungiert haben.

> dem sie ihr Treffen veranstalteten. Der Autor Gyeorgos C. Hatonn entdeckte jedoch, dass der in Deutschland geborene Prinz Bernhard in den frühen 1930er Jahren ein Offizier der SS-Reiterstaffel war und im Vorstand der I.G. Farben Tochter Farben Bilder saß. In seinem Buch „Rape of the Constitution; Death of Freedom" behauptet Hatonn, dass Prinz Bernhard in Anspielung auf seinen Nazi-Hintergrund im Unternehmensmanagement vorschlug, die „supergeheime, Politik gestaltende Gruppe nach der Firma Farben Bilder zu nennen und so an die Initiative des Farben-Vorstands zur Gründung von Heinrich Himmlers „Freundschaftszirkeln" zu erinnern – der Hintergrund war, dass elitäre Führungspersönlichkeiten ein Vermögen verdient hatten und Himmler für seine Protektion im Rahmen der nationalsozialistischen Programme, von den frühen Tagen des Aufstiegs Hitlers bis hin zur Niederlage Nazi-Deutschland, dafür reichlich entlohnten. Die niederländische Königsfamilie bedeckte diesen Teil von Prinz Bernhards Hintergrund diskret mit dem Mäntelchen der Verschwiegenheit, als er nach dem Krieg zum Top-Manager von Royal Dutch Shell, einem niederländisch-britischen Konglomerat avancierte. Heute zählt dieses reiche europäische Ölunternehmen zum inneren Kreis der Bilderberg-Elite.[49]

Dabei lässt Estulin es allerdings bewenden und befasst sich nicht weiter mit möglichen Implikationen dieser Information.

Um es nochmals zu wiederholen, die sich daraus ergebenden Folgen haben damit zu tun, dass Abs als Bilderberger auftaucht. Um der Sache auf die Spur zu kommen, müssen wir uns etwas näher mit der Beziehung zwischen Bormann und der nordamerikanischen Faktion der Bilderberg-Gruppe in der Nachkriegszeit befassen, die an einem wenig bekannten Vorfall deutlich wird.

49 Daniel Estulin, op. cit., S. 20.

C.3. Ein Ereignis wirft Licht auf die Verständigung zwischen der anglo-amerikanischen, global einflussreichen Wirtschaftselite und der internationalen Nazi-Organisation

Ein Vorfall zeigt deutlich, dass die frühe Gründung der Bilderberg-Gruppe den Zweck verfolgte, eine Art „Détente" zwischen zwei alten Rivalen zu besiegeln, die beide ähnliche Ziele verfolgten und beide über *jede Menge* Geld verfügten. Der langjährigen *CBS*-Journalist und Mitarbeiter von Ed Morrow, Paul Manning, enthüllt diesen Vorfall in seinem Buch „Martin Bormann: Nazi in Exile." Manning berichtet, wie sich der amerikanische oberste Richter Jackson, der sich als Hauptankläger der Nürnberger Kriegsverbrecher-Prozess einen Namen machte, zusammen mit Präsident Harry S. Truman bemühte, dem Reichsleiter der Nazi-Partei auf die Spur zu kommen. In meinem Buch „The Nazi International" gebe ich diese Geschichte so wieder:

Paul Manning, ein Journalist und langjähriger Mitarbeiter und Freund des berühmten *CBS*-Journalisten Ed Morrow kam auf Bormanns Aufenthalt in Bariloche in der Provinz Rio Negro zu sprechen, ohne dessen Auftauchen mit dem Richter-Fusionsprojekt in Zusammenhang zu bringen. Manning erwähnt, dass Präsident Truman selbst sich 1948 an der Jagd nach Bormann beteiligte, drei lange Jahre, *nachdem* Bormann angeblich bei dem Versuch aus Berlin zu fliehen ums Leben gekommen war, wie die „offizielle geschichtliche Standarderklärung" lautet:

Am 16. Juni 1948 wurde Präsident Truman in die Jagd nach Martin Bormann verwickelt. Robert H. Jackson, der sich vom obersten Gerichtshof der USA hatte beurlauben lassen, um als Chefankläger bei den Nürnberger Kriegsverbrecher-Prozessen zu fungieren, schrieb dem Präsidenten, dass das FBI eine verschwiegene Suche nach Bormann in Südamerika durchführen sollte.

> „Ich schlage deshalb vor", so schrieb er, „dass das FBI beauftragt werden sollte, diskrete aber gründliche, vorläufige Untersuchungen in Südamerika anzustellen [...]. Ich habe Herrn Hoover ein diesbezügliches Resümee zukommen lassen und kann sagen, dass mir seine Zustimmung sicher ist. Sie können ihm direkt oder, falls Sie es wünschen, über mich, ihre Wünsche mitteilen."[50]

---

50 Paul Manning, „Martin Bormann: Nazi in Exile", Lyle Stuart, Inc., S. 2004.

Die Entscheidung, dass das FBI diese Untersuchungen durchführen sollte, könnte hier von Bedeutung sein. Nach dem National Security Act, einem Gesetz, das Truman 1947 unterzeichnet hatte und das die Grundlage für die Gründung von CIA und NSA bildete, waren dem FBI nach amerikanischem Bundesrecht nur geheimdienstliche Operationen auf amerikanischem Boden erlaubt. Alle Operationen auf ausländischem Gebiet fielen in die Zuständigkeit des CIA. Warum also drängte Jackson Präsident Truman zu einer Untersuchung in Südamerika durch das FBI? Schließlich hatte Truman das oben genannte Gesetz selbst unterzeichnet und wusste sehr wohl, was es enthielt.

Die Antwort liegt in der Tatsache begründet, dass der CIA während des Krieges durch Vermittlung des Leiters des Züricher Amts für strategische Dienste (OSS) eine hochgeheime Vereinbarung mit dem Leiter des deutschen Militärgeheimdienstes an der Ostfront, General Reinhard Gehlen getroffen hatte, wonach Gehlen – in Nazi-Manier – sein gesamtes Netzwerk der nominellen Aufsicht des amerikanischen Geheimdienstes unterstellen und selbst weiter für das Alltagsgeschäft verantwortlich zeichnen sollte. Mit anderen Worten, noch ehe die Tinte auf dem National Security Act von 1947 getrocknet war, war der „zivile Charakter" des CIA bereits aufs Ungeheuerlichste kompromittiert worden, und seine gesamte Operationsbasis in Osteuropa und der Sowjetunion, und großenteils auch anderswo, wurde von einem Nazi-Netzwerk betrieben! Es erübrigt sich zu erwähnen, dass der CIA wohl nicht die geeignetste Organisation gewesen wäre, um Bormanns möglichen Aufenthaltsort in Lateinamerika ausfindig zu machen! Jackson Anfrage enthüllt auch das dunkle Geheimnis, dass sowohl er als auch Truman kannten, in welchem Ausmaß der CIA von Nazis infiltriert war und dass man ihm deshalb auf keinen Fall die Nachforschungen über die Nachkriegsaktivitäten der Nazis anvertrauen konnte.

Manning schreibt:

> „Der Präsident erteilte seine Zustimmung, und John Edgar Hoover betraute den erfahrensten und talentiertesten Agenten für Südamerika mit der Mission. Dieser bewies sein Geschick, indem er schließlich einer Kopie der Akte über Martin Bormann habhaft werden konnte, die Argentiniens Innenminister bei der Central de Intelligencia unter strengem Verschluss hielt. Als die Akte (die jetzt in meinem Besitz ist) in der FBI-Zentrale eintraf, stellte sich heraus, dass die Spur des Reichsleiters schon seit Jahren verfolgt worden war. Ein Bericht befasste sich beispielsweise mit seinen Aufenthaltsorten in

Argentinien, Paraguay, Brasilien und Chile in den Jahren 1948 bis 1961. *Aus der Akte geht hervor, dass Bormann seit 1941 unter eigenen Namen Bankgeschäfte zwischen seinem Büro in Deutschland und der Deutschen Bank in Buenos Aires getätigt hatte, dass er ein gemeinsames Konto mit dem argentinischen Diktator Juan Perón unterhielt und dass er am 4., 5. und 14. August 1967 Schecks auf Sichtkonten bei der First National City Bank (Auslandsabteilung) von New York, der Chase Manhattan Bank und der Manufacturers Hanover Trust Co. ausgestellt hatte, die alle über die Deutsche Bank von Buenos Aires abgewickelt wurden.*"[51]

Der in Kriegszeiten hergestellte Kontakt Bormanns zu Dr. Hermann Abs, einem „großen Tier" bei der Deutschen Bank, und seine Verbindungen zu den internationalen Finanzinteressen von Morgan und Rockefeller mit ihren großen New Yorker Banken zahlte sich aus, denn Bormann brauchte offenkundig nicht einmal seine Identität zu *verschleiern*, sondern konnte sogar noch 1967 bei einigen der größten und bekanntesten Banken Amerikas Schecks in seinem eigenen Namen ausstellen und einlösen![52]

Beachten Sie die besondere Dynamik, die hier wirkt:

1) Bormann unterhält *nach* dem Krieg Konten bei großen amerikanischen Banken, die Rockefeller-Morgan Interessen vertreten.

2) Er kann 22 Jahre nach Kriegsende auf diese Konten Schecks ausstellen und über diese Konten in eigenem Namen Schecks einlösen.

3) Die Schecks werden über seine Bank – die Deutsche Bank – abgewickelt, und zwar über die Filiale in Buenos Aires, Argentinien!

Wir haben hier also ein Netzwerk vor uns, das Bormann, Abs und Rockefeller umspannt. Daraus lässt sich unzweifelhaft der Schluss ziehen, dass die beiden Finanzeliten, die bei den frühen Bilderberg-Treffen von ihren jeweiligen Delegationen vertreten wurden, eine Art *Modus Vivendi* erreicht hatten. Fragt sich nur warum.

---

51 Paul Manning, „Martin Bormann: Nazi in Exile", S. 204,205, Hervorhebung vom Autor.

52 Farrell, Joseph P., „The Nazi International", Adventures Unlimited Press, 2008, S. 302-304.

C.4. Geschlossene Systeme, offene Systeme und weitere mögliche Gründe für eine Détente.

Ein Hinweis auf die Antwort liegt in der Tatsache, dass die unmittelbaren Ziele der internationalen Nazi-Organisation und der anglo-amerikanischen Elite nach dem Krieg vollkommen identisch waren. Beide wollten eine europäische Föderation unter der wirtschaftlichen Vorherrschaft Deutschlands ins Leben rufen. In seinem Bestseller „The Rise of the Fourth Reich" drückt Jim Marrs es so aus:

> Nach dem Krieg blickte das verwüstete Europa auf Deutschland, das eine wirtschaftliche Führungsrolle übernehmen sollte. Die wirtschaftlichen Schritte, die vonnöten waren, um den gemeinsamen Markt einzurichten, orientierten sich exakt an den Vorkriegsplänen der Nazis. „Irgendwie hatten die Deutschen schon 1942 ein Modell parat, als sie sich die wirtschaftlichen Institutionen des Kontinents nach ihrem eigenen Entwurf zurechtschmiedeten", meint Manning.
>
> Interessanterweise begann die gegenwärtige Europäische Union (EU) zunächst nur als eine Reihe wirtschaftlicher Maßnahmen.
>
> Die Europäische Wirtschaftsgemeinschaft, besser bekannt als Gemeinsamer Markt, wurde 1957 durch den Vertrag von Rom ins Leben gerufen [...]. George McGhee, ein Mitglied der geheimen Bilderberg-Gruppe und ehemaliger amerikanischer Botschafter in Westdeutschland, gab zu, dass „der Vertrag von Rom, durch den der Gemeinsame Markt geschaffen wurde, bei Bilderberg-Treffen gestaltet worden war."[53]

Es erübrigt sich zu erwähnen, dass das letztendliche Ziel der Weltherrschaft sowohl von der nordamerikanischen Faktion als auch von der internationalen Nazi-Organisation angestrebt wurde. Sie konnten es sich also leisten, gemeinsame Sache zu machen und sich bei jenen ersten Bilderberg-Treffen auf eine „Détente" und eine „friedliche Koexistenz" zu einigen.

Es gab aber auch noch einen weiteren Grund, warum beide Seiten nicht nur eine Entspannung anstrebten, sondern regelrecht brauchten, und dieser Grund war Geld. Der Wiederaufbau Europas und nicht zuletzt die europäische Integration würden Geld kosten, jede Menge Geld, und es gab zwei Gruppen – die nordamerikanische Bilderberg-Faktion und die interna-

---

53 Jim Marrs, „The Rise of the Fourth Reich: The Secret Societies that Threaten to Take Over America", William Morrow, 2008, S. 215-216.

tionale Nazi-Organisation – die damit reichlich ausgestattet waren. Damit Bormann die erheblichen Geldmengen, die sich die Nazi-Partei in Europa zusammengeplündert hatte, „vermehren" konnte, musste er Zugang zur internationalen Bankergemeinschaft mit ihren Banken in England und Nordamerika haben. Auf der anderen Seite konnten durch den Zufluss von Bargeld und Rohstoffen wie Gold, Diamanten und Platin, die Bormanns internationaler Nazi-Organisation im Überfluss zur Verfügung standen,[54] Rücklagen geschaffen werden, die die Sachkonten der Rockefeller-Morgan-Rothschild-Banken aufblähten, ihr Kreditvergabegeschäft ankurbelten und sie reich machten.

Es war in jedem Fall eine „Détente", die im Bankster-Himmel geschlossen wurde. Bilderberg war das Ergebnis davon.

Es gibt jedoch noch einen letzten Grund für diese Détente, der wiederum die tiefe Verbindung zwischen Finanz und Physik enthüllt

Damit Bormanns internationale Nazi-Organisation diese Détente so lange Zeit nach dem Krieg aufrechterhalten konnte – schließlich löste er noch 1967 über die Deutsche Bank Schecks der Rockefeller-Morgan Banken ein – bedurfte es eines mächtigen „Druckmittels", das dafür sorgte, dass die anglo-amerikanische Faktion bei der Stange blieb und ihren Teil der Vereinbarung einhielt. Zum Teil entstand dieser Druck ohne Zweifel durch die unterschwellige Drohung, die von dem gewaltigen Nachrichtendienstnetz ausging, das Bormann zur Verfügung stand: General Gehlens alte deutsche Militärgeheimdiensteinheit, die jetzt zum Kern des westdeutschen Bundesnachrichtendienstes geworden war, die eigene bedeutende Geheimdienststruktur der Nazi-Partei selbst und so weiter. Die bloße Existenz eines solchen Netzwerkes stellte schon eine Bedrohung dar, denn würde die Gegenseite die Vereinbarungen nicht einhalten, könnten ihre Führer sehr leicht einem Mordanschlag zum Opfer fallen.[55] Es gab jedoch noch ein weiteres Druckmittel, das Bormanns internationale Nazi-Organisation besaß und das die mit ihr rivalisierende nordamerikanische Faktion liebend gern ebenfalls besessen hätte: alternative Physik.

In meinen letzten vier Büchern über die geheimen Kriegswaffenforschungen der Nazis, „Das Reich der Schwarzen Sonne", „Die Bruderschaft der Glocke", „Secrets of the Unified Field" und „The Nazi International", erzählte ich ausführlich die Geschichte der Nazi-Glocke, einer hyperdimen-

54 Joseph P. Farrell „Nazi International", S. 64-66, 82-83, 176-177.

55 Ganz zu schweigen von dem Erpressungspotential, das in dem Détente-Abkommen selbst steckte!

sionalen physikalischen Vorrichtung, die unter der Schirmherrschaft der SS-Abteilungen Entwicklungsstelle-IV Forschung, Entwicklung und Patente und des Kammler-Stabs, der supergeheimen Denkschmiede für schwarze Waffenprojekte erforscht wurde.[56] Die Mission der Entwicklungsstelle IV war die Entwicklung freier Energie, die Deutschland von ausländischem Öl unabhängig machen sollte.[57] Die beiden letztgenannten Abteilungen waren für die Glocke selbst zuständig (eine Vorrichtung, die meines Erachtens für einen dreifachen Zweck entworfen wurde: zum Aufspüren der „freien Energie", zur Erforschung der Möglichkeiten fortschrittlicher Feldantriebskonzepte und nicht zuletzt als Waffe, deren Zerstörungspotenzial sogar die größte thermonukleare Bombe verblassen lässt).[58] Diese Vorrichtung mitsamt der alternativen Physik, auf die sie hinwies und die sie verkörperte, stellte eindeutig eine Bedrohung der geschlossenen Systeme dar, wie sie zumindest die nordamerikanische Faktion innerhalb der Bilderberg-Gruppe, aber auch ähnliche Gruppen vertraten. Wie ich in meinem Buch „The Nazi International" ausführlich darlegte, achtete Bormann darauf, dass die Alliierten und die Sowjets zu annähernd gleichen Teilen mit den technischen Spielereien des Dritten Reichs versorgt wurden und einander somit in einer Patt-Situation gegenüberstanden. Die Glocke jedoch blieb der internationalen Nazi-Organisation vorbehalten, die weiterhin unabhängige Forschungen über die ihr zugrunde liegende Physik betrieb.[59]

Das Zentrum dieser unabhängigen Forschungen befand sich in Argentinien, in der Nähe der abgelegenen Stadt San Carlos de Bariloche in der Provinz Rio Negro, etwa 1.400 km südwestlich von Buenos Aires. Offenkundig war dem Projekt zur Erforschung von Techniken zur kontrollierten thermonuklearen Fusion einiger Erfolg beschieden, wie Diktator Juan Perón 1951 verkündete.[60] Wie weitere Recherchen ergaben, wurde mit dem Projekt jedoch noch ein weit darüber hinausgehendes Ziel verfolgt. Der Projektleiter Dr. Ronald Richter hielt kontrollierte Fusion und Plasmaprozesse für die

---

56 Joseph P. Farrell, „Das Reich der Schwarzen Sonne", engl.: „Reich of the Black Sun", S. 99-107, „Die Bruderschaft der Glocke"; engl.: „SS Brotherhood of the Bell", S. 144-148, 170-171.

57 Joseph P. Farrell, „Die Bruderschaft der Glocke"; engl.: „SS Brotherhood of the Bell", S. 170-171.

58 Joseph P. Farrell, „Die Bruderschaft der Glocke"; engl.: „SS Brotherhood of the Bell", S. 141-308 und „Secrets of the Unified Field", S. 238-288.

59 Joseph P. Farrell, „The Nazi International", S. 85-136, 348-350 und 382.

60 Ebd., S. 249-274.

Mittel der Wahl, wenn es um Manipulation ging, und die Nullpunktenergie für das Gewebe der Raum-Zeit selbst.[61]

Für die Zwecke dieses Buches ist es wichtig, darauf hinzuweisen, dass die Vereinigten Staaten etwa vier Jahre *nachdem* Bormann und die internationale Nazi-Organisation das Projekt aufgegeben hatten, Interesse an Richters Arbeit bekundeten.[62] Nach Ansicht von Igor Witkowski, der sich intensiv mit dem Glocke-Projekt befasst hat, weist diese Tatsache und der Umstand, dass die Vereinigten Staaten nach dem Krieg alles taten, um die alte Arbeitsgruppe wieder zusammenzustellen, die an der Glocke geforscht hatte[63] und nicht einmal davor zurückschreckten, eine militärische Kommandointervention in der Tschechoslowakei zu unternehmen, um Dokumente sicherzustellen, die zweifellos mit General Kammlers Geheimwaffen-Gruppe[64] zu tun hatten, darauf hin, dass die anglo-amerikanische Faktion grundsätzlich von der Existenz alternativer Physik in den Händen der Nachkriegs-Nazis *wusste* und so viel wie möglich davon für sich selbst sichern wollten. Damit sollte Bormanns Monopol gebrochen und ein, wenn auch verdecktes „Machtgleichgewicht“ zwischen den beiden Faktionen geschaffen werden.[65] Es erübrigt sich zu erwähnen, dass sowohl die Sowjets als auch die Alliierten nach dem Krieg jeweils ein eigenes Schnellprogramm zur Erforschung der entsprechenden physikalischen Bereiche auflegten.[66]

---

61 Ebd., S. 275-350, insbesondere S. 316-317; 343.

62 Ebd., S. 278-298.

63 Igor Witkowski, „The Truth about the Wunderwaffe“, S. 260.

64 Joseph P. Farrell, „Secrets of the Unified Field“, S. 296-312.

65 In diesem Zusammenhang ist noch ein anderer Faktor erwähnenswert, nämlich der Vorfall in Roswell. Aufgrund der sich aus internen Unterlagen der MJ-12 ergebenden Beweislage erscheint es mir durchaus möglich, dass es sich um den Absturz irgendeiner *Nazi*-Apparatur handelte. (Siehe mein Buch, „Das Reich der Schwarzen Sonne“; engl. „Reich of the Black Sun“, S. 274-330; und „Die Bruderschaft der Glocke“; engl. „The SS Brotherhood of the Bell“, S. 311-384.) Wenn das zutrifft, dann war das für die nordamerikanische Faktion, vertreten durch Regierung und Militär der Vereinigten Staaten, ein weiterer Hinweis darauf, dass die *Nachkriegs*-Nazis diese Physik tatsächlich beherrschten und ständig weiterentwickelten. Sie war also motiviert, so viele Nazi-Unterlagen und so viel Personal wie nur möglich ausfindig zu machen und für sich zu gewinnen, und, soweit das misslang, eigene Programme ins Leben zu rufen, um selbst Zugang zu dieser Physik und den entsprechenden Technologien zu erlangen.

66 Informationen über die sowjetischen Bestrebungen finden sich in meinem Buch „Die Bruderschaft der Glocke“; engl. „SS Brotherhood of the Bell“, S. 203-236, und „The Philosophers' Stone“, Feral House, 2009, Kapitel Vier; die amerikanischen Unternehmungen sind in Paul A. LaViolettes ausgezeichneter Abhandlung über die geheimen Projekte der USA auf dem Gebiet der Antigravitations-Feldantriebstechnik „Secrets of Antigravity Propulsion: Tesla, UFOs, and Classified Aerospace Technology“, BearCo. 2008, S. 42-259, beschrieben.

Damit deutet sich ein letzter möglicher Grund für die Détente an: Bormanns internationale Nazi-Organisation konnte ihren ehemaligen Verbündeten diese Physik mit den dazugehörigen Technologien vor die Nase halten und sie ihnen häppchenweise als Gegenleistung für bestimmte „Gefallen" zuteilen, falls sie wollte. Möglicherweise besteht die innere Dynamik der Bilderberg-Gruppe darin, dass jede Faktion versucht, die *öffentliche* Entwicklung einer solchen Physik und der entsprechenden Technologien zu unterdrücken und gleichzeitig die *andere Faktion* so gut wie möglich an eigenen Fortschritten zu hindern.

C.5. Nach dem Modell der Détente: Der Hitler-Stalin-Pakt von 1939

Diese Situation spiegelt sich im Hitler-Stalin-Pakt von 1939 wieder, durch den Polen heimlich in „Einflussbereiche" der Nazis und der Sowjets aufgeteilt wurde. Erst dadurch wurde der Zweite Weltkrieg möglich. So wie die Regime aufgestellt waren, profitierten beide in zynischer Weise von der geopolitischen Situation, wohlwissend, dass die beiden Länder irgendwann in der Zukunft aneinander geraten würden. Der Pakt war einfach eine „Détente", eine Form der Koexistenz, der beide Seiten verpflichtete, nicht gegeneinander Krieg zu führen. Damit verschafften sich beide Zeit, um für eben einen solchen Krieg militärisch aufzurüsten.

Aus Gründen, die ich schon im Prolog andeutete und die im Folgenden noch näher ausgeführt werden sollen, gibt es meiner Ansicht nach seit etwa zehn Jahren deutliche Anzeichen dafür, dass die Nachkriegs-Détente innerhalb der Bilderberg-Gruppe zu zerbrechen droht und die verschiedenen Faktionen dieser internationalen Unternehmerelite einen verdeckten, jedoch äußerst verbitterten Krieg gegeneinander führen.[67]

---

67 Ein weiteres Argument dafür, dass dies der Fall sein könnte, findet sich in den Ausführungen der Autoren Richard C. Hoagland und Mike Bara in ihrem *New York Times* Bestseller „Geheimakte Mond: Die schwarzen Projekte der NASA". Die beiden weisen nach, dass sich die Nazi-Faktion zur Zeit der Apollo Mondmissionen als dominante und einflussstärkste Gruppe innerhalb der Weltraumbehörde etabliert hatte. Sie lag im Wettstreit mit den Schwarzmagiern und Freimaurern, den anderen beiden Gruppen mit starken Verbindungen zum anglo-amerikanischen Establishment.

C.6. Geschlossene Systeme, Globalisierung, neue Energiequellen und der Weltraum

Was genau versteht man eigentlich unter einem geschlossenen System in Physik und Wirtschaft?

Für die Verschwörer, die sich dieser Idee verschreiben und sie der restlichen Welt aufzwingen, ist das ganz einfach. Nehmen wir die „Globalisierung" als Beispiel. Eine geschlossene globale Wirtschaft wird sich am Ende selbst verschlingen und damit auch die Verschwörer. Da sie das wissen, stehen ihnen zwei Alternativen zur Verfügung: (1) Sie können neue Energiequellen entwickeln, um diese zu monopolisieren – ein riskantes Unterfangen, wie wir noch sehen werden oder (2) das System ein wenig „öffnen" und in den Weltraum hinausstreben. Damit schaffen sie sich einen potenziellen „Konkurrenten" und fördern gleichzeitig faktionelle und regionale Spannung auf der Erde, die sie manipulieren und steuern können, um so die Illusion aufrechtzuerhalten, dass die Wirtschaft munter dahinläuft (genau diesen Weg haben sie in der Vergangenheit gewählt). Beide Komponenten dieser Kriegslist sind mit erheblichen Risiken befrachtet, denn wer regionale Spannungen und faktionelle Streitigkeiten fördert, läuft Gefahr, letztendlich die Kontrolle darüber zu verlieren. Damit könnte das einheitlich geschlossene, globale Wirtschaftssystem zerbrechen und die Drahtzieher an Macht verlieren.

D. Schlussfolgerungen und Konsequenzen

Welche Schlussfolgerungen über die wahren Motive der Bilderberg-Gruppe können wir aus dem bisher Gesagten ziehen?

Folgende Punkte sind offenkundig geworden:

1) Es gibt eine tiefgreifende Verbindung zwischen geschlossenen Systemen in Finanz und Politik, wie sie von den entsprechenden internationalen Gruppen der Unternehmerelite propagiert werden, und dem Konzept der Physik als geschlossenes System.

2) Aufgrund dieser Verbindung müssen die internen Faktionen die offene und öffentliche Weiterentwicklung dieser Physik unterdrücken, sie für sich selbst monopolisieren und sie von den anderen Faktionen fernhalten.

3) Jede Gruppe muss danach streben, ihren Einfluss über andere Machtbereiche auszuweiten: Akademische Kreise, Arbeiterschaft und, wie wir David Rockefellers Bemerkungen entnehmen können, religiöse Institutionen. Der letzte Bereich wird im zweiten Teil dieses Buches noch eine große Rolle spielen, wenn ich aufzeigen werde, warum die Tempel alter Zeit gleichzeitig als Zentren der damaligen Bankerklasse genutzt wurden.

4) Nach dem Zweiten Weltkrieg wurde offenbar zwischen den zwei wichtigsten Faktionen – der anglo-amerikanischen Gruppe und der internationalen Nazi-Organisation oder europäischen Faktion – eine Détente ausgehandelt. Das ergab sich aus der Notwendigkeit, riesige Mengen von Nazi-Plunder wieder nach Europa zu schleusen. Daneben konnten die nordamerikanische und die europäische Gruppe die Treffen dazu nutzen, die jeweils andere auszuspionieren und sich über deren Aktivitäten auf dem Laufenden zu halten.

Diese Beobachtungen weisen auf die Beziehungen hin, die an einem Ende des historischen Pols zwischen den geschlossenen und offenen Systemen der Bankelite bestehen und ebenso auf die Notwendigkeit, die Entwicklung eines offenen Physiksystems zu unterdrücken, das unweigerlich zu einem offenen Finanzsystem führen würde. Es besteht Grund zu der Annahme, dass innerhalb dieser Klasse massive Polarisierungen und Spannungen unter der Oberfläche gären, die unter bestimmten Umständen in einen offenen Konflikt umschlagen können.

Nun wird es Zeit, bei unserer Suche etwas weiter in der Geschichte zurückzugehen, bis zur Zeit der Großen Depression, und auf ein verstecktes, wenig bekanntes und wenig gewürdigtes Vermächtnis eines der unbeliebtesten Präsidenten Amerikas zu sprechen zu kommen. Damit erhalten wir den Schlüssel zum Verständnis der Verwobenheit zwischen Physik und Wirtschaft und können die Spuren dieser Verbindung weiter in der Geschichte zurückverfolgen.

Zwei

Hoovers heimliches Vermächtnis und sein Geschenk

Hinweise auf eine verlorene Wissenschaft

„Unsere statistischen Aufzeichnungen machen eines deutlich: Wenn nicht irgendeine Art von Revolution stattfindet, dann wird sich das etablierte Muster wohl weiter fortsetzen."

Edward R. Dewey und Edwin F. Dakin[1]

Kein Präsident der Vereinigten Staaten wurde mehr bedauert aber auch herabgewürdigt als Herbert Hoover, ein Mann, der in die Geschichte einging als jemand, dem gleich ein doppeltes Missgeschick widerfuhr. Zum einen regierte er das Land gerade zu dem Zeitpunkt, als die Große Depression ihren Anfang nahm, zum anderen war er ein so glühender Verfechter der freien Markwirtschaft, dass er ernsthaft glaubte, er oder seine Regierung könnten oder sollten überhaupt nichts tun, um das Leid derjenigen zu lindern, die durch die Krise ihre Ersparnisse, ihr Land oder ihr Zuhause verloren hatten. Wie kein zweiter Amerikaner in einer politischen Machtposition kommt er damit der Haltung Marie Antoinettes nah, die seinerzeit, als sie von der misslichen Lage der Armen in Frankreich erfuhr, die sich keine angemessenen Nahrungsmittel und kein Brot leisten konnten, schlicht bemerkte: „Dann sollen sie eben Kuchen essen." Hoovers Präsidentschaft prägte wie keine andere die Auffassung, dass die Regierung der USA eine Wall-Street-Regierung sei und durch und für die Wall Street gelenkt wurde. Marie Antoinette kostete ihre Haltung allerdings den Kopf. Hoover schaffte es zwar, seinen Kopf zu behalten, doch verlor er 1932 seine Präsidentschaft in einer Wahl, die Franklin Delano Roosevelt mit weitem Vorsprung ins Amt brachte. Mit seinem Versuch, eine wirklich langfristige

---

1 Dewey und Dakin, „Cycles: The Science of Prediction", Kessinger Publishing, Neuauflage des gleichnamigen Titels der Henry and Holt Company, 1947, S. 28.

Lösung für das problematische Auf und Ab der Konjunktur zu finden, das die amerikanische Geschichte seit jeher kennzeichnete, schuf Hoover ein Vermächtnis, von dem nur wenige Menschen wissen. Und auch unter denen, die Bescheid wissen, gibt es nur wenige, die die wahre Bedeutung dieses Vermächtnisses erfassen.

Dieses Vermächtnis bestand in der Person des Edward R. Dewey und *dessen* Vermächtnis, nämlich dem Institut für die Erforschung von Zyklen.

Dewey begann sich für Zyklen zu interessieren, als Hoover, ergriffen von dem Elend, das die Große Depression so vielen Amerikanern angetan hatte, die Ursache von Zyklen erfahren wollte und deshalb das amerikanische Handelsministerium beauftragte, diese zu erforschen. Die Aufgabe fiel Dewey zu, der damals als leitender Wirtschaftsanalytiker des Handelsministeriums tätig war.[2] Nachdem er verschiedene Wirtschaftsexperten zu Rate gezogen hatte, verlor Dewey den Glauben an die herkömmlichen Methoden, denn keiner konnte ihm einheitliche, in sich schlüssige Antworten oder Modelle liefern. Da er über das Handelsministerium Zugang zu riesigen Datenmengen hatte, verwendete Dewey einen anderen Ansatz. Anstatt sich mit dem *Warum*, also der *Ursache* von Depressionen zu befassen, beschloss er herauszufinden, *wie* wirtschaftliche und konjunkturelle Zyklen überhaupt zustande kamen. Er wollte also erforschen, *was* geschah und nicht *warum*[3] es geschah. Dabei entdeckte er etwas sehr Wesentliches.

Er fand heraus, dass in fast allen Bereichen des wirtschaftlichen und sozialen menschlichen Lebens Zyklen oder *Verhaltenswellen* herrschten, ganz gleich, ob es sich um den Preis von Roheisen oder um menschliche Emotionen handelte. Wie der Webseite des Instituts für die Erforschung von Zyklen zu entnehmen ist, erfuhr Dewey „1931, dass in Kanada eine Konferenz über biologische Zyklen stattfinden sollte. Bald wurde der ständige Ausschuss der Konferenz in ein Institut für die Erforschung von Zyklen umgewandelt und der Leitung Edward Deweys und des Konferenzleiters Copley Amory unterstellt. *Der Aufgabenbereich wurde so erweitert, dass alle Disziplinen eingeschlossen waren.*“[4] Bei der offiziellen Gründung des Instituts im Jahr 1941 verfügte es bereits über eine äußerst umfangreiche Datenbank und befasst sich seither mit der kontinuierlichen Sammlung faktischer, *empirischer* Beweise für alle möglichen Arten von Zyklen in allen

2 „Edward R. Dewey“, Wikipedia, en.wikipedia.org/wki/Foundation_for _the _Study_of_Cycles, S. 1.

3 Ebd.

4 Foundationforthestudyofcycles.org, S. 1, Hervorhebung vom Autor.

erdenklichen Bereichen. Die Arbeit des Instituts wurde in der Tradition Deweys weitergeführt und sammelt weiterhin Beweise für das *Was*, nicht für das *Warum*. Die ungeheure, schier überwältigende Menge an Informationen, die im Laufe der Zeit zusammengetragen wurden, verführte allerdings, wie wir noch sehen werden, einige Mitarbeiter dazu, eine umfassende Theorie über die Ursachen von Zyklen, also das *Warum* zu formulieren.

Das also war Hoovers dauerhaftes Vermächtnis – ein zutiefst positives, wenn auch kaum gewürdigtes Vermächtnis – das von der Großen Depression und Hoovers ansonsten glückloser Präsidentschaft übrig blieb. 1947 wurde der erste „umfassende" Bericht über die Erkenntnisse des Instituts veröffentlicht. Das geschah in Form eines Buches mit dem Titel „Cycles: The Science of Prediction"[5], das Dewey und sein Mitarbeiter Edwin F. Dakin verfasst hatten. Anhand dieses Buches werden wir einen ersten Einblick in die tiefgreifende physikalische Verbindung zwischen den Zyklen des menschlichen Verhaltens, der Wirtschaft und der Energietechnologien gewinnen.

A. Ein Überblick über Deweys Datenbank

Jeder, der das Buch „Cycles: The Science of Prediction" von Dewey und Dakin gelesen hat, wird von der Fülle des Datenmaterials schier erschlagen – dabei handelt es sich nur um einen geringen *Bruchteil* der Informationen, die das Institut in jahrzehntelanger Forschungsarbeit zusammengetragen hat – der in 255 übervolle Seiten gepackt wurde. Wachstumskurven von Kürbissen, Hefezellen und Fruchtfliegen[6] sind ebenso enthalten wie die Entwicklungskurven ganzer Länder wie Schweden, die Vereinigten Staaten[7], Frankreich und Algerien[8]. Daneben gibt es Kurven für die Entwicklung von Völkern und Industriezweigen[9], Export und Import[10], das Wachstum des Eisenbahnindustrie, des Schiffsbaus und der Automobilindustrie[11], aber auch von Vieh, Mais, Baumwolle, Weizen, Malzlikör, Holz, der Baumwollspindel-

---

5 Edward R. Dewey und Edwin F. Dakin, „Cycles: The Science of Prediction", New York, Henry Holt and Company, 1947, Neuauflage durch Kessinger Publishing. ISBM 1436710219.

6 Ebd., S. 12-13.

7 Ebd., S. 14-15.

8 Ebd., S. 16-17.

9 Ebd., S. 24-25.

10 Ebd., S. 26-27.

11 Ebd., S. 32-33.

Produktion, der Herstellung von Kohle, Kupfer und Blei[12], von Flugzeugen und Erdgas[13] und nicht zuletzt von Papier und Zellstoff.[14] Es gibt Tabellen über das Anwachsen und Schwinden von Lachspopulationen im Atlantik[15], über die Zyklen von Luchs- und Zeltraupen-Populationen[16], ja sogar über die Zyklen der Ozonkonzentrationen in London und Paris.[17]

Es finden sich Aufstellungen über die 54-jährigen Zyklen der Großhandelspreise, der Löhne, der verzinslichen Wertpapiere, der Kohleproduktion in England, des Kohleverbrauchs in Frankreich oder der Roheisen- und Bleiherstellung in England.[18] Es gibt Tabellen und Graphiken, die die neunjährigen Zyklen der Preise von Industriegütern, Stammaktien oder der Großhandelspreise[19] illustrieren. Die dreieinhalb-jährigen Zyklen der industriellen Produktion und der Preise von Stammaktien[20] werden ebenso aufgezeigt wie die 18-jährigen Zyklen der Immobilientransaktionen, des Wohnungsbaus und des Baugewerbes[21], der Eheschließungen, der Größe von Weizenanbauflächen, der Ziegelsteine[22], der Bauaktivitäten in Hamburg, Deutschland, der Wolkenkratzer in New York und Chicago[23], der Kredite, Rabatte oder der Preise von Eisenbahnaktien[24]. Die Liste ließe sich endlos fortsetzen.[25]

---

12 Ebd., S. 36-41.

13 Edward R. Dewey und Edwin F. Dakin, op. cit., S. 44-45

14 Ebd., S. S. 46-47.

15 Ebd., S. 53.

16 Ebd., S. 54-55.

17 Ebd., S. 56.

18 Ebd., S. 80-81. Das Phänomen der 54-jährigen Zyklen wird auf S. 69-86 erörtert.

19 Ebd., S. 89-90.

20 Ebd., S. 106-107, 110-111.

21 Ebd., S. 118-119.

22 Ebd., S. 120-121.

23 Ebd., S. 112-123.

24 Ebd., S. 130-131.

25 Auf der Webseite des Instituts für die Erforschung von Zyklen steht zu lesen, dass sich die Organisation „der interdisziplinären Erforschung und Analyse wiederkehrender Muster widmet. Zu den untersuchten Bereichen zählen Wirtschaft, Natur- und Sozialwissenschaften und Kunst. *Mehr als 4.300 natürliche Zyklen und miteinander verwobene Muster konnten bisher dokumentiert werden.“ Seine Aufgabe beschreibt das Institut so: „Unsere Mission besteht darin, die wahre Natur und die Ursachen von Zyklen zu erforschen, zu begreifen und zu erklären und damit das Geheimnis wiederkehrender rhythmischer Phänomene zu ergründen, die in den Natur- und Sozialwissenschaften zu beobachten sind.“* (Hervorhebung vom Autor.) *Im Jahr 2006 gehörten dem Institut mehr als „2500 Mitglieder aus 42 Ländern“ an (www.foundationforthestudyofcycles.org).*

Aus diesen gewaltigen Datenmengen lässt sich ablesen, dass alle Dinge – von Hefekulturen bis hin zu Ländern – die *gleichen* Wachstumskurven aufweisen, es also *deutliche Wellenformen oder Zyklen von unterschiedlicher Länge gibt*, die Aktienpreise ebenso bestimmen wie die Ozondichte oder die atmosphärische Elektrizität, und die nicht nur eindeutig feststellbar, sondern wegen ihrer *Regelmäßigkeit* auch *quantifizierbar* sind. Zudem macht ihre *Regelmäßigkeit* sie *unvermeidbar* und *vorhersehbar*. Wie wir noch sehen werden, sind gerade diese Unvermeidbarkeit und Vorhersehbarkeit von immenser Bedeutung – und genau darum geht es in diesem Buch.

Es versteht sich von selbst, dass eine solche Datenbank, ganz abgesehen von dem Potenzial, das sie in den Händen der Informierten darstellt, ein Hilfsmittel ist, das diejenigen gerne besitzen wollen, die finanziell und politisch von solchem Wissen profitieren könnten. Das mag der Grund dafür sein, dass nur wenige Menschen dieses öffentliche Institut *kennen*, und noch weniger Menschen auch nur erahnen, welche Schlüsse über die Struktur der physischen Welt sich aus dieser umfangreichen Datenansammlung ziehen lassen. Kaum jemand kennt diejenigen, die diese Struktur mit technischen Hilfsmitteln für beliebige Zwecke manipulieren. Man denke nur an Dr. David Lis Gauß-Copula-Formel, eine Manipulationstechnik genau dieser Art. Vielleicht erhalten wir Aufschluss über die wahre Bedeutung des Instituts und die Wichtigkeit seiner Forschungen, wenn wir uns ansehen, wer dem Institut angehört – hier finden wir zumindest ein Mitglied einer führenden internationalen Bank – und welche Arbeiten bisher veröffentlicht worden sind. Die Bibliothek verfügbarer Veröffentlichungen, die auf der Internetseite zu finden sind, enthält die folgende interessante Liste. Dabei handelt es sich nur um einen kleinen Auszug aus der Vielzahl der öffentlich zugänglichen Texte. Den Mitgliedern des Instituts steht natürlich noch weit umfangreicheres Material zur Verfügung:

1) Eine Arbeit von Theodor Landscheidt, Direktor des Schroeter Institute for Research in Cycles of Solar Activity, Neuschottland, mit dem Titel: „Cosmic Regulation of Cycles in Nature and the Economy" [dt.: Die kosmische Regulierung von Natur- und Wirtschaftszyklen]. Eine kurze Inhaltsangabe erklärt, worum es geht: „Zyklen in der Natur, die erklärt und vorhergesagt werden können und die einen Einfluss auf menschliches Verhalten, besonders im Bereich der Wirtschaft haben."[26] Beachten Sie, dass hier von einer direkten Beziehung zwi-

26 www.cycleslibrary.ort/sychronies/pg_0004.htm.

schen Sonnenzyklen und wirtschaftlichen Aktivitäten des Menschen ausgegangen wird.

2) Ein Papier von Ray Tomes, Direktor von Advanced Management Systems, Ltd., Neuseeland, mit dem Titel „Towards a Unified Theory of Cycles“ [dt.: Auf dem Weg zu einer vereinheitlichten Zyklentheorie]. In der äußerst aufschlussreichen kurzen Inhaltsangabe heißt es: „Es lässt sich nachweisen, dass irdische Zyklen durch lunare und solare Einwirkungen auf das Wettersystem der Erde ausgelöst werden. In dieser Arbeit werden neue Konzepte zur Erklärung der *Mechanismen vorgestellt, durch die planetarische Konstellationen die Sonnenaktivität beeinflussen*, und es werden die Ursachen dieser harmonischen Beziehungen im Einzelnen erläutert.“[27] In dieser Aussage, die im Laufe dieses Buches noch eine wesentliche Rolle spielen wird, liegt Dynamit. Beachten Sie, was Tomes soeben feststellte und in sehr deutliche Worte fasste: Planetenkonstellationen beeinflussen in *irgendeiner Weise* die Zyklen der Sonnenaktivität. Damit sind wir nur noch einen Schritt weit von der Astrologie entfernt. Dazu ist anzumerken, dass das Institut über ungeheure Mengen empirischer, quantifizierbarer Daten über regelmäßige Zyklen verfügt, auf die es seine theoretischen Schlussfolgerungen stützen kann. Vergleicht man diese immense *historische* Datenbank mit Dr. David Lis Gauß-Copula-Formel, die sich bewusst von historischen Daten absetzt, und macht man sich weiter klar, dass mindestens ein bekanntes Mitglied der internationalen Bankengemeinschaft dem Institut angehört, so erkennt man sofort den Unterschied zwischen den beiden Ansätzen. Man darf annehmen, dass irgendjemand, der über Insiderwissen verfügte, sehr wohl wusste, welcher historische Zyklus sich gerade abspielte.

3) Für die Zwecke dieses Buches ist die Arbeit von Mike Niemara von besonderer Bedeutung. Als persönliche Angaben zu seiner Person finden wir: „Wirtschaftsexperte, Mitsubishi Bank, New York“. Der Titel lautet „Forecasting Turning Points in the International Business Cycle“ [dt.: Die Vorhersage von Wendepunkten in internationalen Wirtschaftszyklen]. Zwar hält der Titel das, was man sich von einem Wirtschaftsexperten einer sehr großen, international tätigen japanischen Bank verspricht, die Inhaltsangabe überrascht jedoch,

27 Ebd., Hervorhebung vom Autor.

denn sie kündigt nicht nur „neue statistische Methoden“ zur „Beobachtung und Vorhersage von Wendepunkten in internationalen Wirtschaftszyklen“ an, sondern schließt höchst unkonventionell mit der Ankündigung, dass die Arbeit sich auch mit der „Rolle der Sonnenflecken bei wirtschaftlichen Aktivitäten befasst!“[28]

Man darf also annehmen, dass zumindest *einige* Mitglieder der internationalen Bankengemeinde erkannt haben, dass eine *physikalische* Verbindung zwischen makroökonomischen Aktivitäten und Zyklen besteht, und dass sie dabei sind, noch Genaueres darüber herauszufinden. Diesen Bereich könnte man als „Wirtschaftsphysik“ bezeichnen. Wenn eine physikalische Beziehung *besteht* und man der „üblichen, für den öffentlichen Konsum propagierten Physikauffassung“ anhängt, wonach physikalische Systeme geschlossen sind, wird man zwangsläufig auch die Wirtschaft als ein geschlossenes System betrachten müssen. Wenn es sich bei Physik und Wirtschaft um miteinander verbundene aber offene Systeme handelt, wie die drei genannten Beispiele aus der Literaturliste des Instituts es nahe legen, dann muss man Physik und Wirtschaft auch entsprechend betrachten.[29]

---

28 www.cycleslibrary.ort/sychronies/pg_0004.htm.

29 Interessant ist an dieser Stelle, dass gerade ein Wirtschaftsexperte von Mitsubishi dem Institut angehört. Als ich nach anderen Mitgliedern mit Beziehungen zu den großen, international tätigen anglo-amerikanischen und europäischen Banken suchte, konnte ich niemanden finden. Das heißt nicht unbedingt, dass es keine solchen Mitglieder gibt, sondern nur, dass ihre Arbeiten und ihre Mitgliedschaft nicht öffentlich bekannt gegeben werden. Die Anwesenheit des Wirtschaftsexperten von Mitsubishi ist auch insofern interessant, als asiatische Gesellschaften bekanntermaßen seit ihren frühesten kulturellen und religiösen Anfängen einer grundsätzlich zyklischen Sicht der Geschichte und damit der sozialen Aktivitäten des Menschen anhängen, und sie legt nahe, dass die Asiaten empirische wissenschaftliche und quantifizierbare Daten nutzen, um ihre alten kosmologischen Ansichten auf eine solide wissenschaftliche Grundlage zu stellen. Kurz gesagt, sie betreiben Paläophysik, wie ich das in meinem allerersten Buch „Der Todesstern Gizeh“, engl.: „The Giza Death Star“ nannte (Siehe „Der Todesstern Gizeh“, Kapitel drei. Die paläophysikalische Betrachtung alter Texte und Mythen führte ich in meinem Buch „The Giza Death Star Destroyed“, Kapitel eins bis drei, und in meinem Buch „The Cosmic War: Interplanetary Warfare, Modern Physics, and Ancient Texts, Kapitel eins bis neun, weiter aus. Mit diesem Buch möchte ich meine Analyse auf weitere Datenbereiche erstrecken.)

B. Zyklen als unvermeidbare und vorhersehbare Erscheinungen: Geschlossene Systeme im Wettstreit mit offenen Systemen

Wie beurteilten Dewey und Dakin selbst die Konsequenzen und die Bedeutung dieser Zyklen? In der Einleitung zu ihrem Buch nähern sich die beiden dem Thema mit großer Umsicht:

Es gibt Menschen, die zugeben, dass die Wirtschaftslehre keine exakte Wissenschaft ist und auch niemals sein kann und sich mithin die Ergebnisse menschlichen Handelns nicht voraussagen lassen. Manche halten Voraussagen, die das menschliche Leben betreffen, gar für pietätlos oder bestenfalls betrügerisch.

Wir werden dem Leser eine Methode der Zukunftsbetrachtung vorstellen, die sich – so neuartig sie auch wirken mag – eindeutig als wertvoll erwiesen hat. Dieser Methode kommt eine fundamentale Bedeutung zu – sie ist wichtiger als die Schlussfolgerungen, zu denen sie im Einzelfall führen kann. Denn der Wert von Schlussfolgerungen hängt einzig und allein von der Richtigkeit der Methode ab.

> Es gilt zu hoffen, dass der Leser mit der Erkenntnis belohnt werden wird, dass in den Wirtschaftswissenschaften, wie in anderen Wissenschaften auch, offenbar Gesetze herrschen, die die rhythmische menschliche Reaktion auf bestimmte Stimuli betreffen. *Sie geben demjenigen, der sich in verantwortungsbewusster Weise mit künftigen Ereignissen befasst – sei er Geschäftsmann, Gemeindeleiter oder Staatsmann – ein erstaunliches Werkzeug an die Hand.*[30]

Wenn dieses „erstaunliche Werkzeug“ in die Hände desjenigen gelangen kann, der sich in verantwortungsbewusster Weise mit künftigen Ereignissen befasst, kann es natürlich ebenso in die Hände desjenigen geraten, der sich „in *unverantwortlicher* Weise mit künftigen Ereignissen befasst.“ Kurz gesagt, hinter der prosaischen Formulierung der Autoren enthüllt sich die wahre Bedeutung ihres Werkes: Es liefert ein äußerst machtvolles Hilfsmittel für Prognosen und damit auch für Manipulation.

Das geben die beiden Autoren etwas weiter im Text auch zu, wenn sie auf die mögliche physikalische Grundlage ihrer Arbeit verweisen:

30 Dewey und Dakin, „Cycles: The Science of Prediction“, S. xii, Hervorhebung vom Autor.

> Die Entdeckung, dass für die Menschheit gewisse statistische Gesetzmäßigkeiten gelten – dass also bestimmte menschliche Aktivitäten insgesamt betrachtet eindeutigen Mustern folgen, von denen manche sich rhythmisch in gewissen Abständen wiederholen – kann sich als äußerst hilfreich erweisen, wenn es darum geht, die Wirtschaft in wahrem wissenschaftlichen Sinne zu lenken.[31]

Der Hinweis auf einen „statistischen Ansatz" für die Betrachtung des menschlichen Verhaltens *insgesamt* enthüllt den potenziellen Bezug zur Physik, denn in der Quantenmechanik wird eine ähnliche Methodik angewendet, um aus den zufälligen und unberechenbaren Bewegungen und Positionen einzelner Teilchen ein statistisches Gesamtbild ihres Verhaltens insgesamt zu ermitteln. Diese Analogie zur Physik wird im Laufe dieses Buches noch konkreter behandelt werden.[32] Kurz nach diesem Brückenschlag zur Physikstatistik treffen Dewey und Dakin folgende bezeichnende Aussage:

> Wenn die Menschen feststellen, dass die Vorhersagen von Finanzberatern, Staatsmännern, Historikern oder anderen gelobten Fachleuten selten zutreffender sind als astrologische Voraussagen, dann verlieren unsere Sozialwissenschaften ihre Existenzberechtigung. Es wird Zeit zu handeln.[33]

Diese Bemerkung zeigt, dass Dewey und Dakin der Astrologie jede wissenschaftliche Grundlage absprechen und wenig Vertrauen in sie setzen. Indem sie sie aber heranziehen, um die Situation der Sozialwissenschaften und insbesondere der Wirtschaftswissenschaften zu illustrieren, stellen sie eine Verbindung zwischen beiden her, eine Verbindung, die zunehmend deutlicher wird, je weiter sie die Ergebnisse ihrer Untersuchungen in ihrem Buch „Cycles: The Science of Prediction" ausbreiten. Die Verbindung kann ihnen also kaum entgangen sein, und vielleicht versuchten sie der Kritik bestimmter Kreise vorzubeugen, die ihnen vorwerfen könnten, nur eine ausgeklügeltere Form von Astrologie zu betreiben.

Nach diesem eigenartigen Vergleich und Hinweis unterscheiden sie im Folgenden zwischen „theoretischer Wirtschaftswissenschaft" und „empi-

31 Dewey und Dakin, „Cycles: The Science of Prediction", S. xiii.

32 An dieser Stelle ist der Hinweis angebracht, dass der berühmte und gefeierte Physiker und Science-Fiction-Autor Isaac Asimov diese Verbindung zwischen Physik und den Mustern des sozialen Gesamtverhaltens in seiner bekannten Trilogie „Foundation" angesprochen hat (ein Name der vielleicht nicht zufällig gewählt war).

33 Ebd., S. xiv.

rischer Wirtschaftswissenschaft" und zeichnen damit eine weitere Parallele zur Physik:

> In diesem Buch soll in einer für den nicht kundigen Leser verständlichen Form aufgezeigt werden, wie einige unangebrachte Streitereien über wirtschaftliche Vorhersagen vermieden werden können, indem man ein paar Fakten berücksichtigt, die mittlerweile allen bekannt sein sollten. Die neue Methode zur Untersuchung wirtschaftlicher Aktivitäten ist zwar noch relativ neu, scheint jedoch wesentlich vielversprechender und führt zu besseren Resultaten als die herkömmlichen Wirtschaftstheorien, die ganze Bücher mit Meinungen und Streitereien darüber füllen, ob eine bestimmte Ursache nun eigentlich eine Wirkung ist oder umgekehrt.[34]

Mit anderen Worten, man kann sich gut vorstellen, wie ein „theoretischer Wirtschaftswissenschaftler" ganze Tafeln mit komplizierten Modellen und Differenzial- oder Integralgleichungen vollschreibt, die keinerlei praktischen Nutzen haben und sich nicht auf Daten stützen – hier denkt man sofort an Dr. Li – oder die bestenfalls auf einem ziemlich eng begrenzten Datenbereich basieren. Tatsächlich laufen einige Daten dem vorgeschlagenen theoretischen Modell völlig zuwider. Das erinnert wieder stark an die moderne theoretische Physik, wo bestimmte Klassen oder Typen von Daten ignoriert oder unter den Teppich gekehrt werden, weil sie entweder der „bekannten" Theorie widersprechen oder weil die anerkannte herrschende Theorie sie einfach nicht zu erklären vermag. Den herausragenden „theoretischen Physikern" gelingt es womöglich nicht, die Daten durch irgendwelche ihnen bekannte Theorien zu erklären. Nach Ansicht von Dewey und Dakin war genau das der Stand der Dinge in den traditionellen Wirtschaftswissenschaften. Die beiden Autoren argumentieren mit der klassischen Schlussfolgerung der „empirischen Wissenschaften":

> „Vorhersagen" werden von den Daten geschrieben [...]. Sie basieren nicht auf den Meinungen irgendwelcher Personen. Vielmehr handelt es sich um die Wahrscheinlichkeiten von morgen.[35]

Was aber sagen diese riesigen Datenmengen aus, die von den Zyklen atmosphärischer Elektrizität bis hin zu den Populationen von Zeltraupen so ungefähr alles abdecken?

---

34 Dewey und Dakin, „Cycles: The Science of Prediction, S. xv.

35 Ebd., Hervorhebung im Original.

Ein Blick auf einige von Deweys und Dakins Wachstumstabellen für verschiedene Objekte sagt mehr als tausend Worte.

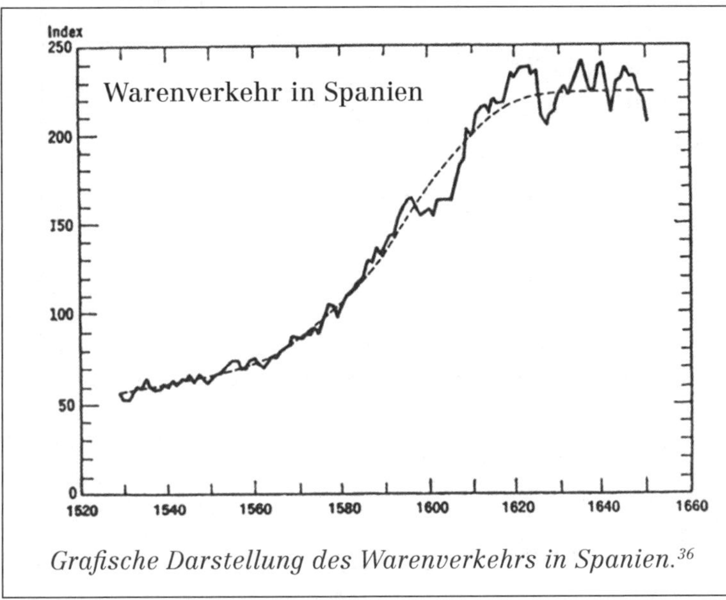

Grafische Darstellung des Warenverkehrs in Spanien.[36]

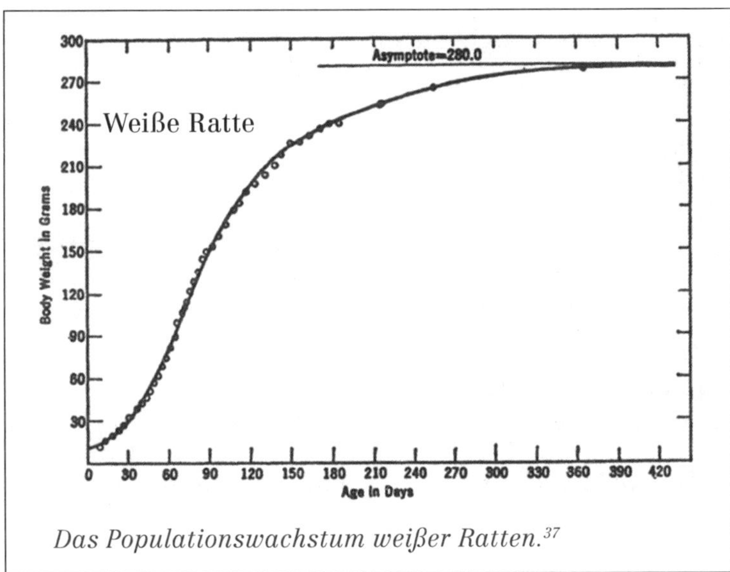

Das Populationswachstum weißer Ratten.[37]

36 Dewey und Dakin, „Cycles: The Science of Prediction", S. 9.

37 Ebd., S. 11.

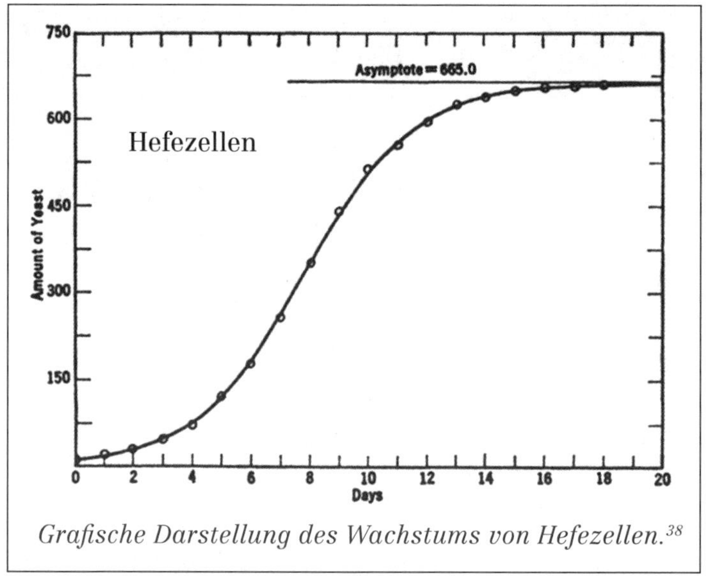

Grafische Darstellung des Wachstums von Hefezellen.[38]

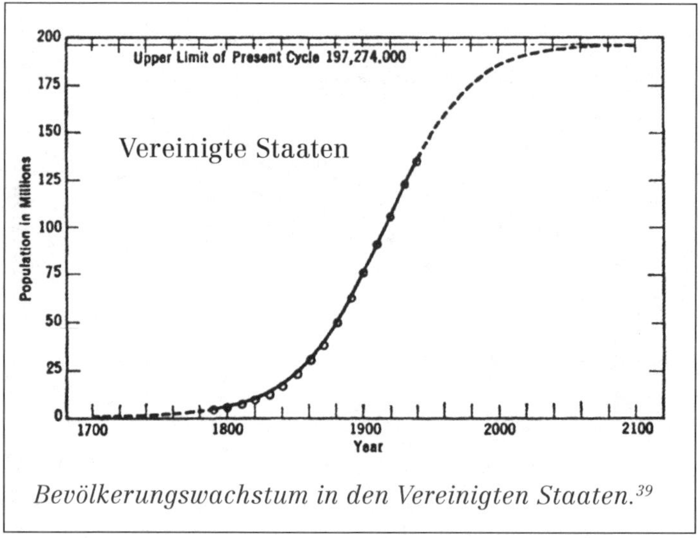

Bevölkerungswachstum in den Vereinigten Staaten.[39]

Dewey und Dakin erklären die Bedeutung dieser und ähnlicher Grafiken kurz und knapp:

> Die Tatsachen rund um das Wachstum sind den meisten Müttern bekannt, und deshalb fordern Ärzte sie dazu auf, im Kinderzimmer

38 Dewey und Dakin, „Cycles: The Science of Prediction", S. 13.

39 Ebd., S. 15.

eine Gewichtstabelle bereit zu halten, die sie beim Wiegen zu Rate ziehen können. Alle gesunden Babys weisen ebenso wie alle anderen gesunden Organismen zu Anfang hohe Wachstumsraten auf – bei Babys steigen sie auf über 199 Prozent im ersten Jahr. Je älter sie werden, umso mehr lässt die Wachstumsgeschwindigkeit nach. Mit dem Erreichen der Reife sinkt das Wachstum schließlich auf den Wert Null.

Warum ein Organismus zu wachsen aufhört, wissen wir eigentlich nicht [...].

Aber das Wissen, dass ein wachstumshemmender Faktor existiert, ist für uns wichtig, auch wenn wir ihn nicht erklären können. Es erscheint uns logisch, einen solchen Faktor bei Organismen wie Babys oder Bäumen vorzufinden, einfach, weil wir daran gewöhnt sind, diesen Faktor in Aktion zu erleben. Er wirkt aber auch in anderen Arten von Organismen wie etwa menschlichen Institutionen und Geschäftsorganisationen.[40]

Mit anderen Worten, die Wachstumsmuster sind, wenn sie in angemessener Weise grafisch dargestellt werden, fast universell und identisch, ganz unabhängig von dem Zeitrahmen – Minuten, Tage oder gar Jahrzehnte – in dem das Wachstum gemessen wird.

An dieser Stelle ist ein Kommentar zu Dr. Lis Copula-Formel angebracht und ebenso zu dem ganzen Konzept des privat erzeugten Schuldgeldes im Vergleich zu den tatsächlichen Mustern wirtschaftlichen Wachstums. Hinter Lis Formel und auch dem gesamten Grundprinzip der Geld-als-Schuld-Schöpfung steckt eine ganz offenkundige Tatsache, nämlich, dass die Anzahl der Credit Default Swaps oder die Anzahl der Schulden die geschaffen werden können, keine Grenzen kennt. Das Gesetz der Zinseszinsen zeigt in der Tat, dass Schulden exponentiell immer weiter wachsen, wie ein Krebsgeschwür. Wie die von Dewey und Dakin präsentierte ungeheure Fülle von Beispielen zeigt, *erreicht das tatsächliche Wachstum in einem Wirtschaftssystem einen Höhepunkt und beginnt dann abzuflachen, wenn nicht neue Faktoren eingeführt werden, etwa neue Technologien, die das System wieder öffnen*. Aus diesen Erwägungen ergibt sich, dass die Zinsen auf Schulden oder gar auf Schulden-Swaps niemals zurückgezahlt werden können.

Als Dewey und Dakin beispielsweise die Zyklusdiagramme der industriellen Produktion in verschiedenen Schlüsselindustrien der Vereinigten Staa-

40 Dewey und Dakin, „Cycles: The Science of Prediction", S. 1.

ten und ebenso des gesamten Bevölkerungswachstums und des allgemeinen Wirtschaftstrends untersuchten, gelangten sie zu einer Schlussfolgerung, die während des Wirtschaftsbooms in Amerika nach dem Zweiten Weltkrieg ziemlich beunruhigend und radikal wirkte:

> Die derzeitigen Tendenzen in einigen unserer großen Industrien zeigen eindeutig, dass wir eine Periode grundsätzlicher „Reife“ in unserer gesamten wirtschaftlichen Entwicklung erreicht haben. Das ist eine Tatsache von enormer Bedeutung, deren Auswirkungen sich in viele Richtungen erstrecken. Die Auswirkungen sind in der Tat so bedeutungsvoll, dass viele Menschen (in für die Menschheit typischer Weise) lieber die Augen vor dieser Tatsache verschließen und sich in hitzigen Diskussionen ergehen, als den Dingen ins Auge zu sehen und sich anzuschicken, damit umzugehen.[41]

Kurz gesagt, die USA standen im Begriff, in fast allen wesentlichen Kategorien ihrer Tätigkeit die Obergrenze ihres Wachstums zu erreichen. Nimmt man das oben wiedergegebene Diagramm des Bevölkerungswachstums der USA hinzu, dann ist davon auszugehen, dass die Wachstumsgrenze zwischen 2000 und 2100 erreicht wird. Der gleiche Zyklus spielt sich in anderen Schlüsselbereichen ab.

B.1. Kritik aus den Reihen der Konservativen

Die hier postulierte theoretische und praktische Analogie zwischen Physik und Wirtschaft löste einige Kritik aus den Reihen konservativer Wirtschaftswissenschaftler wie Dr. Milton Friedman an den Zyklen von Dewey und Dakin aus. Nach Ansicht von Friedman ist deren Buch

> kein wissenschaftliches Buch; die behaupteten Schlussfolgerungen werden nicht vollständig durch Beweise belegt; die grafisch dargestellten Daten werden nicht näher erklärt, so dass eine Reproduktion durch andere unmöglich ist; die angewendeten Techniken werden an keiner Stelle konkret beschrieben [...]. Das Buch lässt sich am besten mit einem hochkarätigen Werbetext vergleichen, der hier in Buchlänge präsentiert wird, um ein esoterisches, angeblich wissenschaftliches Produkt an den Mann zu bringen. Wie die meisten modernen Werbeanzeigen versucht auch dieses Buch sein Produkt durch

41 Dewey und Dakin, „Cycles: The Science of Prediction“, S. 5.

> übertriebene Behauptungen zu verkaufen und eine Verbindung mit anderen wertvollen Objekten herzustellen, mit denen es tatsächlich überhaupt nichts zu tun hat [...] während es diskretes Stillschweigen über alle Fehlschläge wahrt oder diese nur vage andeutet [...] und Autoritäten nennt, die eine hohe Meinung von dem Produkt haben.[42]

Aber auch Friedman selbst erlag später in seinem Leben der Versuchung, ein Buch über Wirtschaftswissenschaften mit dem Titel „Free to Choose" für das Laienpublikum zu schreiben, das in der Reagan-Ära zu einem der einflussreichsten Bücher der Populärkultur avancierte. Seine frühere Kritik gegen Dewey und Dakin könnte man mit gleichem Recht gegen sein eigenes Bemühen, ein populäres Buch zu verfassen, erheben.

Fundiertere Kritik kam von dem Wirtschaftswissenschaftler Murray Rothbard, und damit rückte die Analogie zwischen Physik und Wirtschaft noch deutlicher in den Brennpunkt:

> Das Konzept der „Multizyklizität" kann nur als mystische Variante eines törichten konzeptionellen Realismus bezeichnet werden. Die angeblichen „Zyklenreihen" entbehren jeder Realität oder Bedeutung. Der Markt ist eine unabhängige Einheit, und je höher entwickelt er ist, umso stärker sind die wechselseitigen Beziehungen der Marktelemente untereinander. Es ist daher unmöglich, dass mehrere oder viele unabhängige Zyklen nebeneinander als autarke Einheiten existieren. Ein wirtschaftlicher Zyklus zeichnet sich ja gerade dadurch aus, dass er alle Marktaktivitäten erfasst.[43]

Rothbards Kritik geht jedoch an der Sache vorbei, denn Dewey und Dakin behaupten an keiner Stelle, dass ihre zahlreichen Zyklen „unabhängig" voneinander existieren. Sie behaupten lediglich, dass jedes sich über einen bestimmten Zeitraum erstreckende Phänomen einen Zyklus oder ein Wellenmuster aufweist. Von einem autarken, unabhängigen, *geschlossenen System*, in dem keinerlei Beziehungen zu anderen Zyklen bestehen, ist nie die Rede. Wie wir im nächsten Teil sehen werden, führt die Argumentation der Autoren in die exakt gegengesetzte Richtung als die, die Rothbard ihnen unterstellt.

---

42 Milton Friedman und Max Sasuly, „Review of Cycles: The Science of Prediction", in *Journal of the American Statistical Association*, März 1948, 43 (241): 139-145, zitiert in „Edward R. Dewey", Wikipedia, en.wikipedia.org/wiki/Foundation_for_the_Study_of_Cycles, S. 2.

43 Murray Rothbard, „Man, Economy, and State", Nash Publishing Co., 1961, zitiert in „Edward R. Dewey", Wikipedia, en.wikipedia.org/wiki/Foundation_for_the_Study_of_Cycles, S. 4.

Hier wird die physikalische Analogie in Rothbards Kritik deutlich, denn wenn er das Konzept der „Multizyklizität" nur „als mystische Variante eines törichten konzeptionellen Realismus" bezeichnet, postuliert er selbst eine Art wirtschaftswissenschaftliche „Kopenhagener" Schule wie in der Quantenphysik, die davon ausgeht, dass quantenmechanische Gleichungen nicht auf einer zugrundeliegenden physikalischen Wirklichkeit beruhen, sondern lediglich mathematische, aus der Theorie abgeleitete Artefakte darstellen.[44] Für Rothbard entbehren die „Zyklenreihen" jeder Realität oder Bedeutung, *weil* sie miteinander verknüpft sind. Für Dewey und Dakin *sind* sie real, eben *weil sie offene, miteinander verbundene Systeme sind*. Damit bleibt Rothbards Kritik letztlich rein ideologisch und philosophisch. Das Problem besteht jedoch darin, dass weder Dewey und Dakin selbst noch ihre Kritiker die wahre Natur der gemachten Entdeckung erkannten, nämlich dass Dewey und Dakin eigentlich nichts über Wirtschaft sondern vielmehr etwas über *Physik* herausgefunden hatten. Entsprechend stellen die wirtschaftlichen Aktivitäten, die sie mit ihren Zyklen messen, nur eine Ebene innerhalb einer größeren Klasse von Phänomenen dar, deren wahre Natur und Charakteristik sich aus der viel tiefgründigeren physikalischen Mechanik des physischen Mediums selbst ergibt. Auf diese Erkenntnis können wir jedoch erst in den späteren Kapiteln eingehen. Wie wir gesehen haben, müssen Dewey und Dakin aber bereits so etwas geahnt haben, denn sie bezogen auch die zyklischen Daten rein physikalischer Phänomene mit ein. Wie oben erwähnt, haben auch viele Mitglieder des Instituts Arbeiten vorgelegt, in denen die beiden Gebiete zu einer Art „Wirtschaftsphysik" zusammengefasst werden, was den Schluss nahe legt, dass der Einfluss auf die Muster zyklischer menschlicher Aktivitäten rein physikalischer Natur ist. Ein Konzept, das wiederum stark an die Astrologie und Deweys und Dakins eigene Ausführungen über die Astrologie erinnert. Ihren Bemerkungen ist zu entnehmen, dass die beiden vielleicht eine tiefgreifende Beziehung zwischen wirtschaftlichen Zyklen und physikalischen Einflüssen auf die Menschheit erahnt haben mögen – eine sehr alten Vorstellung, die Astrologen seit alters her vertreten.

44 Siehe die Diskussion in meinem Buch „Der Todesstern Giza", engl.: „The Giza Death Star", Adventures Unlimited Press, 2002, S. 126-134.

C. Zyklen, Tendenzen und Zyklen über Zyklen

Wie weisen Dewey und Dakin nun im Einzelnen nach, dass die große Vielzahl von Zyklen, die durch ihr Institut aufgedeckt wurden, *tatsächlich* wechselseitig vernetzt sind? Die Antwort findet sich (1) in der Unterscheidung zwischen Zyklen und Tendenzen, (2) im Konzept der periodischen Natur von Zyklen und (3) in der so genannten „Überlagerung" von Zyklen. Diese „Überlagerungen" folgen exakt den gleichen Regeln wie in der Physik, und diese Parallele hat weitreichende Bedeutung.

C.1. Periodische Muster

Zyklen lassen sich ganz leicht von bloßen Tendenzen innerhalb eines periodischen Gesamtrhythmus unterscheiden. Betrachten wir dazu eine der vielen Grafiken des Instituts. Man erkennt, dass sich die grundlegende Wellenform einer zyklischen Periode an den tatsächlich gemessenen Daten orientiert, die teils über, teils unter diese theoretische Wellenlinie fallen. Die kleineren Berge und Täler stehen für Tendenzen innerhalb des periodischen Gesamtzyklus. Bei genauerer Betrachtung der Grafik wird deutlich, dass sich die psychologischen Wirkungen einer „Tendenz" unterschiedlich auswirken werden, je nachdem, an welcher Stelle des Zyklus sie auftritt. Wenn beispielsweise eine fallende Tendenz mit der ansteigenden Kurve eines Zyklus zusammentrifft, wird die Wirkung nicht gravierend sein. Tritt sie aber während der abfallenden Zyklushälfte auf, verstärkt sie die negative Wirkung.[45]

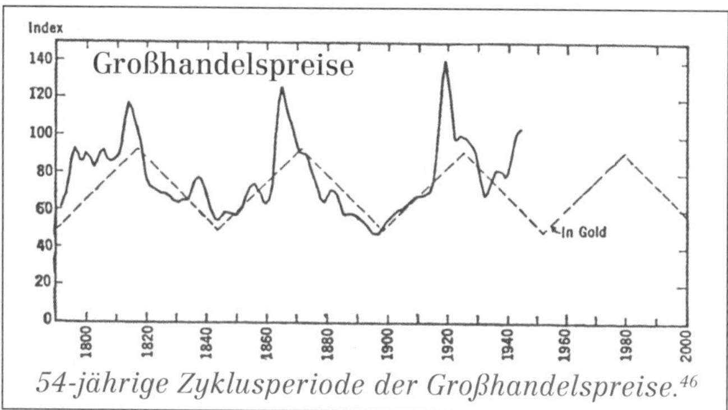

54-jährige Zyklusperiode der Großhandelspreise.[46]

45 Siehe Dewey und Dakin, „Cycles: The Science of Prediction", S. 50.

46 Ebd., S. 70.

Wie wir noch erkennen werden, hat diese Unterscheidung zwischen einer bloßen Tendenz und einem vollen Zyklus weitreichende Bedeutung, wenn es darum geht, festzustellen, wie viel oder wenig das menschliche Handeln, auch das politische Handeln, einen Gesamtzyklus zu verstärken oder abzuschwächen vermag.

Die diesbezüglichen Bemerkungen der Autoren sind sehr erhellend:

> Wir werden bald entdecken, dass sich der so genannte Konjunktur- oder Wirtschaftszyklus eigentlich aus vielen verschiedenen Zyklen zusammensetzt. Uns interessiert insbesondere, ob wir in diesen Zyklen Beweise für eine *rhythmische Natur* aufspüren können. Wenn wir einen Rhythmus finden, können wir *in vertretbarem Rahmen* auch dessen Wiederauftreten vorhersagen. Damit haben wir eine Vorhersehbarkeit, die auf wesentlich mehr als nur auf begrenzter Logik und Mutmaßung beruht.
>
> Lange Zeit wurde angenommen, dass man Wirtschaftszyklen wirksam verhindern könnte, und dass man die Abschwünge, die hochorgansierte Gesellschaften so sehr plagen, eliminieren könnte, wenn man nur deren *Ursachen* herausfände.
>
> Es wurden zahlreiche Buchbände geschrieben, um solche Ansichten zu diskutieren. **Uns geht es an dieser Stelle weit weniger um die Ursache als um das zeitliche Element.**[47]

Beachten Sie, dass Dewey und Dakin hier ausdrücklich darauf hinweisen, dass sich der „Wirtschafszyklus eigentlich aus vielen verschiedenen Zyklen zusammensetzt". Damit wird klar, dass die bereits erwähnte Kritik von Murray Rothbard – nämlich, dass die Autoren die komplexe Verwobenheit der Wirtschaftsfaktoren nicht berücksichtigten – nicht das Geringste mit dem zu tun hat, was Dewey und Dakin tatsächlich schreiben! Die wahre „Ketzerei" der beiden bestand, wie wir noch sehen werden, nicht darin, dass sie die wechselseitigen Beziehungen wirtschaftlicher Zyklen ansprachen, sondern dass sie behaupteten, es gäbe möglicherweise wesentlich tiefreichendere Beziehungen zwischen wirtschaftlichen Zyklen und Zyklen rein *physikalischer* Phänomene.

Was die beiden Autoren über Rhythmen beziehungsweise rhythmische Zyklen und Perioden aussagen, ist in jedem Fall bemerkenswert:

---

47 Ebd., S. 50, Hervorhebung vom Autor durch Fettdruck, Kursivdruck im Original.

> Als *Rhythmus* oder *rhythmischer Zyklus* wird üblicherweise ein Zyklus bezeichnet, der sich in ziemlich einheitlichen Zeitintervallen wiederholt. Somit ist der Herzschlag auch dann rhythmisch, wenn er leicht unregelmäßig ist.
>
> Als *Periodizität, periodischen* Zyklus oder *regelmäßigen Zyklus* bezeichnet man einen Zyklus, der sich **in exakten mathematischen Intervallen** wiederholt. Echte Periodizität kommt in der Natur ebenso wenig vor wie echte gerade Linien oder echte Kreise; es gibt jedoch enge Annäherungen.[48]

Hier sehen wir eine weitere Verbindung und einen möglichen Hinweis auf eine tiefgründigere Physik, die bei solchen wechselseitigen Beziehungen wirkt, denn die genannten Zyklen sind genau quantifizierbar. Solche Einheiten oder messbaren Zyklen können uns möglicherweise wichtige Hinweise auf die Natur und die Struktur der Raum-Zeit selbst geben. Dewey und Dakin haben diese Verbindung zur Physik und ihre Bedeutung keineswegs übersehen, vielmehr haben sie gerade eine bestimmte physikalische Analogie herangezogen, um ihr Konzept der im Kern miteinander verflochtenen wirtschaftlichen (und anderen) Zyklen zu erklären. Um die physikalische Analogie erkennen zu können, muss man zunächst herausfinden, was die Autoren unter miteinander verbundenen Zyklen verstehen.

C.2. „Überlagerungen“: Kombinierte Zyklen als Multiwave-Modulation – eine Möglichkeit zur Interferometrie?

Kurz gesagt sind miteinander verbundene Zyklen nichts anderes, als die Überlagerung der Wellenformation eines Zyklus durch eine oder mehrere andere Wellenformationen. Aus den vielen Beispielen für quantifizierbare Zyklen, die in den verschiedensten Lebensbereichen – menschlicher und anderer Art – wirken, haben Dewey und Dakin insbesondere den neunjährigen Zyklus[49], den neun-zwei-Drittel-jährigen Zyklus[50], den vierjährigen Zyklus[51], den 41-monatigen Sonnenzyklus und andere Sonnenzyklen[52] den

48 Dewey und Dakin, „Cycles: The Science of Prediction“, S. 51, Hervorhebung vom Autor durch Fettdruck.

49 Siehe Dewey und Dakin, „Cycles: The Science of Prediction“, S. 56 ff.

50 Ebd., S. 54 ff.

51 Ebd., S. 57 ff.

52 Ebd., S. 57-59.

35-jährigen Wetterzyklus[53], den 22-jährigen Wetter-Sonnen-Zyklus[54] und natürlich den 54-jährigen Zyklus, den wir bereits als Grafik vorgestellt haben[55], ausgewählt und in ihrem Buch ausgiebig gewürdigt.

Wie bereits erwähnt, betrachten Dewey und Dakin ebenso wie ihre eher traditionell orientieren Kritiker wirtschaftliche Zyklen als komplexe Systeme aus verschiedenen wechselseitigen Beziehungen, und zwar nicht im Sinne von Ursache und Wirkung, sondern hinsichtlich deren Beginn und zeitlicher Periodizität. Die Verwobenheit all dieser Zyklen lässt sich durch ein präzises Modell darstellen, die Superposition der einzelnen Zykluswellen, die man als „Überlagerung" bezeichnet.

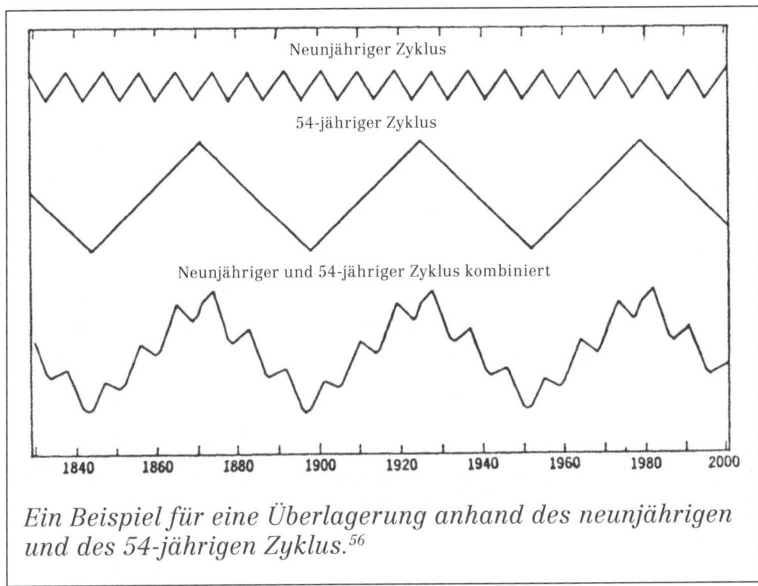

Ein Beispiel für eine Überlagerung anhand des neunjährigen und des 54-jährigen Zyklus.[56]

Die Grafik zeigt oben eine vereinfachte Version des neunjährigen Zyklus und in der Mitte den 54-jährigen Zyklus. Unten ist die Überlagerung, also die Kombination der beiden Zyklen dargestellt. Bemerkenswert ist hier, dass der längere und langsamer schwingende 54-jährige Zyklus in der Kombi-

53 Dewey und Dakin, „Cycles: The Science of Prediction", S. 60.

54 Ebd.

55 Ebd., S. 70. Interessanterweise durchlief der von Dewey und Dakin gefundene 54-jährige Zyklus der Großhandelspreise das letzte Mal etwa 1951-1954 eine Talsohle. Danach begann die nächste 54-jährige Periode mit zunächst steigenden Preisen, die etwa 2005-2008 einen weiteren markanten Punkt erreichte, just während der aktuellen „Derivate-Krise" mit den daraus resultierenden Preisabstürzen.

56 Ebd., S. 96.

nation der beiden Zyklen über den kürzeren und schneller schwingenden, neunjährigen Zyklus dominiert. Wie wir noch sehen werden, ist auch das ein wichtiger Hinweis auf zugrundeliegende, tiefgründige physikalische Prinzipien.

Nach Ansicht von Dewey und Dakin war der erste, der eine mögliche Verbindung zwischen wirtschaftlicher Aktivität und Physik erahnte, Sir William H. Beveridge. Er

> entdeckte einige echte Perioden, die eine Verbindung der bekannten Wetterrhythmen und der Sonnenflecken-Phänomene eindeutig bewiesen. Die Periode T = 54,00 Jahre (die er unabhängig von der besagten Korrelation feststellte) weist eine sehr starke Energiekonzentration auf.[57]

In gewisser Weise ist es natürlich offenkundig, dass die Sonnenaktivität das irdische Wetter beeinflusst. Das irdische Wetter kann seinerseits die landwirtschaftliche Produktion beeinflussen, die sich wiederum auf die gesamte Wirtschaft auswirkt. Hier scheinen tieferliegende physikalische Prinzipien keine große Rolle zu spielen.

Erst als man bestimmte Zyklen – insbesondere den neunjährigen, den neun-zwei-Drittel-jährigen und den 54-jährigen Zyklus – übereinanderlegte, wurde etwas Bedeutendes sichtbar:

> Wie Schumpeter sagte:
>
> „Selbstverständlich werden zu Zeiten, zu denen die korrespondierenden Phasen aller drei Zyklen zusammenfallen, immer Phänomene von ungewöhnlicher Intensität ausgelöst werden. Das gilt besonders dann, wenn die Phasen von Prosperität und Depression zusammenfallen. Bei den drei tiefsten und längsten ‚Depressionen' in dem von uns erfassten Zeitraum – nämlich von 1925-1930, von 1973-1978 und von 1929-1934 – zeigt sich genau dieses Charakteristikum."[58]

Wie wir noch sehen werden, verweist die Überlagerung dieser Zyklen und ihr Zusammenfallen zu ganz bestimmten Zeiten, zu denen die amerikanische Wirtschaftsgeschichte „große Depressionen" verzeichnete, auf zugrundeliegende physikalische Prinzipien, unter denen besonders die astrologische Komponente unabweisbar hervorsticht.

---

57 Dewey und Dakin, „Cycles: The Science of Prediction", S. 73.

58 Ebd., S. 90-91, Zitat aus Schumpeter „Business Cycles", McGraw-Hill, 1939, S. 173.

Es erübrigt sich zu erwähnen, dass diese Sichtweise von „Überlagerungen“ oder Superpositionen verschiedener wirtschaftlicher und konjunktureller Zyklen – ganz zu schweigen von Kombinationen mit anderen rhythmischen Zyklen, die auf den ersten Blick nichts mit Wirtschaft zu tun haben – die normale Untersuchung von „Ursache und Wirkung“, der sich das konventionelle wirtschaftliche Denken mit all seinen Theorien verschrieben hat, mühelos an die Wand spielt.

> Die meisten von uns haben gelernt, in den herkömmlichen Begriffen von Ursache und Wirkung zu denken. Wir wurden in einem System erzogen, in dem Bildung darauf abzielte, den kleinsten gemeinsamen Nenner der Massenintelligenz zu finden. Es ist also kein Wunder, dass es uns schwer fällt, uns die Endlichkeit des menschlichen Verstandes wieder vor Augen zu führen. Der Verstand wird niemals in der Lage sein, in einer bestimmten Situation das Zusammenwirken aller Ursachen zu erfassen, die zu einem bestimmten Ergebnis führten. Urteile geraten deshalb so fehlerhaft, weil wir nur auf der gewöhnlichen Grundlage von Ursache und Wirkung argumentieren. Die meisten, wenn nicht gar alle tatsächlichen Ursachen entziehen sich unserer Kenntnis, und diejenigen, die wir in unsere Betrachtungen miteinbeziehen, könnten sich als reine Annahmen herausstellen. Wenn wir trotz alledem zu einer korrekten Schlussfolgerung gelangen, ist das ein Triumph des Zufalls – oder der Intuition.[59]

Was Wirtschaftszyklen anbelangt, zeigt sich für Dewey und Dakin die Torheit des Ursache-und-Wirkung-Denkens ganz klar bei der Ähnlichkeit zwischen dem Immobilien- Zyklus und dem Eheschließungs-Zyklus. Diese Ähnlichkeit

> könnte leicht zu falschen Schlüssen verleiten. Auf einer simplen Ebene könnte man argumentieren, dass Menschen, die heiraten, über Hauskauf oder Hausbau nachzudenken beginnen, und deshalb Bauprojekte in Angriff genommen werden. Man könnte aber auch genau anders herum argumentieren und zum gleichen Ergebnis kommen, nämlich, dass Bauen Wohlstand stimuliert und Menschen heiraten, wenn sie sich wohlhabend fühlen. Daraufhin kaufen sie die Häuser, die Bauunternehmer vorher errichtet haben, um Kunden anzuziehen, die sich wohlhabend fühlen. Es wird Geld ausgegeben, damit Häuser für Leute gebaut werden können, die heiraten wollen.

59 Dewey und Dakin, „Cycles: The Science of Prediction“, S. 114.

> Bei einer solchen Ursachen-und-Folgen-Argumentation beißt sich der Hund in den Schwanz. Eine solche Art der „Beweisführung“ ist keineswegs ungewöhnlich, außer, was ihre Kürze anbelangt. Es wurden ganze Bücher verfasst, in denen diese Art der Argumentation in gelehrte Sprüche umgemünzt wurde. Wir sollten solche Aussagen ignorieren, uns aber fragen, *warum* unsere Baustatistiken sich zu so außerordentlich regelmäßigen Rhythmen formieren. Ehe uns die Zukunftsforschung eine endgültige Antwort auf dieses Rätsel lieferte, konnten wir allenfalls zögerlich postulieren, dass der menschliche Paarungsinstinkt und der menschliche „Nestbauinstinkt“ seit Anbeginn biologisch verankert seien und sich diese Verbindung bis zu den Vögeln zurückverfolgen lasse. Wenn beide Instinkte in unserer Rasse einem gleichmäßigen Rhythmus folgten, wäre das nicht weiter überraschend. Vielleicht sollten sich Wirtschaftswissenschaftler und Biologen zusammentun, um sich gemeinsam der neuen Forschung zu widmen, die aufgrund dieser Fragestellung angezeigt erscheint.[60]

Dewey und Dakin betrachten also die Zyklen und Überlagerungen keineswegs als voneinander getrennte Realitäten, wie Kritiker wie Rothbard es ihnen unterstellen, sondern sehen durchaus die Gesamtheit wirtschaftlicher Aktivitäten als ein komplexes Konglomerat von überlagerten Zyklen. Ihren Verleumdern werfen sie aber gerade vor, dass sie bei ihrer allzu engstirnigen Konzentration auf rein „wirtschaftliche“ Aktivitäten und Zyklen in der Tat zyklische Hinweise aus anderen Disziplinen übersehen könnten, die ihnen echte Einsichten in die wahre Natur der Ursachen bescheren könnten.

Die Autoren plädieren also für einen interdisziplinären Ansatz. Außerdem weisen sie darauf hin, dass in Zeiten, in denen voneinander getrennte, unabhängige Disziplinen immer häufiger verglichen werden, der Verdacht wächst, dass alle die Einzelphänomen auf eine tiefgründige Art und Weise miteinander verbunden sein könnten. Diese tiefe Verbindung könnte auf den physikalischen Gesetzen beruhen, denen alle diese Zyklen unterliegen, unabhängig davon, um welchen Gegenstand es sich handelt:

> Einige der verschiedenen rhythmischen Kategorien sind dem Mann auf der Straße so vertraut wie Tag und Nacht oder die Gezeiten, andere dagegen sind eher unbekannt. Die analytische Arbeit an diesen Rhythmen entwickelte sich bisher in den versteckten Nischen der Wissenschaft. Bisher haben wir nur die Grundzüge einer Wissen-

60 Dewey und Dakin, „Cycles: The Science of Prediction“, S.116-117, Hervorhebung im Original.

> schaft des Rhythmus *an sich* vor uns. Doch in jedem wissenschaftlichen Fachbereich gibt es eine Gruppe von Wissenschaftlern, die sich besonders mit dem Thema der Rhythmik bei den speziellen, von ihnen untersuchten Phänomenen befassen. Irgendwann wird diese Gruppe ihre Aufzeichnungen mit denen der entsprechenden Gruppe eines anderen Fachgebietes vergleichen, und ganz allmählich wird bei allen Beteiligten der Verdacht aufkommen, dass sie sich mit irgendwie verwandten Phänomenen beschäftigen, wenn auch auf verschiedenen Gebieten.[61]

Ganz offenkundig vermuten Dewey und sein Institut für die Erforschung von Zyklen schon seit langem eine tiefe Verbindung zwischen verschiedenen, voneinander getrennten Zyklen, denn der Gründungszweck des Instituts bestand ja gerade darin, die Daten aller Forschungsgebiete interdisziplinär zu koordinieren.

C.3. Unvermeidbarkeit, Vorhersehbarkeit und menschliches Handeln

Aus den Analysen von Dewey und Dakin und aus der gesamten Arbeit des Instituts für die Erforschung von Zyklen lässt sich noch ein weiterer Schluss ziehen, den ich bereits angesprochen habe, den ich an dieser Stelle aber nochmals wiederholen möchte: Wenn Zyklen – insbesondere wirtschaftliche Zyklen – eine regelmäßige, quantifizierbare Periodizität aufweisen, dann kann daraus gefolgert werden, dass diese Zyklen *unvermeidbar, und weil unvermeidbar, auch vorhersehbar sind*. Damit scheint sich menschliches Tun und die menschliche Fähigkeit, solche Zyklen zu beeinflussen, auf die bloße Auslösung von *Tendenzen* zu beschränken, während die Zyklen davon unberührt bleiben. Um nochmals auf Schumpeters „Business Cycles“ zurückzukommen, bei der Untersuchung der verschiedenen wirtschaftspolitischen Strategien, mit denen England, die Vereinigten Staaten und Nazi-Deutschland auf die große Depression reagierten, fällt auf, dass trotz der Verschiedenheit der Maßnahmen, die in den jeweiligen Ländern ergriffen wurden, von Hjalmar Schachts Exportsubventionen und diversen Mark-Systemen in Deutschland[62] bis hin zu Roosevelts „New Deal“ – Programmen in den USA, die Wohlstandskurven in den einzelnen Ländern

61 Dewey und Dakin, „Cycles: The Science of Prediction“, S.140.

62 Ebd., S. 78.

„exakt so verliefen, wie es jemand erwarten würde, der die vertrauten wirtschaftlichen Kurven der Vergangenheit in die Zukunft projiziert.“[63] Mit anderen Worten, welche *Tendenzen* die jeweilige Politik der Länderregierungen auch ausgelöst haben mag, die Zykluswende musste genau zu dem Zeitpunkt erfolgen, zu dem sie auch tatsächlich erfolgte, unabhängig von Regierungspolitik und politischem Handeln. Die Finanzpolitik kann die Gesamttendenz innerhalb eines Zyklus *verstärken oder abschwächen*, sie kann jedoch niemals den Zyklus selbst anhalten oder umkehren. Der Grund ist offensichtlich: Der Zyklus selbst beweist das Wirken einer tiefgründigen Physik auf der Bühne der gesamten menschlichen Aktivität.

Tatsächlich dienen politische Strategien oder Aktionen oftmals nur der Verschleierung oder Bemäntelung der Realität solch unvermeidbarer Zyklen. Die Zyklen werden nur scheinbar durch bestimmte Maßnahmen manipuliert, denn in Wirklichkeit werden nur Tendenzen beeinflusst:

> Steuerungsinstrumente wie Bretton Woods Wirtschaftsabkommen oder staatliche Förderungen, die als eine Art politisches „Darlehen“ an fremde Länder vergeben wurden, konnten vielleicht vorübergehend die offenkundige Wahrheit maskieren – ganz ähnlich wie das Gesetz über die Federal Reserve Bank die Tatsache vor der breiten Öffentlichkeit verbirgt, dass wir Dollars drucken, um Staatsdefizite aufzufüllen. In der Sprache der Statistik zeigt unsere Grafik aber eindeutig, dass wir angesichts der seit langem wirkenden Tendenz nicht allzu optimistisch auf ein reales Außenhandelsplus über Vorkriegsniveau setzen sollten […]. Aus unserer Grafik lässt sich nämlich herauslesen, dass sich das eingespielte Muster aller Voraussicht nach fortsetzen wird, wenn es nicht zu einer irgendwie gearteten Revolution kommt.[64]

Solange also die herrschenden Bedingungen unverändert bleiben, wird der Zyklus selbst nicht berührt. Nur wenn das System wieder zu einem *offenen System* wird oder wenn radikale Veränderungen stattfinden, wie beispielsweise eine technische Revolution, kann der Zyklus selbst unmittelbar beeinflusst werden.

63 Dewey und Dakin, „Cycles: The Science of Prediction, S. 79.

64 Ebd., S.27-28.

C.4. Wellen, Kriege und Revolutionen

Abgesehen davon fällt es den Menschen grundsätzlich schwer, sich der Vorstellung zu öffnen, dass wirtschaftliche Zyklen und Wellen der menschlichen Kontrolle entzogen sein könnten. „Menschen akzeptieren die Notwendigkeit, sich den Wetterbedingungen anpassen zu müssen, denn sie wissen, dass sie darauf keinen Einfluss nehmen können. Sie verwahren sich jedoch leidenschaftlich gegen die Vorstellung, dass Änderungen des sozialen und wirtschaftlichen Klimas womöglich nicht vollständig durch den bewussten menschlichen Willen gesteuert werden können.“[65] Um das unvermeidliche Wirken eines Zyklus wirtschaftlicher Aktivität zu beeinflussen, bleibt der Menschheit nur die Möglichkeit, eine revolutionäre Veränderung einzuführen:

> Wir wissen genug über Tendenzverläufe, um sagen zu können, dass alte Tendenzen *nur* dann mit dem Anfangspunkt neuer Tendenzen verschmelzen, wenn fundamentale, ja revolutionäre Veränderungen in der Umwelt und ihrer Organisation eingetreten sind und sich fortsetzen [...].
>
> Man denke nur an Pearls Behältnis [mit Fruchtfliegen]. Stellen wir uns einen Moment lang vor, wir Amerikaner seien [Fruchtfliegen] und hätten die obere Asymptote unsere [Bevölkerungswachstums-] Kurve erreicht. Wenn die Industrie nun ein paar neue technische Spielereien erfindet – wenn tatsächlich eine völlig neue Industrie erfunden wird – reicht das in keiner Weise aus, um die Beziehungen innerhalb des Behältnisses zu verändern. *Wir brauchen ein vollkommen neues Behältnis.*[66]

Hier finden wir mit anderen Worten die wirtschaftliche Unvermeidbarkeit, die mit der in Kapitel eins skizzierten Strategie einhergeht. Um in irgendeiner Form „nachhaltiges Wachstum“ – ein Lieblingsschlagwort der Elite – aufrechterhalten zu können, muss die globale Elite also entweder das „Behältnis“ der Menschheit in erheblichem Maß in den Weltraum hinein ausweiten oder regionale Unausgewogenheiten, Konflikte und Kriege, die für einige ja in jedem Fall wirtschaftliches Wachstum bringen, in Gang halten, oder aber die Entwicklung revolutionärer Technologien zulassen, die die Beziehungen innerhalb des Behältnisses radikal verändern. Sofern

65 Dewey und Dakin, „Cycles: The Science of Prediction“, S. 191.

66 Ebd., S.222,

sie sich nicht für die Erweiterung des Behältnisses in den Weltraum hinaus oder das Zulassen radikal neuer Technologien entscheidet, muss sie in einer Art „Hütchen-Spiel" ohne Ende Produktionen und Technologien von einer Region in die andere exportieren und wieder reimportieren und die Bevölkerung reduzieren. Das Einzige, was der Unausweichlichkeit eines Zyklus entgegengesetzt werden kann, ist die Erweiterung des Behältnisses zu einem offenen System. Jedes offene System wird jedoch unweigerlich die Machtgrundlagen der Elite beseitigen, es sei denn, es gelänge ihr, die revolutionären Technologien zu monopolisieren und zur Sicherung ihrer Vormachtstellung einzusetzen.

C.5. Wellen, Überlagerungen und Modulation: Die von Dewey und Dakin verwendeten physikalischen Analogien und deren Bedeutung.

Dewey und Dakin gehen nicht nur von einem physikalischen Einfluss aus und spielen auf geschlossene und offene Systeme und die tiefe Verwobenheit von wirtschaftlicher Aktivität, Sonnenzyklen und Zyklusüberlagerungen an, sie gehen noch einen Schritt weiter und ziehen eine ganz klare Parallele zur Physik. Wie wir feststellen konnten, beziehen sich die beiden auf Zyklen verschiedener Länge – neun, vier, 35 oder 54 Jahre, um nur einige zu nennen – bleiben jedoch für weitere Möglichkeiten offen:

> Nehmen wir an, im Universum existierten noch längere Wellenformen, die wir „Y"- Wellen nennen wollen. Einige Wellen erreichen vielleicht nach dreieinhalb Jahren, neun Jahren, 18 ½ Jahren oder 54 Jahren, andere in noch größeren Zeitabständen einen Höhepunkt. Man könnte sich durchaus vorstellen, dass diese längeren Wellen mittelbare oder unmittelbare Auswirkungen auf die Sonne, das Wetter, auf Tiere und auf Menschen haben. Ein bestimmter Organismus könnte nur auf Y-Wellen bestimmter Länge reagieren, ähnlich wie ein roter Farbstift nur auf eine bestimmte Lichtwellenlänge reagiert.[67]

Die Autoren schlagen also das Modell einer „ökonomisch-biologischen Physik" vor. Nach den Regeln dieser Physik fungieren bestimmte Arten von Organismen als Umwandler und harmonisch zusammenwirkende Oszil-

67 Dewey und Dakin, „Cycles: The Science of Prediction", S.158.

latoren für Zykluswellen bestimmter Länge, ähnlich wie die Pfeifen einer Orgel auf verschiedene Wellenlängen und Harmonien reagieren.

Es ist keineswegs zu weit hergeholt, hier die Analogie zu Klängen heranzuziehen, denn die Autoren selbst weisen darauf hin, dass übereinander modulierte Klangwellen die exakte physikalische Entsprechung ihres Modells der überlagerten Zyklen darstellen.

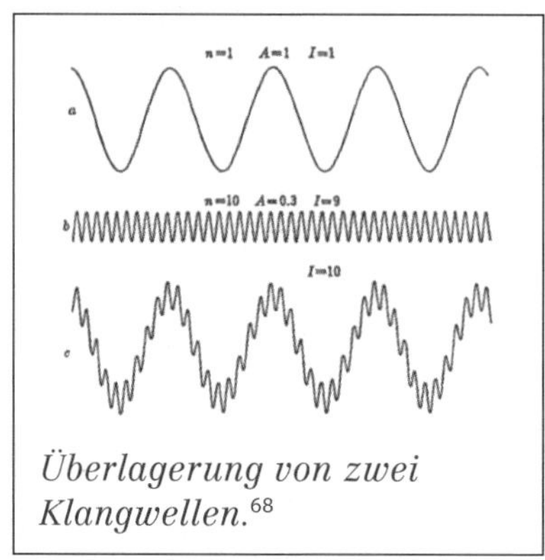

Überlagerung von zwei Klangwellen.[68]

Es fällt auf, dass hier ebenso wie bei der Überlagerung des 54-jährigen und des neunjährigen Zyklus die Gesamtcharakteristik der langsamer schwingenden, längeren Welle erhalten bleibt, wenn die kürzere, schneller schwingende aufgesetzt wird. Diesen Vorgang bezeichnet man als Modulation. In unserem Beispiel fungiert die niedriger schwingende Welle als Trägerwelle. Die Autoren führen die Analogie der Wellenmodulation noch weiter und betonen, dass es zu jeder Welle von bestimmter Wellenlänge und Form eine harmonische Reihe von Obertönen[69] gibt, die aus Bruchteilen der Wellenlänge besteht: ein Halb, ein Drittel, ein Viertel, ein Fünftel und so weiter. Es folgt auf der nächsten Seite als Beispiel die grafische Darstellung der Klangwelle einer Orgelpfeife mit den ersten zwölf Obertönen oder Harmonien.

Dewey und Dakin sind fest davon überzeugt, dass es einen zugrundeliegenden physikalischen *Wellenmechanismus* gibt, der bei der Überlagerung von *wirtschaftlichen* Zyklen wirkt. Somit könnte die Beziehung zwischen Sonnenfleckenaktivität und dem wirtschaftlichen Zyklus der Großhandelspreise auf einer wesentlich profunderen Grundlage beruhen als dem bloßen Einfluss der Sonne auf das Wetter und des Wetters auf die landwirtschaft-

68 Dewey und Dakin, „Cycles: The Science of Prediction“, S. 164.

69 Joseph P. Farrell, „Der Todesstern Gizeh“, engl. „The Giza Death Star“, S. 113 ff.

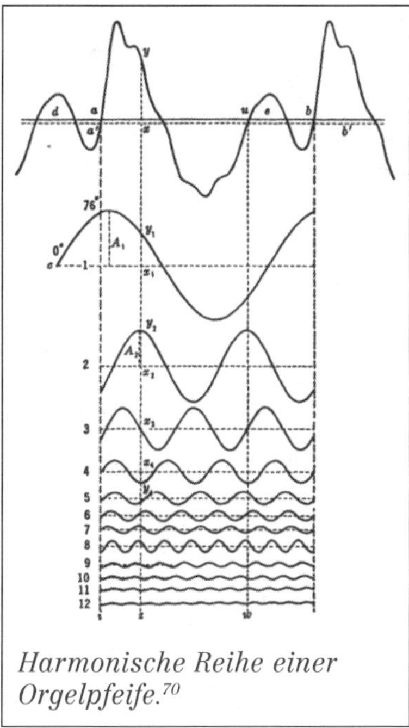

Harmonische Reihe einer Orgelpfeife.[70]

liche Produktion und die Preise. *Beide* Ergebnisse könnten sich unmittelbar aus einem einheitlich zugrundeliegenden Phänomen ergeben.

Die Autoren gehen aber noch *wesentlich* weiter und zeigen damit nicht nur, dass sie von einer sehr tiefgründigen und wirklich hyperdimensionalen Physik sprechen, sondern enthüllen auch eine wichtige Schlussfolgerung. Zudem werfen sie Fragen auf, mit denen wir uns im weiteren Teil des Buches auseinandersetzen werden. Um die tiefgreifende physikalische Verbindung, von der hier die Rede ist, vollständig in ihrer Bedeutung und in ihren Auswirkungen verstehen zu können, ist es am besten, die Autoren selbst ungekürzt zu Wort kommen zu lassen:

> Zu diesem Zweck möchten wir ein paar Fakten, die für unsere wirtschaftswissenschaftliche Methodik relevant sind, aus der Sicht der modernen Psychologie und Physik beleuchten.
>
> P. D. Ouspensky bat seine Leser einmal, ein Experiment durchzuführen. „Stellen Sie sich vor“, so begann er, „Sie lebten in einer zweidimensionalen, nicht in einer dreidimensionalen Welt. Das geht leicht, wenn Sie sich als ein Wesen sehen, das wie unendlich dünnes Papier

70 Dewey und Dakin, „Cycles: The Science of Prediction“, S.165.

auf einem Tisch lebt. Sie können weder nach oben noch nach unten sehen, denn oben und unten befinden sich in der dritten Dimension. Sie können oben und unten nicht einmal *denken* oder sich ein Bild davon machen, denn Sie haben keine Dicke und können sich Dicke in keiner Weise *vorstellen*.

In der Mitte der Tischplatte, auf der Sie leben, befindet sich ein Schlitz, in dem sich ein Rad dreht, das so aufgehängt ist, dass sich die eine Hälfte unter dem Tisch und die andere Hälfte über dem Tisch befindet. Sie können nur eine Außenlinie dieses massiven Rades sehen. Nehmen wir an, die Außenseite des Rads wäre in vier Segmente unterteilt, die in unterschiedlichen Farben – schwarz, weiß, blau und rot – bemalt sind. Wenn sich das Rad dreht, sehen Sie es von Ihrer Warte aus, natürlich ohne zu wissen, dass es sich um ein Rad handelt. Als zweidimensionales Wesen sehen sie nur eine *farbige Linie* auf dem Tisch. Während das Rad sich dreht, nehmen Sie immer wieder einen Farbwechsel der Linie wahr. Rot wird plötzlich zu Schwarz, Schwarz zu Weiß, Weiß zu Blau und Blau wieder zu Rot.

Wenn Sie dieses Phänomen lange genug beobachten, werden Sie schließlich zu der Überzeugung gelangen, dass Rot schließlich Schwarz auslöst und Schwarz Blau verursacht. Sie werden glauben, die Ursachen der Phänomene, die Sie beobachten, erfasst zu haben.

Ein zweidimensionaler Wissenschaftler, der diese Phänomene erforscht, wird schließlich die „Gesetzmäßigkeit" dieser kontinuierlichen Abfolge von Ereignissen entdecken. Unter Anwendung dieser Gesetzmäßigkeit wird er in der Lage sein, die Farbänderungen exakt vorherzusagen. Wenn er sich der Mathematik bedient, könnte der Wissenschaftler herausfinden, dass nur die Existenz einer dritten Dimension die Phänomene erklären kann, die er in seinen zwei Dimensionen beobachtet. Sie und die anderen Bewohner könnten sich eine dritte Dimension jedoch nicht als eine sinnliche Realität *vorstellen*. Ebenso wenig könnten Sie die dort wirkenden Ursachen in ihrer wahren Natur verstehen. Der Wissenschaftler würde das auch freimütig eingestehen und erklären, dass das Gesetz die Geschehnisse nur beschreibt, ohne sie zu erklären. Sie aber, die Sie in solchen Spitzfindigkeiten nicht so bewandert sind, würden kühn verkünden, dass hier eine „Ursache" gefolgt von einer „Wirkung" vorliegt. Diese Ursache würde (Ihrer Ansicht nach) dann wiederum zu einer neuen „Ursache", die eine weitere „Wirkung" auslöst. Wenn Sie weiter auf Ihrem Glauben beharren, wären Sie schließlich verärgert, wenn

> jemand Ihnen erzählte, dass Sie keine Ahnung von der wahren Kausalität haben.[71]

Dewey und Dakin gehen eindeutig davon aus, dass das, was wir als Ursache und Wirkung bezeichnen, nur künstliche Konstrukte unseres „dreidimensional konditionierten Bewusstseins" sind, das sich mit Phänomenen herumschlägt, die ihren Ursprung in der hyperdimensionalen Welt von *mehr* als drei Dimensionen haben.

Man könnte der Analogie einer „hyperdimensionalen" Welt, *die sich selbst durch Zyklen beweist*, noch hinzufügen, dass unser Wissenschaftler mithilfe der gleichen mathematischen Methoden ein ganz *fremdartiges* Objekt – das „Rad" – als die wahre Ursache und Wirkung dessen, was wir als Zyklus wahrnehmen, erkennt. Das führt zu einer wichtigen Schlussfolgerung:

> Das, was wir als „Ursache" und „Wirkung" erkennen, ist in irgendeiner Weise *mit der Zeit* verbunden und mit unserer Wahrnehmung der Zeit. Es ist wichtig, das zu verstehen, denn das, was wir als Zeit bezeichnen, ist offenbar nur ein Wahrnehmungsmodus [...]. Ouspensky, der das Problem von der psychologischen Seite her beleuchtet, behauptet sogar, dass Zeit die Art und Weise sei, in der wir Raum in den höheren Dimensionen wahrnehmen. Die unbekannten Raumdimensionen enthüllen sich uns also durch die Zeit.[72]

Mit anderen Worten, Dewey und Dakin gehen nicht nur davon aus, dass die begehrte tiefgründige Physik, die den „harmonischen Überlagerungen" und Modulationen von Zyklen zugrunde liegt, hyperdimensionaler Natur sein könnte, sondern auch, dass das Ursache-Wirkung-Denken etwa bei den überlagerten Zyklen von Sonnenflecken und Großhandelspreisen tatsächlich fehlerhaft ist. Es ist nicht so, dass die Sonnenaktivität die Grundursache, die Wetteränderungen die mittelbare Ursache und die Veränderungen bei den Großhandelspreisen für landwirtschaftliche Produkte die Wirkung sind, vielmehr sind der Sonnenzyklus, die Wetterschwankungen und die Preisveränderungen allesamt mittelbare, wenn auch unzweifelhaft mitei-

---

71 Dewey und Dakin, „Cycles: The Science of Prediction", S.192-193, mit Zitat aus P.D. Ouspensky „Tertium Organum", Alfred A. Knopf, 1922, S. 65, Hervorhebung vom Autor.

72 Diese tiefe Einsicht erinnert an das Verständnis der Zeit als Determinativ für das Verhältnis von Ursache und Wirkung in einem hyperdimensionalen Universum, wie der russische Astrophysiker Dr. Nikolai Kozyrev es vertritt. Siehe mein Buch „The Philosopher's Stone: Alchemy and the Secret Research for Exotic Matter", Feral House, 2009, S. 151-200.

nander verbundene, *dreidimensionale Wirkungen einer hyperdimensionalen Ursache.*

Wenn wir in einem solchen Modell etwas als „Wetter", „Sonnenaktivität" oder „Preisschwankung" und so weiter definieren, ist unsere Wahrnehmung mit einem Lichtstrahl vergleichbar, der durch ein Prisma in verschiedene Komponenten des Spektrallichts zerlegt wird. In einem solchen Modell ist unsere dreidimensionale Realität das Prisma, das die verschiedenen Wellenformen in ihre Bestandteile aufspaltet, die wir dann als getrennte Zyklen wahrnehmen. Ouspensky, den die Autoren oben zitierten, vertritt eindeutig die Auffassung, dass die Zeit selbst kein dimensionsloser „Skalar", sondern vielmehr ein aus multidimensionalen Räumen zusammengesetztes Gebilde sei, das in der dreidimensionalen Wirklichkeit als *zeitlicher Fluss* wahrgenommen wird. Durch die Analogie der Modulation einer Trägerwelle mit den zahlreichen Harmonien einer solchen Welle, die am Beispiel einer Orgelpfeife aufgezeigt wurde, soll die Vorstellung der Hyperdimensionalität mit der Vorstellung von Wellenharmonien in Verbindung gebracht werden. Wie wir im nächsten Kapitel sehen werden, ist das ein wichtiger Punkt.

D. Schlussfolgerungen und Konsequenzen – und als Überleitung einige wichtige Fragen

Welche Erkenntnisse können wir nun aus dem kursorischen Überblick über die Zyklusforschungen von Edward Dewey und seinem Institut für die Erforschung von Zyklen gewinnen? An dieser Stelle sollen die in diesem Kapitel angesprochenen Punkte nochmals zusammengefasst werden, um diese Forschungsarbeit in ihrer vollen Bedeutung zu erfassen:

1) Das Vorhandensein von Zyklen gleicher Periodizität (oder physikalisch ausgedrückt: Wellenlängen) in so vielen Bereichen zyklischer Aktivität, die keine Verbindung zueinander aufzuweisen scheinen, wie beispielsweise Großhandelspreise und Sonnenaktivität, legt den Schluss nahe, dass zwischen Physik und Wirtschaft eine tiefgreifende Verbindung besteht, es also eine Art „Wirtschaftsphysik" gibt;

2) Aufgrund ihrer Regelmäßigkeit sind diese Zyklen nicht nur unvermeidbar, sondern auch quantifizierbar und vorhersehbar;

3) Das bedeutet, dass politische Strategien nur die Gesamttendenz innerhalb eines Zyklus verstärken oder abmildern, den Zyklus selbst

aber niemals umkehren oder anhalten können, *solange der Zyklus innerhalb eines geschlossenen Systems bleibt, das System also nicht in revolutionärer Weise ausgeweitet wird oder radikal neue „Behältnis-erweiternde" Technologien eingeführt werden.* Aufgrund der Gesetzmäßigkeiten einer solchen „Wirtschaftsphysik" bleiben der globalen Elite nur drei strategische Möglichkeiten, um ihr Ziel des globalen Einheitsstaates zu verwirklichen:

a) Regionale Unausgewogenheiten und kontrollierte Kriege und Konflikte in ständiger Folge sowie eine Bevölkerungsreduzierung welcher Art und Intensität auch immer, die erforderlich sind, solange das System in seinem „Behältnis" eingeschlossen bleibt;

b) Eine Öffnung des Systems durch Ausweitung der Umwelt, was praktisch nur durch eine bedeutende menschliche Präsenz im Weltraum erreicht werden kann;

c) Eine Öffnung des Systems durch radikal neue Technologien, die für eine deutliche menschliche Präsenz im Weltraum ohnehin erforderlich sind.[73]

Die letzten beiden Alternativen stellen für die Elite, sollte sie sich darauf einlassen, ein gewisses Risiko dar, denn ihre Machtbasis könnte gefährdet werden, und sie könnte ihrer vorrangigen Position und ihrer überlegenen Technologien verlustig gehen. Die erste Strategie birgt dagegen die Gefahr, dass der Elite die Kontrolle und Steuerung der Konflikte aus der Hand gleitet.

4) Die hyperdimensionale Physik, die in den Ausführungen der Autoren anklingt, geht von einer tiefgreifenden Beziehung zwischen

a) den Harmonien vielschichtiger Wellenmodulationen und Kombinationen,

b) der Zeit,

c) der Ursache und

d) der Wirkung aus.[74]

---

73 Dieser Punkt wird in meinem Buch „The Philosophers' Stone: Alchemy and the Secret Research for Exotic Matter", S. 313-329, erörtert.

74 Hier werden Parallelen zu den heutigen Forschungen des russischen Astrophysikers Dr. Nikolai Kozyrev deutlich. Siehe mein Buch „The Philosophers' Stone", Kapitel drei.

5) Dies führt zu einer äußerst bedeutenden Schlussfolgerung: *Wenn diese Physik hinreichend erforscht wäre und es eine Technologie gäbe, mit deren Hilfe ihr Potenzial genutzt werden könnte, dann wäre das, aufgrund der Natur dieser Physik eine Technologie, mit der man menschliches Verhalten und infolgedessen auch das gesamte wirtschaftliche Verhalten anzapfen, modifizieren und steuern könnte.*[75] Wer sich die Grundlagen dieser Physik zu eigen gemacht hat, kann ganze Wirtschaftssysteme und Bevölkerungsgruppen direkt manipulieren.

6) Es überrascht also nicht, dass ein Großunternehmen und eine Bank zu den Mitgliedern des Instituts für die Erforschung von Zyklen[76] zählen. Offenbar haben einzelne Banker ihre Kenntnis der Zyklen genutzt, um ihren Eintritt in verschiedene Märkte oder die Ausweitung ihrer Finanzimperien zeitlich gezielt durchzuführen.[77]

Beschäftigen wir uns mit diesen Schlussfolgerungen und Erläuterungen der Autoren, und insbesondere mit der bestechenden Analogie, bei der es um die Zusammenfassung mehrerer Wellen zu einer geht, so stellt sich uns eine Frage von äußerster Wichtigkeit: Wenn wir annehmen, dass die Analogie zutreffend ist, *auf welcher Trägerwelle basieren dann* alle diese kombinierten Wellenzyklen? Welche Realität, welche tiefgründige Physik liegt hier nach Ansicht der Autoren zugrunde? Und warum scheint eine bestimmte Klasse von Superreichen etwas über diese Wirtschaftsphysik zu wissen, was dem Rest der Geschäfts- und Wirtschaftswelt unbekannt ist? Auch wenn einige Mitglieder dieser Klasse nicht alles wissen, warum befassen sich so viele von ihnen mit der Erforschung dieser Physik?

Die Antworten auf diese Fragen liegen überraschenderweise im Dunst, im Sand, in den Texten, in den Pavillons und zwischen den Säulen der alten Geschichte und ihren Tempeln, und sie finden sich in einer wohlbekannten, sehr alten „Pseudowissenschaft", der Astrologie.

75 Eine ausführliche Diskussion zu diesem Punkt findet sich in meinem Buch „The Cosmic War: Interplanetary Warfare, Modern Physics, and Ancient Texts", S. 234-273.

76 Dewey und Dakin erwähnen auch eigene, unabhängige Studien über Konjunktur und wirtschaftliche Zyklen der Bell Laboratories. Siehe „Cycles: The Science of Prediction", S. 102.

77 Dewey und Dakin nennen unter anderem Wrigley und Rockefeller, die ihre Wolkenkratzer in Chicago und New York exakt während einer Talsohle des Zyklus errichteten, als die Gesamttendenz also wieder nach oben gehen musste; siehe S. 122.

Drei

Deutschland, RCA und J. P. Morgan

Interessante Beispiele für die Unterdrückung von Fakten

„Im Kern der Alchemie liegt ein Geheimnis, die unbeschreibliche Erfahrung des wahren Wirkens unserer näheren kosmischen Umgebung."

Jay Weidner und Vincent Bridges[1]

Mit der Klangwellen-Analogie, die Dewey und Dakin für ihre zyklischen Wellen wirtschaftlicher Aktivitäten heranziehen, stellt sich eine bedeutende Frage: Beruhen wirtschaftliche Zyklen auf einer *physikalischen* Grundlage? Und wenn ja, auf welcher? Wenn Deweys und Dakins Klangwellen-Analogie der Wahrheit näher kommt, als die beiden selbst gedacht hätten, welche *Trägerwelle* wird durch all diese zyklischen Wellen moduliert? Wie wir im letzten Kapitel sahen, drängte sich Dewey und Dakin der Vergleich mit Klangwellen und Trägerwellen zweifellos deshalb auf, weil solche Wellen kombiniert werden können, um eine „gemittelte" Wellenlänge zu erreichen.

A. Hartmut Müller, und die Global-Scaling-Theorie

Die beiden Autoren waren jedoch nicht die Einzigen, die bemerkten, dass dem zyklischen Verlauf von Aktivitätswellen eine tiefgründige Physik zugrunde liegen könnte. Der deutsche Physiker Hartmut Müller, hatte sich aus einem ganz anderen Blickwinkel heraus mit einem ähnlichen Phänomen beschäftigt und eine Theorie vorgeschlagen, die eine Erklärung dafür liefern sollte: Die Global-Scaling-Theorie.

---

1 Jay Weidner und Vincent Bridges „The Mysteries of the Great Cross of Hendaye: Alchemy and the End of Time", Rochester, Vermont: Destiny Books, 2003, S. 41.

Müller erklärte zunächst, dass die Theorie auf dem für die Physik heiligsten „Sakrament" beruhte, dem System der Maße. Wegen der zentralen Position, die Maße in der physikalischen Methodik einnahmen, blieb dem Physiker bald nur noch die Rolle eines „Schiedsrichters", denn ihm oblag lediglich die Entscheidung, „welches der von den Physikern zur Erklärung der Realität geschaffenen Modelle den gefundenen Maßen entsprach und angewendet werden konnte."[2] Diese Einschätzung zeigt die Sackgasse auf, in welche die Physik des 20. Jahrhunderts geraten war, denn es gibt keine einzige gültige und überprüfbare Theorie, die für die Maßstäbe und Größen von Objekten herhalten kann, mit denen die Physik sich auseinandersetzen muss. Die Gesetze der traditionellen Physik, die für den Bereich des sehr Großen gelten, Gesetze die seit dem 20. Jahrhundert durch Einsteins Relativitätstheorien etwas ins Hintertreffen geraten sind, können für den Bereich des sehr Kleinen auf der Ebene der Atome und subatomaren Teilchen nicht angewendet werden, denn dort gelten die Gesetze der Quantenmechanik.

In dieser Situation müssen Physik und Physiker sich nach Ansicht von Dr. Müller darauf beschränken, „bloße Deuter von Modellen und Vorstellungen zu sein, die jeden Bezug zur Realität verloren haben – und in immer größerem Maße verlieren."[3] Kurz gesagt, Dr. Müller spürte wie viele andere Physiker auch eine wachsende Unzufriedenheit mit der wenig intuitiven Art und Weise, wie moderne physikalische Mechanik angewendet wurde, sei es bei den von der Relativität beeinflussten Theorien der Physik großer Maßstäbe oder den quantenmechanischen Theorien der sehr kleinen Maßstäbe, in denen statistische Wahrscheinlichkeiten vorherrschen.[4]

Es gab jedoch einen Bereich, in dem die Konzentration auf das „Sakrament der Maße" etwas von größter – wenn auch kaum beachteter – Bedeu-

---

2 Hartmut Müller,, „An Introduction to Global Scaling Theory", *Nexus*, Ausg. 11, Nr. 5, September-Oktober 2004, S. 49.

3 Ebd., S. 49.

4 Es gibt zwei weitere Physiker, die von der nicht-intuitiven Natur der herrschenden physikalischen Mechanik unserer Zeit enttäuscht sind; die Ansichten des Physikers Dr. Paul LaViolette und seine „Subquanten-Kinetik-Theorie" finden sich in meinem Buch „The Giza Death Star Destroyed", S. 130-150. Mein Buch „The Philosophers' Stone: Alchemy and the Secret Research for Exotic Matter", Feral House, 2009, S. 151-200, befasst sich mit der Torsionsforschung des russischen Astrophysikers Dr. Nikolai Kozyrev. Er war mit den Ergebnissen der Relativitätstheorie äußert unzufrieden, wenn es darum ging, die Energie der Sterne durch ein Modell zu erklären, und ebenso mit der Quantenmechanik, da sie keine formell klaren und *handhabbaren Definitionen für Ursache und Wirkung liefern konnte. Kozyrevs Arbeit, wie sie von mir und anderen beschrieben wurde, führte unmittelbar zu einer Art „vorläufiger Manipulation" von Ursachen anstatt von Wirkungen in den topgeheimen Forschungsprojekten der Sowjetunion, die von der russischen Föderation eilfertigst fortgesetzt wurden.*

tung hervorbrachte, und damit haben wir einen unmittelbaren konzeptionellen Brückenschlag zur Arbeit von Dewey und Dakin:

> Das Bedürfnis nach Maßen von höchster Präzision förderte die Entwicklung der mathematischen Statistik, die es wiederum ermöglichte, exakte morphologische und soziologische Daten, sowie Daten aus der Evolutionsbiologie miteinzubeziehen. Diese wissenschaftliche Datenbank, die von Elementarteilchen bis hin zu galaktischen Clustern reicht, umfasst mindestens 55 Größenordnungen.[5]

Mit anderen Worten, es gab jetzt eine riesige Datenbank mit Maßen von Objekten aller Arten, die alles umfasste, womit die Physik sich beschäftigte, von subatomaren Teilchen bis hin zu Planeten, Sternen und schließlich ganzen Galaxien. Man hätte annehmen können, dass die Wissenschaftler die Bedeutung einer so gigantischen Datenbank an Maßen, wie sie ihnen nun zur Verfügung stand, sofort erfasst hätten, gerade in den ersten Jahrzehnten des 20. Jahrhunderts.

Doch wurde, wie Müller anmerkt, diese umfangreiche Datenbank „bis zum Jahr 1982 nicht zum Gegenstand integrierter (ganzheitlicher) wissenschaftlicher Forschung. Die Mitglieder der arbeitsteiligen, wissenschaftlichen Gemeinschaft, die in den Megaindustrien tätig war, erkannten den Schatz nicht, der zu ihren Füßen lag.“[6] Bedenkt man, wie unzufrieden äußerst bekannte und berühmte russische Physiker wie Dr. Nikolai Kozyrev mit den relativistischen und quantenmechanischen Theorien waren, überrascht es nicht weiter, dass russische Wissenschaftler als Erste bedeutende Beiträge zur Global-Scaling-Theorie leisteten und damit wichtige Durchbrüche erzielten. Der erste, der auf die genannte Datenbank und ihre mögliche Bedeutung aufmerksam machte, war ein russischer Biologe namens Cislenko.

In seiner 1980 in Moskau veröffentlichten wissenschaftlichen Arbeit mit dem Titel „Structure of Flora and Fauna with Regard to Body Size of Organisms“, bewies Cislenko, dass sich „Segmente erhöhter Speziendichte *auf der logarithmischen Line der Körpergrößen in gleichen Intervallen wiederholen* (annähernd 0,5 Einheiten des dekadischen Logarithmus).[7] Mit anderen Worten, Cislenko hatte etwas ganz Ähnliches entdeckt wie Deweys und Dakins Zyklen wirtschaftlicher Aktivität: *regelmäßige, periodische, „wellen-*

5 Hartmut Müller, „An Introduction To Global Scaling Theory“, Nexus, Bd. 11, Nr. 5, S. 49.

6 Ebd.

7 Ebd., Hervorhebung vom Autor.

artige“ Formen in der relativen Gruppierung der Körpergrößen organischer Lebensformen um bestimmte Werte oder Größenmaße herum. Es gab nur ein Problem: diese Gruppierung oder „Ballung“ bei bestimmten Größenmaßen „war aus biologischer Sicht nicht erklärbar.“ Welcher Mechanismus könnte wohl dafür verantwortlich sein, dass Organismen Körpergrößen von „acht bis zwölf Zentimetern, 33-55 Zentimetern oder 1,5 – 2,4 Metern“, etc. bevorzugten?[8]

Für Hartmut Müller wies die biologische Ballung bei bestimmten Werten der periodischen Logarithmus-Skala eindeutig auf eine tiefgründige physikalische Basis dieses Phänomens hin, denn in der physikalischen Datenbank fanden sich ähnliche, von der Größenskala unabhängige (d.h. für alle Größenskalen und Maßstäbe geltende) logarithmische Verteilungen. So konnte Müller 1982 nachweisen

> „dass es bei der Masse von Atomen und den atomaren Radien ebenso wie bei der Restmasse und Lebensspanne von Elementarteilchen statistisch *identische Frequenzverteilungen* mit logarithmischen, *periodisch wiederkehrenden Maximalwerten* gibt.“[9]

Die Arbeit von Dewey und Dakin zieht ihre Kreise! Doch das war noch nicht alles, denn später wurden auch ganz ähnliche Muster entlang der logarithmischen Linie von „Größen, Umlaufbahnen, Massen und Umlaufzeiten der Planeten, Monde und Asteroiden“[10] entdeckt. Das Phänomen trat unabhängig von der Größenskala auf und zeigte in der grafischen Darstellung deutlich periodisch-„zyklische Wellenmuster“.

Mit anderen Worten: Dr. Müller stieß auf die gleichen Phänomene, denen auch Dewey und Dakin begegnet waren, nur handelte es sich dieses Mal um reine *Messungen an physischen Objekten – Teilchen wie Planeten – und nicht um wirtschaftliche Zyklen*. Doch die Wellenmuster, die sich zeigten, waren fast gleich. Tatsächlich waren sie in gewissem Sinn identisch, einfach weil es sich um Wellen handelte!

Damit werden die „Klangwellen-Analogie“ von Dewey und Dakin und die dadurch aufgeworfene Frage in ein völlig neues Licht gerückt, denn es scheint, als ob wir es nicht nur mit einer bloßen konzeptionellen Analogie zu tun hätten, sondern vielmehr mit einer Analogie, die eine direkte Entsprechung in der physikalischen Welt hat. Die durch die Analogie aufge-

---

8 Müller „An Introduction to Global Scaling Theory“, *Nexus*, S. 49.

9 Ebd., S. 50, Hervorhebung vom Autor

10 Ebd.

worfene Frage, nämlich: Welche *Trägerwelle* liegt all diesen verschiedenen Zyklen zugrunde? – tritt hier in einen völlig neuen und äußerst wichtigen Kontext. Dr. Müller hatte auf diese Frage auch eine direkte Antwort parat, wenngleich ihm sicher nicht klar war, dass er mit seiner Antwort auch die Frage der beiden amerikanischen Wirtschaftswissenschaftler beantwortete, die sich ihnen aufgrund der zusammengetragenen, umfangreichen Datenbanken über Maße verschiedenster Art aufgedrängt hatte.

A.1. Longitudinalwellen im physischem Medium

Als mathematischer Physiker erkannte Dr. Müller rasch die Zusammenhänge, denn allen Maßen lag eine einzige, einheitliche Struktur zugrunde. Bei dieser Struktur handelte es sich einfach um eine wiederkehrende logarithmische Periode, also eine Welle oder besser gesagt eine harmonische Serie. Erst wenn man sich Gedanken über die *Grundlage* dieser Struktur machte, drängten sich offensichtliche Fragen und Schlussfolgerungen auf, die in viele Richtungen wiesen. Nach Dr. Müllers Ansicht scheint diese Struktur auf der *„Existenz einer stehenden Druckwelle im logarithmischen Raum der Maßstäbe/Maße“* zu basieren, die dazu dient die Phänomene selbst zu messen.[11] Ich möchte an dieser Stelle meine Ausführungen zur selben Beobachtung aus meinem Buch „The Giza Death Star Destroyed“ zitieren:

> Das Phänomen der Maße ist als Ergebnis intelligenter Betrachtung einerseits und als physikalische Funktion andererseits von jedem Maßstab unabhängig. Ganz gleich, welchen Maßstab man auch immer wählt, das Ergebnis wird immer einen Logarithmus aufweisen, der die Struktur einer stehenden Longitudinalwelle zeigt.[12]

Achten Sie genau darauf, was Dr. Müller wirklich sagte und was er *nicht* sagte. Er sagte, dass das Phänomen in einer Art „konzeptionellem Raum“ auftritt. Er sagte nicht, dass das Phänomen *die Struktur des physischen Mediums selbst* bildet, obwohl er zugegebenermaßen einer solchen Aussage ziemlich nahekam. Wie wir noch sehen werden, neigt er der Ansicht zu, dass das Phänomen physikalischer Natur ist und sich aus der quantisierten

11 Hartmut Müller,, „An Introduction to Global Scaling Theory“, Nexus, S. 50, Hervorhebung des Autor.

12 Joseph P. Farrell, „The Giza Death Star Destroyed“, S. 120.

Sicht des Mediums selbst als strukturelle Anordnung von longitudinalen „Druckwellen" im Medium ergibt.[13]

Wie ich bereits an anderer Stelle ausführte,

> waren die aufgrund dieser Theorie gefundenen Ergebnisse erstaunlich, denn ganz gleich welches System man auch immer untersuchte, stets fand man „Anziehungspunkte", an denen sich die verschiedensten natürlichen Erscheinungsformen ballten und „Abstoßungspunkte", die von natürlichen Systemen gemieden wurden. Dieses Phänomen war allenthalben zu beobachten. Auch das Deutsche Institut für Raum-Energie-Forschung konnte „das gleiche Phänomen im Bereich der Demografie" nachweisen, denn es gab Gebiete, die bei der Besiedelung favorisiert und andere die gemieden wurden; das Gleiche galt für die wirtschaftlichen Aktivitäten von Nationen ebenso wie von Privatunternehmen.[14]

Wagen wir einen Blick hinter die Kulissen:

1) Müllers stehende Longitudinalwellen im logarithmischen Raum wirken sich nicht nur auf physikalische Phänomene aus, sondern auch auf die von Dewey und Dakin untersuchten Bereiche menschlicher Aktivitäten.

2) *Müllers Global-Scaling-Theorie erklärt somit schlüssig, dass die von Dewey und Dakin für das Institut zur Erforschung von Zyklen katalogisierten wirtschaftlichen Aktivitäten und damit die jeweiligen konjunkturelle Höhen und Tiefen einer tiefgründigen Physik folgen.*

---

13 Diese Feststellung erinnert natürlich an die hyperdimensionale Theorie von Müllers Landsmann Burkhardt Heim und an die Ansichten des englischen Physikers E.T. Whittaker und des Amerikaners Tom Bearden. Nach Heims Theorie nimmt das physische Medium, also die Raum-Zeit selbst, in einem Zustand von absoluter Entropie und Gleichgewicht ihren Anfang. Doch bereits in diesem Zustand besteht eine Quantisierung, und die Metrik des Systems lässt sich durch eine einzige Einheit, das sogenannte „Metron", erfassen. Je mehr Informationen in dem System entstehen, umso stärker wird das Metron aufgespalten und verringert sich. Das Anwachsen von Informationen führt auch zu einem quantisierten „Rotationsmoment" in einem bestimmten Bereich des Raumes. Nach Heims Ansicht besitzt der Raum bestimmte Knotenpunkte und eine gitterartige Struktur. Die Raum-Zeit wäre demnach eine gitterartige Struktur von Longitudinalwellen im Medium selbst. Kurz gesagt scheint sich die Raum-Zeit an bestimmten Knotenpunkten der logarithmischen Longitudinalwellenstruktur zu „ballen". Schäden an der Gitterstruktur könnten sich dieser Auffassung nach in der Raum-Zeit als Konzentrationen von Materie oder als physikalische Kräfte auswirken.

14 Joseph P. Farrell, „The Giza Death Star Destroyed", S. 120, Hervorhebung vom Autor.

3) Bemerkenswert ist auch, dass das Deutsche Institut für Raum-Energie-Forschung *nicht nur Forschungen über Höhere Physik fördert, sondern sein Augenmerk gerade auch auf den Zusammenhang zwischen Physik und wirtschaftlichen und menschlichen Aktivitäten sowie der sozialen Organisation richtet.* Der Leser sollte sich an dieser Stelle klarmachen, dass der deutsche Begriff „Raum-Energie" die gleiche wissenschaftliche Bedeutung hat wie der im Englischen eher gebräuchliche Begriff „Vakuumenergie" oder „Nullpunkt-Energie" Das deutsche Institut erkennt also nicht nur an, dass es Nullpunktenergie gibt, sondern finanziert auch die Erforschung dieser Energie mit all ihren Konsequenzen, auch unter sozialen und demografischen Gesichtspunkten, vermutlich mit dem Ziel, diese Energie soweit wie möglich zu manipulieren.

Kehren wir aber für einen Moment zu Müllers Theorie zurück, denn diese hält noch eine weitere wichtige Erkenntnis parat.

Diese Erkenntnis betrifft die *Schwerkraft*. Müllers stehende Druckwelle im Medium könnte in der Tat eine Erklärung für das Phänomen der Schwerkraft liefern. Die Tatsache, dass natürliche Systeme dazu neigen, sich um die Knotenpunkte solcher stehender Wellen zu ballen, könnte nach Müllers Ansicht dazu beitragen, den Mechanismus der Schwerkraft zu erklären.[15] Es ist wichtig, den grundlegenden Unterschied zwischen diesem Ansatz und Einsteins allgemeiner Relativitätstheorie hinsichtlich der konzeptionellen Ordnung der Dinge zu verstehen. Nach Einstein ist Schwerkraft einfach eine Krümmung der Raum-Zeit, die durch eine große Masse an einer bestimmten Stelle der Raum-Zeit verursacht wird. Müllers Theorie ist weniger oberflächlich und geht deutlich mehr in die Tiefe. Seiner Ansicht nach sind *sowohl* die Krümmung der Raum-Zeit *als auch* die große Masse eines Sterns oder Planeten Auswirkungen einer viel tiefer liegenden Struktur, um die herum sich beide „anordnen". Diese Struktur besteht aus longitudinalen Druck- und Verdünnungswellen im physischen Medium. Der Krümmung der Raum-Zeit kommt damit in gewissen Sinne eine größere Bedeutung zu als bei Einsteins Theorie, denn einfach ausgedrückt, ergibt sich die Krümmung nicht aus dem Vorhandensein einer großen Masse, sondern das Gegenteil ist der Fall: Die große Masse befindet sich gerade wegen der Krümmung im Medium und der Ballung der Wellen an bestimmten Knotenpunkten an der entsprechenden Stelle. Das ist das genaue Gegenteil von Einsteins Behauptung.

15 Hartmut Müller,, „An Introduction to Global Scaling Theory", *Nexus*, S. 52.

Damit bekommt man eine Vorstellung von der Wichtigkeit der Global-Scaling-Theorie. Nach Einsteins Theorie sind *Manipulationen praktisch unmöglich*. Um die Raum-Zeit im Rahmen der allgemeinen Relativität zu krümmen, bräuchte man eine große Masse wie einen Stern oder einen Planeten. Nach der Global Scaling - Theorie dagegen ist *keine* große Masse zur Krümmung der Raum-Zeit *erforderlich*, weil es sich bei der gekrümmten Struktur um eine longitudinale Druckwelle im physischen Medium handelt. Durch Krümmung der Raum-Zeit könnte man also einerseits eine „virtuelle Masse" und andererseits einen „Antigravitationshügel" schaffen.

Dr. Müller sieht zwei direkte praktische Anwendungsmöglichkeiten für seine Theorie. Zum einen eröffnet die Theorie stehender Longitudinalwellen im Medium die Möglichkeit, solche Wellen – denn es sind die mysteriösen „Trägerwellen", von denen Dewey und Dakin bei ihrer Klangwellen-Analogie sprachen – zu nutzen und für Kommunikationszwecke mit Informationen zu modulieren. Solche Wellen wären viel schneller als gewöhnliche Lichtwellen. Objekte, die im gewöhnlichen Raum einen großen Abstand voneinander haben, können in dem logarithmischen Raum, in dem sich die Welle bewegt, ziemlich nahe beieinander liegen. Zum anderen könnte eine solchermaßen modulierte „Gravitationswelle" im „gleichen zeitlichen Augenblick" an jeder Stelle auf der Erde, dem Mars oder sogar außerhalb des Sonnensystems demoduliert werden.[16] Der Grund ist einfach. Große Massen *wirken als natürliche Resonanzkörper für solche Wellen*[17]*, und es ist klar, dass sie sich tendenziell an Knotenpunkte ballen oder an Stellen, an denen sich solche Wellen berühren, also schneiden.* Es wäre also nicht länger notwendig, teure Satelliten für raumbasierte Kommunikation zu bauen. Betrachtet man die vergleichsweise geringe Masse solcher Satelliten im Vergleich zu einem Planeten, zeigt sich, dass sie unrentabel sind. Als gekoppelte Oszillatoren oder Empfänger solcher Wellen könnten sie längst nicht das leisten, was ein Planet wegen seiner großen Masse zu leisten vermag.

---

16 Hartmut Müller,, „An Introduction to Global Scaling Theory", *Nexus*, S. 82. Was die Manipulationsmöglichkeiten anbelangt, die sich aus dieser Theorie ergeben, verweise ich auf die Erörterungen in meinem Buch „The Giza Death Star Destroyed". S. 122-123. Mit der entsprechenden Technologie könnte man diese neuzeitliche, nahezu unerschöpfliche Energiequelle nutzen. Aber natürlich könnte man sie auch für Entwicklungen wie Antriebstechniken oder Waffen mit unvorstellbarer Kraft, mit der Planeten oder Sterne gesprengt werden könnten, verwenden.

17 Dieser Punkt wird in meinem Buch „Die Bruderschaft der Glocke", engl. „SS Brotherhood of the Bell", Adventures Unlimited Press, 2006, S. 219-220, angesprochen.

A.2. Das Bindeglied: Geometrie

Wenn also eine Verbindung zwischen longitudinalen Wellen im Medium und der Schwerkraft besteht, lässt sich daraus der Schluss ziehen, dass sich auch die verschiedenen Planetenkonstellationen – die sich Tag für Tag, Monat für Monat und Jahr für Jahr aufgrund der geometrischen Positionen der Himmelskörper zueinander ergeben – in ähnlicher Weise auf menschliches Tun auswirken. Dies soll anhand eines einfachen Beispiels veranschaulicht werden. Nehmen wir an, jemand steht mit einer Handvoll Kieselsteinen am Ufer eines ruhigen Teiches. Er wirft die Kieselsteine hoch und sie landen im Teich. Dabei entstehen Wellen, die sich schließlich kreuzen und beeinflussen. Es entstehen Muster, Gitter oder *Anordnungen* von Welleninterferenzen, die von den jeweiligen Positionen der geworfenen Steine bestimmt werden. Nachdem sich die Teichoberfläche wieder geglättet hat, wirft die Person erneut eine Handvoll Kieselsteine in den Teich. Wieder kreuzen und beeinflussen sich die Wellen, doch dieses Mal werden sich andere Muster bilden, weil die zufällig geworfenen Steine die Oberfläche des Teiches auf andere Weise in Bewegung gesetzt haben.

Die Wirkung dieser Wellen lässt sich mit denen der Longitudinalwellen im physischen Medium vergleichen. Doch es besteht ein wesentlicher Unterschied. Im Fall des Sonnensystems umkreisen die Planeten die Sonne mit einer bekannten Periodizität. Jeder Planet benötigt also eine gewisse Zeit, um einen Umlauf um die Sonne zu vollenden. Diese Tatsache, nämlich, dass die Umlaufbahnen der Planeten präzise berechnet und ihre jeweiligen Positionen gegenüber den anderen Planeten vorhersehbar sind, lässt den Schluss zu, dass bestimmte Konstellationen mit halbregelmäßiger Häufigkeit auftreten. Die physikalischen Auswirkungen können nur dann vorhergesagt werden, *wenn man durch langdauernde Beobachtung eine entsprechende Datenbasis gewonnen hat. Die Planetenkonstellationen entsprechen also genau den Positionen der „Steine im Teich“, denn die Planeten schaffen sich ständig überlappende Gitter und Anordnungen longitudinaler Wellen.*

A.2.1. Planetenkonstellationen und Signalausbreitung

Erstaunlicherweise hat man sich solchen Beobachtungen nur in geringem Umfang gewidmet. In den frühen 1950er Jahren beauftragte die Firma RCA einen ihrer Ingenieure, einen gewissen J.H. Nelson damit, zu erforschen, warum die Signalausbreitung in bestimmten zyklischen Perioden stärker beziehungsweise schwächer zu werden schien. Die Ergebnisse von

Nelsons Untersuchungen wurden in *The Electrical Engineer* veröffentlicht und waren damals ebenso schockierend für das „normale“ wissenschaftliche Gemüt wie sie es auch heute noch sind. Die Zusammenfassungen der beiden kurzen Artikel des Ingenieurs sagen bereits alles.

In der Vorschau zu seinem Artikel „Planetary Position Effect on Short-Wave Signal Quality“ kündigt Nelson an:

> Ein neuer Lösungsansatz für ein bisher ungelöstes Problem besteht in der Erfassung planetarischer Auswirkungen auf transatlantische [sic] Kurzwellen-Signale. Die Korrelationen, die sich aus siebenjähriger Beobachtung ergaben, zeigen, dass sich bestimmte Planetenanordnungen mit dem jeweiligen Verhalten von Kurzwellen-Signalen in einen Zusammenhang stellen lassen.[18]

In seinem ein paar Monate früher für die Winter-Hauptversammlung der AIEE im Januar 1952 verfassten Artikel wird Nelson in seiner Einleitung noch deutlicher:

> Eine Untersuchung der Bedingungen für die Ausbreitung von Kurzwellen-Radiosignalen über dem Nordatlantik über einen Zeitraum von fünf Jahren und der jeweiligen Positionen der Planeten im Sonnensystem führten zur Entdeckung einiger sehr interessanter Korrelationen. Aufgrund dessen kann man annehmen, dass *bestimmte Planetenkonstellationen durch ihren Einfluss auf die Sonne gewisse Auswirkungen auf die Ausbreitung von Radiowellen haben.* Weitere Forschungsarbeit wird nötig sein, um den Einfluss der Planetenpositionen auf die Ausbreitung von Radiowellen vollständig zu verstehen, damit das so wichtige Gebiet der *Radiowettervorhersagen angemessen weiterentwickelt werden kann.*[19]

Ehe wir fortfahren, sollten wir einige wichtige Faktoren sorgfältig festhalten.

„Bestimmte Planetenkonstellationen“ haben also durch ihren Einfluss auf die Sonne Auswirkungen auf die Qualität und die Ausbreitung von Radiosignalen. Das weist auf einen anderen Mechanismus als schiere Masse hin, denn bekanntlich übertrifft die Masse der Sonne bei weitem die Massen aller Planeten zusammengenommen! Mit anderen Worten, ein relati-

18 J. H. Nelson „Planetary Position Effect on Short-Wave Signal Quality“, in *Electrical Engineering*, Mai 1952, S. 421.

19 J. H. Nelson „Shortwave Radio Propagation Correlation With Planetery Positions“, Konferenzpapier für das AIEE Unterkommittee für Energiequellen, Winterhauptversammlung der AIEE, Januar 1952, www.enterprisemission.com/images.hyper/ne11.gif, S. 1.

vistisches Standardmodell *kann nicht erklären, warum die Signalqualität mit den Planentenpositionen variiert*; es muss ein anderer Mechanismus am Werk sein, der nicht nur auf der Beziehung zwischen Masse und Schwerkraft beruht, wie herkömmliche physikalische Modelle es postulieren. Dieser Mechanismus hat nach Nelsons Ansicht etwas *mit der Geometrie der Planetenpositionen zum jeweiligen Zeitpunkt* zu tun.

Des Weiteren bringt Nelson hier den versteckten Hinweis an, dass es neben den bekannten Auswirkungen der Sonne auf das irdische Wetter vielleicht auch einen Zusammenhang zwischen Planetenpositionen und irdischem Wetter geben könnte. Wüsste man nicht, dass Nelson als Ingenieur für RCA arbeitete, könnte man glatt geneigt sein zu glauben, ein obskurer Astrologe würde anonyme Wettervorhersagen für den *Bauernkalender* tätigen.

Aber es steckt noch mehr dahinter.

Um es zu entdecken, müssen wir Nelsons Erläuterungen sorgfältig und genau untersuchen. Das Problem zeigte sich erstmalig, als die RCA ein Observatorium errichtete, um per Teleskop die Sonnenfleckenaktivität zu studieren:

> Im zentralen Sendebüro von RCA Communications, Inc. im südlichen Manhattan wird ein Observatorium mit einem 15-cm-Linsenteleskop zur Beobachtung der Sonnenflecken betrieben. Das Observatorium ist 1946 errichtet worden, um aus der Beobachtung der Sonnenflecken eine Methode zur Vorhersage von Radiostürmen entwickeln zu können. Nach einer etwa einjährigen Experimentierphase wurde ein Vorhersagesystem für Kurzwellen geschaffen, das auf das Altern, die Position, die Klassifizierung und die Aktivität von Sonnenflecken abstellte. Wenngleich die Ergebnisse zufriedenstellend waren, wiesen *gelegentliche Systemfehler darauf hin, dass neben den Sonnenflecken auch noch andere Phänomene untersucht werden sollten.*[20]

Es spielten also noch andere Mechanismen und nicht nur die Sonnenflecken eine Rolle. Aber welche?

Als Nelson verschiedene Artikel von Forschern studierte, die sich mit Sonnenflecken und deren Zyklen befasst hatten, fiel ihm bald etwas Merkwürdiges auf, das hervorragend zu seinen eigenen Entdeckungen passte:

20 J.H. Nelson „Planetary Position Effect on Short-Wave Signal Quality", in *Electrical Engineering*, Mai 1952, S. 421, Hervorhebung vom Autor.

> Die zyklischen Veränderungen der Sonnenfleckenaktivität wurden in der Vergangenheit von zahlreichen Sonnenforschern untersucht. Einige von ihnen, vor allem Huntington, Clayton und Sanford, versuchten diese *mit wechselnden Planeteneinflüssen in Zusammenhang zu bringen*. Nachdem ich die Bücher dieser drei Forscher studiert hatte, fand ich die Ergebnisse so ermutigend, dass sie mich bewogen, auf ähnliche Weise Planetenkonstellationen und das Verhalten von Radiosignalen in Beziehung zu setzen. Jedoch wollte ich die Auswirkungen aller Planeten von Merkur bis Saturn untersuchen und nicht nur die der großen Planeten, wie diese Autoren es getan hatten. *Ich legte heliozentrische Winkelbeziehungen von 0°, 90°, 180° und 270° zwischen den Planeten zugrunde und zeichnete alle Zeitpunkte auf, zu denen sich zwei oder mehr Planeten in solchen Winkelbeziehungen befanden.*
>
> *Die Untersuchungen ergaben rasch, dass es eine positive Korrelation zwischen diesen Planetenwinkeln und den Abweichungen bei transatlantischen Kurzwellen-Signalen gab. Bei den Radiosignalen zeigte sich innerhalb von einem oder zwei Tagen nach einer der untersuchten Konstellationen häufig eine Qualitätsverschlechterung.* Allerdings standen nicht alle Konstellationen mit Signalabbau in Zusammenhang, zudem war die Korrelation bei bestimmten Konstellationen deutlicher als bei anderen.[21]

Mit anderen Worten, die Sonnenflecken-Zyklen waren nicht, wie so oft behauptet, die Ursache des Signalabbaus, vielmehr standen sie selbst mit den planetarischen Konstellationen in Zusammenhang; *sowohl die Sonnenflecken als auch die Ausbreitung von Radiowellen schienen durch gewisse geometrische Beziehungen der Planeten zur Sonne ausgelöst zu werden.* Und es zeigte sich noch etwas anderes: Die Auswirkungen auf die Signalausbreitung stellten sich *nach* der geometrischen Konstellation ein, und zwar jeweils nachdem die Planeten in Winkeln von 0°, 90°, 180° oder 270° zueinander gestanden hatten.

In Nelsons Artikel finden sich einige grafische Darstellungen von Planetenkonstellationen. Es lohnt sich, einen Blick darauf zu werfen, denn ein Bild sagt mehr als tausend Worte oder hundert Gleichungen.

---

21 J. H. Nelson „Planetary Position Effect on Short-Wave Signal Quality“, in Electrical Engineering, Mai 1952, S. 421. Hervorhebung vom Autor.

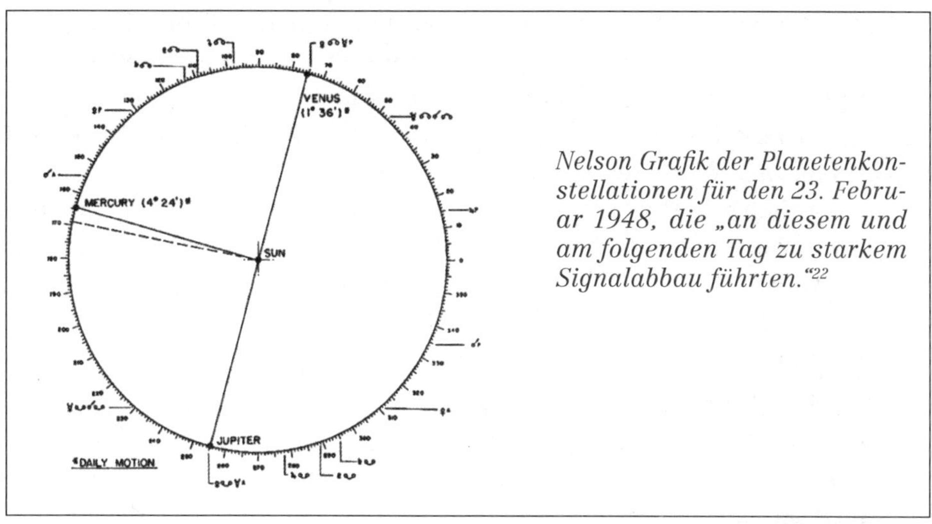

Nelson Grafik der Planetenkonstellationen für den 23. Februar 1948, die „an diesem und am folgenden Tag zu starkem Signalabbau führten."[22]

An dieser Darstellung fällt auf, dass Venus und Jupiter durch einen 180° Winkel getrennt sind und Merkur dazu einen 90° Winkel bildet. Eine andere Konstellation, die zu starkem Signalabbau führte, fand vom 20. bis zum 26. September 1951 statt.

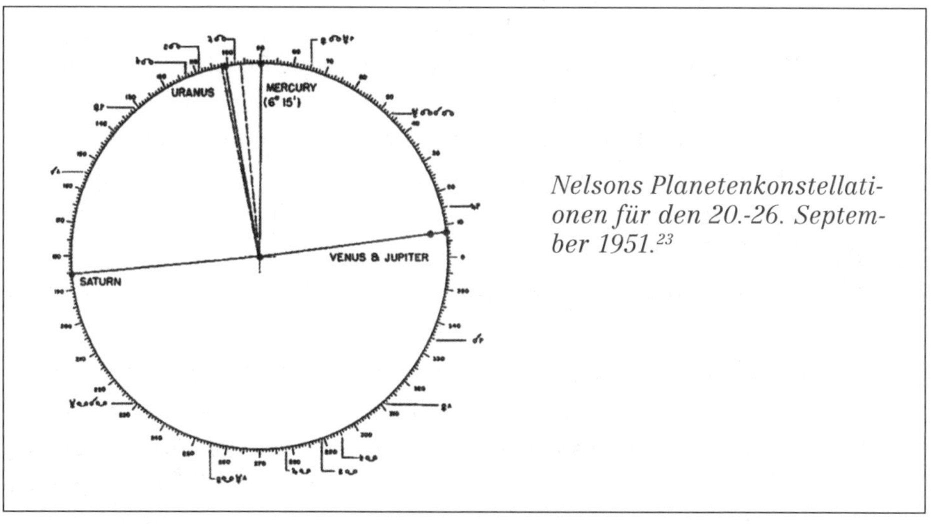

Nelsons Planetenkonstellationen für den 20.-26. September 1951.[23]

22 J. H. Nelson „Planetary Position Effect on Short-Wave Signal Quality", in *Electrical Engineering*, Mai 1952, S. 422.

23 Ebd., S. 423.

Hier ist wiederum zu erkennen, dass sich Saturn auf der einen Seite und Venus und Jupiter auf der anderen Seite in einem Winkel von annähernd 180° gegenüberstehen, während Uranus und Merkur mit nur wenigen Graden Abstand fast eine Konjunktion bilden und zudem in einem Winkel von annähernd 90° zu den anderen drei Planeten stehen.

Die Ähnlichkeit zwischen diesen Grafiken und den üblichen astrologischen Horoskopen fällt natürlich jedem auf, der sich damit auskennt, und das war auch zu Nelsons Zeit so. Das *Time Magazin* erkannte rasch, worauf Nelsons Untersuchungen hinauslaufen könnten:

> Die alte Pseudowissenschaft der Astrologie, die versucht, die Zukunft aus der Bewegung der Planeten herauszulesen, könnte doch ein Stückchen weit auf wissenschaftlichen Grundlagen beruhen. Diese Woche gab die Radio Corporation of America, die nicht so leicht auf Aberglauben hereinfällt, in einem Bericht bekannt, dass sie den Radioempfang erfolgreich vorhersagen kann, indem sie die Planetenbewegungen beobachtet.[24]

Kurz gesagt spielte das *Time Magazine* hier unterschwellig auf eine Art „paläophysikalische" Betrachtung dieser alten Pseudowissenschaft an, denn hinter den alten astrologischen Mythen und Überlieferungen könnten sich hochentwickelte physikalische und wissenschaftliche – von einer sehr hochstehenden Zivilisation entwickelte – Konzepte verbergen. Die Astrologie mag sich als ein Vermächtnis früherer Kulturen erhalten haben, die beispielsweise in Ägypten und Babylon zu Erben einer noch viel höher stehenden Zivilisation aus noch früheren Zeiten geworden waren. Wie wir gleich sehen werden, ist die astrologische Komponente wesentlich wichtiger, als es hier anklang.

Aber wir wollen nicht vorauseilen.

Machen wir uns erst einmal klar, was Nelsons Aussagen bedeuten:

1) Da Radiosignale elektromagnetische Phänomene sind und die Signalausbreitung von den Konstellationen von zwei oder mehr Planeten beeinflusst zu werden scheint, die sich in Winkeln von 0°, 90°, 180° oder 270° gegenüberstehen, lässt sich der Schluss ziehen, dass das Sonnensystem *keineswegs* elektrisch neutral ist, sondern ein dynamisches, offenes, elektrisches System bildet, das durch solche Konstellationen beeinflusst wird. Denken Sie an das Konzept, wo-

24 Kein Autor angegeben, „RCA Astrology", *Time Magazine*, Montag, 16. April, 1951, www.time.com/magazine/article/0,9171,814720,00.htm

nach Planetenkonstellationen selbst ein Gitter oder Netzwerk oder eine Anordnung longitudinaler Wellen darstellen;[25]

2) Sowohl die Sonne als auch die Planeten drehen sich als Massen um ihre eigenen Achsen, zudem kreisen im Sonnensystem alle Planeten um die Sonne. Wir haben es also mit rotierenden Systemen in einem rotierenden System zu tun;

3) Die Sonne selbst ist eine rotierende *Plasmamasse*, eine superheiße, elektrisch polarisierte Gasformation, in der laufend Kernfusionen stattfinden. Innerhalb der rotierenden Plasmamasse der Sonne gibt es verschiedene Schichten nördlich und südlich des Äquators, die sich *in gleicher Richtung, aber mit verschiedenen Geschwindigkeiten drehen*. Diese wohlbekannte „differenzierte Rotation" wird im Rahmen der folgenden Erörterungen noch wichtig werden.

Aber was bedeutet das alles?

Um diese Frage zu beantworten, müssen wir nochmals auf einige Aspekte der „Höheren" Physik zurückkommen, von denen ich bereits in meinen früheren Büchern gesprochen habe. Einige der Punkte sind schnell wiederholt, für andere muss ich etwas weiter ausholen. Zudem möchte ich neues Material einführen und eine neue Betrachtungsweise vorschlagen.

A.2.2. Das elektrisch dynamische Sonnensystem und die Planetenkonstellationen

Wie bereits erwähnt, legen die Untersuchungen von J.H. Nelson für die RCA den Schluss nahe, dass das Sonnensystem elektrisch keineswegs neutral, sondern vielmehr dynamisch ist, und die sich ändernde Dynamik mit den Planetenkonstellationen zu tun hat.[26] Es ist auffallend, dass bei den meisten Beschreibungen des Sonnensystems als elektrisch dynamisches System die Erklärung *nicht* in der „Höheren" Physik gesucht wird. Es wird lediglich behauptet, dass die Planeten sich in alter Zeit viel näher beieinander befunden hätten und sich infolge des Aufbaus von Polaritäten und Ladungsunterschieden zwischen den Planeten gewaltige Lichtbögen bildeten. Ähnliches geschieht bei Gewittern, wenn sich unterschiedliche Ladungen in der Atmosphäre und am Boden bilden, die sich dann durch Lichtbögen,

25 Eine ausführlichere Erörterung der elektrischen Dynamik des Sonnensystems findet sich in meinen Büchern „The Giza Death Star Destroyed", S. 29-31, und „The Cosmic War", S. 28-66.

26 Siehe hierzu „The Giza Death Star Destroyed: The Ancient War for Future Science", S. 30-31, und „The Cosmic War", S. 28-66.

die wir als Blitze bezeichnen, entladen. Im genannten Fall wird das Modell eines elektrisch dynamischen Sonnensystems, in dem die jeweiligen Planetenkonstellationen einen Einfluss ausüben, nur durch die *relative Nähe* der Himmelskörper zueinander und die relativen Ladungsunterschiede an den unterschiedlichen Polen erklärt. Die tatsächlichen geometrischen *Konstellationen* der Planeten – wie Nelson sie in seinen Untersuchungen für die RCA beschrieb – spielen dabei keine Rolle.

A.2.3. Plasma-Kosmologie

Die Plasma-Kosmologie, eine Disziplin, die hinter dem Aufbau verschiedener polarer Ladungen zwischen den Planeten eine Höhere Physik am Wirken glaubt, steht mit der Vorstellung eines elektrisch dynamischen Sonnensystems in engem Zusammenhang. Das Zusammenspiel zwischen Plasma-Kosmologie und Physik liefert uns ein Model, mit dem wir uns dieser Höheren Physik nähern und eine erschöpfende Erklärung für einige alte Texte und Mysterien finden können.[27] Wir müssen dazu jedoch ein wenig weiter ausholen.

Zum ersten Mal beschrieb ich die Grundlagen und wesentlichen Auswirkungen der Plasma-Kosmologie für die Deutung alter Texte und Monolithen in meinem Buch „Der Todesstern Gizeh“. Das geistige Produkt des schwedischen Physikers Hannes Alfvén wurde in seinen konzeptionellen Grundzügen von dessen Schüler Eric J. Lerner wie folgt dargestellt:

> Ab 1939 beschrieb Alfvén in einer Reihe äußerst origineller Arbeiten die Grundzüge dessen, was er später als kosmische Elektrodynamik bezeichnete – die Wissenschaft vom Plasma-Universum. Alfvén war überzeugt, dass elektrische Kräfte bei der Erzeugung kosmischer Strahlung eine Rolle spielten. Aus diesem Grund bestand [...] (a) seine Methode darin, Labormodelle auf den Kosmos zu übertragen [...]. Er wusste, wie man im Labor hochenergetisierte Teilchen erzeugte – das sechs Jahre vorher erfundene Zyklotron erzeugte elektrische Felder, um Teilchen zu beschleunigen und magnetische Felder, um deren Bahnen zu lenken. Alfvén fragte sich, ob es im Kosmos einen natürlichen Zyklotron geben könnte.
>
> Aber wie stünde es mit dem Leitmedium? Man nahm an, dass der Raum ein Vakuum und damit nicht in der Lage wäre, elektrische Ströme zu leiten. An dieser Stelle extrapolierte Alfvén kühn seine

27 Siehe mein Buch „The Cosmic War: Interplanetary Warfare, Modern Physics, and Ancient Texts“, S. 28-66.

> Laborerkenntnisse. Auf der Erde konnten auch extrem verdünnte Gase Strom leiten, wenn sie zuvor ionisiert wurden – wenn also die Elektronen von den Atomen weggerissen wurden [...]. Alfvén nahm an, dass solches Plasma auch im Weltraum vorhanden sein müsste.[28]

Ich kommentierte dies ausführlich wie folgt:

> Es mag nicht allzu revolutionär klingen, bis man erkennt, was diese Theorie so einzigartig macht: „Bestimmte Schlüsselvariablen ändern sich nicht, wenn sich der Maßstab ändert – elektrischer Widerstand, Geschwindigkeit und Energie bleiben immer gleich. Andere Werte variieren jedoch: Wenn die Zeit als Größe festgelegt wird und ein Prozess hundert Mal kleiner ist, dann läuft er hundert Mal schneller ab."[29] Mit anderen Worten [...]. *Der Hauptdifferenzialfaktor ist [...] die Zeit.*[30]

Die wichtigste Erkenntnis dieser Theorie besteht jedoch eindeutig darin, dass Zeit der Hauptdifferenzialfaktor oder „der Faktor im Brennpunkt" ist, während die anderen physikalischen Variablen – elektrischer Widerstand, Feldstärke usw. – „skaleninvariant" bleiben, eine physikalische Ausdrucksweise, die besagt, dass sich diese Variablen immer gleich verhalten, unabhängig davon, welche Größe oder welchen Maßstab das jeweilige System aufweist.

> Doch es gibt noch eine weitere Konsequenz:
>
> Da die Zeit vom Größenmaßstab abhängig ist, andere elektromagnetische Kräfte es aber nicht sind, lässt sich ein revolutionärer Schluss ziehen:
>
> „Gleichermaßen wichtig ist jedoch die jeweils umgekehrte Anwendung der Maßstabregeln. Wenn die magnetischen Felder und Ströme bei diesen Objekten verkleinert werden, werden sie unglaublich intensiv – sie erreichen Millionen Gauss, Millionen Ampere und damit eine Größenordnung, die weit über das hinausgeht, was im Labor erzeugt werden kann. Durch seine Untersuchungen kosmischer Phänomen zeigte Alfvén jedoch, dass Wissenschaftler etwas über die

---

28 Eric J. Lerner „The Big Bang Never Happened", New York Vintage Books, 1992, S. 181, zitiert in „Der Todesstern Gizeh", engl. „The Giza Death Star", S. 135.

29 Eric J. Lerner „The Big Bang Never Happened", S. 192, zitiert in „Der Todesstern Gizeh", engl. „The Giza Death Star", S. 135-136.

30 Joseph P. Farrell, „Der Todesstern Gizeh", engl. „The Giza Death Star", S. 135-136; Hervorhebung vom Autor.

> *Funktionsweise wesentlich stärkerer Kernfusionsreaktoren als der bisher bestehenden lernen könnten. Tatsächlich könnten sie aus den Lektionen, die ihnen der Himmel erteilt, lernen, solche Vorrichtungen zu bauen.*"[31]
>
> [...] Lerner deutet hier eindeutig an, dass man, *falls man die inerten, elektromagnetischen Prozesse des Kosmos irgendwie anzapfen könnte* [...].

Wenn man sie also mit technischen Mitteln irgendwie reproduzieren könnte,

> „wesentlich stärkere Kernfusionsreaktoren als die bisher bestehenden konstruieren könnte." Welche Art von Kernfusionsreaktoren könnte er meinen? Mit keiner magnetischen Tokomak-Flasche konnte bisher eine stabile, kontrollierte Kernfusionsreaktion erzeugt werden, und es ist unwahrscheinlich, dass Lerner mit (Philo) Fransworths Plasmator vertraut war [...].[32]

(Noch unwahrscheinlicher ist, dass Lerner je etwas von der Nazi-Glocke gehört hatte!)[33]

> [...] was blieb, waren die Superbomben, die ganze Städte in die Luft jagen könnten, und die man heute in den Arsenalen der Franzosen, Amerikaner und Russen findet.[34]

---

31 Eric J. Lerner, op. cit., S. 192-193, Hervorhebung vom Autor, zitiert in „Der Todesstern Gizeh", engl. „The Giza Death Star", S. 136.

32 Zu Philo Farnsworths Plasmator siehe „Der Todesstern Gizeh", engl. „The Giza Death Star", S.146-147, und „Nazi International", S. 328-333.

33 Erwägungen wie diese verleiteten viele Erforscher der Nazi-Glocke zu der irrigen Schlussfolgerung, dass diese Vorrichtung der experimentellen Untersuchung der Mechanismen kontrollierter Kernfusion diente, mit deren Hilfe eine neue Energiequelle erschlossen und eine dieser „Wasserstoff-Superbomben" gebaut werden sollte. Wie ich in meinem Buch „Nazi International" bemerkte, scheint klar zu sein, dass Dr. Ronald Richter an diesem Projekt beteiligt war, und da sich sein Nachkriegsprojekt in Argentinien offenkundig mit kontrollierter Kernfusion befasste, nehmen die Forscher an, dass auch das ursprüngliche Projekt Nazi-Glocke einfach eine frühere Version dieses Nachkriegsprojektes darstellte. Wie wir gleich sehen werden, erklärte Richter selbst ganz eindeutig, dass diese Plasmaforschung nur ein Schritt und ein Schlüssel für eine viel tiefgründigere und bedeutendere Physik war. Wenn diese Plasmaphysik jedoch zum Bau von „Kernfusionsvorrichtungen" geführt haben sollte, so wäre das zweifellos ein zusätzlicher Gewinn aus dem Naziprojekt gewesen, das die Nazis mit Sicherheit nur allzu gerne angenommen hätten! Aber es war in jedem Fall nur ein Sekundärgewinn.

34 Joseph P. Farrell, „Der Todesstern Gizeh", engl. „The Giza Death Star", S. 136-137; Hervorhebung vom Autor.

Diese „Superbomben, die ganze Städte in die Luft jagen könnten“, sind natürlich thermonukleare Wasserstoffbomben. Wir werden gleich sehen, welche Bedeutung sie für unser Thema haben.

Aber das ist noch nicht alles. Alfvén beschrieb noch weitere Aspekte seiner Plasma-Kosmologie in einem Artikel aus dem Jahr 1942:

> Führt man eine leitende Flüssigkeit in ein konstantes Magnetfeld ein, so erzeugt jede Bewegung dieser Flüssigkeit ein elektromagnetisches Feld, in dem elektrische Ströme fließen. Aufgrund des Magnetfeldes üben diese Ströme mechanische Kräfte aus, die wiederum auf die Bewegung der Flüssigkeit einwirken. So entsteht eine Art kombinierte elektromagnetisch-hydrodynamische Welle, mit der sich meines Wissens bisher noch niemand befasst hat.[35]

Dazu merkte ich an, dass diese elektromagnetisch-hydrodynamischen Wellen eine verdächtige Ähnlichkeit zu Nikola Teslas „elektro-akustischen“ oder elektrisch-longitudinalen Wellen aufwiesen, die er bei seinen Experimenten mit hochfrequenten Gleichstromimpulsen und seinen späteren, berühmt gewordenen elektrischen Experimenten in Colorado Springs entdeckte.[36] Dazu soll in Kürze noch wesentlich mehr gesagt werden.

Ein letzter Gesichtspunkt von Alfvéns Plasma-Kosmologie bedarf noch der Erwähnung. Sein Konzept des Universums

> weist eine filament-artige, *zelluläre* Struktur auf. Das Universum besteht nicht aus „elektrischen Schichten“ verschiedener Dichte wie es bei einer Flüssigkeit der Fall ist. „Kosmische Plasmen sind oftmals homogen und weisen *Filament-artige Strukturen auf*, die man mit Strömen in einem Magnetfeld vergleichen könnte [...]. In der Magnetosphäre gibt es dünne, ziemlich stabile *Stromschichtungen*, die verschiedene Regionen mit unterschiedlicher Magnetisierung, Dichte, Temperatur, etc. voneinander trennen. Notwendigerweise müssen ähnliche Phänomene auch in entfernteren Regionen existieren. Damit muss der Raum eine *zelluläre Struktur* (oder genauer gesagt, eine Zellwandstruktur) aufweisen.[37]

35 Hannes Alfvén, „Existence of Electromagnetic-Hydrodynamic Waves“, in *Nature*, Nr. 3805, 3. Oktober 1943, S. 405-406, zitiert in meinem Buch „Der Todesstern Gizeh“, engl. „The Giza Death Star“, S. 137.

36 Joseph P. Farrell, „Der Todesstern Gizeh“, engl. „The Giza Death Star“, S. 137.

37 Ebd., S. 137-138, zitiert aus Hannes Alfvén „On Hierarchical Cosmology“; in *Astrophysics and Space Science*, Bd. 89, Boston, D. Reidel, 1983, S. 313-3214, S. 312, Hervorhebungen im Original.

Ehe wir fortfahren, möchte ich nochmals kurz innehalten und zusammenfassen, was wir bisher entdeckt haben:

1) Alfvéns Kosmologie führte zum Konzept elektromagnetisch-hydrodynamischer Wellen, die sich im Vakuum des Raumes, das heißt im physischen Medium ausbreiten können.

2) Der Mechanismus, der bei diesen Wellen wirkt, ist das Plasma selbst, welches flüssigkeitsähnliche Eigenschaften mit mehr oder weniger dichten Regionen aufweist, und

3) damit dem Raum selbst eine zelluläre Struktur, also sozusagen eine *Gitterstruktur* verleiht,

4) das Plasma-Phänomen selbst ist skaleninvariant, da die im Labor erzeugten Plasmaeffekte in ihrer Struktur genauso aussehen wie komplexe Galaxien.[38] Das wird deutlich, wenn man einen Blick auf im Labor erzeugte Plasmawirbel wirft. Ihre Ähnlichkeit zu komplexen Galaxien ist unverkennbar:

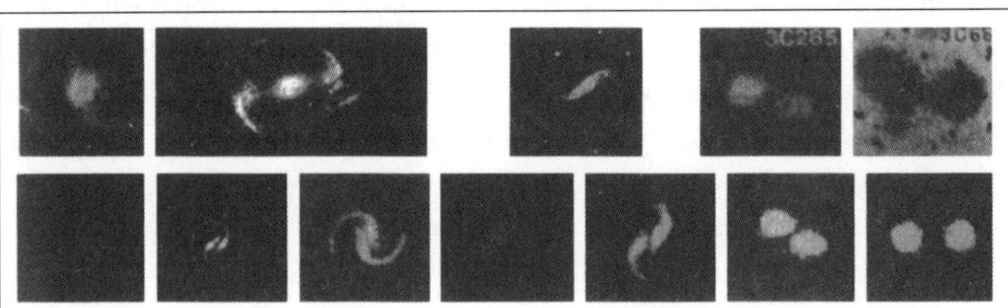

Galaxien und im Labor erzeugte Plasma-Pinch-Effekte im Vergleich: oben die Galaxien und unten die im Labor erzeugten Plasma-Pinches.

Die Erforschung der obigen Phänomene kann zur Grundlage „wesentlich stärkerer Kernfusionsreaktoren als der bisher bestehenden" werden und damit zum Bau von Super-Super-Wasserstoffbomben führen; und zu guter Letzt

5) ist Zeit der Hauptdifferenzialfaktor oder der „Faktor im Brennpunkt", denn sie verändert sich je nach Größenmaßstab und wirkt in kleinen Größenordnungen schneller als in großen. Das ist ein wesentlicher Gesichtspunkt, dem wir gleich in den Arbeiten von Dr.

38 Zu diesem Punkt siehe Joseph P. Farrell, „The Cosmic War", S. 31-32.

Nikolai Kozyrev wiederbegegnen werden. Da Zeit *hinsichtlich ihrer Beziehung zur jeweiligen Größenordnung des untersuchten Systems* dynamische Eigenschaften aufweist, kann sie eindeutig nicht die „eindimensionale" oder skalare Einheit sein, als die sie in so vielen mathematisch-physikalischen Abhandlungen, und insbesondere im Rahmen der Relativitätstheorien verstanden wird.[39] Kurz gesagt, die Zeit hat eine Art „Länge und Breite" ähnlich wie der Raum; sie ist sozusagen ein *multidimensionales* Phänomen. Damit wären wir wieder bei den Erkenntnissen Ouspenskys angelangt, die im vorherigen Kapitel von Dewey und Dakin erwähnt wurden.[40]

Das wollen wir im Auge behalten, wenn wir uns jetzt der Frage zuwenden, welche Rolle Plasma und Kernfusion bei der Nazi-Glocke spielten und worum es bei den Nachkriegsforschungen des Nazi-Wissenschaftlers Dr. Ronald Richter über „Plasma und Kernfusion" ging, denn dabei spielte Plasma nur eine untergeordnete Rolle.

A.2.4. Plasma-Transduktion im Vakuum und die Nullpunktenergie: ein neuer Blick auf Dr. Ronald Richters Arbeit

In meinem Buch „The Nazi International" beschrieb ich das Kernfusionsprojekt, das Dr. Ronald Richter nach dem Krieg in Argentinien durchführte und bei dem es nur um einige Aspekte des Projekts Nazi-Glocke aus der Kriegszeit ging. Ich stützte mich dabei unter anderem auf die Tatsache, dass Richter für die gleiche Firma tätig war, die auch die Anlage für die Glocke konstruiert hatte, nämlich die Allgemeine Elektrizitätsgesellschaft.[41] Während seiner Zeit dort arbeitete er an einem Projekt mit dem Codenamen „Charite-Anlage Projekt". Charite war die Bezeichnung für das Bauwerk, das für die Glocke errichtet worden war.[42] Auch die physikalischen Grund-

---

39 Zur „Nicht-Skalarität" der Zeit in den Arbeiten von Dr. Nikolai Kozyrev siehe mein Buch „The Philosophers' Stone: Alchemy and the Secret Research for Exotic Matter", Feral House, 2009, S. 151-169.

40 Ein einleuchtendes Beispiel dafür sind die natürlichen menschlichen Sprachen. Die Menschen wussten stets in irgendeiner Weise um die „Multidimensionalität" der Zeit, und dies zeigt sich in der Art und Weise wie die natürlichen menschlichen Sprachen – mit ihren zahlreichen Zeiten, Nuancen, Aktiv- und Passivformen – die Zeit behandeln. Verbalsysteme gehen weit über das einfache „Vergangenheit-Gegenwart-Zukunft"-Modell der herkömmlichen physikalischen Theorien hinaus. Interessanterweise betrachten die natürlichen menschlichen Sprachen Zeit als ein hochkomplexes Konglomerat aus *offenen Systemen und den zwischen diesen bestehenden Beziehungen. Die mathematische Physik muss diese Feinheiten der Sprache in gewissem Sinne erst noch aufholen.*

41 Joseph P. Farrell „Nazi International", S. 343-345.

42 Ebd., S. 345.

sätze, die bei Richters Projekt und der Glocke zur Anwendung kamen, ähnelten sich stark. Sowohl bei der Glocke als auch bei Richters Projekt wurde rotierendes Plasma eingesetzt.[43] Ebenso wurden bei Richters Projekt und bei der Glocke Metalltrommeln oder Zylinder verwendet.[44]

Welchen Zweck hatte das rotierende Plasma? Richter wurde von einer argentinischen Kommission, die Präsident Perón zur Untersuchung des Projekts entsandt hatte, genau zu diesem Punkt befragt. Er teilte den Wissenschaftlern mit, dass sein Versuch, thermonukleare Kernfusionsprozesse zu steuern, darauf beruhte, Plasma in Präzessionsdrehung zu versetzen und dann abrupt scharfe elektrische Impulse zu senden, die im Plasma stehende Schockwellen erzeugten. Diese Schockwellen sollten die Kernfusionsreaktion auslösen.[45] Richters Ansichten wurden von den damaligen Wissenschaftlern natürlich rundheraus abgelehnt, denn sie standen in krassem Widerspruch zu den herrschenden Theorien.[46]

Das ist jedoch noch nicht die ganze Geschichte, denn während Richters Ansichten öffentlich kritisiert wurden, zeigt das US-Militär ganz heimlich ein starkes Interesse an dem, was der österreichische Nazi-Wissenschaftler *wirklich* zu erreichen versuchte. Als sie mit Richter in Kontakt traten und ihn baten, seine Forschungen zu erklären, enthüllte er, dass es bei seinem Projekt und damit auch bei dem gesamten Projekt Nazi-Glocke nur in zweiter Linie um Kernfusion ging. Eigentlich sollte dieser Prozess nur als Einstieg in eine wesentlich höhere und potenziell tödliche Physik dienen, die über bloße Kernfusion oder die Herstellung von Super-Super-Wasserstoffbomben hinausging. Als er seine Forschungsarbeit für das Dritte Reich vor den amerikanischen Untersuchungsrichtern beschrieb, erklärte er, dass er

---

43 Joseph P. Farrell, „Die Bruderschaft der Glocke", engl. „SS Brotherhood of the Bell", S. 170-185, 278-282, 294-296, „Secrets of the Unified Field", S. 268-280, „The Philosophers' Stone", S. 283-287, 291-294, 296-305 und „Nazi International", S. 262, 314-315.

44 Joseph P. Farrell, „Die Bruderschaft der Glocke", engl. „SS Brotherhood of the Bell", S. 178-185; „Nazi International", S. 348-350. Harry Cooper von Sharkhunters, der die in meinem Buch „Nazi International" auf S. 249 abgebildeten Trommeln aus Richters Projekt in Argentinien fotografiert hatte, erfuhr kürzlich von seiner argentinischen Kontaktperson, dass es sich dabei höchstwahrscheinlich um Regelstabsteuerungen für den von Richter geplanten Kernfusionsreaktor handelte, mit dessen Bau bereits begonnen worden war, als Präsident Juan Perón das Projekt stilllegte. Das ist durchaus möglich, wirft aber einige Fragen auf, denn normalerweise werden Spaltreaktoren und nicht Kernfusionsreaktoren mit Regelstäben assoziiert. Dennoch macht es Sinn, weil die Trommeln in Argentinien massiv, und in der Mitte mit einem Loch versehen waren, während es sich bei den gegenrotierenden Trommeln der Glocke höchstwahrlich um hohle Zylinder handelte.

45 Joseph P. Farrell, „The Nazi International", S. 262, 271-272.

46 Ebd., S. 249-262.

die Kernfusion durch Schockwellen bereits 1936 entdeckt hatte! Zu seinen Arbeiten in Nazi-Deutschland gehörten:

> Erforschung und Bau von Elektrolichtbogenöfen und Entwicklung neuer Geräte und Methoden zur Plasmaanalyse. 1936 Entdeckung des Prozesses zur Erzeugung von Schockwellen im Plasma, Konzeption einer völlig neuen Art von industriellem Lichtbogenreaktor, der auf Plasmaschockwellen-Reaktionen und nicht auf Hitzeübertragung basierte. Entwicklung einer Arbeitsanordnung zur Untersuchung der Bedingungen für die Entstehung von Plasmaschockwellen durch Plasmakollisionen, die zu nuklearen Reaktionen führen.[47]

Wenn das alles reichlich verfrüht klingt, bedenkt man, dass das Rennen um thermonukleare Energie erst in den frühen 1950ern begann, so ist es das auch. Das alles geschah tatsächlich 45 Jahre früher, denn erst 1995 kündigte die amerikanische Firma General Fusion an, sie würde versuchen einen Kernfusionsreaktor zu bauen, der auf dem Prinzip der Plasmaschockwellen beruht."[48]

Aber Richter hatte bei diesen frühen Experimenten mit Plasmaschockwellen und Kernfusion in Nazi-Deutschland offenkundig noch etwas *anderes* beobachtet, etwas das die Tür zu einer viel *höheren* Physik öffnete. „Wir nehmen an", so erklärte Richter in seiner amerikanischen „Paperclip"-Akte,

> dass hochkomprimiertes Elektronengas (d.h. Plasma) *als Detektor für den Energieaustausch mit dem, was wir als Nullpunktenergie bezeichnen, fungiert [...] in einer durch Schockwellen stimulierten, durch Turbulenz-Feedback gesteuerten Plasmazone besteht eine hohe Wahrscheinlichkeit für zellartige Hochdruckbedingungen* [...].

Hier scheint Hannes Alfvéns Plasmazellstruktur des Raumes anzuklingen! Beachten Sie jedoch, was Richter hier zum Ausdruck brachte: Das Plasma wird zum „Detektor", vielleicht zum Tor, um die Energie des physischen Mediums anzuzapfen – die Nullpunktenergie selbst:

> Es scheint möglich, (auf diese Weise) eine dem Druck entsprechenden Menge der Nullpunktenergie „anzuzapfen", indem man durch ein Magnetfeld initiierte Austauschfluktuationen zwischen dem kom-

---

47 National Archive and Records Administration, Foreign Scientist Case Files 1948-1958, Box 54 of Record Group 330, Akte über Dr. Ronald Richter, zitiert in Henry Stevens „Hitler's Suppressed and Still Secret Weapons, Science and Technology", Adventures Unlimited Press, S. 260-261.

48 Joseph P. Farrel, „Nazi International", S. 295.

> primierten Elektronengas und einer Art Zellstruktur des Raumes, die wir als Nullpunktenergie bezeichnen können, hervorruft [...]. Die Analyse von Plasmaimplosionen könnte sich als Weg zu einer völlig neuen Energiequelle erweisen.[49]

Richter geht also über Alfvéns Plasma-Kosmologie hinaus, denn er nimmt tatsächlich an, dass sich die Plasmastruktur des Raumes aufgrund der Fluktuationen von Nullpunktenergie *ergibt*. Mit dieser „völlig neuen Energiequelle", die sich durch Plasma-Tore zur Nullpunktenergie auftut, wären wir wieder bei Eric J. Lerners Vorschlag, sich durch Beobachtung des Weltraums und der darin stattfindenden Plasmaprozesse zum Bau von Kernfusionsreaktoren inspirieren zu lassen, die wesentlich leistungsstärker wären als alles, was sich heute in den Arsenalen befindet. Im eigentlichen Sinne wären das keine Kernfusionsreaktoren mehr, sondern Kernfusions-„Tore" oder Wandler von etwas wesentlich Mächtigerem, mit der Kraft, Planeten und Sterne zu sprengen.

Welche Beziehung besteht nun zu der Glocke?

Es ist ganz einfach.

Sie erinnern sich, dass Richters Verfahren die Rotation von Plasma beinhaltete, so dass eine Präzession oder ein „Wabbeln" ausgelöst wurde. In der Glocke gab es zwei gegenrotierende Zylinder, die meiner Ansicht nach übereinander angebracht waren.[50] In diesen Zylindern wurde eine hoch radioaktive Quecksilbermischung, die vermutlich mit High-Spin Nukleari-someren geimpft worden war[51], bis zu einer extremen Drehgeschwindigkeit beschleunigt, die sich in der Größenordnung von 10.000 oder gar 100.000 Umdrehungen pro Minute bewegt haben dürfte. Isomere sind High-Spin Atome, deren Energie im Drehimpuls des Atoms eingeschlossen ist. Mit der *mechanischen* Beschleunigung des Materials auf so hohe Geschwindigkeiten sollte offenkundig die „Bindung" des Materials durch Trägheit erreicht werden, so dass alle Atome mehr oder weniger auf der gleichen *Rotationsebene* drehten, nämlich der der beiden Zylinder. Dann wurden durch extrem starken Hochspannungs-Gleichstrom elektrische Impulse in das Material geleitet[52], die bei der von Richter verwendeten *Geschwindigkeit*

---

49 Jopseph P. Farrell, „Nazi International", S. 343.

50 Jopseph P. Farrell, „Secrets of the Unified Field", S. 270-277..

51 Joseph P. Farrell, „Die Bruderschaft der Glocke", engl. „SS Brotherhood of the Bell", S. 171-184, 294-295; meine Erläuterung, warum es sich bei diesem Isomer um das Thorium 229-Isomer gehandelt haben könnte, findet sich in meinem Buch „The Philosophers' Stone", S. 297-299.

52 Joseph P. Farrell, „Secrets of the Unified Field", S. 280-282.

von den rotierenden Trommel ausgehend durch das Material hindurch bis ins Innere der Vorrichtung Lichtbögen bildeten. So wurde nicht nur Plasma erzeugt, sondern es entstanden auch „elektro-akustische" Schockwellen im Plasma, die wiederum die Energie in das Gewebe der Raum-Zeit leiteten, da die Isomer-Komponenten der Verbindung ihren High-Spin-Zustand aufgaben und dabei ungeheure Mengen von Energie freisetzten, die in der schnellen Rotation gespeichert gewesen waren. Durch eine Änderung der Geschwindigkeit der zwei gegenrotierenden Trommeln konnte künstlich eine *differenzierte Rotation*, also eine Präzession oder eine Art „Wabbeln" im Plasma erzeugt werden.

Die Nazi-Wissenschaftler hatten also die Plasma-Kosmologie der Sterne und Galaxien selbst in einem Gerät eingefangen, das gerade mal so groß war wie ein Wohnwagen, und sie benutzten es, um das Gewebe des physischen Mediums, also der Raum-Zeit zu manipulieren.

Wozu aber eine differenzierte Rotation? Und wie kam Dr. Richter überhaupt auf die Idee anzunehmen, dass rotierendes (präzedierendes), elektrisch geschocktes Plasma als Leiter für Nullpunktenergie fungieren könnte?

Um diese Frage zu beantworten, müssen wir nochmals einen Blick auf die Sterne werfen und uns mit der Arbeit des russischen Astrophysikers Dr. Nikolai Kozyrev ebenso befassen wie mit den wenig bekannten Fakten rund um die frühesten Wasserstoffbomben-Detonationen.

A.2.5. Rotierende Systeme in rotierenden Systemen: ein neuer Blick auf Dr. Nikolai Kozyrevs Arbeit

Um festzustellen, wie das alles – rotierendes Plasma, thermonukleare Kernfusion, Wasserstoffbomben, Sterne und Nullpunktenergie – zusammenhängt, müssen wir auf etwas zurückkommen, das ich in meinem Buch „Der Todesstern Gizeh" geschrieben habe:

> Während der ersten Wasserstoffbomben-Tests übertraf die Energieausbeute der Bomben bei Weitem die ursprünglichen Berechnungen. Es gab einen „X-Faktor", *eine unbekannte Quelle zusätzlicher Energie*, die angezapft worden war. Da Wasserstoffbomben ungeheure Mengen zerstörerischer Energie auf der subatomaren Ebene des Atomkerns freisetzen, können wir auch Vermutungen darüber anstellen, woher diese Energie stammt und warum solche Waffen buchstäblich eine gewaltige Störung in der Geometrie des Raum-Zeit-Gewebes an-

> richten. Kurz gesagt, *einige bis dahin unbekannte Harmoniegesetze sorgten für die überschüssige Energie.*[53]

Nicht nur durch die geheimen Forschungen der Nazis mit der Glocke, sondern auch durch die Arbeit des russischen Astrophysikers Dr. Nikolai Kozyrev beginnen wir langsam zu verstehen, woher die überschüssige Energie kommt und wie sie wirkt. Einen Teil der Antwort kennen wir bereits: Sie stammt aus der Energie der Raum-Zeit selbst.

Aber die Raum-Zeit ist *nicht nur* bloße Leere ohne jede Dynamik, denn sie enthält *Objekte, Systeme* und *Informationen*, und die Objekte und Informationen stehen in einem ständig wechselnden Austausch miteinander.

Kozyrev sah sich mit einem ähnlichen Problem konfrontiert wie dem mit der Wasserstoffbombe. In seinem Fall ging es jedoch nicht um Wasserstoffbomben und ihre anomale Energieausbeute, sondern um die Sonne selbst und ihren ebenfalls extrem anomalen Energieausstoß. In meinem Buch „The Philosophers' Stone: Alchemy and the Secret Research for Exotic Matter" schrieb ich:

> Die Hauptmotivation für die gesamten, jahrzehntelangen Forschungen über Torsion und über torsionsverstärkende und torsionsabschirmende Eigenschaften unterschiedlicher Elemente und Verbindungen lag in der Tatsache begründet, dass die Sterne einfach nicht genügend Neutrinos abgaben, *um das Standardmodell aufrechterhalten zu können, das Sterne als gigantische, dauerhafte Kernfusionsreaktoren – also quasi als dauerhafte Wasserstoffbomben – betrachtete.*[54]

Mit anderen Worten, wie ihr vom Menschen geschaffenes Gegenstück, die Wasserstoffbombe, gaben sie viel mehr Energie ab, als sich durch den Vorgang der thermonuklearen Kernfusion erklären ließ. Nach Kozyrevs Ansicht war die Kernfusion in gewissem Sinn nicht einmal die Hauptenergiequelle, die in den Sternen wirkte, sondern vielmehr ein *Nebeneffekt*,

---

53 Jopseph P. Farrell, „Der Todesstern Gizeh", engl. „The Giza Death Star", S. 145, Hervorhebung im Original.

54 Jopseph P. Farrell „The Philosophers' Stone: Alchemy and the Secret Research for Exotic Matter", Feral House, 2009, S. 193, in Bezugnahme auf A. P. Levitch „A Substantial Interpretation of N. A. Kozyrev's Conception of Time", S. 1. An dieser Stelle möchte ich darauf hinweisen, dass die „Theorie der dauerhaften Wasserstoffbombe und der Neutrino-Emission" eine weitere Folgeentwicklung, beziehungsweise ein sich aus Einsteins allgemeiner Relativitätstheorie ergebendes Artefakt darstellt; damit ähnelt sie allen anderen Artefakten dieser Art, wie die Theorie vom Urknall, der sogenannten „Dunkelmaterie" oder „dunklen Energie" und so weiter.

der sich aus etwas Tieferliegendem ergab, genau wie im Fall von Richters Plasma-Theorie. Die Verbindung der Forschungsarbeiten der beiden Männer wird vielleicht nicht sofort klar, bis man sich in Erinnerung ruft, *was* Sterne wirklich *sind*, nämlich rotierende *Plasmakugeln*. Die Arbeiten von Richter und Kozyrev deuten also auf etwas Wesentliches hin: Rotierendes Plasma leitet Energie aus dem hyperdimensionalen Raum! Damit haben wir einen wichtigen Brückenschlag zu den Vorstellungen vollbracht, die in den Glaubensvorstellungen alter Zeiten zum Ausdruck kamen. Nun haben wir auch einen wichtigen Schlüssel, um zu verstehen, warum die internationale Geldmacht schon in alten Zeiten mit den Tempeln verbunden war. In den nächsten Kapiteln wird dazu noch mehr zu sagen sein.

Die Ähnlichkeiten zwischen Kozyrevs und Richters Arbeiten sind nicht nur konzeptioneller Art; beide Männer und ihre Theorien wurden auch durch die Medien ihrer jeweiligen politischen Blocks verunglimpft, während ihre Projekte offensichtlich in dem Labyrinth der schwarzen Projekte der Nachkriegszeit verschwanden:

> Der wohl nicht ganz zufällige Angriff auf Kozyrev in der *Pravda* im Jahr 1959, der ihn in wirksamer Weise davon abhielt, die Ergebnisse seiner Experimente und seine theoretischen Konzepte zu veröffentlichen, und das zeitgleiche Verschwinden jeder Diskussion über saubere Kernfusionsbomben in der offen zugänglichen sowjetischen Fachliteratur [sind gleichermaßen verdächtig]. Wir wollen an dieser Stelle ein wenig spekulieren.
>
> Wie wir bereits wissen, übertrafen die Ergebnisse der frühesten atmosphärischen Wasserstoffbomben-Tests bei Weitem die auf Vorausberechnungen beruhenden Erwartungen. Mit anderen Worten, *genau wie Kozyrev es bei den Sternen vermutete, wurde irgendeine andere Energiequelle angezapft und durch die thermonukleare Detonation weitergeleitet*. Wir können annehmen, dass die Russen bei ihren Wasserstoffbomben-Tests dem gleichen Phänomen begegneten. Zudem besaßen sie mit Kozyrev einen Astrophysiker, der zu wissen glaubte, *warum Sterne* trotz aller thermonuklearen Prozesse offenkundig *nicht* genügend Neutrinos abstrahlten, um das thermonukleare Modell aufrechtzuerhalten.
>
> Man kann daher mit Fug und Recht behaupten, dass der Angriff auf Kozyrev in der *Pravda* im Jahr 1959 dem Zweck diente, seine Arbeit zu diskreditieren und sie für alle Westler abzuwerten, die seine Arbeit vielleicht verfolgt hatten, während Kozyrev und seine For-

> schungen hinter dem Schleier der höchsten Geheimhaltungsstufen der Sowjetunion verschwanden. Das war tatsächlich der Fall, denn seine Arbeiten lieferten den notwendigen Schlüssel, um verstehen zu können, warum Wasserstoffbomben eine solch anomale Energiebilanz aufwiesen, die darüber hinaus wahrscheinlich mit dem Zeitpunkt ihrer jeweiligen Detonation zusammenhing. Kozyrev wusste warum: Der Grund war, dass die Bombe selbst in der kurzen Nanosekunde ihrer anfänglichen Explosion zu einem dimensionalen Tor, einer Schleuse wurde, die den Überlauf zu einer hyperdimensionalen Kaskade von Torsionsphänomenen innerhalb der Reaktion selbst eröffnete.[55]

Wenn man von Torsion spricht, so meint man „Rotation" und damit die Geometrie der Zeit mit ihren rotierenden Systemen in rotierenden Systemen in rotierenden Systemen. Kozyrev bewies durch seine Experimente immer wieder, dass die einfachsten physikalischen Phänomene – ob es sich um die Kernfusionsreaktion in Wasserstoffbomben, das einfache Trägheitsmoment bei Gyroskopen, um Spannungleichgewicht oder um Spannungsskalen handelte – *im Lauf der Zeit verschiedene Ergebnisse erbrachten, entsprechend der Position der Himmelskörper in Bezug auf die Erde, sowie der Position der Erde und der jeweiligen Jahreszeit, in der das Experiment stattfand.* Kozyrev hatte damit wirksam nachgewiesen, dass die Zeit – die geometrische Konfiguration und Konstellation von Systemen im Raum in einem bestimmten Moment – selbst eine physikalische Kraft und ein Faktor mit Länge, Breite und Dimensionalität war. Er gab den Auswirkungen der vielen von Dewey und Dakin gesammelten Zyklen und der von J.H. Nelson für die RCA untersuchten Ausrichtung der Sonnenflecken einen Namen: Torsion.

Kozyrev betonte diesen geometrischen Aspekt der Zeit und ihre „Multidimensionalität – also ihre Beziehung zu der ständig wechselnden Torsionsdynamik der Objekte im Raum, der „Leitstruktur." Ihm konnte daher nicht entgangen sein, was er da tatsächlich zum Ausdruck brachte. Er erklärte zudem, dass es eine wissenschaftliche Basis für die Astrologie geben könnte oder vor langer Zeit *gegeben hat*, die völlig in Vergessenheit geraten ist.

Noch ein wichtiger Punkt gehört zum Thema Torsion. Die Sonne als rotierendes Plasmagebilde besteht nicht aus *einheitlich mit derselben Geschwindigkeit* rotierendem Plasma. Betrachtet man vom Äquator ausgehend die verschiedenen Plasmaschichten, so erkennt man - und den Solarphysi-

55 Jopseph P. Farrell, „The Philosophers' Stone", S. 194-195, kursive Hervorhebung im Original, Fettdruck eingefügt vom Autor.

kern ist diese Tatsache bekannt – dass die verschiedenen Plasmaschichten mit unterschiedlichen Geschwindigkeiten rotieren. Die Sonne selbst ist in unserem Sonnensystem also das beste Beispiel für *differenziale Plasmarotation* und damit ein Paradebeispiel für Torsion.

Dieser Punkt lässt sich durch eine einfache Analogie veranschaulichen. In zahlreichen Radiodiskussionen wurde ich gebeten, anschaulich zu erklären, was Torsion im Gewebe der Raum-Zeit, also im physischen Medium bewirkt. Das Beispiel, das ich immer anführe, ist das einer leeren Getränkedose, die man wie einen Spüllappen auswringt. Dieser Vorgang hat Ähnlichkeit mit dem Gegenrotieren der beiden Zylinder der Glocke, denn durch die Bewegung des Auswringens wird die Dose, die für die Raum-Zeit steht, spiralförmig verdreht und gefaltet. Stellt man sich vor, die Getränkedose auszuwringen, indem man beide Hände in die *gleiche* Richtung dreht, wobei eine Hand sich schneller bewegt als die andere, so kommt man zum gleichen Ergebnis, die Dose wird spiralförmig gefaltet.

Dieses Beispiel veranschaulicht also einen wichtigen Punkt, der sowohl bei der Nazi-Glocke als auch bei Kozyrevs Forschungen eine Rolle spielte, doch in *beiden* Fällen wurde über die Torsions-Physik, die sich im Plasma zeigte, *vollständig* hinweggegangen. Als Kozyrev den geometrischen Aspekt der Zeit und ihre „Multidimensionalität" betonte, konnte ihm jedoch nicht entgangen sein, was er da tatsächlich äußerte. So erklärte er ja auch, dass es eine wissenschaftliche Basis für die Astrologie geben könnte oder vor langer Zeit *gegeben hat*, die völlig in Vergessenheit geraten ist.

Ende des 19. und Anfang des 20. Jahrhunderts gab es ein ganz besonderes Genie, das gerade zu der schrecklichen Zeit in Erscheinung trat, zu der die bewusste, massive Unterdrückung der Physik und der damit zusammenhängenden Schlussfolgerungen deutlich sichtbar und fühlbar war. Durch seinen Scharfsinn und seine atemberaubenden Visionen inspirierte er die Bemühungen der Nazis und Sowjets, denen daran gelegen war, sich von der schweren Hand der Unterdrückung zu befreien:

Sein Name war Nikola Tesla.

B. Alle Wege führen zu Tesla und Morgan

Man braucht sich nur die auffällige *Nichterwähnung* Teslas in den herkömmlichen Physikbüchern vor Augen zu führen, um zu erkennen, dass es eine verborgene Physik gab, die bewusst unterdrückt wurde. Dies zeigte sich auch in der öffentlichen Diskreditierung von Dr. Ronald Richter und Dr. Nikolai Kozyrev und dem heimlichen Verschieben ihrer Projekte in obskure Geheimniskrämerei. Anders als diese beiden Genies gehörte Nikola Tesla einer ganz besonderen Kategorie an. Er war nicht nur *kein* obskurer Wissenschaftler und Techniker, der in seinem Labor heimlich für geheime Regierungsprojekte arbeitet, sondern eine schillernde und wohlbekannte Person des öffentlichen Lebens, die sich an ausgiebigen Dinners in den feinsten New Yorker Restaurants erfreute. Tesla verstand es, seine reichen und bekannten Zuhörer – zu denen Berühmtheiten wie Mark Twain zählten – förmlich zu elektrisieren, wenn er seine Erfindungen in aufregenden öffentlichen Vorführungen präsentierte. Sein Ruhm verbreitete sich weltweit mit rasender Geschwindigkeit. Er war der Mann, dem die Welt tatsächlich die Elektrizität zu verdanken hatte, nachdem er einen berühmt gewordenen Wettstreit mit Thomas Edison und seinem finanziellen Förderer J. P. Morgan souverän und eindeutig gewonnen hatte.

Einen solchen Mann konnte man nicht einfach diskreditieren und in die Bedeutungslosigkeit abschieben. Man konnte auch nicht mit „aktiveren Maßnahmen" gegen ihn vorgehen, ohne den Verdacht auf die Drahtzieher solcher Taten selbst zu lenken.

Aber warum stellte Tesla überhaupt ein solches Problem dar?

B.1. Colorado Springs

Die Antwort liegt in dem, was Tesla gegen Ende des 19. Jahrhunderts bei seinen berühmten Experimenten in Colorado Springs entdeckt hatte. Diese Experimente können bis zum heutigen Tag nur wenige Physiker und Techniker wirklich verstehen, und somit stellt kaum jemand Teslas Behauptungen oder Analysen oder beides in Frage. Der Grund für die Verständnisschwierigkeiten bei manchen Wissenschaftlern und die fragende, skeptische Haltung bei anderen liegt in dem, was Tesla selbst behauptete erreicht zu haben. Dazu ist es erforderlich, seine Kommentare ausführlich wiederzugeben:

> Ende 1898 führte mich systematische Forschung, die ich über eine Reihe von Jahren *mit dem Ziel betrieb, eine Methode zur Übertragung elektrischer Energie durch das natürliche Medium zur Perfektion zu führen*, zu der Erkenntnis, dass dafür drei Voraussetzungen geschaffen werden mussten: Zuerst galt es einen Sender von großer Stärke

zu entwickeln, *zweitens die Methode zur Individualisierung und Isolierung der übertragenen Energie zu vervollkommnen und drittens die Gesetze zu entdecken, die die Ausbreitung des Stroms in der Erde* und der Atmosphäre bestimmen.[56]

Mit dem Projekt von Colorado Springs begann Tesla also mit der Umsetzung seiner heute allgemein bekannten Idee, elektrische Energie ohne Drähte zu leiten. Mit diesem Schritt ging er bereits über das Radio hinaus.

Achten Sie genau auf das, was Tesla hier beschreibt. Um sein Ziel zu erreichen, war es notwendig:

1) Eine Art Sender von enormer Stärke zu konstruieren.
2) Um die drahtlose Übertragung praktisch durchführbar zu machen, musste man eine Vielzahl individueller Signale für verschiedene Geräte und Örtlichkeiten, an denen sie verwendet werden sollten, senden und empfangen können; es mussten also Mittel gefunden werden, um die übertragene Energie zu „individualisieren und zu isolieren", ähnlich wie ein Radioempfänger auf verschiedene Frequenzen eingestellt werden kann, um unterschiedliche Signale zu empfangen; und was am wichtigsten ist:
3) Tesla stellte eindeutig klar, dass das „natürliche Medium" selbst dieses Mittel zur Übertragung der Energie sein sollte.

Was verstand er unter „natürlichem Medium"? Die Klärung dieses einen Punkts ist wichtig, um erkennen zu können, was er in Colorado Springs wirklich suchte. Gerade dazu gibt es zahlreiche Missverständnisse, Streitigkeiten und kritische Fragen.

Die Aussage von Tesla kann auf dreierlei Weise verstanden werden. Zum einen kann man unter „natürlichem Medium" das verstehen, was Tesla später im gleichen Kontext nennt, nämlich die Atmosphäre und zum anderen die Erde selbst. Was die Atmosphäre anbelangt, so schlägt Tesla eigentlich eine Art Hochleistungsradio vor. Im zweiten Fall schwebt ihm jedoch eindeutig etwas gänzlich anderes vor, denn er will die Erde selbst als Sender einsetzen. Diese Deutung stimmt perfekt mit dem überein, was Tesla mit seinen sonstigen Ausführungen zum Ausdruck bringt.

Es gibt jedoch noch eine dritte Erklärungsmöglichkeit, die radikalste von allen, und sie wird sich immer stärker aufdrängen, je weiter wir fort-

---

56 Nikola Tesla, „Transmission of Electrical Energy Without Wires", in *Electrical World and Engineer*, 5. März 1904, zitiert in David Hatcher Childress, Herausg. „The Fantastic Inventions of Nikola Tesla", S. 219, 221, Hervorhebung vom Autor.

schreiten. Wie viele Techniker und Physiker seiner Zeit glaubte Tesla fest an den Äther und verstand darunter die Raum-Zeit als eine Art ultrasubtile Materie, die elektromagnetische Wellen und damit Energie und Strom transportieren kann. Anders als die meisten Physiker und Techniker seiner Zeit schien Tesla jedoch der Ansicht gewesen zu sein, dass der Äther flüssigkeitsähnliche Eigenschaften aufwies, also komprimiert oder verdünnt, mit einem Wort *durch Druck beeinflusst* werden konnte. Das ergibt sich als klare Schlussfolgerung aus den Experimenten in Colorado Springs.

Um zu verstehen, wie er die Erde als Sendeantenne für elektrischen Strom nutzen wollte, müssen wir auf seine eigenen Aussagen zurückgreifen:

> Mitte Juni, während die Vorbereitungen für andere Arbeiten liefen, stellte ich einen meiner Empfangstransformatoren mit dem Ziel ein, das *elektrische Potenzial des Globus und die regelmäßigen und zufälligen Fluktuationen* auf eine neue Art und Weise experimentell *zu bestimmen*. Das war Teil eines zuvor minutiös ausgearbeiteten Plans. Ein hochsensibles, selbstregulierendes Gerät, das ein Aufzeichnungsinstrument steuerte, wurde in den zweiten Schaltkreis integriert, während der erste Schaltkreis mit dem Erdboden und einem erhöhten Endgerät mit variabel einstellbarer Kapazität verbunden war. Die verschiedenen Stärken führten zu Stromstößen im ersten Kreis. Dadurch entstanden Sekundärströme, die wiederum das sensible Gerät und das Aufzeichnungsinstrument entsprechend der jeweiligen Intensität beeinflussten. Ich stellte fest, dass *die Erde buchstäblich voller elektrischer Schwingungen* war. Schon bald war ich ganz und gar in meine Untersuchungen vertieft.[57]

Nachdem er seine Untersuchungen abgeschlossen und entdeckt hatte, dass die Erde tatsächlich ein dynamisches elektrisches System war, zog Tesla den Schluss,

> dass es nicht nur machbar ist, telegrafische Nachrichten drahtlos über beliebige Entfernungen zu senden, wie ich schon vor langem erkannt hatte, sondern auch dem gesamten Globus die zarten Modulationen der menschlichen Stimme aufzuprägen.

(Tesla dachte also *tatsächlich* an eine Nutzung als Radio, wobei er jedoch die ganze Erde als Sendeantenne verwenden wollte!)

---

57 Nikola Tesla, „Transmission of Electrical Energy Without Wires", in *Electrical World and Engineer*, 5. März 1904, zitiert in David Hatcher Childress, Herausg. „The Fantastic Inventions of Nikola Tesla", S. 222, Hervorhebung vom Autor.

> [aber] darüber hinaus auch *unbegrenzte Mengen von Energie über jede irdische Distanz hinweg nahezu ohne Verlust zu übertragen.*[58]

Tesla stellte sich sodann der Herausforderung, einen starken Sender zu entwickeln, der am besten geeignet war, all diese verschiedenen Zwecke zu erfüllen. Und genau an dieser Stelle begannen die Missverständnisse, denn die meisten Techniker denken bis heute, dass Teslas „Verstärkersender" nur eine Tesla-Spule war, die starke elektrische Impulse in die Atmosphäre schickte.

Um deutlich zu machen, wie sehr sich Teslas System von jedem anderen damals in Betracht gezogenen System unterschied, muss man genau analysieren, was seiner eigenen Aussage nach in Colorado Springs geschah. Nachdem ihm die typischen Colorado-Gewitter aufgefallen waren, die sich über den Bergen formten und dann rasch in die Täler wanderten, beschrieb Tesla ausführlich die Ereignisse, die ihn zur Entdeckung seiner Methode führten, elektrischen Druck auf die Erde selbst auszuüben:

> „Ich habe nie Feuerbälle[59] gesehen, aber als Entschädigung für meine Enttäuschung darüber *gelang es mir später, ihre Entstehungsweise zu entdecken und sie künstlich zu erzeugen.*
>
> Gegen Ende des gleichen Monats (Juni) fiel mir bei mehreren Gelegenheiten auf, dass meine Instrumente stärker von Blitzentladungen betroffen waren, die sich in großem Abstand ereigneten als von denen in der Nähe. Das verwirrte mich ziemlich. Was war die Ursache? Eine Reihe von Beobachtungen führte mich zu der Erkenntnis, dass es nicht an der unterschiedlichen Intensität der Entladungen[60] liegen konnte. Zudem stellte ich umgehend sicher, dass das Phänomen nicht durch unterschiedliche Verhältnisse zwischen den Perioden meiner Empfangskreise und den irdischen Störungen ausgelöst wurde [...].
>
> Es war am dritten Juli – einem Tag, den ich niemals vergessen werde – als ich den ersten entscheidenden, experimentellen Beweis für eine Wahrheit erhielt, die für den Fortschritt der Menschheit von überwältigender Bedeutung sein wird. Eine dichte Masse stark aufgeladener Wolken zog sich im Westen zusammen, und gegen Abend brach ein gewaltiges Gewitter los, das, nachdem es sich hauptsäch-

58 Nikola Tesla, „Transmission of Electrical Energy Without Wires", in *Electrical World and Engineer*, 5. März 1904, zitiert in David Hatcher Childress, Herausg. „The Fantastic Inventions of Nikola Tesla",, S. 226-227, Hervorhebung vom Autor.

59 D.h. Kugelblitze.

60 D.h. Blitze.

lich in den Bergen ausgetobt hatte, mit großer Geschwindigkeit über die Täler trieb. Schwere, lang anhaltende Lichtbögen formten sich in fast regelmäßigen Zeitabständen [...]. Ich konnte meine Instrumente rasch einstellen und war vorbereitet. *Nachdem ich das Aufzeichnungsgerät korrekt eingestellt hatte, wurde die Anzeige schwächer und schwächer, je weiter sich der Sturm entfernte, bis sie ganz verschwand. Ich beobachtete alles in gespannter Erwartung. Und wie vermutet, gab es nach kurzer Zeit wieder eine Anzeige, die stärker und stärker wurde, und dann, nachdem sie das Maximum erreicht hatte, allmählich wieder abebbte. Viele Male geschah das Gleiche in regelmäßig wiederkehrenden Abständen, bis der Sturm, der sich, wie leicht zu errechnen war, mit nahezu konstanter Geschwindigkeit bewegte, sich etwa 300 Kilometer entfernt hatte. Doch auch dann hörten diese merkwürdigen Geschehnisse nicht auf, sondern setzten sich mit unverminderter Kraft fort [...]. Es gab keinen Zweifel mehr: Was ich da beobachtet hatte, waren stationäre Wellen.*

[...] So unmöglich es auch zu sein schien, dieser Planet verhielt sich trotz seiner ungeheuren Größe wie ein Leiter mit begrenzten Maßen.[61]

Mit anderen Worten, Tesla hat hier, ganz in der Manier von Dewey und Dakin, einen *Zyklus* beobachtet, und zwar einen sehr interessanten, denn es handelte sich um eine „stationäre Welle“ oder wie man heute sagen würde eine „stehende Welle.“ Wenn extrem hohe Ladungen statischer elektrischer Energie die Erde treffen, was wir als Blitze bezeichnen, schlagen diese wirklich auf die Erde ein wie auf eine Kesselpauke, und der Impuls geht um den ganzen Planeten ähnlich wie eine seismische Erdbebenwelle. Wie alle Wellen flacht sie schließlich ab und verebbt, wächst dann wieder zur ursprünglichen Intensität an, um dann zum Ausgangspunkt zurückzukehren. Dieser Vorgang brachte Tesla auf die Idee, elektrischen Strom „drahtlos“ zu übertragen.

Nichts lag Teslas Vorstellungen jedoch ferner als gewöhnliche Radioübertragungen. Dieser neue Kreislauf, so bemerkte er

ist im Wesentlichen ein Stromkreis mit hoher Selbstinduktion und geringem Widerstand, dessen Anordnung, Anregungsmodus und Reaktion man *als diametral entgegengesetzt zu dem üblichen Tele-*

61 Nikola Tesla, „Transmission of Electrical Energy Without Wires“, in Electrical World and Engineer, 5. März 1904, zitiert in David Hatcher Childress, Herausg. „The Fantastic Inventions of Nikola Tesla“, S. 224-225, Hervorhebung vom Autor.

> *grafenstromkreis für hertzsche Strahlung oder elektrische Strahlung bezeichnen kann […]. Durch Reduzierung der elektromagnetischen Strahlung auf ein unbedeutendes Maß* und Aufrechterhaltung geeigneter Resonanzbedingungen funktioniert der Stromkreis wie ein riesiges Pendel, das die Energie des ersten Erregungsimpulses, also des auf die Erde ausgeübten Drucks und der einheitlich harmonischen Oszillationen der leitenden Atmosphäre unendlich lange speichert. Wie Versuche gezeigt haben, kann dieser Vorgang so weit angeschoben werden, dass die natürlichen Phänomene statischer Elektrizität dadurch übertroffen werden.[62]

Um zu entschlüsseln, was er damit zum Ausdruck bringen wollte, braucht man sich nur vor Augen zu führen, wie ein gewöhnlicher Radiosender konzipiert ist, der normale Radiowellen aussendet. Die Antenne sendet Hertz-Wellen *in die Atmosphäre* und der Stromkreis wird durch eine Verbindung zur Erde geschlossen. Hertz-Wellen lassen sich mit einem Springseil vergleichen, das von zwei Personen gehalten wird. Bewegt nun die eine Person ruckweise das Seil, so läuft eine „S"-förmige Welle zum anderen Ende. Die Energie der Welle wird hauptsächlich durch die anfängliche ruckartige Bewegung zerstreut. Aus diesem Grund kommt nur ein Bruchteil der Energie bei der anderen Person an und der Rest der Energie geht durch die Auf- und Abbewegung der Welle selbst verloren. In diesem Beispiel entsprechen das Springseil der elektrisch leitenden Atmosphäre der Erde und die Welle im Seil einer gewöhnlichen Radiowelle.

Erinnern wir uns an die Aussage Teslas: Seine Stromkreis-Anordnung war der üblichen „Radio"-Anordnung diametral *entgegengesetzt*, denn die Beziehung zwischen Boden und Sender war auf den Kopf gestellt. Der Planet, der im üblichen Stromkreis für die Erdung zuständig war, wurde zum *Sender und Leitmedium*, und die Atmosphäre, die sonst als Leitmedium fungierte, wurde zum *Boden*.[63] Bei dieser neuen Anordnung kamen auch keine Hertz-Wellen zum Einsatz, sondern Impulse, also longitudinale Wellen, die Druck ausübten und die Erde selbst verdichteten oder verdünnten.

Um den entscheidenden Unterschied zwischen diesen beiden Wellenarten klar zu machen, möchte ich nochmals zu dem Beispiel mit dem Springseil zurück. Dieses Mal geben wir den Personen jedoch einen Stock in die Hand.

---

62 Nikola Tesla, „Transmission of Electrical Energy Without Wires", in Electrical World and Engineer, 5. März 1904, zitiert in David Hatcher Childress, Herausg. „The Fantastic Inventions of Nikola Tesla", S. 227, Hervorhebung vom Autor.

63 Weitere Ausführungen zu diesem Punkt finden sich in meinem Buch „Giza Death Star Deployed", S. 197-205.

Wenn die eine Person den Stock stößt oder schwingt, wird die gesamte Energie des Impulses sofort vollständig auf die andere Person übertragen. In diesem Fall entsprechen der Stock der Erde und der Schwungimpuls den elektro-akustischen Longitudinalwellen, die Tesla sendete.

Das hat mit einem Radio im herkömmlichen Sinn nichts mehr zu tun. Tesla wollte durch diese Methode nicht nur Signale übermitteln, sondern drahtlos elektrischen Strom leiten, und in diesem Fall war die Erde selbst der Draht.[64] Wichtig ist die Position, die die Erde in diesem System einnimmt: Sie ist ein in höchstem Maße nichtlineares Medium mit einem fast unendlichen elektrischen „Widerstand" gegenüber dem üblichen elektrischen Strom. Dieser Punkt wird bei unseren weiteren Betrachtungen noch eine bedeutende Rolle spielen.

Als Tesla dieses radikal andere System erfasst hatte, beschrieb er etwas, das praktisch gesehen einer Art „Internet" gleichkam:

> Die von mir erzielten Ergebnisse zeigten, dass meine Methode intelligenter Übertragung, für die man die Bezeichnung „Welt-Telegrafie" vorgeschlagen hatte, leicht realisierbar war […]. Auf diese Weise würde die Erde zu einem riesigen Gehirn umfunktioniert, das mit jedem seiner Teile reagieren kann.[65]

Ein solches Internet sprengt in der Tat alle bisherigen Vorstellungen, denn es braucht keine Drähte, „Gateway-Rechner" oder Satelliten. In Teslas großer Vision erfüllt die *Erde* alle diese Funktionen.

B.2. Wardenclyffe

Nachdem Tesla nach New York zurückgekehrt war, wollte er seine Methode einigen Wirtschaftlichkeitstests unterziehen. Damit nahmen Teslas Schwierigkeiten ihren Anfang, und die Unterdrückung der Physik und Technologie, die seinem System zugrunde lagen, wurde offensichtlich. Tesla

---

64 Tesla erklärte auch, dass „gleichzeitig mit diesen Bemühungen die Mittel zur Individualisierung und Isolierung allmählich verbessert wurden. Dem wurde große Wichtigkeit beigemessen, denn es stellte sich heraus, dass einfaches Einstellen den enormen praktischen Anforderungen nicht genügte." Die üblichen Einstellungsmethoden für Radios konnten also nicht eingesetzt werden, weil es sich um longitudinale „Stock"-Wellen aus Impulsen und keine herztschen „Sprungseil"-Wellen handelte.

65 Nikola Tesla, „Transmission of Electrical Energy Without Wires", in *Electrical World and Engineer*, 5. März 1904, zitiert in David Hatcher Childress, Herausg. „The Fantastic Inventions of Nikola Tesla", S. 230, 232, Hervorhebung vom Autor.

brauchte Geld, um seine Versuchsanordnung für das Experiment in Colorado Springs in großem Maßstab nachbauen zu können. Also wandte er sich, wie man weiß, an den im internationalen Bankwesen tätigen Amerikaner J. Pierpont Morgan wegen eines Kredits. Nachdem Tesla ihm seinen Plan für ein globales System „drahtloser Telegrafie" dargelegt und sogar angekündigt hatte, mit seiner Methode die menschliche Stimme und echte Bilder über eine Art Erdradio und Erdfernsehen zu übertragen, lieh Morgan Tesla das Geld. Tesla enthüllte Morgan zu diesem Zeitpunkt jedoch nicht, dass er beabsichtigte, mit seiner Methode sogar elektrischen Strom zu übertragen. Damit hätte er sein eigenes enorm erfolgreiches Wechselstrom-System – das heute die ganze Welt verwendet – hinfällig gemacht! Tesla wählte einen Platz auf Long Island, kaufte das Land und baute eine Anlage und einen großen Turm. Er nannte den Ort und das Projekt „Wardenclyffe".

Was Tesla und seinen Plänen leider in die Quere kam, war der italienische Physiker und Techniker Guigliomo Marconi, der noch dazu Teslas Geräte und Erfindungen verwendete. Er überholte Tesla um eine Nasenlänge und sendete das erste transatlantische Radiosignal. Er setzte die herkömmlichen Radio-Schaltkreis-Anordnungen und elektromagnetischen, hertzschen „Springseil"-Wellen ein, während Teslas Projektanordnung noch im Bau war. Als Morgan sich einer billigeren Konkurrenzlösung und einem täuschenderweise einfacher scheinenden, jedoch weit weniger flexiblen System gegenüber sah, drohte er, dem Projekt den Geldhahn abzudrehen. Zu diesem Zeitpunkt, als Tesla das Scheitern seines Projekts drohte, enthüllte er Morgan seine wahren Absichten: Er plante, Strom durch die Erde zu jedem beliebigen Ort auf dem Globus zu leiten. Nach dieser Enthüllung zog Morgan *in der Tat* seine Finanzierung zurück, und Teslas großes Projekt endete. Seither wurde es nie wieder aufgenommen, zumindest nicht öffentlich.

B.2.1. Wardenclyffe als potenzielle Waffe und die Unterdrückung des Wissens um Skalare: Tesla in Tunguska und Morgan auf übler Mission

Warum wollte Morgan ein solches Projekt nicht weiter finanzieren, und warum unterdrückte er das Unternehmen und die Physik, die dahinter stand? Es lag nicht einfach nur daran, dass er diese „nicht hätte messen" und somit kein Geld hätte verdienen können. Schließlich winkte ihm ein großer finanzieller Gewinn durch die *weltweiten* Lizenzen für das System, wenngleich dieses zugegebenermaßen äußerst schwierig zu überwachen und finanziell zu sichern gewesen wäre. Wenn einfache, reine Gier also wahrscheinlich ein Faktor seiner Überlegungen war, so wohl sicher nicht der einzige.

Was noch dahinter gesteckt haben mochte, wurde von Tesla selbst angedeutet. Ebenso zeichnete es sich in einer Reihe merkwürdiger Vorfälle ab, die damit begannen, dass ein französisches Schiff, die Iena, 1907 aus mysteriösen Gründen explodierte, gerade als Teslas Wardenclyffe-Projekt finanziell am Sterben war. In einem Kommentar, den Tesla im März diesen Jahres an den Herausgeber der *New York Times* schrieb, deutete er an, dass seine Entdeckungen aus den Experimenten in Colorado Springs und Wardenclyffe zur Herstellung von Waffen verwendet werden könnten:

> Was die Projektion von Wellenenergie zu jeder beliebigen Region des Globus anbelangt, so habe ich die entsprechenden Methoden bereits hinlänglich in meinen wissenschaftlichen Publikationen erörtert. Es ist nicht nur so, dass dieses Ziel mit meinen Anlagen erreicht werden kann, man kann auch die Stelle, an der ein gewünschter Effekt ausgelöst werden soll, sehr genau berechnen; das gilt unter der Voraussetzung, dass die *angenommenen Erdmaße richtig sind*, was natürlich nicht der Fall ist. Bis heute kennen wir den Durchmesser des Globus nur auf 300 Meter genau. Mit meiner drahtlosen Anlage werde ich den Durchmesser auf 15 Meter oder noch genauer bestimmen können. Dann wird es möglich sein, viele geodätische Daten zu berichtigen und Berechnungen wie die oben erwähnten mit größerer Genauigkeit durchzuführen.[66]

Ein Jahr später, im Jahr 1908 war der Erfinder in seiner Wortwahl weniger zurückhaltend:

> Als ich von zukünftiger Kriegsführung sprach, meinte ich damit, dass sie durch direkte Anwendung elektrischer Wellen ohne den Einsatz von Luftmaschinen oder anderen Mitteln der Zerstörung erfolgen sollte. Die von mir bereits erläuterte Methode wäre ideal. Das zur Kriegsführung nötige Energiepotenzial bräuchte nicht mühsam gespeichert werden und wäre auch in Friedenszeiten produktiv. Das ist kein Traum. Bereits heute wären Anlagen möglich, durch die jede beliebige Region auf dem Globus unbewohnbar gemacht werden

66 „Teslas drahtloses Torpedo: Erfinder behauptet, er konnte einwandfreies Funktionieren demonstrieren", in *New York Times*, 21. April 1908.

> könnte, ohne die in anderen Gebieten lebende Bevölkerung in Gefahr zu bringen oder in sonstiger Weise in Mitleidenschaft zu ziehen.[67]

Dieser Text wurde am 28. April 1908 in der *New York Times* veröffentlicht. Merken Sie sich dieses Datum, denn es wird gleich noch äußerst wichtig werden. In jedem Fall ist klar, dass Teslas *Technologie gleichermaßen für drahtlose Stromübertragung und als entsetzliche Massenvernichtungswaffe eingesetzt werden konnte.* Damit stellen sich einige Fragen: Hatte J.P. Morgan seine finanzielle Unterstützung für das Projekt etwa nicht aus Gier eingestellt? Gab er seine Förderung vielleicht aufgrund der Warnung eines geheimen wissenschaftlichen Beraters auf, weil er nicht wollte, dass sich eine Technologie mit solch destruktivem Potenzial in den Händen eines Wissenschaftlers befand, der für sein äußerst merkwürdiges und exzentrisches Verhalten bekannt war? Waren Morgans Motive letztendlich altruistisch? Oder wollte er im Gegenteil die Technologie heimlich für eigene Zwecke weiterentwickeln und sich durch deren Potenzial die Weltherrschaft für sich und seine Klasse sichern?

Ebenso wie bei der Mitgliedschaft eines Wirtschaftswissenschaftlers der Mitsubishi Bank beim Institut zur Erforschung von Zyklen oder die eigenartigen Untersuchungen des Ingenieurs J.H. Nelson für die RCA handelt es sich hier um den *dritten* Fall, in dem ein großes Unternehmen, das sicher in seinem eigenen Geldtempel saß, ein lebhaftes Interesse an der Entwicklung einer höheren und radikal anderen Physik zeigte. Im letzteren Fall haben wir erstmals klare Anzeichen für einen bewussten Akt der finanziellen Sabotage eben dieser Physik! Dieses Muster wird sich noch weit deutlicher herauskristallisieren, während wir mit dem Thema dieses Buches fortfahren.

Im gleichen Artikel stellte Tesla klar, dass seine Vision über sein eigenes System, die Erde als Antenne zu benutzen, hinausging und er eine Höhere Physik erkannt hatte, eine Physik, die er seinerzeit Morgan nicht enthüllt hatte, die er aber später, als er verzweifelt finanzielle Unterstützung für sein Projekt brauchte, öffentlich auf den Seiten der *New York Times* preisgab:

> Was ich über die größten Errungenschaften der Wissenschaftler zum Ausdruck brachte, deren Denken auf die Beherrschung des physischen Universums gerichtet war, entspricht genau dem, was ich in einer meiner nicht öffentlichen Ansprachen sagte, aus der ich an die-

67 „Die Erfindung des Herrn Tesla: Wie Aladdins elektrische Wunderlampe neue Welten erschaffen kann“, in *New York Times*, 21. April 1908.

ser Stelle zitieren möchte: „Nach einer unbestätigten Theorie werden alle wägbaren Atome durch eine dünne Flüssigkeit voneinander getrennt, die den gesamten Raum *allein durch ihre drehende Bewegung ausfüllt, so wie ein Wasserwirbel in einem ruhigen See. Der durch die Bewegung dieser Flüssigkeit in Bewegung gesetzte Äther wird zu fester Materie. Sobald die Bewegung aufhört, kehrt die Ursubstanz in ihren Normalzustand zurück. Aus diesem Grund scheint es* für den Menschen möglich, durch das Anzapfen der Energie des Mediums und geeignete Vorrichtungen *die Ätherwirbel in Gang zu setzen und anzuhalten und so die Bildung und das Verschwinden von Materie auszulösen.* Auf sein Kommando hin würden fast anstrengungslos alte Welten verschwinden und neue Welten entstehen. *Der Mensch könnte die Größe des Planeten verändern, die Jahreszeiten steuern, die Entfernung zur Sonne verändern und diese auf ihrer ewigen Reise in jede beliebige Bahn durch die Tiefen des Universums lenken. Er könnte Planeten kollidieren lassen und Sonnen und Sterne, Hitze und Licht entstehen lassen, und er könnte Leben in all seiner unendlichen Formenvielfalt erschaffen. Die Geburt und den Tod der Materie zu bewirken, wäre die größte Tat des Menschen. Damit würde er zum Herrn über die physische Schöpfung und könnte sein höchstes Schicksal erfüllen.*[68]

Hier fällt auf, dass Tesla mit „Medium" nicht mehr nur die Erde selbst meint, sondern den Äther. Die Atome sieht er als wirbelnde Strukturen – rotierende, auf Torsion basierende Systeme – *in* diesem Äther. Sollte Morgan im Jahr 1907 noch irgendwelche Zweifel am – sowohl destruktiven wie auch konstruktiven – Potenzial von Teslas System und der dahinter stehenden Physik gehabt haben, so hatte Tesla diese Zweifel jedenfalls ein Jahr später durch sein Schreiben an die *New York Times* ausgeräumt.

Man beachte, dass Tesla, der das physische Medium hier als torsionsbasiert betrachtete, einen klaren Schluss zog: Der Äther war ein wandelbares, Informationen erzeugendes Medium, ein Medium, das sich bei diesem Erschaffen von Informationen im Ungleichgewicht und in einer gebrochenen Symmetrie befand. Wenn man dieses „Torsionspotenzial" durch technische Manipulation entsprechend strukturierte, könnte man buchstäblich die Größe und Masse der Erde und eines jeden anderen Himmelskörpers nach Belieben verändern, denn diese Körper wären nichts anderes als „Wirbel

68 „Die Erfindung des Herrn Tesla: Wie Aladdins elektrische Wunderlampe neue Welten erschaffen kann", in *New York Times*, 21. April 1908, Hervorhebung vom Autor. Teslas Brief an die *New York Times* datiert vom 19. April 1908.

im Äther“. Es war also kein Wunder, dass er, ebenso wie Dr. Richter und Dr. Kozyrev nach ihm, Kugelblitze erzeugte, um dabei Plasma und elektrische Schocks zu studieren, denn wie diese beiden anderen hatte er die höhere Physik des Mediums erkannt, und genauso wie sie wusste er, durch welche grundlegenden Methoden man das Medium manipulieren und durch elektrische Impulse, longitudinale Wellen und Rotation gestalten konnte. Und ebenso wie die beiden Wissenschaftler und ihre Meister auf Seiten der Nazis und der Kommunisten war er sich des ganzen Ausmaßes konstruktiver und destruktiver Möglichkeiten gewahr. Damit kann man ohne Übertreibung behaupten, dass seine Sichtweise der Physik einer sehr alten Pseudowissenschaft eine solide Grundlage verschaffte.

Warum aber ist das Datum von Teslas Bekanntgabe so bedeutend?

Ein Forscher, der sich genau diese Frage stellte, war Oliver Nichelson.

> Die Frage, ob Tesla die mögliche Anwendung seines Stromleitungssystems als Waffe demonstrierte, muss offen bleiben. Indizien in der Chronologie von Teslas Arbeiten und der Entwicklung seines Vermögens zwischen 1900 und 1908 weisen darauf hin, dass es einen Test mit dieser Waffe gegeben hat.[69]

Wir erinnern uns, dass Tesla 1907 begann, unterschwellig auf die potenzielle Verwendung seiner drahtlosen Stromübertragung als Waffe hinzuweisen und dies im Jahr 1908 ganz klar aussprach. Etwa zwei Monate später, am 30. Juni 1908, ereignete sich über der sibirischen Tunguska in Russland eine gewaltige Explosion.

> Eine Explosion von geschätzten 10-15 Megatonnen TNT70 legte 50.000 ha Pinienwald in der Nähe des steinigen Tunguska-Flusses in Sibirien flach. Ganze Herden von Rentieren wurden getötet. Die Explosion war noch in 1.000 km Entfernung zu hören. 1927 startete eine Expedition in dieses Gebiet, um Rückstände des Meteoriten zu suchen, dem die Explosion zugeschrieben wurde, doch es wurde kein Einschlagkrater gefunden. Als man Bodenproben entnahm, um sie auf die Hauptbestandteile eines Meteoriten wie Nickel, Eisen oder

---

69 Oliver Nichelson, „Tesla Wireless Power Transmitter and the Tunguska Explosion of 1908“, Prometheus.al.ru/English/phisik/onichelson/Tunguska.htm, S. 6. Man beachte, dass die Webseite, die Herrn Nicholsons Arbeit ins Netz stellte, russisch ist!

70 Amerikas erste Wasserstoffbombe mit dem Spitznahmen „Mike“ wurde vor der Explosion auf eine Stärke von 4-6 Megatonnen geschätzt. Bei der tatsächlichen Detonation lieferte sie einen Wert von etwa 10 Megatonnen, also etwa genau so viel, wie bei der Tunguska-Explosion als Mindestwert geschätzt wurde.

Stein zu untersuchen, wurde bis zu einer Tiefe von 35 Metern nichts gefunden.[71]

Für das Ereignis in Tunguska gab es schon viele Erklärungsversuche. Nach der offiziellen Version trat ein 100.000 Tonnen schweres Fragment des Encke-Kometen, das hauptsächlich aus Staub und Eis bestand, mit einer Geschwindigkeit von 100.000 km/h in die Atmosphäre ein, erhitzte sich dort und explodierte über der Erdoberfläche, wobei ein Feuerball, aber kein Krater entstand. Andere Versionen gehen davon aus, dass ein auf Abwege geratenes schwarzes Miniloch verantwortlich war oder ein außerirdisches Raumschiff auf die Erde gestürzt war[72] und dabei Energie freigesetzt hatte.[73]

Wie bereits erwähnt, hatte Tesla zwei kurze Monate vorher die potenzielle Verwendung seines Verstärkersenders als Waffe und die dieser Erfindung zugrundeliegende Physik sehr deutlich angesprochen.

Viele Jahre später, im Jahr 1934, schrieb der Erfinder wieder einen Brief an J. P. Morgan, den Teslas Biografin Margaret Cheney ausfindig machen konnte:

> Die Flugmaschine hat die Welt vollkommen demoralisiert, und zwar so sehr, dass die Menschen in einigen Städten wie London oder Paris eine Todesangst vor einer Bombardierung aus der Luft haben. Die neue Vorrichtung, die ich vervollkommnet habe, bietet absoluten Schutz vor dieser und anderen Formen des Angriffs [...]. *Die neuen Entdeckungen, die ich in gewissem Rahmen experimentell umgesetzt habe, hinterließen einen bleibenden Eindruck.*[74]

An dieser Stelle mag man sich fragen, was Tesla zu diesem Brief veranlasste. War es seine spontane Entscheidung, diesen Brief zu schreiben? Oder reagierte er damit auf eine Anfrage des Finanziers? Was immer auch hinter dieser merkwürdigen Korrespondenz stecken mag, die Jahre nach

---

71 Damit stellt sich die Frage, warum die Sowjetunion wohl eine so teure Expedition in ein so entlegenes Gebiet unternahm. Eine mögliche Erklärung wäre natürlich, dass man nach Spuren suchte, um festzustellen, ob man es mit einem natürlichen oder einem künstlich ausgelösten Ereignis zu tun hatte, bei dem Technologie im Spiel war.

72 Immer diese ungeschickten ETs, die ihr Schiff auf die Erde krachen lassen! All diese Technologie und so schlechte Piloten! Haben die keine Flugsimulatoren oder Pilotenschulen? Immerhin haben wir das.

73 Oliver Nichelson, op. cit., hier in anderer Weise zusammengefasst von David Hatcher Childress in „The Fantastic Inventions of Nikola Tesla“, S. 256.

74 David Childress, „The Fantastic Inventions of Nikola Tesla“, S. 256, Hervorhebung vom Autor.

der Trennung des Bankers von Tesla und der faktischen Unterdrückung des Wardenclyffe-Projekts für drahtlose Stromübertragung stattfand, das Ganze ist gelinde gesagt merkwürdig.

Die Schlüsse, die sich daraus ziehen lassen, sind jedoch eindeutig. Teslas Bemerkungen in der *New York Times* im Jahr 1908, dem Jahr des Ereignisses und sein Brief an Morgan im Jahr 1934 deuten darauf hin, dass er tatsächlich die potenzielle Verwendung seiner drahtlosen Stromübertragungsanlage als Waffe in einer abgelegenen Wildnis testete, einer Wildnis, in der das Ereignis aus der Distanz verfolgt werden konnte, ohne dass Menschenleben gefährdet wurden. Juristisch ausgedrückt hatte er „das Motiv und die Mittel, um das Ereignis in Tunguska auszulösen. Sein Sender konnte Energien und Frequenzen freisetzen, die eine destruktive Kraft von 10 Megatonnen TNT oder mehr erreichten. Und das verkannte Genie war verzweifelt.“[75]

Nichelson merkte auch an, dass die Art der Tunguska-Explosion genau dem entsprach, was

> bei einer plötzlichen Freisetzung drahtlos übermittelter Energie zu erwarten stand. Kein professioneller oder Amateur-Astronom hatte von einem feurigen Objekt am Himmel berichtet, wie man erwarten sollte, wenn ein 100.000 Tonnen schweres Objekt mit einer Geschwindigkeit von mehreren 10.000 Kilometern pro Stunde in die Atmosphäre eintritt. Die ersten Reporter, die das Gebiet von der Stadt Tomsk aus erreicht hatten, hielten die Geschichte von einem Objekt, das vom Himmel fiel, für das Ergebnis der Fantasie beeindruckbarer Menschen. Nichelson berichtet, dass die Explosion beträchtlichen Lärm verursacht hatte, jedoch keine Steine fielen. Das Fehlen eines Einschlagkraters wird dadurch erklärt, dass kein materieller Körper auf der Erde auftraf. Eine durch Stromübertragung aus der Ferne ausgelöste Explosion würde keinen Krater hinterlassen.
>
> Im Gegensatz zu der Theorie von der Kometenkollision weisen Berichte von Störungen der oberen Atmosphäre und des Magnetfeldes, die aus anderen Teilen der Welt genau zur Zeit des Tunguska-Ereignisses oder kurz danach berichtet wurden, auf massive Veränderungen des elektrischen Zustands der Erde hin. Baxter und Atkins erwähnen in ihrer Studie über die Explosion „The Fire Came By“,

75 Oliver Nichelson, „Tesla Wireless Power Transmitter and the Tunguska Explosion of 1908“, Prometheus.al.ru/English/phisik/onichelson/Tunguska.htm, S. 9.

> dass in einem Leitartikel der *London Times* von „leichten, aber deutlich erkennbaren magnetischen Störungen" die Rede war [...].
>
> In Berlin berichtete die *New York Times* vom 3. Juli über ungewöhnliche Farben am Nachthimmel, die an Nordlichter erinnerten [...]. Massive, leuchtende „Silberwolken" bedeckten Sibirien und Nordeuropa. Ein holländischer Wissenschaftler bezeichnete sie als „ondulierende Masse", die sich über den nordwestlichen Horizont bewegte. Sie kam ihm nicht wie eine Wolke vor, vielmehr „schien der Himmel selbst zu ondulieren". Eine Frau aus dem Norden von London schrieb an die *London Times*, dass am 1. Juli um Mitternacht der Himmel so hell geleuchtet habe, dass sie im Innern ihres Hauses lesen konnte. Ein meteorologischer Beobachter schilderte die Nächte vom 30. Juni und 1. Juli so: „Ein starkes orange-gelbes Licht war im Norden und Nordwesten zu sehen, [...] dadurch hielt die Dämmerung bis zum Tagesanbruch am 1. Juli an [...]. Es gab keinerlei Szintillation oder Flackern, auch bildeten sich keine Streifen oder Lichtbögen, wie es für Aurora-Phänomene typisch wäre [...]. In diesen beiden Nächten hielt die Dämmerung bis zum Tagesanbruch an, es wurde überhaupt nicht richtig dunkel."
>
> Als Tesla seinen Starkstromsender als gesteuerte Energiewaffe einsetzte, veränderte er den elektrischen Zustand der Erde auf drastische Weise. Indem er die elektrische Ladung des Planeten im Einklang mit seinem Sender zum Schweingen brachte, konnte er elektrische Felder aufbauen, die Kompasse beeinflussten und die obere Atmosphäre wie eine Gaslampe im Labor zum Leuchten brachten. Er hatte den gesamten Globus in ein einfaches elektrisches Gerät verwandelt, das er steuern konnte.[76]

War die „einfache" Übertragung von Strom wirklich der einzige Grund für die Explosion? Schließlich wissen wir bereits, dass Dr. Richter und Dr. Kozyrev das herkömmliche Modell der thermonuklearen Fusion anzweifelten und auch Tesla selbst spätestens 1908 die Höhere Physik erkannte, die das Medium bestimmte und sich deshalb mit den Grundprinzipen befasste, die für seine drahtlose Stromübertragung maßgeblich waren.

---

76 Oliver Nichelson, „Tesla Wireless Power Transmitter and the Tunguska Explosion of 1908", Prometheus.al.ru/English/phisik/onichelson/Tunguska.htm, S. 9-10. An dieser Stelle sei angemerkt, dass Tesla nach Nichelsons Auffassung ursprünglich die arktische Nordpolregion für seine Demonstration vorgesehen hatte, aber durch einen Berechnungsfehler über das Ziel hinausschoss und Sibirien traf.

Eine Fläche von 50.000 ha, das entspricht in etwa 2000 km^2 oder einem Rechteck mit einer Seitenlänge von 45 km, dem Erdboden gleichzumachen, bedeutet, dass vermutlich noch ein anderer Mechanismus im Spiel war. Tesla selbst erklärte uns schon, worum es sich dabei handeln könnte: Wirbel im Äther – *Torsion, Rotation*.

Doch Tesla sah auch weitere politische Konsequenzen seines Systems voraus und es lohnt sich, ihn hier ausführlich zu zitieren:

> Durch die weltweite Einführung dieses Systems werden ideale Bedingungen für die Aufrechterhaltung von Recht und Ordnung geschaffen, *denn die Energie, die zur Durchsetzung von Recht und Gerechtigkeit erforderlich ist, kann unter normalen Umständen produktiv eingesetzt werden. Jedoch ist es möglich, sie in jedem beliebigen Moment zum Angriff oder zur Verteidigung zu verwenden.* Die übertragene Energie muss nicht notwendigerweise destruktiv sein, *denn wenn die Existenz von dieser Energie abhängt, wird ihr Entzug oder ihre Bereitstellung zum gleichen Ergebnis führen, wie es heute nur mit Waffengewalt erreicht werden kann.*
>
> *Wenn es unvermeidlich ist, kann das gleiche Mittel eingesetzt werden, um Eigentum und Leben zu zerstören.* Die Technik ist bereits so weit entwickelt, dass an jedem beliebigen Punkt des Globus enorme zerstörerische Wirkungen ausgelöst werden können, die im Voraus mit großer Genauigkeit festgelegt werden. Angesichts dessen habe ich schon vor Jahren nicht gezögert vorherzusagen, dass die Kriege der Zukunft nicht mit Sprengstoffen sondern mit elektrischen Mitteln geführt werden.[77]

Mit anderen Worten, wie die „Götter“ uralter Zeiten78 sah Tesla in seiner Technologie der drahtlosen Stromübertragung ein Mittel zur Weltherrschaft und Hegemonie. Durch Androhung des Entzugs der Energie oder schlimmer noch durch die Drohung, diese Energie in destruktiver Weise als Waffe einzusetzen, konnte derjenige, der sie besaß, monopolisierte und durchsetzte, Gehorsam gegenüber jeder beliebigen Weltordnung erzwingen. Solche Aussa-

---

77 „Teslas neuer Hammer des Thor: Der Erfinder bemüht sich um die Patentierung einer drahtlosen Anlage, mit der sich Streitkräfte zur See und zu Land auf Knopfdruck vernichten lassen“, in *New York Times*, 8. Dez. 1951, S. 8, 3. Spalte, Hervorhebung vom Autor.

78 Ausführungen zum Thema eines Krieges in uralter Zeit und die Verwendung solcher Technologien zum Zweck der „kosmischen Hegemonie“ finden sich in meinem Buch „Giza Death Star Deployed“, S. 1-4, und „The Cosmic War: Interplanetary Warfare, Modern Physics, and Ancient Texts“.

gen konnten Teslas finanziellem Förderer J.P. Morgan wohl kaum entgangen sein.

Welche Interessen Morgan auch immer verfolgt haben mag, auch andere Ländern befassten sich intensiv mit Teslas Aussagen. Wie Oliver Nichelson bemerkt, berichteten die amerikanischen Medien in vielen Geschichten über Forschungen mit „Todesstrahlen", die als Folge von Teslas Bekanntmachungen in der *New York Times* in Russland,[79] Frankreich,[80] und Großbritannien betrieben wurden.[81]

Zu diesem Punkt merkt Teslas Biograf John J. O'Neill in einem unveröffentlichten Kapitel seiner berühmten Biografie des Erfinders „Prodigal Genius" an, dass Tesla sehr widerwillig reagierte, als er ihn auf die potenzielle Anwendung seiner drahtlosen Stromübertragungstechnologie ansprach und keine Einzelheiten preisgeben wollte. Doch später lieferte Tesla doch noch einige interessante Informationen:

> Etwas später erfuhr ich, warum Tesla nicht über Einzelheiten sprechen wollte. Es geschah kurz nachdem Stanley Baldwin, Neville Chamberlain als Premierminister von Großbritannien [sic] ersetzt hatte.
>
> Tesla enthüllte mir, dass er mit Premierminister Chamberlain in Verhandlungen über den Verlauf seines Strahlungssystems an Großbritannien für 30 Millionen Dollar gestanden hatte. Zu den Verhandlungen war es gekommen, weil Tesla zugesichert hatte, dass seine Anlage den britischen Inseln vollkommenen Schutz gegen jeden Feind bieten könnte, der sich über das Wasser oder aus der Luft näherte und zudem eine wirksame Waffe darstellte, gegen die es keine Verteidigung gab. Wie er erklärte, war er von Herrn Chamberlains aufrichtigem Wunsch, die Anlage zur Abwendung des damals drohenden Krieges einzusetzen, überzeugt. Die Anlage hätte es – bei der Drohung, die diese Waffe darstellte – ermöglicht, die funktionierenden Abkommen zwischen Frankreich, Deutschland und Britannien aufrechtzuerhalten und so den Status quo in Europa zu bewahren. Als es Chamberlain bei der Konferenz in München nicht gelang, das europäische Gleichgewicht in dieser Weise aufrechtzuerhalten, musste man Chamberlain loswerden und einen anderen Premier-

79 Oliver Nichelson „Tesla's Wireless Power Transmission and the Tunguska Explosion of 1908", zitiert in *The New York Times*, „Suggests Russia Has a ‚Ray'", 28. Mai 1924, S. 25.

80 Ebd., zitiert in Current Opinion, „A Violet Ray That Kills", Juni 1924, S. 828-829.

81 Ebd., zitiert in *Popular Mechanics*, „Death Ray' Is Carried by Shafts of Light", August 1924, S. 189-192.

minister einsetzen, der versuchen sollte, eine Ecke des Dreiecks von Deutschland nach Russland zu verschieben. Baldwin fand nichts an Teslas Plänen und beendete ganz entschieden die Verhandlungen.[82]

Was all diese Behauptungen betrifft, so zeichnet sich ein Problem ab, und das betrifft die tatsächliche Abfolge der historischen Ereignisse.

Neville Chamberlain blieb bis zur Invasion der Nazis in die Niederlande und Frankreich im Mai 1940 Premierminister und trat *nicht*, wie behauptet, nach der Münchner Konferenz von 1938 zugunsten von Stanley Baldwin zurück. Tatsächlich blieb Chamberlain sogar noch in Churchills Kriegskabinett, nachdem Churchill ihn aus dem Amt entfernt hatte, bis er ein paar Monate später an Krebs starb. Die ganze Abfolge der Ereignisse wird falsch dargestellt, denn Chamberlain hatte tatsächlich *Baldwin* 1937 als Premierminister abgelöst. In jedem Fall ist es unwahrscheinlich, dass Chamberlain, der gegenüber Nazi-Deutschland eine Besänftigungsstrategie verfolgte, sich für eine Massenvernichtungswaffe interessierte, denn hätten die Deutschen von solchen Plänen Wind bekommen, und das wäre zweifelsohne geschehen, hätten sich die Spannungen zwischen den beiden Ländern noch weiter verschärft.

Muss man aber die Behauptungen alleine wegen dieses (zugegebenermaßen frappanten) historischen Fehlers abtun?

Vielleicht nicht, denn möglicherweise gab O'Neill nur genau das wieder, was *Tesla* ihm erzählt hatte. Möglicherweise konnte sich ja Tesla, der damals schon ein alter Mann war, nicht mehr an die richtige Reihenfolge der Ereignisse erinnern und verwechselte deshalb *Chamberlain* und *Baldwin*. Zieht man diese Möglichkeit in Betracht, so verhandelte Tesla mit Stanley Baldwin, und das Geschäft platzte, als Chamberlain das Amt übernahm und den Deal im Interesse seiner Besänftigungspolitik ablehnte.

Bei all diesen Ausführungen fällt natürlich auf, dass ein Land auffällig durch Abwesenheit auf der Liste der Länder glänzte, die in den 1920er Jahren „Todesstrahlen" erforschten: Deutschland. Doch wie Oliver Nichelson im Rahmen seiner Untersuchungen feststellte, arbeiteten die Deutschen doch an einer solchen Waffe, denn die *Chicago Tribune* veröffentlichte die folgende interessante, kleine Geschichte:

> Berlin – Dass die deutsche Regierung über eine Erfindung verfügte, die Todesstrahlen aussenden und damit Flugzeuge abschießen, Panzer auf dem Schlachtfeld aufhalten, Automotoren zerstören und ei-

82 Zitiert in www.tfcbooks.com/articles/tunguska.htm, S. 6-7.

nen Todesstreifen ziehen kann, so wie es mit den Gaswolken im letzten Krieg geschah, das war die Information, die Herr Wulle, Leiter der militaristischen Fraktion im Reichstag den Mitgliedern dieses Gremiums vortrug. Man hatte erfahren, dass zu diesem Zweck drei Erfindungen in Deutschland perfektioniert und patentiert worden seien.[83]

Es versteht sich von selbst, dass solche Geschichten nach Teslas Bekanntgaben in den 1920er Jahren überhandnahmen. Doch es gibt Gründe sie ernst zu nehmen, besonders was Deutschland anbelangt.

Nach den Bedingungen des Versailler Vertrages war es Deutschland verboten, schwere, über bestimmte Kaliber hinausgehende Artillerie zu entwickeln. Außerdem durfte das Land keine Panzer und keine Luftwaffe unterhalten, und das stehende Heer war auf nur 100.000 Mann beschränkt. Der Vertrag verbot jedoch nicht die Entwicklung der oben genannten Waffen. Deshalb ist es logisch anzunehmen, dass Deutschland sich technisch ganz besonders anstrengte, um die Restriktionen des Vertrags zu umgehen.[84]

Noch interessanter ist allerdings Nichelsons Bericht, wonach ein angeblich an der Entwicklung solcher Systeme beteiligter britischer Forscher namens J.H. Hamil feststellte, dass das deutsche System „auf einem völlig anderen Prinzip" beruhte als das, über welches in den sonstigen Meldungen berichtet wurde.[85] Obwohl Hamil ausdrücklich erklärte, dass seine „Todesstrahlen" auf Teslas Experiment mit drahtloser Stromübertragung in Colorado Springs basierten,[86] scheint hier interessant, dass er offensichtlich den Kern dieser Experimente *missverstanden* hatte, denn er baute eine große Tesla-Spule und versuchte offenbar, damit Strom durch die Atmosphäre zu

---

83 Nichelson nennt in „Tesla's Wireless Power Transmission and the Tunguska Explosion of 1908" den 25. Mai 1924 als Datum dieses Artikels in der Tribune. Offensichtlich erschien die Geschichte auch in *The New York Times*, „Suggests Russia Has a ‚Ray'", 28. Mai 1924, S. 25.

84 Von Bedeutung ist auch das Jahr – 1924 – denn genau in diesem Jahr schrieb der Nobelpreisträger für Physik, Prof. Dr. Walther Gerlach ganz offen in der *Frankfurter Allgemeinen Zeitung*, dass ein sehr großes Projekt geplant sei, um die „an Alchemie erinnernden" Transmutationen zu untersuchen, die die Deutschen bei wissenschaftlichen Experimenten beobachtet hatten. Siehe mein Buch „Die Bruderschaft der Glocke", engl. „SS Brotherhood of the Bell", S. 272-278. Deutschlands Forschungen richteten sich auf noch direkter mit diesem Phänomen in Zusammenhang stehende Technologien, als hier zugegeben wurde, und die Forschungsaktivitäten hielten während des Dritten Reiches an: Siehe mein Buch „Secrets of the Unified Field", S. 239-248.

85 Oliver Nichelson, „Tesla's Wireless Power Transmission and the Tunguska Explosion of 1908", S. 3.

86 Ebd.

schicken. Er tat also genau das *Gegenteil* von dem, was Tesla versucht hatte. Das macht seine Aussage noch interessanter. Wenn die Deutschen „ein völlig anderes Prinzip" anwendeten, setzten sie dann tatsächlich die Erde als Sender und die Atmosphäre als Erdung ein, wie Tesla es vorgegeben hatte? Wir werden es nie erfahren. Jedoch bleibt festzuhalten, dass es die Deutschen, was immer sie auch taten, nach Hamils Aussagen interessanterweise anders machten als alle *anderen*.[87]

B.2.2. Oberstleutnant Tom Bearden und die Skalarresonanz

Welcher genaue Zusammenhang besteht nun *tatsächlich* zwischen Teslas Verwendung der Erde als Sender und der von Tesla selbst konzipierten und bei Weitem gefährlicheren Idee, die „stehenden Wellen", die er in Colorado Springs beobachtet hatte, als Mittel zur technischen Manipulation des physischen Mediums für konstruktive oder destruktive Zwecke zu verwenden?

Die Antwort auf diese Frage findet sich in einigen aufschlussreichen Aussagen aus dem Protokoll einer Gerichtsverhandlung im Staat New York. Tesla war in eine schwierige finanzielle Lage geraten, weil J.P. Morgan jede Unterstützung für das Wardenclyffe-Projekt zur drahtlosen Stromübertragung eingestellt hatte. Also übergab er die Eigentumsurkunde für das Wardenclyffe-Grundstück dem Eigentümer des Hotels, in dem er residierte als Sicherheit, um weiterhin im Hotel wohnen zu können. Als Tesla die Hotelrechnung nicht zahlen konnte, betrieb der Hoteleigentümer natürlich die Zwangsvollstreckung aus dem Grundbesitz und erwirkte ein Urteil gegen Tesla. Tesla legte Berufung ein. Im Protokoll dieser Verhandlung finden sich einige interessante Beschreibungen des Wardenclyffe-Grundstücks und noch interessantere Anspielungen auf die physikalischen Gesetze, die Teslas

---

87 Der Forscher Brian Desborough liefert recht interessante Informationen über die Beziehung zwischen Morgan und Tesla, wenngleich er keine Beweise dafür anführt: „Beunruhigt durch die Tatsache, dass Tesla über eine Technologie freier Energie und Antischwerkraft verfügte, wies Teslas finanzieller Förderer Louis Cass Payseur seinen Frontmann J.P. Morgan an, seine finanzielle Unterstützung zurückzuziehen. Durch daraufhin eingeleitete, fadenscheinige Zwangsvollstreckungsverfahren wurde Tesla finanziell ruiniert. „[...] ein weiterer Beweggrund für Morgan, seine finanzielle Unterstützung einzustellen, waren die amourösen Annäherungsversuche von Morgans Tochter gegenüber Tesla. Der Diener, den Morgan Tesla zur Verfügung gestellt hatte, war in Wirklichkeit ein Industriespion, der in Zusammenarbeit mit einem von Teslas Mitarbeitern, dem deutschen Ingenieur Fritz Löwenstein, Teslas Anti-Schwerkraft-Geheimisse stahl und sie verschiedenen Geheimgesellschaften der Illuminati sowohl in England als auch in Amerika zur Verfügung stellte." (Brian Desborough „They Cast No Shadows", Writers Club Press, 2002, S. 295.)

Ansicht nach hinter den beobachteten Phänomenen standen. Ich möchte an dieser Stelle ausführlich aus dem Protokoll zitieren.

Herr Hawkins:

F: Gab es auf dem Gelände noch andere Bauten außer dieser Ziegelei und dem Labor, das Sie beschrieben?

A: (Tesla spricht) Ja Sir. Es gab noch ein Bauwerk, das in gewissem Sinne das wichtigste von allen war und zu dem das Kraftwerk eigentlich nur eine Ergänzung darstellte, und das war der Turm.

F: Bitte beschreiben Sie den Turm hinsichtlich seiner Maße, des Baumaterials, der Bauweise und der Bauart.

> Herr Fordham: Wir erheben erneut Einspruch, ehrenwertes Gericht.
>
> Das ist vollkommen unwichtig, irrelevant und gehört solange nicht zur Sache, wie die Gegenseite ihre Behauptung noch nicht belegt hat, dass es sich bei der Urkunde um einen Grundschuldbrief handelt.
>
> Der Sachverständige: Davon gehe ich aus.
>
> Fordham: Einspruch.

F: Der Turm war von der Basis bis zur Spitze 57 Meter hoch. Er wurde aus einem bestimmten Holz gebaut und zwar in der Art und Weise, dass jedes Brett, falls notwendig, jederzeit herausgenommen und ersetzt werden konnte. Die Konstruktion des Turms warf einige Schwierigkeiten auf. Er hatte einen achteckigen Grundriss und eine Pyramidenform, um die Stabilität zu erhöhen, und er stützte das, was ich in meinen wissenschaftlichen Artikeln als Station bezeichnete.

Gutachter:

F: Gab es eine Art Kugel an der Spitze?

A: Ja. Damit setzte ich eine von mir gemachte Entdeckung um, nämlich dass jede beliebige Menge Elektrizität in vernünftigem Rahmen gespeichert werden kann, *wenn man eine bestimmte Form einsetzt. Auch heutzutage wird das von Elektrikern noch immer nicht gewürdigt.* Diese Konstruktion ermöglichte es mir, mit meiner kleinen Anlage eine vielfache Leistung gegenüber einem herkömmlichen Kraftwerk von hundertfacher Größe zu erzielen. Das Äußere dieser Kugel war auf bestimmte Weise geformt, die Träger mussten also in Form gebogen werden, und das Ganze wog etwa 55 Tonnen.

Herr Hawkins:

F: Aus was bestand die Kugel?

A: Aus Stahl, und alle Träger wurden speziell in Form gebogen.

F: Bestand der Turm, der die Kugel trug, ganz aus Holz oder teilweise aus Stahl?

A: Nur der Teil an der Spitze bestand aus Stahl. Der Turn bestand vollständig aus Holz. Die Holzbretter wurden natürlich von speziell geformten Stahlplatten zusammengehalten.

> Der Sachverständige: Verstrebungen?
>
> Der Zeuge: Ja, Stahlplatten. Ich musste die Konstruktion aus technischen Gründen auf diese Weise ausführen.
>
> Der Sachverständige: Das interessiert uns hier nicht.

F: War der Turm offen oder geschlossen?

A: Zu dem Zeitpunkt, als diese Urkunde ausgestellt wurde, war der Turm offen, aber ich habe Fotografien, die genau zeigen, wie er aussah und wie er in fertigem Zustand ausgesehen hätte.

F: Wurde der Turm jemals geschlossen, nachdem Sie die Urkunde übergeben hatten?

A: Nein, er war einfach offen.

F: Diese Kuppel oder Station, war sie geschlossen?

A: Nein, Sir.

F: Zu keiner Zeit geschlossen?

A: Zu keiner Zeit geschlossen, richtig.

F: *Wurde der Bau jemals vollendet*?

A: De*r Bau wurde, wenn ich das richtig verstehe, fertiggestellt, aber die zugehörigen Teile wurden bisher nicht angebracht. So sollte diese*

Kugel mit speziell gepressten Platten überzogen werden. Diese Platten–

F: *Das ist noch nicht geschehen?*

A: *Das ist noch nicht geschehen, obwohl ich alles vorbereitet hatte. Ich hatte alles vorbereitet. Ich hatte alles entworfen und vorbereitet, aber es wurde nicht ausgeführt.*[88]

F: War das Turmgebäude in irgendeiner Weise mit der Ziegelei oder dem Kraftwerk verbunden?

A: Der Turm stand separat.

F: Ich verstehe, aber gab es eine Verbindung?

A: Natürlich waren da zwei Rohre, eines für Versorgungszwecke, um Druckluft, Wasser und andere Dinge, die ich eventuell benötigte, zu befördern und in den Turm zu leiten. Das andere Rohr enthielt die elektrischen Leitungen.

Der Sachverständige:

F: *Gab es zu diesem Zweck nicht in der Tat einen brunnenartigen Schacht, der genau in der Mitte des Turms etwa 15 bis 18 Meter in den Boden reichte?*

A: *Ja. Wissen Sie, die Untergrundarbeiten gehörten zu den teuersten Teilen des Turms. Bei dem von mir erfundenen System war es notwendig, dass die Anlage eine gute Verankerung in der Erde hatte, da sie ansonsten die Erde nicht in Erschütterung hätte versetzen können. Sie musste eine Verankerung in der Erde haben, so dass die gesamte Kugel erzittern konnte. Damit das geschehen konnte, musste eine sehr aufwendige Konstruktion errichtet werden. Aber ich möchte feststellen, dass diese Untergrundarbeiten zum Turm gehörten.*

Herr Hawkins:

F: Erzählen Sie uns alles, was es dort gab.

---

88 Das ist ein wichtiger Punkt, und er widerspricht Nichelsons Behauptung, dass Tesla sein Wardenclyffe-Projekt aktiv einsetzte, um seine Möglichkeiten im Tunguska-Gebiet zu demonstrieren. Tesla hätte dazu eine andere Anlage verwenden müssen. An dieser Stelle ist jedoch zu *beachten, dass Tesla hier angibt, die grundlegenden Vorbereitungen für die Fertigstellung des Turmes seien getroffen worden. Hier bleiben ein Rätsel und eine Frage offen: Könnte die Anlage von jemanden an irgendeinem Ort nachgebaut worden sein?*

A: Wie Euer Ehren schon sagte, gab es einen etwa drei Meter mal dreieinhalb Meter großen Hauptteil von etwa 35 Metern Tiefe, der zuerst mit Holz und an der Innenseite mit Stahl verkleidet wurde. Im Innern führte eine Wendeltreppe hinunter, und in der Mitte befand sich ein großer Schacht, durch den der Strom fließen sollte. *Der Schacht war so angelegt, dass man genau die Lage des jeweiligen Knotenpunktes angeben konnte, um jeden beliebigen Punkt in der Ferne zu berechnen. Ich konnte beispielsweise die genaue Größe der Erde oder ihren Durchmesser berechnen und diese Maße mit der Anlage bis auf einen Meter genau bestimmen.*

F: Und das war ein notwendiges Zubehör zu Ihrem Turm?

A: *Absolut notwendig.* Der wirklich teure Teil der Arbeit war die Verbindung dieses zentralen Teils mit der Erde. Dafür hatte ich spezielle Maschinen aufgebaut, welche die Eisenrohre Stück für Stück in den Boden rammten. Ich führte diese Eisenrohre - ich glaube es waren 16 Stück - 90 Meter tief in die Erde. *Auf diese Weise konnte der durch diese Rohre geleitete Strom die Erde erfassen.* Das war ein sehr aufwendiger Teil der Arbeiten, der sich zwar am Turm nicht zeigte, aber zum Turm gehörte.

F: Erzählen Sie dem Gericht ganz allgemein, nicht in allen Einzelheiten, welchen Zweck dieser Turm und die von Ihnen in Zusammenhang damit beschriebenen Anlagen hatten.

> Herr Fordham: Wie ist das Material?
>
> Sachverständiger: Es ist zufriedenstellend.
>
> Herr Fordham: Das nehmen wir an.

A: Nun Euer Ehren, der Hauptzweck des Turmes war die Verwendung als Telefon, um die menschliche Stimme und Ähnliches um den Globus zu schicken.

Der Sachverständige:

F: Mithilfe der Erde?

A: Mithilfe der Erde. Das war meine Entdeckung, die ich 1893 veröffentlichte [...].

Herr Hawkins:

> F: Der Zweck bestand also kurz gesagt in der drahtlosen Kommunikation mit verschiedenen Teilen der Welt?
>
> A: *Ja, und der Turm war so konzipiert, dass ich ihn für jede Strommenge benutzen konnte. Ich plante auch eine Demonstration der Stromübertragung, die ich so perfektioniert hatte, dass der Strom störungsfrei quer über den Globus geschickt werden konnte, ohne dass dabei mehr als fünf Prozent verloren gingen. Diese Anlage sollte das praktisch beweisen [...].*[89]

Fassen wir zusammen, was wir bisher herausgefunden haben:

1) Etwa zu der gleichen Zeit, zu der Tesla diese Aussagen vor Gericht machte, deutete er der *New York Times* gegenüber an, dass die gleiche Technologie der drahtlosen Stromübertragung dafür eingesetzt werden könnte, mithilfe ihrer Longitudinalwellen das physische Medium – nicht nur die Erde – sowohl für konstruktive als auch für destruktive Zwecke zu manipulieren.
2) Im Protokoll erklärte Tesla sehr genau, dass sein System nicht nur Kommunikationszwecken diente, sondern ausdrücklich auch zur Übertragung beliebiger Mengen von Strom geschaffen worden sei;
3) Wie Tesla ganz klar im Protokoll aussagte, hatte der Turmbau in Wardenclyffe zu diesem Zweck auch einen tiefen Schacht, so dass sein System physisch und elektrisch „die Erde erfassen" oder „den ganzen Globus erfassen" und sie oder ihn zum „Erzittern" bringen konnte.
4) Um das zu erreichen war es nach Teslas eindeutigen Angaben erforderlich, die Größenmaße der Erde, also ihre *Geometrie*, so genau wie möglich zu kennen.[90] Mit anderen Worten, die geometrischen, nichtlinearen Eigenschaften der Erde waren wesentliche Komponenten des Systems selbst.

89 Oberster Gerichtshof des Staates New York, Berufungsgericht, Zweite Kammer: Clover Boldt Miles und George C. Boldt, Jr. als Testamentsvollstrecker des letzten Willens des verstorbenen George C. Boldt als Berufungskläger und Beklagte gegen Nikola Tesla, Thomas G. Shearman und andere als Berufsbeklagte und Kläger, 521-537, S. 174-179, zitiert in David Hatcher Childress, Herausg. „The Fantastic Inventions of Nikola Tesla", Adventures Unlimited Press, S. 314-319, alle Hervorhebungen vom Autor.

90 Für alle wirklich aufmerksamen Leser verweise ich auf mein Buch „Der Todesstern Gizeh", engl. „The Giza Death Star", S. 239-249, insbesondere S. 248 und „The Giza Death Star Deployed", S. 149-169.

Der Grund, warum diese Eigenschaften wesentlich waren, lässt sich aus den früheren Ausführungen zu Hartmut Müller,s Global-Scaling-Theorie ableiten, die besagt, dass longitudinale Druckwellen im Medium zu einer lokalen Krümmung der Raum-Zeit und zur Ballung von Objekten an bestimmten Knotenpunkten führen, an denen sich die Wellen überlagern. Anders ausgedrückt, große Massen wie Planeten oder Sterne sind *natürliche und höchst effiziente Resonanzkörper für diese Wellen*:

> (Diese) skalare Koppelung im Sonnensystem gebietet dem uneingeschränkten Einsatz [...] großer [...] strategischer EM-Skalarwaffensysteme den nötigen Einhalt. Die entscheidenden Skalar-Effekte werden auf der Erde im „Pulsmodus" ausgelöst. *Gepulste Störungen der Systeme Erde-Sonne und Erde-Mond sind das Resultat.* Hier besteht die Gefahr der Übererregung eines oder mehrerer dieser natürlichen, gekoppelten Resonanzkörper. Ist die Feedback-Stimulation der Sonne nicht unbedeutend, so kann dadurch beispielsweise einige Zeit später, vielleicht nach einem oder zwei Tagen, eine erheblich gesteigerte Sonnenfleckenaktivität ausgelöst werden. Wird die Erde zu stark oder zu abrupt stimuliert, kann die gekoppelte Resonanzreaktion der Sonne ein verheerendes Ausmaß erreichen [...].
>
> Dementsprechend ist die Verwendung riesiger skalarer (elektromagnetischer) Waffen ein zweischneidiges Schwert. Werden sie nicht sorgfältig gehandhabt, kann ihr Einsatz in fürchterlicher Weise auf den Verwender ebenso wie auf das Opfer zurückschlagen und könnte sogar zufällig die Erde selbst zerstören.[91]

Mit anderen Worten, die *genaue* Kenntnis der örtlichen kosmischen Geometrie, einschließlich derjenigen der Erde, ist für ein System wie das von Tesla propagierte zu jedem Zeitpunkt von größter Bedeutung. Das ist vielleicht der Grund, warum er selbst schrieb, dass die Auswirkungen seiner auf Höherer Physik basierenden Technologie das physische Medium in destruktiver oder in konstruktiver Weise verändern können. Es ist auch darauf hinzuweisen, dass nach Teslas Vision die physische und elektrische Verwurzelung des Systems in der Erde ganz entscheidend war, denn die Erde selbst war eine riesige Komponente in einem gigantischen elektrischen Kreislauf. Diejenigen, die behaupten, ein solches System sollte praktischerweise eher auf Satelliten im Raum platziert werden, gehen also völlig in die Irre, denn für solche longitudinalen *Spannungswellen im Medium ist*

---

91 Tom Bearden, „Fer De Lance", S. 209-210, zitiert in meinem Buch „Die Bruderschaft der Glocke", engl. „SS Brotherhood of the Bell", S. 219-220.

*entscheidend, dass man sie am besten auslöst, indem man ihre natürlichen Resonanz*körper, *also ganze Planeten oder Sterne manipuliert.* Wer etwas anderes behauptet, hat diese Physik gründlich missverstanden.[92] Der beste

---

92 So verhält es sich leider mit der vor kurzem erschienen Arbeit meines Freundes Sesh Heri in seinem Buch „Handprint of Atlas“. Heri stellt eine neuartige und in der Tat bestechende Hypothese auf, nämlich, dass die gesamte Topografie und Geomorphologie der Landschaftscharakteristika und sogar die Kontinente selbst das Ergebnis solcher stehenden Wellen in der Erde sind. Inspiriert durch brillante Einsichten verbindet er diese Idee mit der Vorstellung, dass gewisse künstliche Monumente und Konstruktionen absichtlich um wichtige natürlich vorkommende Geomorphologien herum gruppiert wurden. Diese brillanten Erkenntnisse bleiben erwägenswert, auch wenn ich im Folgenden Kritik an einigen Missverständnissen üben muss.

Heri reagiert in seinem Buch wie folgt auf meine Hypothese der Großen Pyramide als Waffe, wie ich sie in meiner Trilogie „Gizeh Death Star“ skizziert habe:

> „Die von Farrell in seiner Trilogie ‚Giza Death Star‘ entwickelte These ist beeindruckend, atemberaubend und lässt einen erschaudern. Die wissenschaftlichen Details sind überzeugend, und doch [...].“
>
> „Die gleiche Kritik, die ich auch an Dunns These eines Stromkraftwerks äußern würde, möchte ich in abgewandelter Form an Farrells Waffenthese anbringen. Zwar könnte die Große Pyramide, als Sender longitudinaler elektrischer Wellen ganz sicherlich als Waffe eingesetzt worden sein, doch warum sollte sie ausgerecht zum Zweck einer Verwendung als Waffe gebaut worden sein? Ist ein auf dem Erdboden befindlicher Sender longitudinaler elektrischer Wellen ein geeignetes Mittel, um eine massiv zerstörerische skalare Strahlungswaffe zu konfigurieren – noch dazu eine skalare Strahlungswaffe, die in einem interplanetarischen Krieg zum Einsatz kommen soll? Ich glaube, eine mobile Position im Weltraum wäre ein strategisch idealerer Ort für eine solche skalare Strahlungswaffe [...]. Eine Zivilisation, die die Große Pyramide erbauen konnte, wäre sicherlich in der Lage gewesen, eine riesige Weltraumplattform zu errichten und auf dieser einen Sender für longitudinale Elektrowellen anzubringen, der enorm starke skalare Strahlen, die sogar einen Planeten spalten könnten, auszusendet. So eine Plattform im Weltraum könnte sich auch in einem einzigen Augenblick mit Überlichtgeschwindigkeit von ihrer Position im Raum wegbewegen [...].
>
> „Warum sollte also eine fortgeschrittene Zivilisation eine Waffe bauen, die leicht angegriffen werden kann? Viel wahrscheinlicher ist, dass eine Anlage wie die Große Pyramide ein Objekt wäre, das man von einer Plattform in Weltraum aus schützen müsste, aber nicht in erster Linie eine Waffe. Gewiss hätte die Große Pyramide bei einem Angriff Skalarstrahlen zur Verteidigung aussenden können. Aber eine Waffe, mit der Beute gemacht werden sollte, hätte sicherlich beweglich sein müssen – und zwar sehr schnell beweglich.“

Ehe ich mich weiter mit Heris Kritik an meiner Hypothese der Großen Pyramide als Waffe auseinandersetze, möchte ich mich zuerst den bisher vorgebrachten Gesichtspunkten widmen. Wie ich bereits in meinem Haupttext ausführte, sind große Massen wie Planeten und Sterne die besten natürlichen Oszillatoren für solche „skalaren“ Resonanzen. Wem dieser Aspekt entgeht, der hat die zugrundeliegende Physik vollkommen missverstanden. Wollte man also *tatsächlich* eine mobile Weltraumplattform als Waffe bauen, wie Heri es vorschlägt, müsste man das fast in planetarischem Umfang ausführen. Nicht dass das nicht machbar gewesen wäre, denn die Zivilisationen, von denen er und ich überzeugt sind, hätten so etwas bewerkstelligen können, doch wäre ein solches Vorgehen unwirtschaftlich gewesen. Die Beweglichkeit eines solchen Waffensystems wäre völlig unnötig gewesen, um ein bestimmtes Objekt anzuvisieren, ganz gleich wie weit entfernt es sich auch befunden haben mochte. Das Zielen erfolgte über Resonanz und Interferometrie. Das Modell „anvisieren, zielen und schießen", ist hier nicht passend und würde in gewissem Sinn sogar der Gesamtcharakteristik des Systems zuwiderlaufen. Entsprechend wäre ein solches System auch durch Ausnutzung der grundlegenden Geometrie der planetarischen Basis und der lokalen Resonanz präzise zu verteidigen. Kurz gesagt: Beweglichkeit war nicht erforderlich, damit das System als Angriffswaffe oder zur Verteidigung eingesetzt werden konnte.

Heris zweiter Kritikpunkt ist wesentlich anspruchsvoller, aber nicht haltbar:

> „Aber dieser strategische Fehler ist nicht das zwingendste Argument gegen Farrells Ansicht, dass die Große Pyramide ursprünglich als Waffe angelegt wurde. Was mich stutzig macht, ist gerade Farrells immer wieder betonte Aussage, dass die Große Pyramide „technisch zu raffiniert" sei, um etwas anderes als eine Waffe darstellen zu können. Immer wieder betont Farrell in seiner Gizeh-Trilogie, dass allen vorliegenden Beweisen nach die Große Pyramide Energie an „jeden möglichen Empfänger im lokalen Weltraum" übermitteln konnte, ohne dass an der Zielstelle eine komplexe Empfangseinrichtung notwendig gewesen wäre. Er führt einige sehr gute Beweise und Argumente dafür an, dass dies tatsächlich der Fall war. Daraus zieht er jedoch den Schluss, dass eine so hochkomplizierte Anlage nur für einen einzigen Zweck gebaut worden sein konnte: nämlich um als Massenvernichtungswaffe zu dienen und Städte oder Kontinente zu dezimieren – oder ganze Planeten in die Luft zu sprengen. Sicherlich konnte eine so hochkomplizierte Anlage als Waffe verwendet werden, doch es gibt keinen logischen Grund anzunehmen, dass sie nur als Waffe eingesetzt werden konnte. Tatsächlich weisen meiner Ansicht nach die äußerst raffinierten und sensiblen Einstellungsmechanismen der Anlage darauf hin, dass sie eher konstruktiv als destruktiv eingesetzt wurde. Sensible, präzise Regelungs- und Einstellungsmechanismen sind eher ein Anzeichen für eine sorgfältige, konstruktive Manipulation materieller Substanzen und nicht für eine Zerstörungstechnologie nach der „Holzhammer-Methode". Eine Anlage, die Energie zu „jedem möglichen Empfänger" schicken konnte, konnte auch noch etwas ganz anderes als destruktive Wellen übertragen – sie konnte auch sorgfältig modulierte Energiewellen mit dem Ziel aussenden, zu kommunizieren, zu nähren, aufzubauen und Wachstum zu fördern. Die extreme Präzision, die mit der Großen Pyramide möglich war, legt den Schluss nahe, dass sie eher als Skalpell denn als Schwert konzipiert war."

Zwar bin ich Heri dankbar, dass er meine Argumente in gewissem Rahmen genau verstanden und fair wiedergegeben hat und sich nicht auf eine herablassende Taktik verlegte, wie einige Mitglieder der alternativen Gemeinde es tun. Denn sie lehnen die ganze Hypothese aus ihrem Wunschdenken heraus rundheraus ab und berufen sich dabei auf „Mentoren" oder „Autoritäten", die angeblich Zugang zu jahrtausendealten ungeschriebenen Traditionen haben. Trotz allem gelingt es Heri leider nicht, die Natur der zugrundeliegenden Physik zu erfassen, denn eine Feineinstellung wie bei einem chirurgischen Instrument wäre tatsächlich nötig gewesen – wie sich aus Teslas eigenen Aussagen entnehmen lässt – besonders dann, wenn die Anlage als Waffe eingesetzt werden sollte, und zwar deshalb, weil der von Bearden beschriebene Feedback-Resonanzeffekt vermieden werden musste. Dieser Gesichtspunkt kann also nicht als Argument gegen die Waffen-Hypothese herangezogen werden.

Entsprechend geht auch Heris Gegenargument fehl, denn er behauptet, dass die Skalpellartige Präzision und Feineinstellung auf einen konstruktiven Bestimmungszweck und eine hauptsächlich konstruktive Anwendung hindeuten. Wie Teslas wortreiche Ausfüh-

Ort für den Einsatz eines solchen Systems liegt eben gerade auf der Oberfläche eines Planeten.

C. Schlussfolgerungen

Am Ende dieser Reise können wir also Folgendes feststellen:

1) Es gibt eindeutig eine Physik offener Systeme, bei der die ständig wechselnden geometrischen Verhältnisse der Himmelskörper sich gegenseitig physisch beeinflussen;

2) Diese Physik weist auf eine Höhere Physik hin, die im physischen Medium wirkt und die Manipulation des Mediums durch longitudinale Spannungswellen ermöglicht. Sie kann durch elektrische Spannung in nichtlinearen Medien wie der Erde oder im rotierenden Plasma von Sternen nutzbar gemacht werden;

3) Diese Physik und die Möglichkeit, ganze Planeten als technische Komponenten einzubeziehen, war eindeutig vorhanden und wurde zur Wende des letzten Jahrhunderts in der Arbeit und in den Aus-

---

rungen im Haupttext hoffentlich klargemacht haben, kann ein und dieselbe Physik und Technologie für beide Zwecke eingesetzt werden. Jeder, der also eine solche Anlage baute, wusste aufgrund der zugrundeliegenden, angewendeten Physik unweigerlich, dass er sowohl ein „Kraftwerk" als auch eine Waffe schuf. Beides lässt sich nicht voneinander trennen. Nach Teslas eigenen Worten muss ein solches System notwendigerweise auf die Erde zugreifen. In meiner Trilogie „Todesstern Gizeh" habe ich lediglich die Hypothese aufgestellt, dass die Verwendung als Waffe der Hauptzweck des Pyramidenbaus war, obwohl viele wünschen oder sich entscheiden, diese notwendige Schlussfolgerung aus der zugrundeliegenden Physik zu ignorieren. Aber die Physik ist eindeutig. Es erübrigt sich wohl zu erwähnen, dass der wahre Zweck des Bauwerks vermutlich vor der breiten Bevölkerung der damaligen Zeit geheim gehalten wurde, genauso wie Tesla den wahren Zweck der Wardenclyffe-Anlage vor J. P. Morgan verbarg und erst später, nachdem Morgan darüber Bescheid wusste, in seiner Verzweiflung öffentlich das Waffenpotenzial seines Systems bekannt gab. Das Potenzial war aber in jedem Fall als logische Konsequenz der angewendeten Physik von Anfang an vorhanden, und jeder, der ein solches System konstruierte, musste das wissen. Es ist daher aus logischer Sicht unmöglich, bei der Konstruktion eines solchen Systems die mögliche Motivation oder den Zweck auszuschließen, eine Waffe entstehen zu lassen. Kurz gesagt, wenn man ein System für Heris zahlreiche wunderbar konstruktive Zwecke baut, baut man, eben weil es in der Natur der Sache liegt, gleichzeitig eine Waffe, ganz unabhängig davon, ob sich die Anlage im Weltraum befindet oder nicht. Sobald das System für all die wunderbaren, konstruktiven Zwecke in Betrieb genommen wird, wird es auch als Waffe verwendbar.

(Zitate aus Sesh Heri, „The Handprint of Atlas: The Artificial Axis of the Earth and How it Shaped Human Destiny", Highland, Kalifornien, Corvos Books, Lost Continent Library Publishing Co., 2008, S. 240-241.)

sagen Nikola Teslas bestätigt. Tesla erklärte, dass sich positive und negative Verwendungsmöglichkeiten als gleichzeitig bestehende, logische Konsequenzen aus eben dieser Physik und den darauf beruhenden Technologiesystemen ergäben;

4) Je mehr Daten die Physikwissenschaft über Maßverhältnisse in verschiedenen getrennten Wissensgebieten sammelt, umso mehr treten Korrelationen zwischen scheinbar voneinander unabhängigen Systemen zutage. Solche Korrelationen gibt es beispielsweise zwischen Zyklen der menschlichen Wirtschaft oder soziologischen und emotionalen Aktivitäten. Dieser Umstand weist auf die Möglichkeit hin, dass *zwischen Physik, Wirtschaft und kosmischer Geometrie ein tiefer Zusammenhang besteht*;

5) Es gibt klare Hinweise darauf, dass ein diskretes, aber doch deutliches wirtschaftliches und finanzielles Interesse besteht, die Prinzipien zu entdecken, die diese Verbindungen zwischen Physik und Wirtschaft bestimmen. Am Fall von Tesla und Morgan sehen wir, dass es Bemühungen gab, die entsprechenden Instrumente ganz für sich allein zu entwickeln und später zu unterdrücken.

Gerade die beiden letzten Punkte – die tiefe Beziehung zwischen Physik, Wirtschaft und kosmischer Geometrie, und die private Entwicklung und Unterdrückung der entsprechenden Instrumente – werfen eine ganze Reihe von Fragen auf und verweisen auf einen sehr alten, einen wirklich „paläoantiken" Zusammenhang [...].

II.

Tempel, Sterne und die „Bankster“

„[...] so kam es, dass der Tempel, der eigentlich den Göttern allein die Treue halten sollte, zur Frontbewegung der internationalen Geldschöpfung der damaligen Zeit wurde. Wie es scheint, stand er auch in enger Verbindung mit dem Edelmetall- und Sklavenhandel.“

David Astle „The Babylonian Woe“, S. 25.

Vier

Tempel, Strukturen und das Kartell

Die alten Wurzeln einer tiefgründigen Verbindung

„Mit der Erkundung der Sterne, auf die einige den bekannten Göttern geweihte Tempel ausgerichtet waren, eröffnete sich, wie ich vermutet hatte, eine Tür zum Studium der astronomischen Grundlagen von Teilen der Mythologie."

J.Norman Lockyear[1]

„[...] um es in den prägnanten Worten von Bastiat auszudrücken: Gesellschaft bedeutet Austausch, und Austausch bedeutet Geld."

Alexander Del Mar[2]

Paradoxerweise finden wir, je weiter wir in der Geschichte zurückgehen, eine immer enger werdende Verflechtung zwischen Wissenschaft, Magie und Geld. Viele haben über diese Beziehung geschrieben, aber nur wenige haben erkannt, welche bedeutende Rolle in diesem Zusammenhang die Physik spielte. Wie diese Beziehung aussah und warum es dazu einer Verschwörung bedurfte, lässt sich am besten anhand des Verhältnisses von Goldbergbau und Sklaverei im alten Ägypten veranschaulichen. Doch beginnen wir ganz am Anfang und stellen wir fest, wo und in welcher Form sich das Wirken einer Verschwörung erkennen lässt. Von frühesten Zeiten an lag die Macht „Geld herzustellen, auszugeben und dessen Wert zu regulieren" (wie es etwa die Verfassung der Vereinigten Staaten vorsieht) anerkanntermaßen allein beim Staat und davor bei der Krone oder dem König.

Wie der berühmte amerikanische Numismatiker des 19. Jahrhunderts Alexander Del Mar treffend bemerkte: „Das Recht Geld zu prägen war, ist

---

1 J. Norman Lockyear, „The Dawn of Astronomy: A Study of Temple Worship and Mythology of the Ancient Egyptians", Dover Publications, 2006, S. xvi.

2 Alexander Del Mar, „A History of Money in Ancient Countries from the Earliest Times to the Present", Kessinger Publications, Wiederauflage der George Bell and Sons Edition, 1885, S. 15.

und bleibt das sicherste Anzeichen und die eindeutige Proklamation souveräner Macht."[3] Tatsächlich ist „das sicherste Anzeichen und die eindeutige Proklamation souveräner Macht" der Grund, warum die Herstellung und die rechtsrelevante Regulierung des Geldwertes nicht nur mit der Souveränität des Staates oder der Krone, sondern auch mit der des Gottes (oder auch der Götter) in Zusammenhang stand, von dem oder denen sich die Herrschaftsmacht angeblich ableitete. Es gibt kein besseres Beispiel für diese komplexe und enge Beziehung zwischen der staatlich kontrollierten Geldausgabe und dem Bergbau auf der einen Seite und der Religion auf der anderen Seite als die kaiserliche Republik des alten Rom.

A. Der Tempel und das Kartell

A.1. Das römische Modell

Da in alten Zeiten Geld hauptsächlich – wenn auch sicher nicht ausschließlich – aus Edelmetallen wie Gold, Kupfer, Silber und manchmal auch Bronze bestand, musste der Staat unweigerlich den Abbau dieser Metalle streng kontrollieren, um seine Souveränität über die Herstellung, Ausgabe und Wertregulierung des Geldes aufrecht halten zu können.

Damit der Staat sein Geld sichern und wahren konnte, musste er notwendigerweise die Kupferminen monopolisieren, den Handel mit Kupfer einschränken, Kupfermünzen von hohem künstlerischen Wert prägen lassen, die nicht so leicht zu fälschen waren und diese mit dem Staatssiegel versehen. Dann konnten sie als einziges legales Zahlungsmittel für inländische Verträge, Steuern, Strafen und Schulden proklamiert werden. Ferner musste der Staat die Ausgabe des Geldes so lange beschränken, bis dessen Wert (aufgrund allgemeiner Nachfrage und vergleichsweiser Knappheit) den des verwendeten Edelmetalls überstieg, und er musste diese Restriktionen samt der damit verbundenen Überbewertung als dauerhafte Staatsstrategie beibehalten. Für den Außenhandel oder für diplomatische Zwecke konnte ein Vorrat an Gold und Silber in geprägter oder ungeprägter Form in den Schatzkammern gelagert werden.

Zahlreiche Beweise belegen, dass die römische Republik tatsächlich diese Politik verfolgte und ein solches Geldsystem verwendete. Der Staat

3 Alexander Del Mar, „History of Monetary Systems", Honolulu: University Press of the Pacific, 2000, S. 66.

monopolisierte die Kupferminen und lenkte den Kupferhandel. Er gab die Bronzemünzen aus und wachte streng über deren Herstellung. Die Münzen wurden sehr schön gestaltet und trugen alle die Prägung „S. C." für *ex senates consulta*. Man beschränkte ihre Ausgabe solange, bis ihr Wert etwa das Fünffache des Metallwertes erreicht hatte, und diese gewaltige Überbewertung wurde über lange Zeiträume hinweg aufrechterhalten.[4]

Wir haben hier also drei miteinander verwobene Konzepte, die von Anfang an realisiert wurden:

1) Die Macht, nach geltendem Gesetz Geld zu prägen und seinen Wert zu regulieren, lag ausschließlich beim Staat oder der Krone und nicht bei irgendwelchen privaten Geldschöpfungs- und Kreditvergabe-Monopolisten.

2) Die Edelmetalle hatten keinen Wert an sich, vielmehr musste der Wert künstlich erzeugt und durch die Geldausgabe des Staates geschaffen werden, was auf zweierlei Weise geschah:

    a) Das ausgegebene Geld aus Edelmetall wurde relativ knapp gehalten. Damit stieg der rechtliche Wert des ausgegebenen Geldes über den Wert des für die Münzen verwendeten Edelmetalls.

    b) Der Wert wurde durch besonders kunstvolle Gestaltung der Münzen noch weiter erhöht.

3) Da die Geldausgabe an Edelmetalle wie Kupfer, Silber oder Gold gebunden war, musste der Staat oder die Krone das Monopol über den Abbau und die Lagerung dieser Metalle innehaben.

A.1.1. Das Edelmetall-Kartell und der Tempel

Aber im alten Rom wirkte noch ein weiterer Faktor. Am besten lassen wir Del Mar hier selbst zu Wort kommen: „Es ist unmöglich, nicht zu der Überzeugung zu gelangen", so schreibt er,

> dass der überlegene Wert von Gold im Westen *durch rechtliche, vielleicht auch priesterliche Anordnungen entstand*. Diese Methode der Kursbestimmung könnte aus dem Osten stammen.[5]

---

4 Alexander Del Mar, „A History of Monetary Systems", S. 21-22.

5 Ebd., S. 87, Hervorhebung vom Autor.

Mit anderen Worten, durch die Festlegung des Goldwertes in bestimmten Werteinheiten pro Goldstück – ausgedrückt als Verhältnis zu anderen Metallen – wurde der Wert des Goldes als kostbarstes Edelmetall im Wesentlichen durch priesterliche Anordnung bestimmt. Del Mar vermutet, dass diese Vorgehensweise aus dem Osten stammt. Damit könnte aus Roms Sicht der Mittlere Osten oder auch der Ferne Osten bis nach Indien gemeint sein. Zu der obigen Liste ist also noch ein vierter Punkt hinzuzufügen:

1) Der Goldwert wurde im Wesentlichen durch „priesterliche Anordnung" festgelegt. Mit anderen Worten, *es gab eine tiefgehende Verbindung zwischen der Geldausgabe und der gesetzlichen Festlegung des Geldwertes in Beziehung zu den Edelmetallen. Dieser war wiederum durch den Wert des Goldes pro Geldstück einerseits und durch die Religion andererseits definiert.* Wir sehen uns hier also, kurz gesagt, einer tiefgründigen Verbindung zwischen alten Geldkonzepten und Religion gegenüber, oder wie ich es in der Überschrift zu diesem Kapitel formulierte, zwischen „Tempeln" und dem „Kartell".

Warum bezeichne ich diese Beziehung auf der Geldseite als Kartell?

Del Mar liefert dazu einen wichtigen Schlüssel in einer Aussage, die auf den ersten Blick nichts weiter als den Unterschied in der Geld- und Edelmetallpolitik in westlichen und östlichen Gesellschaften anzusprechen scheint. Er erklärt, dass „die Regierungen von Persien, Assyrien, Ägypten, Griechenland und Rom durch das Prägen von Münzen profitierten, weil sie dadurch den Wert des Goldes steigerten, während Indien, China und vielleicht auch Japan Gewinne machten, indem sie den Wert von Silber aufrechthielten oder erhöhten."[6] Mit anderen Worten, für die Gesellschaften des Westens – Ägypten, Assyrien (und vermutlich Babylon), Persien, Griechenland und Rom – war künstlich im Wert fixiertes Gold das kostbarste Metall, wenn es darum ging, es in andere Metalle umzutauschen, während im Gegensatz dazu die Regierungen des Ostens – Indien und China – eine dem entgegenstehende Politik verfolgten und dem Silber beim Umtausch in andere Metalle den höchsten Wert beimaßen. So konnten diese beiden unterschiedlichen Teile der Welt in Handelsbeziehungen treten, wobei sich die jeweilige Politik in gewissem Sinne als eine konsequente Folge dieses Handels ergab. Bei genauerer Betrachtung entdecken wir jedoch einen versteckten Mitspieler, denn der Handel führte unweigerlich zum Aufstieg einer internationalen Händlerklasse, einer Klasse, die ihren Reichtum gerade

6 Alexander Del Mar, „History of Monetary Systems", S. 89.

durch den An- und Verkauf von Edelmetallen erwarb. Edelmetalle waren leichter zu transportieren als gefertigte Güter und konnten an jedem Ort gegen entsprechende Waren eingetauscht werden. Kurz gesagt, bildete sich von frühester Zeit an eine internationale Finanzklasse von „Edelmetall-Händlern" oder, wie wir heute sagen würden, von Bankern. Nun stellt sich eine wichtige Frage: Entstand diese Klasse möglicherweise gar nicht als Folge der jeweiligen Regierungspolitik und des Handels, sondern verhielt es sich vielleicht genau umgekehrt? Könnte eine Klasse „internationaler Edelmetall-Händler" existiert haben, die diese Politik in den verschiedenen Teilen der Welt einleitete, um ihre eigene Macht und ihren Wohlstand zu mehren? Falls das der Fall war, wie gelang es dieser Klasse, das zu erreichen und in Szene zu setzen?

Diese Frage wird uns in den verbleibenden Kapiteln dieses Buches noch weiter beschäftigen. Um sie zu beantworten, müssen wir nochmals zu der ungewöhnlichen Wertfixierung von Gold und Silber in den Kulturen des Westens wie Griechenland, Ägypten, Mesopotamien und Rom zurückkehren. Warum wurde Gold – das viel leichter und kostengünstiger abzubauen war als Silber – höher eingeschätzt als Silber?

Del Mar hat uns die Antwort bereits gegeben. Es lag daran, dass Gold in gewisser Weise als *heilig* galt und damit der besonderen Machtbefugnis der Götter unterstand:

> Das mit Gold oder Goldmünzenprägung verbundene priesterliche Privileg war keineswegs eine Neuerung der julianischen Staatsverfassung (also Roms). Vielmehr handelte es sich um einen *sehr alten Mythos, der in der Politik erneut Ausdruck fand* [...]. Einer ähnlichen Glaubensvorstellung begegnen wir bei den alten Griechen, bei denen zu allen Zeiten, mit Ausnahme der republikanischen Ära, die Münzprägung in den Tempeln und unter der Oberaufsicht der Priester stattfand. Auf die Münzen wurden Symbole des Staates und der Religion aufgeprägt. Da nur die Priesterschaft die von ihr selbst geschaffenen Mysterien richtig auslegen konnte, wurde die Münzprägung – zumindest was die kostbareren Münzen anbelangte – zu einem Privileg ihrer Kaste.[7]

Damit werden ebenso viele Fragen aufgeworfen wie beantwortet. So stellt Del Mar beispielsweise eindeutig klar, dass die Ausgabe des Geldes und die Festlegung seines Wertes in alten Gesellschaften in jedem Fall beim Staat oder der Krone lagen. Sodann gibt er jedoch zu, dass zumindest bei

7 Alexander Del Mar, „History of Monetary Systems", S. 80, 81, Hervorhebung vom Autor.

Edelmetallen die Geldausgabe weniger ein Vorrecht des Staates oder der Krone als vielmehr ein religiöses Monopol war.

Wie bereits erwähnt, waren die unterschiedlichen Geldstrategien im Westen und im Osten möglicherweise für den Aufstieg einer „internationalen Klasse von Edelmetall-Händlern" verantwortlich. Genauso gut könnte aber eine schon vorher bestehende Klasse internationaler Dimension solche politischen Strategien initiiert haben, eine Klasse, die fähig war, die Regierungspolitik im Westen wie im Osten zu bestimmen. Wenn diese Klasse also in der Lage war, die jeweilige Politik zu manipulieren, dann war sie, was die Heiligkeit des Goldes anbelangte, zumindest in den okzidentalen Gesellschaften auch zur Manipulation der Religionen fähig. *Kurz gesagt: Das Edelmetall-Kartell und die Tempel waren in jedem Fall Bundesgenossen. Vielleicht hat aber auch das Edelmetall-Kartell die Tempel infiltriert und schließlich* übernommen. Jetzt erkennen wir, dass sich in Del Mars Aussage sozusagen dicht unter der Oberfläche eine enorm wichtige und bedeutsame Botschaft verbirgt, wenn er treffend bemerkt, dass die Heiligkeit des Goldes „ein sehr alter Mythos war, der in der Politik erneut Ausdruck fand."[8]

A.1.2. Faszinierende Berührungspunkte zwischen Byzanz, Religion und Geldmacht

Das oströmische Reich, auch byzantinisches Reich genannt, dessen Macht und Einfluss auf das gesamte christliche Europa während des Mittelalters weit über seine ständig wechselnden Grenzen hinausreichten, gewährt uns einen faszinierenden Einblick in die kraftvolle Verbindung zwischen dem Privileg des Staates oder der Krone zur Ausgabe von Geld auf der einen Seite und der Religion auf der anderen Seite. Diese Macht und dieser Einfluss auf die kulturellen Vorstellungen des christlichen Mittelalters rührten gerade von der Stärke dieser Verbindung her. Doch trotz des stets proklamierten „göttlichen Privilegs" waren sich nicht einmal die römischen Päpste über die Macht im Klaren, die sie über die Herstellung, Ausgabe und Wertsteuerung des Geldes besaßen. Das Privileg lag eigentlich noch immer beim römischen Kaiser in Konstantinopel. Auffallend ist, dass just in dem „Augenblick, in dem Völker christianisiert oder erobert oder unter die Herrschaft der römischen Hierarchie gebracht wurden, sie ihre Goldminen aufgeben oder schließen mussten."[9] Lange Zeit hatten die ver-

8 Alexander Del Mar, „History of Monetary Systems", S. 80.

9 Ebd., S. 72.

schiedensten Numismatiker alle möglichen unbefriedigenden Erklärungen vorgebracht. Aber, so schreibt Del Mar:

> Alle diese nutzlosen Erklärungsversuche werden tatsächlich hinfällig, betrachtet man die weite Verbreitung byzantinischer Goldmünzen in allen Gebieten der Christenheit. Die von Madox ausgewerteten Schriftrollen des englischen Schatzamtes beweisen, dass täglich Zahlungen in Gold-Besants[10] getätigt wurden und Goldmünzen im Vergleich zu Silbermünzen so gebräuchlich waren wie heute. Hätten die Engländer Metall für die Herstellung ihrer Goldmünzen benötig, so hätte es ihnen sofort in ausreichender Menge zur Verfügung gestanden. Sie hätten lediglich die Besants in einem englischen Schmelztiegel einschmelzen müssen. Das wenig stichhaltige Argument, dass in fünfhundert Jahren keiner der christlichen Prinzen jemals selbst Goldmünzen hätte prägen wollen, solange der Basileus[11] sie für ihn prägte, wo doch das Prägen von Goldmünzen als universell anerkanntes Zeichen souveräner Macht galt und der Gewinn zudem [...], 100 Prozent betrug, bedarf kaum weiterer Beachtung [...].
>
> Der wahre Grund, warum die Prinzen des mittelalterlichen Reiches stets Goldgeld benutzten, es aber nie selbst prägten, [...] hatte mit der hierarchischen Verfassung des heidnischen Rom zu tun, die später mit einigen Änderungen als Verfassung des christlichen Rom übernommen wurde. Gemäß dieser Verfassung waren das Goldschürfen und die Prägung von Goldmünzen Privilegien, die mit dem Amt des Oberpriesters verbunden waren. So stand es in der römischen Verfassung und den Statuten der römischen Religion geschrieben.[12]

Del Mar merkt weiter an, dass vor dem christlichen Kreuzzug, bei dem Konstantinopel im Jahr 1204 angegriffen und erfolgreich besetzt wurde, kein christlicher Prinz Europas es gewagt hätte, seine eigenen Goldmünzen

10 Besant war die Währung des oströmischen bzw. byzantinischen Reichs.

11 Basileus: vom griechischen Wort βασιλευς, das so viel wie „König" bedeutet. Der offizielle Titel des Kaisers von Konstantinopel war βασιλευς Ρομαιων, also „König/Kaiser der Römer". In früheren Urkunden wurde der Begriff βασιλευς Ρομαιων zur Übersetzung des lateinischen Titels Imperator Romanorum, Kaiser der Römer, verwendet. Auch wenn die byzantinischen Kaiser nach der Verfassung „Mitkaiser", so genannte Cäsaren (von καισηρ, „Kaiser") anerkennen konnten und dies häufig auch taten, war der Titel „Kaiser der Römer" ausschließlich dem in Konstantinopel residierenden Herrscher vorbehalten. Zur Bedeutung dieser wenig beachteten Tatsache für die korrekte Deutung der Ereignisse mittelalterlicher Geschichte, siehe Fr. John Romanides „Franks, Feudalism, and Doctrine".

12 Alexander Del Mar, „History of Monetary Systems", S. 72-73.

zu prägen. Das galt bis zu jenem Ereignis, doch danach taten es alle.[13] „Hier enthüllt sich das versteckte Motiv für den Angriff des christlichen Westens auf den christlichen Osten im Jahr 1204: Es ging darum, die Rechtsbefugnis zur Herstellung und Prägung von Goldgeld gemäß der römischen Verfassung zu erlangen. Danach ging das Privileg der Geldausgabe auf die niedrigeren gekrönten Häupter Europas über. Vor diesem Zeitpunkt wäre es jedoch ein Sakrileg gewesen, irgendwelche anderen Goldmünzen in Umlauf zu bringen. Daher wagte kein christlicher Prinz und nicht einmal der Papst in Rom oder der Herrscher des westlichen mittelalterlichen Reiches, Goldmünzen zu prägen, solange das alte Kaiserreich bestand."[14] Solches Geld hätte buchstäblich als „häretisches Geld" gegolten.[15]

Hier haben wir also eine weitere *mögliche* Erklärung dafür, warum die gekrönten Häupter des mittelalterlichen Westeuropa sich während der Zeit des Mittelalters so intensiv mit Alchemie befassten.[16] Die Alchemisten nahmen ja für sich in Anspruch, einfache Metalle in Gold verwandeln zu können. Wenn man nämlich Gold-Besant-Münzen kopierte und sie anschließend in Gold verwandelte, könnte das nicht als Geldfälschung ausgelegt werden. Schließlich prägte niemand diese Münzen aus Gold und brachte sie in Umlauf. Auf diese Weise hätte man das byzantinische Geldmonopol geschickt umgangen.

A.2. Das ägyptische Modell: Bergbau, Sklaverei, Söldner und was daraus folgt

A.2.1. Nubien und Ägypten

Die bisher aufgedeckte Verbindung zwischen dem staatlichen Privileg zur Münzprägung, dem internationalen „Kartell der Edelmetall-Händler", dem Tempel und nun auch noch der Alchemie führt uns zwangsläufig weiter in der Geschichte zurück, bis zum alten Ägypten, in dem diese Beziehungen noch wesentlich enger waren. Hier erkennt man noch deutlicher, wie das internationale Edelmetall-Kartell allmählich düstere Gestalt annimmt und nicht nur eng mit den Tempeln, sondern auch einer Höheren Physik verwo-

13 Ebd., S. 70.

14 Alexander Del Mar, „History of Monetary Systems", S.75.

15 Ebd.

16 Mehr zu diesem Thema findet sich in meinem Buch „The Philosophers' Stone", Feral House, 2009, Kapitel eins und zwei.

ben ist, die mit den Tempeln und mit Geld zu tun hat. Wie wir noch sehen werden, ist Ägypten auch noch aus einem anderen Grund bedeutsam, denn es steht als Symbol für die Verbindung von Edelmetall-Kartell und Tempel, eine Beziehung, die man auch in anderen Staaten und Zivilisationen der damaligen Zeit findet.

Was Goldabbau und Herstellung anbelangte, war Ägypten vermutlich das bedeutendste Land der antiken Welt und das lag an den Besonderheiten des Nils. Del Mar drückt es so aus:

„Gold wurde in fast jeder Region gefunden, die an den Nil angrenzte, vom Äquator bis zum ersten Katarakt.“[17] Doch kein Land war mehr mit dem Goldabbau verbunden als Nubien, das an das heutige Süd-Ägypten und den Sudan angrenzt.“[18] Am Fuß der sanften Hügel Nubiens lag eine ausgedehnte Wüste aus Kies und Sand, die während der Flut von zahlreichen Strömen und Rinnsalen durchflossen wurde. Diese Region ist als Bisharee oder Bishara, die große nubische Wüste bekannt.[19] Del Mar führt weiter aus:

> Neben den Minen im Altai-Gebirge in Indien zählen die ägyptischen Minen von Bisharee wahrscheinlich zu den ältesten der Welt. Angesichts des indischen Ursprungs der Ägypter und der Tatsache, dass führende Nationen, in ferne Länder vorstießen und diese eroberten, um an Gold zu gelangen, scheint es keineswegs unwahrscheinlich, dass zwischen der Entdeckung der ägyptischen Minen und der ersten Besiedelung des Landes durch asiatische Rassen ein Zusammenhang bestand.[20]

---

17 Alexander Del Mar, „ A History of Money in Ancient Countries from the Earliest Times to the Present“, Kessinger Publications, Wiederauflage von George Bell and Sons edition, London, 1885, S.133.

18 Ebd. S. 131.

19 Ebd., S. 131-132.

20 Ebd., S. 138. Del Mar erwähnt, dass die Ägypter möglicherweise aus Indien stammten. Das verlangt nach einer genaueren Erklärung. Nach Del Mars Ansicht ergab sich dies aus den ausgedehnten Völkerwanderungen der arischen Völker, die vom indischen Subkontinent ausgehend in den Mittleren Osten und später nach Europa gelangten. Das Motiv, das Del Mar für diese Völkerwanderungen und Gebietsausweitungen angibt, unterscheidet sich allerdings von dem, was sonst vorgebracht wird. „Vor sehr, sehr langer Zeit gab es fünf Gruppierungen von Menschen – Lydier, Phrygier, Phönizier, Griechen und verschiedene zu den Ariern gehörende Rassen – die in alle Richtungen vorstießen und auf der Suche nach Gold, Silber und Kupfer in die Wüsten und Wildnisse des ursprünglichen Europa gelangten.“ (S. 126) Mit anderen Worten, die Völkerwanderungen war von monetären Interessen getrieben.

Die Minen von Bisharee waren in der alten Zeit so reich, dass es lohnt, sich näher mit ihnen zu befassen, denn wenn wir genauer hinsehen, erkennen wir, dass sich hier ein Muster abzuzeichnen beginnt.

A.2.2. Quarz, Gold und Sklaverei

Die Minen von Bisharee zählten, wie bereits erwähnt, zu den ältesten bekannten Minen der alten Zeit, und zu den ausgedehntesten. Wie viele Goldminen waren die Felder von Bisharee auch für ihre reichen Quarzvorkommen berühmt:

> Wenn Mutmaßungen dort erlaubt sind, wo Daten [...] widersprüchlich sind, scheint es wahrscheinlich, dass die Minen bereits in der Ära von Menes, die man zwischen dem 29. und dem 39. Jahrhundert v. Chr. ansetzt, betrieben wurden. Zur Zeit jenes Monarchen und Gesetzgebers war der Nil eingedeicht. Die Charakteristik des Flusses und seine Umgebung machten eine Eindämmung keinesfalls erforderlich, es sei denn, der Bergbau hätte das Wasser mit Sedimenten überladen.
>
> Das vermutete hohe Alter der Minen wird durch einige Tatsachen untermauert: Zur Zeit von Menes wurde sogar in Indien Goldgeld verwendet; Menes war ein indischer Eroberer und Gesetzgeber; der noch erhaltene indische Manu-Kodex, der irgendwann zwischen dem 15. und dem 31. Jahrhundert v. Chr. entstanden sein soll, stellt offenbar eine Neubearbeitung eines viel älteren, heute verlorenen Kodex dar; zwischen Indien und Ägypten wurde seit den frühesten geschichtlich erwähnten Zeiten Handel getrieben, was sich durch archäologische Funde belegen lässt und im Jahr 2000 v. Chr. fand eine ägyptische Expedition nach Indien statt, die Sesostris zugeschrieben wird. Zusätzlich gibt es noch eine Reihe weiterer Überlegungen.
>
> Wie dem auch immer sei, feststeht, dass in den Minen von Bisharee bereits während der 12. Dynastie, die nach Lepsius im Jahr 2830 v. Chr. begann, Quarz abgebaut wurde. *Aus der jedem Grubenarbeiter bekannten Tatsache, dass niemals Quarz abgebaut wird, solange in den Seifen noch geringste Spuren von abbaubaren Edelmetallen enthalten sind, und aus den in Italien, Spanien und Brasilien gesammelten Erfahrungen – wo wie in Ägypten ausgedehnte Seifen von Sklavenhand bearbeitet wurden – lässt sich ableiten, dass die Seifenminen von Bisharee bereits mindestens 200 Jahre alt gewesen*

sein müssen, als dort unter den Pharaonen der 12. Dynastie Quarz abgebaut wurde.[21]

Hier begegnen wir zwei neuen Faktoren, die im Laufe dieses Buches noch an Bedeutung gewinnen werden: zum einem dem Vorkommen kostbarer Halbedelsteine, in diesem Fall Quarze, und zum anderen der Bearbeitung solcher Vorkommen durch Sklaven.

A.2.3. Diodorus Siculus und die Minen von Bishara

Die Tatsache, dass in den Minen von Bisharee Sklaven arbeiteten, liefert uns einen ersten Einblick in die Denkweise und die Mentalität der Edelmetall-Händler der alten Zeit und erklärt, warum man sie so oft mit den Tempeln in Verbindung brachte. Es lohnt sich, der Sache genauer auf den Grund zu gehen, und dazu kann uns der Bericht des klassischen Schriftstellers Diodours Siculus Einblick geben. Wie Del Mar erwähnt, besuchte Diodorus die Minen im Jahr 50 v. Chr. und gab nach seinem Aufenthalt dort seinen Eindruck von den Minen wie folgt wieder:

> An den Grenzen Ägyptens zu seinen Nachbarländern gibt es Gebiete mit reichen Goldvorkommen, wo auf Kosten und durch Mühsal zahlreicher Arbeiter Gold abgebaut wird. Der Boden ist von Natur aus schwarz, doch im Leib der Erde gibt es viele Adern mit leuchtend weißem Quarz, in dem alle Arten von hellen Metallen schimmern. Daraus lassen diejenigen, die zu Oberaufsehern bestimmt sind, das Gold mühsam von einer großen Menschenmenge ausgraben. Die Könige Ägyptens verbannen nämlich nicht nur notorische Verbrecher, Kriegsverbrecher, wegen Betrügereien angeklagte Personen oder Personen, die die Herrscherklasse beleidigt haben, sondern auch alle Familienmitglieder und Blutsverwandten dieser Menschen in die Minen. Sie werden entweder zur Strafe zu dieser Arbeit abkommandiert oder um den Ertrag und Gewinn für den König durch ihre Mühen zu mehren.
>
> So werden zahllose Menschen in diese Minen geworfen, alle an den Füßen gefesselt. Sie müssen Tag und Nacht arbeiten und werden so sicher eingesperrt, dass ein Entkommen unmöglich ist. *Sie werden von Söldnern mehrerer barbarischer Volksstämme bewacht, deren Sprache sie nicht verstehen und die sich auch untereinander nicht verständigen können. Somit besteht keine Möglichkeit für Verschwö-*

21 Alexander Del Mar, „A History of Money in Ancient Countries from the Earliest Times to the Present", S. 138-139, Hervorhebung vom Autor.

> *rungen oder die Bestechung derjenigen, die als Wächter eingesetzt wurden.* Die Gefangenen werden von den Aufsehern mit Stöcken zu ununterbrochener Arbeit angetrieben und oftmals schwer geschlagen. Man kümmert sich nicht im Geringesten um die Körper dieser armen Kreaturen. Sie haben nicht einmal Lumpen, um ihre Nacktheit zu bedecken. Jeder, der sie erblickt, muss sie ihrer Traurigkeit und ihres bedauernswerten Zustands wegen bemitleiden, denn auch wenn sie krank, verstümmelt oder lahm sind, gönnt man ihnen keine Pause oder Unterbrechung der Arbeit. Weder die Schwäche des Alters noch die Zartheit der Frauen gelten als Entschuldigung. Alle werden mit Knüppelschlägen zur Arbeit getrieben, bis sie, gebrochen von der unerträglichen Schwere ihres Elends inmitten ihrer unendlichen Qualen tot zusammenbrechen. Bar jeder Hoffnung erwarten diese bedauernswerten Kreaturen, dass der nächste Tag noch schlimmer wird als der vorhergehende, und so sehnen sie den Tod herbei, um sie von ihrer Qual zu erlösen.[22]

Zweifellos erregt diese Passage in jedem anständigen Menschen Mitgefühl für diese armen, bedauernswerten Geschöpfe, die zur Arbeit in den Minen verurteilt waren, doch zudem verdienen zwei Punkte besonderer Beachtung.

Zum einen kann man aufgrund des Alters der Minen von Bisharee und der Stabilität der ägyptischen Gesellschaft und Kultur wohl annehmen, dass die Bedingungen, die in den Minen herrschten, sich im Lauf der Jahrhunderte, in denen sie betrieben wurden, nicht veränderten. Zum anderen könnte der Einsatz eines internationalen Söldnerkontingents zur Bewachung der Minen durchaus eine viele Jahrhunderte zurückreichende Praxis gewesen sein. Diodorus nennt den Grund dafür ganz klar: Man wollte den Verurteilten jede Möglichkeit nehmen, eine ausreichende Zahl von Wachen zu bestechen, um fliehen zu können.

Die Anwesenheit von Söldnern könnte aber noch auf etwas anderes hinweisen, und zwar auf eine gewisse Absprache zwischen den ägyptischen Königen und denjenigen, die in der Lage waren, ein solch großes, multinationales Söldnerheer *bereitzustellen*. Kurz gesagt, das zur Bewachung eingesetzte Söldnerkontingent weist unterschwellig auf die Existenz einer internationalen Geldmacht hin. Aber ein Hinweis ist noch kein Beweis.

---

22 Diodorus Siculus

A.2.4. Geld, Könige, Tempel und Fälscher

Es gibt noch einen weiteren Hinweis darauf, dass beim Einsatz von Söldnern in den Bisharee-Minen mehr als Zufall im Spiel war. Ein weiteres Indiz dafür ist die weitverbreitete Verbindung von alten Tempeln und der Ausgabe von Edelmetallmünzen:

> Antike chinesische und indische, aber auch frühe griechische Münzen waren oftmals mit Emblemen verzierten, die im erster Fall vermutlich und im zweiten Fall sicher religiöser Natur waren. Die Münzprägung erfolgte in den Tempeln, und die Priester monopolisierten die Geheimnisse der Metallurgie oder versuchten es zumindest. Dieser Brauch könnte auf die Habgier der Priesterschaft zurückzuführen zu sein, der es um den Profit aus der Münzprägung ging. Vielleicht war es auch eine Vorsichtsmaßnahme der Herrscher, die damit Fälschungen verhindern oder besonders verwerflich machen wollten.[23]

Diese Tatsache und der Umstand, dass ein internationales Kontingent von Söldnern in Bisharee Dienst tat, wirft eine Reihe von Fragen auf:

1) Warum befanden sich die Münzstätten ausgerechnet in den *Tempeln*, wenn doch, wie Del Mar erkannt und wir bereits herausgefunden haben, das Monopol für Geldausgabe und Wertregulierung ausschließlich beim Staat oder der Krone lag? Ein Teil der Antwort ist natürlich darin zu finden, dass in den meisten alten Kulturen, besonders im Mittleren Osten, der König auch religiöses Oberhaupt oder Hohepriester war und die Priesterschaft deshalb auch Aufgaben der Staatsbürokratie wahrnahm. Dennoch bleibt die Frage unbeantwortet, warum die Geldausgabe mit den Tempeln verbunden war.

2) Die enorme Verbreitung dieses Phänomens in so weit auseinander liegenden Kulturen wie China, Indien und Griechenland verlangt nach einer Erklärung. Finden wir diese wiederum allein in der engen Verbindung königlicher Vorrechte und Priesterschaft in den alten Gesellschaften begründet oder ist noch etwas anderes im Spiel, etwas, das die Anwesenheit des internationalen Söldnerkontingents in Bisharee erklärt?

Wir haben bereits vermutet, dass die besondere Politik Roms bei der Wertfestlegung von Gold und Silber, die sich deutlich von der des Ostens

23 Alexander Del Mar, „A History of Money in Ancient Countries from the Earliest Times to the Present", S. 11-12.

unterschied, ein bestimmtes Maß an Zusammenarbeit zwischen den beteiligten Staaten erforderte. Diese Politik müsste also auf internationaler Ebene koordiniert worden sein. Nun finden wir in der Anwesenheit von Söldnern verschiedener Kulturen in den Minen von Bisharee einen weiteren Hinweis auf ein solches internationales Zusammenwirken. Es stellt sich also die Frage: Wer arbeitete hier zusammen und warum?

Einen Teil der Antwort finden wir in einer beiläufigen Bemerkung Del Mars:

> Die Ägypter, [...] die über die ausgedehntesten und produktivsten Goldminen verfügten, die es in der Antike jemals gegeben hatte, [...] *lieferten den anderen Staaten, darunter auch Indien, das Material, aus dem auch diese ihr Geld herstellen konnten.*[24]

Damit ist sicher belegt, dass wir es mit einer Verschwörung internationaler Edelmetall-Händler zu tun haben, denn warum sollte Indien ägyptisches Gold benötigen, um Geld ausgeben zu können? Warum verwendeten die indischen Könige und Prinzen kein Geld aus den Rohstoffen, die ihnen in Hülle und Fülle zur Verfügung standen? Das gesetzlich festzulegen wäre ihr Vorrecht gewesen. Warum verließen sie sich auf Goldimporte? Das Argument, dass ein international anerkanntes Austauschmedium erforderlich war, vermag nicht zu überzeugen, denn wie bereits erwähnt, schätzten Indien und China während der römischen Epoche Silber höher ein als Gold. Im Westen dagegen verhielt es sich genau umgekehrt. Außerdem hätten die verschiedenen Staatsoberhäupter durch diplomatische Vereinbarungen und Verträge beliebige andere Konvertierungsregeln festlegen können.

Wir konnten also drei verschiedene Beweise zusammentragen, die auf die mögliche Existenz einer internationalen Geldmacht der „Edelmetall-Händler“, wie wir sie nannten, in alter Zeit hinweisen:

1) Die ungewöhnliche Edelmetallpolitik Roms stand der des Ostens diametral gegenüber, was die Wertfestlegung von Silber- und Goldbarren anbelangte. Dieser gegensätzliche politische Ansatz wäre einer internationalen Geldmacht mit Niederlassungen in beiden Gebieten natürlich sehr entgegengekommen, denn sie hätte Goldgeld in den Osten befördern, es dort in Silber umtauschen und dafür Gebühren einstreichen können, um danach Silbergeld in den Westen zu schaffen und dort ebenfalls einzuwechseln. Der Profit wäre gigantisch gewesen.

24 Alexander Del Mar, „A History of Money in Ancient Countries from the Earliest Times to the Present“, S. 143, Hervorhebung vom Autor.

2) Fast überall auf der Welt, vom Mittleren Osten bis nach China und Indien, finden wir eine Verbindung zwischen Tempeln und Münzstätten.

3) In einer der größten Goldminen der Antike in Bisharee, in der Sklaven und Kriegsgefangene arbeiteten, gab es ein internationales Kontingent von Söldnern aus verschiedenen Ländern und Staaten.

Die Tempel der alten Zeit können aber nicht nur mit Münzprägung und Geldausgabe, sondern auch noch mit etwas völlig anderem in Verbindung gebracht werden [...].

B. Tempel und Maße: Astronomie, Astrologie und die Alchemie des Geldes

B.1. Tempel und Sterne

[...] und zwar mit Zeit und Zeitmessung, kurz gesagt mit Astrologie und Astronomie.

Heutzutage wird selbstverständlich akzeptiert, dass alte Tempel und megalithische Stätten auf bestimmte astronomische Ereignisse oder Konstellationen, Sonnenwenden, die Präzession der Tagundnachtgleichen oder Ähnliches ausgerichtet waren. Gesellschaften und Zivilisationen wie die Sumerer und die Babylonier waren für ihre ausgeprägten astronomischen und astrologischen Fertigkeiten bekannt. Sie hinterließen der Nachwelt buchstäblich Tausende von Tontafeln, auf denen sie ihre Beobachtungen aufgezeichnet hatten. Noch bis zum 19. Jahrhundert galt Ägypten als Ausnahme von dieser Regel, doch dann konnte der britische Astronom J. Norman Lockyear nachweisen, dass auch Ägypten seit frühester Zeit diesem Muster folgte. Mit Lockyears Buch „The Dawn of Astronomy: A Study of Temple Worship and Mythologie", begann eine neue, sich bis heute fortsetzende Ära, in der alternative Ägyptologen wie Andrew Collins, Graham Hancock und Robert Bauval zeigen konnten, dass die bekanntesten Bauwerke des alten Ägypten, die Pyramiden und die Tempel von Gizeh, nach astronomischen Aspekten ausgerichtet wurden. Man könnte Lockyear deshalb mit Fug und Recht als den ersten modernen „Paläophysiker"[25] bezeichnen, also

25 Den Begriff „Paläophysiker" prägte ich in meiner Buch-Trilogie „Todesstern Gizeh". Ich bezeichnete damit jemanden, der alte Texte und Monumente untersucht, um moderne

als einen modernen Wissenschaftler, der sich ernsthaft mit alten Mythen auseinandersetzt und sich darum bemüht, die wissenschaftliche Basis zu entdecken, die diesen alten Geschichten zugrunde liegt.

Lockyear fand heraus, dass die astronomischen und astrologischen Aufzeichnungen dieser alten Zivilisationen fast bis zu den Anfängen der uns bekannten geschichtlichen Ära zurückreichen:

> In Ägypten handelt sich um eine Epoche, die, wie verschiedene Autoren vermuten, etwa 6000 bis 7000 Jahre zurückreicht. In Babylonien führen uns die Schrifttafeln der Babylonier in den Nebel der frühen Geschichte, nämlich in die Zeit vor mindestens 5000 Jahren. *Die sogenannten „Omen-Tafeln" belegen, dass die Menschen sich schon mehrere tausend Jahre vor unserer Zeit mit der Beobachtung von Eklipsen und anderen astronomischen Phänomenen befassten.* In China und Indien war das vor etwa 4000 Jahren oder noch früher der Fall.[26]

Nimmt man die Aussagen der babylonischen „Omen-Tafeln" ernst, so wurden die Ergebnisse dieser Beobachtungen über Hunderttausende von Jahren hinweg sorgfältig aufgezeichnet![27]

In seinem Buch entschlüsselt Lockyear die Beziehung der verschiedenen ägyptischen Tempel zu den verschiedenen Gottheiten und setzt diese wiederum mit verschiedenen Himmelskörpern in Bezug, um am Ende des Werkes seine Hauptthese zu formulieren, die er als seine „Arbeitshypothese" bezeichnet:

1) Die erste Zivilisation, die sich nach bisherigen Erkenntnissen dem Tempelbau widmete, befand sich in Nordägypten, wo sie unter anderem die Tempel in Annu und Heliopolis schuf. Sie verehrte ein nicht äquinoktiales Sonnenbild und pflegte den Kult des Nordsterns.

---

wissenschaftliche Analogien aufzuspüren und so Aspekte einer höheren, heute verloren gegangenen Physik wiederzufinden. Solche Untersuchungen basieren auf der methodologischen Annahmen, dass es einst, vor sehr langer Zeit, eine äußerst hochstehende Zivilisation gab, die noch vor den klassischen Zivilisationen in Ägypten, Mesopotamien, im Indus-Tal und in China existierte und diesen Kulturen später ihr Vermächtnis hinterließ, das sich allerdings im Laufe der Zeit abschwächte. Lockyear geht nicht von einer solchen Grundannahme aus und versucht daher auch nicht, eine solche verlorene Wissenschaft zu rekonstruieren.

26 J. Norman Lockyear, „The Dawn of Astronomy: A Study of the Temple Worship and Mythology of the Ancient Egyptians", Dover, 2006, S. 2, Hervorhebung vom Autor. Ich habe bereits an anderer Stelle auf die lange Tradition astronomischer Beobachtungen in Ägypten und Babylon hingewiesen; siehe mein Buch „The Cosmic War: Interplanetary Warfare, Modern Physics and Ancient Texts", Adventures Unlimited Press, 2007, S. 241-243.

27 Joseph P. Farrell, „The Cosmic War", S. 241.

2) Memphis (und wahrscheinlich ebenso Sais, Bubastis, Tanis und andere Städte mit ost-westlich ausgerichteten Mauern) und die großen Pyramiden wurden von einer neuen Rasse gebaut, die in das Land eindrang und fortschrittliches astronomisches Gedankengut mitbrachte. Vermutlich verehrte man die nördlichen Sterne des Meridians und hielt zu jeder Tagundnachtgleiche eine Feier für einen im Osten aufgehenden Stern ab.

3) Die Lücken in den Überlieferungen aus der darauffolgenden Periode ägyptischer Geschichte haben mit den Konflikten zwischen dieser Rasse und den anderen Rassen zu tun. Die Vertreter des alten Annu-Kults trugen schließlich den Sieg davon. Dabei erhielten sie Unterstützung aus dem Süden. Es scheint, als hätten sich der Nordsternkult und der Südsternkult gemeinsam gegen den Äquinoktialkult verschworen.

4) Nach den Konflikten kam der Pyramidenbau im Osten und Westen praktisch zum Erliegen. Memphis wurde auf den zweiten Rang verwiesen, während Theben, die südliche Hochburg für Annu, den Kult der Sonne und den Kult des Seth als Sitz der zwölften Dynastie die Bühne betrat.

5) Die darauffolgenden historischen Ereignisse beruhten weitgehend auf Konflikten mit den aus Nordost eindringenden Rassen. Die Invasoren ließen sich in Städten nieder, deren Mauern ost-westlich orientiert waren. Sie wurden alle von den Anhängern der Sonnwendfeiern vertrieben, die ihre Dynastien (die 18. und 20.) in Theben gründeten.[28]

Wir wollen uns an dieser Stelle nicht mit der ausführlichen Beweisführung Lockyears befassen, die ihn zu diesen Schlussfolgerungen führte, sondern nur festhalten, dass es bei den verschiedenen Konflikten in Ägypten – geht man von Lockyears Prämisse der astronomischen Ausrichtung der Tempel aus – in gewissem Sinne ebenso sehr um Physik wie um Religion ging. Angesichts der Tatsache, dass babylonische Tempel bekanntermaßen mit verschiedenen Gottheiten und Himmelskörpern in Beziehung standen und das, wie Lockyear argumentiert, auch in Ägypten der Fall war, *wird klar, dass die Tempel eigenartigerweise und aus noch unbekannten Gründen*

28 J. Norman Lockyear, „The Dawn of Astronomy".

eng mit bestimmten Himmelskörpern und ebenso mit der Münzerei und der Ausgabe von auf Edelmetall basierendem Geld in Verbindung standen.

Eine mögliche Erklärung für diese Verbindung bietet Richard C. Hoagland, ein bekannter Forscher für Weltraumanomalien, an. Wir können uns auf Hoaglands Aussagen einstimmen, indem wir uns mit einer seltsamen Tatsache auseinandersetzen, die Lockyear aufgefallen war: „[...] in Unterägypten sind die Tempel auf Sterne ausgerichtet, die nahe dem nördlichen Horizont aufgehen oder im Nordwesten untergehen. In Oberägypten finden wir vorwiegend eine Orientierung der Tempel auf Sterne, die im Südosten aufgehen oder tief im Südwesten untergehen.“[29] Die Tatsache, dass sich bei so vielen alten Tempeln ein aufgrund ihrer astronomischen Ausrichtung tiefgründiger Bezug zu den Sternen feststellen lässt, liefert ebenso wie die auffallende Verbindung der Geldwechsler zu diesen Tempeln einen Hinweis darauf, dass diese klassischen Zivilisationen – vielleicht aufgrund der sehr hochstehenden Kultur, aus der sie hervorgegangen waren – mit der Verknüpfung von Bankwesen und Astrologie die vage Erinnerung an eine verlorene Wissenschaft bewahrten, die Physik, Wirtschaft und Finanz vereinigte.

Während seines Informationsvortrags über nachgewiesene Marsanomalien vor den Vereinten Nationen im Jahr 1992 traf Hoagland eine Reihe interessanter Feststellungen:

> Oder nehmen Sie die Sonne selbst. Während der vergangenen Jahre suchten die Wissenschaftler nach Nuklearteilchen, die durch die thermonuklearen Reaktionen auf der Sonne nach dem Modell einer „Wasserstoffbomben-Kettenreaktion“ von der Sonne ausgestoßen werden müssten. Doch in den letzten 20 Jahren haben sie nicht annähernd so viele Teilchen gefunden, wie die Modelle vermuten ließen. Die Sowjets und die Japaner, die kürzlich Experimentreihen starteten, um diese wichtigen Teilchen zu messen, konnten tatsächlich überhaupt keine finden. Wäre es möglich, dass dieser leuchtende Gasball im Zentrum unseres Sonnensystems, um den sich alle Welten dieses Systems drehen, tatsächlich aus einer anderen Quelle gespeist wird? [...] Nun, damit eröffnen sich uns neue Möglichkeiten, die, wenn wir auf die alten Kulturen unseres Planeten und ihre Fixierung auf die Sonne zurückblicken, wohl auch schon anderen aufgefallen waren.

29 J. Norman Lockyear, „The Dawn of Astronomy: A Study of the Temple Worship and Mythology of the Ancient Egyptians“, Mineola, New York: Dover Publications, Inc., 2006, S. 341.

> Betrachten wir die Sterne am Nachthimmel, so sehen wir keine Kettenreaktionen von in sich geschlossenen Wasserstoffbomben, wir sehen *Portale* in eine andere Dimension. Durch diese leuchtenden Fenster können wir blicken und dort Fragmente einer Physik der anderen Seite erkennen. Greift man diese Metapher auf und liest die altägyptischen hieroglyphischen Beschreibungen des Sirius, des hellsten Sterns am Himmel, so begegnet man dort der Feststellung, dass Sirius ein Tor ist. Was wussten die alten Ägypter also? Was wussten sie?
>
> *Aus der Sicht eines Ägyptologen des 20. Jahrhunderts, eines modernen Anthropologen oder eines anderen Wissenschaftlers, der sich mit der Geschichte des Menschen oder mit Archäologie befasst, lautet die Antwort ganz eindeutig: „Sie wussten gar nichts. Es war alles primitiver Aberglaube" […].* [Doch] *uns stehen spezifische mathematische Beweise zu Verfügung, die stark die Vermutung nahelegen, dass die Ägypter, und auch andere Völker, sehr genau wussten, dass dem Nachthimmel und der gesamten Realität eine Physik zugrunde liegt, die auch für die uns heute bekannte Geometrie der Monumente auf dem Mars gilt.* Das ist natürlich eine erstaunliche Feststellung.
>
> Aber es gibt noch etwas anderes, und der Gedanke drängt sich auf, nachdem wir diesen Teil geklärt haben, nämlich dass die Sonne – möglicherweise – tatsächlich ein „Tor" in eine andere Dimension darstellt und wir ihre Energie nur als etwas wahrnehmen können, dessen Kraft, Energie oder Prozess auf einer höheren Ebene liegt und auf eine niedrigere Ebene heruntertransformiert wird. In diesem Fall könnte es möglich sein, diesen Prozess auf der Erde anzuzapfen und tatsächlich eine hyperdimensionale Technologie zu erschaffen. Was ließe sich damit alles erreichen […]![30]

Was also wussten die alten Ägypter und die anderen alten Kulturen wirklich, die konsequent und konstant Sterne mit Gottheiten, „höheren Intelligenzen" und anderen Dimensionen in Verbindung brachten? Lag ihrer astrologischen Obsession tatsächlich eine höhere Physik zugrunde? Hoagland hebt noch einen anderen Punkt hervor, und zwar dass die Fixierung der alten Völker auf „Heilige Geometrie" und der Bau ihrer Tempel und Gebäude auf markanten geometrischen Punkten, in diesem Fall auf dem

---

30 Richard C. Hoagland, DVD: „Hoagland's Mars: DVD 2: The United Nations Briefing", UFO TV, 37:13-40:01 der Präsentation. Hoagland traf seine Feststellungen im Februar 1992 vor den Vereinten Nationen; Hervorhebung vom Autor.

Mars, auf physikalischen Grundlagen beruhten. Doch warum findet man in all diesen Tempeln unausweichlich *Geldwechsler*? Eine mögliche Antwort wird von Lockyear angedeutet.

B.2. Eine verblüffende Ähnlichkeit

Lockyear beobachtete in diesem Zusammenhang etwas, das für unsere Zwecke relevant ist. Um dessen Bedeutung zu verstehen, muss man sich Folgendes klar machen: Wenn die Tempel – sei es in Ägypten oder Mesopotamien – mit bestimmten Göttern in Beziehung standen und diese Götter wiederum mit verschiedenen Himmelskörpern assoziiert wurden, dann müsste es zwischen den Pantheons der jeweiligen Zivilisationen deutliche Parallelen geben, da sich die astronomischen Grundlagen ja schließlich entsprachen. Wie Lockyear feststellte, ist genau das der Fall. So gibt es etwa eine auffallende Parallele zwischen dem ägyptischen Gott Annu oder An und dem babylonischen Anu.[31] Im astrologisch-astronomischen Sinne vermischen sich die Gottheiten miteinander. So war der Hauptgott der mesopotamischen Stadt Eridu Ea, auch Enki oder Oannes genannt. „Er wurde als Ziegenfisch dargestellt."[32] Dieser Ea oder Enki zeugte einen Sohn namens Tammuz, der „in gewisser Weise mit Asari assoziiert wurde", dessen Name, wie Lockyear bemerkte, eine erstaunliche Ähnlichkeit zu dem ägyptischen Namen Osiris aufweist.[33] Der Gott Tammuz wurde in Chaldäa letztendlich zu dem berüchtigten mörderischen Gott Nergal.[34] Im Weg der astronomischen Gleichsetzung wandelte sich Nergal in Babylon schließlich zur „Frühlingssonne Marduk".[35] Hinter all diesen Transformationen und Parallelen in der Götterwelt zeichnet sich die Gleichsetzung von Nergal und Marduz ab, die über Tammuz auch mit dem ägyptischen Osiris in Verbindung stehen. Diese Ähnlichkeiten des Pantheons sind, wie Lockyear zeigte, natürlich unvermeidlich, wenn die Götter selbst mit bestimmten Himmelskörpern assoziiert wurden. Die Strukturen am Himmel bildeten die Vorlagen und wurden mit bestimmten Göttern und ihren Tätigkeiten in Verbindung gebracht.

---

31 J. Norman Lockyear, „The Dawn of Astronomy", S. 363.

32 Ebd., S. 372.

33 Ebd.

34 Ebd.

35 Ebd., S. 373

Angesichts der Tatsache, dass wir nicht nur eine enge Beziehung der Tempel zu Astronomie und Astrologie, sondern auch zu Geldausgabe und folglich zu Bergbau festgestellt und zudem drei wichtige Hinweise darauf entdeckt haben, dass wir es mit dem diskreten und subtilen Wirken einer alten international tätigen Edelmetall-Händler-Klasse zu tun haben könnten, mag die Ähnlichkeit der Götterwelten mehr als nur rein astronomische Gründe haben. Möglicherweise wurden diese Pantheons bewusst von einer Organisation manipuliert, die bereits in den alten Zeiten auf internationaler Ebene tätig war und über großen Einfluss verfügte. Aber zu welchem Zweck? Die Antwort auf diese Frage muss leider bis zum nächsten Kapitel warten, denn es gibt noch einen weiteren Zusammenhang zwischen Göttern, Gold und Tempeln, den es zu untersuchen gilt:

B.3. Gold, Götter und Edelsteine

Dabei geht es um Edelsteine und Halbedelsteine. Nach Ansicht des Forschers George Frederick Kunz ist es eigenartig, dass

> bei den Menschen, von den frühesten Zeiten ihrer Geschichte an, Edelsteine und andere kostbare Steine in so hohem Ansehen standen. Man fand sie in den Monumenten verschiedener prähistorischer Völker, und nicht nur die Zivilisationen der Pharaonen, der Inkas und der Azteken Montezumas maßen diesen funkelnden Gegenständen aus dem Schmuckkästchen der Natur eine Bedeutung bei, *die sich nicht alleine durch ihre besonderen Eigenschaften erklären lässt.*[36]

Aber warum maß man ihnen eine Bedeutung bei, die sich nicht alleine durch ihre „besonderen Eigenschaften" erklären lässt? Die Antwort könnte wiederum in der wohlbekannten Verbindung zur Astrologie zu finden sein:

> Die Magier, die Weisen, die Seher und die Astrologen längst vergangener Zeiten sahen in den Edelsteinen vieles, was wir nahezu vergessen haben. Für sie besaß jeder Edelstein aufgrund seiner speziellen Eigenschaften planetarische Anziehungskräfte und wurde mit bestimmten Tugenden in Zusammenhang gebracht, die im Jahreslauf bei entsprechender Übereinstimmung mit den Tierkreiszeichen besonders zur Wirkung kamen. Diese Weisen früherer Zeiten glaubten

36 George Frederick Kunz, „The Curious Lore of Precious Stones", Dover, 1971, S. 1, Hervorhebung vom Autor.

fest daran, dass Edelsteine einen großen Einfluss auf Neugeborene ausübten – man ein Kind also durch geeignete Talismane und durch Edelsteine, die zum Geburtszeitpunkt und dem entsprechenden Tierkreiszeichen passten, vor dem Bösen in der Welt schützen konnte.[37]

Nach Auffassung der Weisen alter Zeiten waren Edelsteine wegen ihrer besonderen Verbindung zu astronomischen Konstellationen, Planeten und Häusern des Horoskops in der Lage, die Kräfte dieser Himmelkörper oder Konstellationen anzuziehen (oder abzuwehren). Woher aber kam dieser Glaube? Was lag ihm zugrunde?

So sehr man in alten Texten und Wälzern[38] auch nach einer Antwort auf diese Frage sucht, man kehrt stets mit leeren Händen zurück. Denn außer der schlichten Feststellung, *dass* es eben so ist, findet man allenfalls hier und da einen – meist wenig überzeugenden – Erklärungsversuch für das *Warum*. Kunz berichtet, dass man sich zur Zeit der Renaissance „bemühte, irgendwelche Begründungen für solche traditionellen Glaubensvorstellungen zu finden."[39] Er scheut sich auch nicht anzumerken, dass die Wissenschaft selbst möglicherweise die Gründe finden oder besser gesagt wiederentdecken könnte.[40]

B.3.1. Die traditionellen Kräfte der Edelsteine

Wir wollen uns die spekulative Frage nach einer wissenschaftlichen Erklärung für diese Beziehungen für ein späteres Kapitel aufheben und an dieser Stelle nur ein paar Kräfte und Tugenden unter die Lupe nehmen, die den Edelsteinen nach alter Überlieferung zugeschrieben werden. Eine fast universell mit den Steinen in Verbindung gebrachte Eigenschaft ist die Fähigkeit, verschiedene Krankheiten oder Schwächen zu heilen.[41] Die Heilkräfte hingen oftmals mit der jeweiligen Farbe oder Leuchtkraft der Steine zusammen.[42] In der Hindu-Tradition werden Diamanten gar als „Indras Waffe" bezeichnet.[43] Bei den Sumerern gab es Steine für „Liebe" und

37 Ebd.

38 Kunz bezieht sich hier auf verschiedenste Quellen aus sehr alter Zeit, aus der Hindu-Tradition („The Curious Lore of Precious Stones", S. 13-14), aus dem Mittelalter (S. 14-15), aus der hermetischen Überlieferung (S. 16) und sogar aus der Zeit der christlichen Patrizier (S. 16).

39 Ebd., S. 1-2.

40 Ebd., S. 2.

41 Ebd., S. 6, 28.

42 . Ebd., S. 28.

43 Ebd., S. 343.

für „Hass“ oder wie es in den sumerischen Schriften wörtlich heißt zur „Entliebung“.[44] Wie die Leser meines Buches „The Cosmic War“ bereits wissen, gibt es eine besondere sumerische Geschichte, das „Epos von Ninurta“, das nichts weiter enthält als eine ziemlich langweilige Aufstellung all der außergewöhnlichen Edelsteine, die nach einem grausamen Krieg erbeutet wurden, und damit wären wir wieder bei dem fantastischen Szenario angelangt, mit dem wir dieses Buch begonnen haben.[45]

In einigen Fällen werden den Edelsteinen ganz besondere Kräfte zugeschrieben, die eine genauere Betrachtung verdienen.

B.3.1.1. Sonderfall Nummer eins: Unsichtbarkeit

Kunz zitiert eine erwähnenswerte Passage aus der Abhandlung „The Faithful Lapidary“ von Thomas Nicols aus dem Jahr 1659.

> *Perfectionem effectus contineri in causa.* Aber es kann nicht wahrhaft so von Edelsteinen [sic] und anderen kostbaren Steinen gesprochen werden, die nach Auskunft der Steinkundigen die Wirkung haben, Menschen reich und eloquent zu machen, sie vor Blitz und Donner, Plagen und Krankheiten zu schützen, ihre Träume zu beeinflussen, ihnen Schlaf zu schenken, sie in die Zukunft blicken zu lassen, ihnen Weisheit zu verleihen, ihr Gedächtnis zu stärken, ihnen Ehre zu bringen, sie vor Zauber und Verwünschung zu schützen, der Faulheit zu wehren, die Keuschheit zu schützen, die Freundschaft zu stärken und Unstimmigkeiten und Meinungsverschiedenheiten zu verhindern [...].

So sieht eine übliche Aufzählung aus, und man kann verstehen, warum man den Steinen die Kraft, Menschen „in die Zukunft blicken zu lassen“ zuschreibt, denn angesichts der Beziehung zur Astrologie ist es nur logisch, die astrologische Vorausschau gerade mit Edelsteinen in Verbindung zu bringen. Doch dann folgt eine höchst ungewöhnliche Feststellung:

> *[...] und den Menschen unsichtbar zu machen, [...] wie Albertus und andere bestätigen [...]. Und noch viele andere Dinge werden von ihnen behauptet und ihnen zugeschrieben, die der Natur der Edelsteine zuwiderlaufen.*[46]

---

44 Ebd., S. 35.

45 Joseph P. Farrell, „The Cosmic War“, S. 204.233.

46 George Frederick Kunz, „The Curious Lore of Precious Stones“, S. 7, Hervorhebung vom Autor.

Man fragt sich, welche anderen „wundersamen Dinge" außer der Fähigkeit, Menschen unsichtbar zu machen, man den Edelsteinen wohl noch zusprechen könnte!

Der Glaube, dass bestimmte Steine einen Menschen der Sicht anderer entziehen können, findet sich auch bei Pierre de Boniface, einem Alchemisten des 14. Jahrhunderts, der behauptet, dass Diamanten ihren Träger unsichtbar machen können.[47] Da eine solche Aussage von einem Alchemisten stammt, könnte man spekulieren, dass so etwas nur zu bestimmten Zeiten und unter bestimmten Bedingungen möglich ist. Alchemisten behaupten ja bekanntermaßen, ihre Operationen müssten zu ganz bestimmten Zeiten durchgeführt werden, um Wirksamkeit zu entfalten.

B.3.1.2. Sonderfall Nummer zwei: Magnetische Levitation oder Antischwerkraft

Eine noch erstaunlichere Behauptung finden wir in einer Schrift, die 1709 in Wien erschien, sowie in einem dazu verfassten Kommentar von Valentini „Museum museorum oder die vollständige Schau-Bühne", einem obskuren Manuskript, das 1714 in Frankfurt am Main veröffentlicht wurde:

> Entsprechend dem Kommentar zu einem merkwürdigen Text aus Wien aus dem Jahr 1709 konnte man die Anziehungseigenschaften des sogenannten Korallachats in einem Luftschiff nutzen, das ein brasilianischer Priester erfunden hatte. Über dem Kopf des Lenkers, der in dem Luftschiff saß, waren verschiedene verschlungene Drähte angebracht, an denen Korallachate befestigt waren. *Diese sollten helfen das Schiff nach oben zu ziehen, wenn sie durch die Hitze der Sonne genügend magnetische Kraft aufgenommen hatten.* Die Hauptauftriebskraft wurde durch starke, in zwei metallischen Kugeln angebrachte Magnete bewirkt. Wie sich die Magnete selbst heben sollten, wird nicht erklärt.[48]

Offenkundig nahm man an, dass Korallachate in Verbindung mit Sonnenstrahlen, aus welchen mysteriösen Gründen auch immer, die Wirkungen von Magneten verstärkten!

47 Ebd., S. 72. Kunz weist zudem darauf hin, dass Diamanten nach Ansicht arabischer und persischer Autoren auch Unbesiegbarkeit verleihen können.

48 George Frederick Kunz, „The Curious Lore of Precious Stones", S. 52-53.

B.3.1.3. Sonderfall Nummer drei: Lichtspeichernde und lichtspendende Steine

Einen eher ernst zu nehmenden Sonderfall schildert Kunz in Zusammenhang mit den besonderen Eigenschaften brasilianischer Diamanten:

Nur ganz bestimmte Diamanten besitzen die Fähigkeit, Sonnenlicht oder künstliches Licht zu speichern und es bei Dunkelheit wieder abzugeben. Es handelt sich um brasilianische Steine mit leicht milchiger oder blauweißer Tönung. Die Wirkung ist auf eine in den Steinen eingeschlossene Substanz, nicht auf die Diamanten selbst, zurückzuführen. Willemit, Kunzit, Sphalerit (Zinkblende) und einige andere Mineralien besitzen die gleiche Eigenschaft. Dies könnte mit den geringen Mengen von Mangan oder bestimmten Uransalzen zu tun haben, die man in diesen Steinen findet. Schirmt man die Diamanten durch eine dünne Glasscheibe von Sonnenlicht oder künstlichem Licht ab, so wird dieses Phänomen unterbunden. Man kann damit beweisen, dass die Steine nur ultraviolettes Licht aufnehmen, denn diese Strahlen können das Glas nicht durchdringen [...].

Andererseits zeigen alle Diamanten ein phosphoreszierendes Leuchten, wenn man sie der Strahlung von Radium, Polonium oder Actinium aussetzt, sogar dann, wenn eine Glasscheibe dazwischen gestellt wird. In seiner Abhandlung über einige Aspekte der Phosphoreszenz bei Diamanten erklärt Sir William Crookes:

> „*In einem Vakuum, in das Strom hoher Spannung geleitet wird, phosphoreszieren Diamanten in verschiedenen Farben.* Die meisten südafrikanischen Diamanten geben ein bläuliches Licht ab. Diamanten anderer Herkunft leuchten blau, aprikosenfarben, hellblau, rot, gelbgrün, orange oder hellgrün. Das stärkste Phosphoreszieren findet man bei Diamanten, die bei Sonnenlicht fluoreszieren. Ein wunderschöner grüner Diamant aus meiner Sammlung leuchtet, wenn man ihn einem Vakuum aussetzt, fast so stark wie eine Kerze. Man kann bei seinem Licht ohne Weiteres lesen. Aber die Zeit ist noch nicht gekommen, in der man Diamanten als häusliche Lichtquellen einsetzt!“ [49]

Kunz steuert dazu eine interessante Beobachtung bei:

---

49 George Frederick Kunz, „The Curious Lore of Precious Stones“, S. 171-172, Hervorhebung vom Autor. Dieser Kommentar von Crookes ist äußerst interessant, denn Archäologen rätseln schon seit Langem, wie es den alten Ägyptern möglich war, im Inneren ihrer Tempel zu sehen. Unterstellt man, dass sie Elektrizität kannten und nutzten, könnte es gut möglich sein, dass sie die Eigenschaften von Diamanten entdeckt hatten. Oder war dieses Wissen ein weiteres Vermächtnis, das den Ägyptern hinterlassen worden war?

> Eine alte griechische Schrift, die ihrem Titel nach aus dem „Allerheiligsten des Tempels“ stammt und Material enthält, das teilweise ägyptischen Ursprungs ist, könnte uns helfen zu verstehen, welche Verfahren die Tempelpriester möglicherweise anwendeten, um das gemeine Volk durch leuchtende Edelsteine zu beeindrucken. Der Verfasser der Schrift erklärt, dass man zur Herstellung des „Karfunkels, der in der Nacht leuchtet“, bestimmte Teile von Meerestieren (die er als Galle bezeichnet) verwendete, deren Eingeweide, Schuppen oder Knochen phosphoreszierende Eigenschaften aufwiesen. Bei richtiger Behandlung leuchteten diese kostbaren Steine (hauptsächlich Karfunkel) nachts so stark, „dass jeder, der im Besitz eines solchen Steines war, in seinem Licht so gut lesen oder schreiben konnte wie bei Tageslicht.“ [50]

Man beachte, dass diese Behauptung aus einem altgriechischen alchemistischen Text stammt. Und die Alchemie wird stets mit Ägypten und seinen Tempeln in Verbindung gebracht. Wir können also wohl annehmen, dass solche Eigenschaften von Steinen, falls sie der ägyptischen Priesterschaft bekannt waren, zu deren bestgehüteten Geheimnissen zählten.

B.3.2. Edelsteine, Tierkreis und der Ephod (Brustplatte) des hebräischen Hohepriesters

Das vielleicht bekannteste Beispiel für die Verbindung zwischen kostbaren Edelsteinen, dem Tempel und der Religion in der westlichen Kultur stellt die Brustplatte, der *Ephod*, des hebräisches Hohepriesters dar, die im Alten Testament der Bibel beschrieben wird. Es lohnt sich also, an dieser Stelle kurz inne zu halten und die verschiedenen Eigenschaften zu untersuchen, die nach jüdischer Überlieferung mit dieser Brustplatte in Verbindung gebracht wurden. Wie Kunz feststellt, wird in rabbinischen Legenden „von vier kostbaren Steinen berichtet, die König Solomon von Gott erhalten haben soll. Einer davon war ein Smaragd. Der Besitz dieser vier Steine soll dem weisen König der Überlieferung nach Macht über die gesamte Schöpfung verliehen haben.“ [51] Eine wahrhaft atemberaubende Feststellung über diese Steine, ganz gleich welche anderen, abgesehen von einem Smaragd, noch dazugehört haben mögen.

---

50 George Frederick Kunz, „The Curious Lore of Precious Stones“, S. 173-174, zitiert aus einer Übersetzung von „Collection des ancient alchemists grecs“ von M. Berthelot, Paris, 1887, 1888, S. 336-338, 351-352.

51 Ebd., S. 78, zitiert aus Weil „Biblische Legenden“, S. 225.

In meinem Buch „The Cosmic War" erklärte ich, dass ähnliche Behauptungen auch über die sumerischen „Schicksalstafeln" aufgestellt wurden. Dabei handelte es sich um Steine, die ihrem Besitzer angeblich „Macht über das gesamte Universum" verliehen. Das machte sie zu einer für die verschiedenen sumerischen Götter äußerst wertvollen – und heiß umkämpften – Technologie.[52] Hier finden wir eine vergleichbare Behauptung, die wesentlich später datiert und einer ganz anderen Kultur angehört. Salomon wurde ja nicht nur wegen seiner legendären Weisheit und seinem Reichtum bekannt, man brachte ihn auch mit dem Bau eines herrlichen Tempels in Zusammenhang.

Falls es diese Steine tatsächlich gab, trug der gefeierte hebräische König wahrscheinlich eine königliche Version der priesterlichen *Ephod*-Brustplatte. Die assyrische Variante der Brustplatte, die der König trug, bestand aus sieben Edelsteinen – die für die sieben Planeten der mesopotamischen Astrologie standen:

> Unter den assyrischen Texten, die sich mit Beschwörungsformeln und verschiedenen magischen Handlungen befassen, gibt es einen, in dem von einem Schmuckstück aus sieben leuchtenden Steinen die Rede ist, die der König als Brustamulett trug. Die Eigenschaften dieser Steine waren so hervorragend, dass sie selbst den Göttern als Schmuck gedient haben sollen. Nach Fosseys Übersetzung lautet der Text wie folgt:
>
> „Beschwörung. Die vortrefflichen Steine! Die vortrefflichen Steine! Die Steine des Überflusses und der Freude."
>
> „Strahlend geschaffen für das Fleisch der Götter."
>
> „Der *Hulalini*-Stein, der *Sirgarru*-Stein, der *Hulalu*-Stein, der *Sandu*-Stein, der *Uknu*-Stein."
>
> „Der *Dushu*-Stein, der kostbare *Elmeshu*-Stein, vollkommen in ihrer himmlischen Schönheit."
>
> „Der Stein, dessen Pingu in Gold gefasst wurde."
>
> „Dem König als strahlendes Ornament auf die Brust gelegt."
>
> *„Azagsud, Hohepriester des Bel, lass sie strahlen, lass sie leuchten!"*
>
> „Möge der Böse dieser Behausung fern bleiben!"[53]

---

52 Siehe mein Buch „The Cosmic War", S. 204.-232.

53 George Frederick Kunz, „The Curious Lore of Precious Stones", S. 230, zitiert aus Fossey „La Magie Assyrienne", Paris, 1902, S. 301, Hervorhebung vom Autor.

Man beachte den Hinweis auf den assyrischen Hohepriester und die Aufforderung, die Steine strahlen und leuchten zu lassen. Das legt den Schluss nahe, dass nicht nur die ägyptischen Tempelpriester, sondern auch ihre mesopotamischen Kollegen mit dem Geheimnis vertraut waren, Edelsteine phosphoreszieren zu lassen.

Ähnliche Brustplatten werden auch mit Babylon und sogar dem König von Tyros in Verbindung gebracht.[54] Was also hatte es mit der Brustplatte des hebräischen Hohepriesters auf sich? Dazu gibt es umfangreiche rabbinische und sogar muslimische Überlieferungen. Die zwölf Steine der Brustplatte des Hohepriesters werden zunächst einmal mit den zwölf Engeln in Verbindung gebracht, die „die Tore zum Paradies bewachen".[55] Der jüdische Historiker Flavius Josephus berichtete darüber hinaus von einer Tradition, wonach das Gewand des Hohepriesters an den Schultern mit phosphoreszierenden Steinen befestigt wurde.[56] In die zwölf Steine der Brustplatte waren die zwölf Namen der Stämme eingraviert.[57] Josephus bringt die zwölf Sterne des Ephod ferner mit den zwölf Monaten des Jahres[58] und mit dem Tierkreis in Verbindung.[59] Im Mittelalter gab es in der jüdischen Überlieferung eindeutig eine Verbindung der zwölf Stämme zu den Tierkreiszeichen wie folgt:

Juda	Widder
Issachar	Stier
Sebulon	Zwillinge
Ruben	Krebs
Simeon	Löwe
Gad	Jungfrau
Ephraim	Waage
Manasse	Skorpion
Benjamin	Schütze
Dan	Steinbock
Naftali	Wassermann
Asser	Fische[60]

54 George Friedrich Kunz, „The Curious Lore of Precious Stones", S. 230, zitiert aus Fossey „La Magie Assyrienne", Paris, 1902, S. 231.

55 Ebd., S. 275-276.

56 Ebd., S. 277.

57 George Frederick Kunz, „The Curious Lore of Precious Stones", S. 277-278.

58 Ebd., S. 309.

59 Ebd., S. 310.

60 Ebd., S. 314. Kunz merkt auch an, dass das Tragen einer Brustplatte mit zwölf Schmuckstücken eine Besonderheit darstellt, die man nur bei den Hebräern und den Ägyptern

Ebenso wie die Bundeslade stellt die Brustplatte ein Objekt historischer und religiöser Macht aus dem jüdischen Tempel dar. Nachdem Jerusalem im Jahr 20 v.Chr. von den römischen Truppen besiegt worden war, verschwand sie scheinbar von der Bühne der Geschichte. Aber wo blieb dieser Ephod mit den kostbaren Steinen?

Die Antwort von Kunz verdient es, in aller Ausführlichkeit zitiert zu werden:

> Die Schätze aus dem Tempel wurden nach Rom geschafft, und wir erfahren von Josephus, dass die Brustplatte in dem von Vespasian errichteten Tempel der Eintracht aufbewahrt wurde. Das soll um das Jahr 455 geschehen sein, als Rom von den Vandalen unter ihrem König Geiserich geplündert wurde. Nach Ansicht von C.W. King ist jedoch denkbar, dass bereits Alarich, der König der Westgoten, bei seiner Plünderung Roms in Jahr 410 v.Chr. den Schatz an sich genommen hatte. *Procopius berichtet ausdrücklich, dass „die Gefäße der Juden" anlässlich des Triumphs der Vandalen unter Belisar im Jahr 534 durch die Straßen von Konstantinopel getragen wurden. Das könnte die Vermutung bestätigen, dass sich die Vandalen die Brustplatte und ihre Juwelen angeeignet hatten.*
>
> *Man muss jedoch darauf hinweisen, dass Procopius die Brustplatte an keiner Stelle erwähnt. Sie muss daher nicht unbedingt zu den „Gefäßen der Juden" gehört haben.* Anscheinend wurde dieser Teil von Belisars Beute von Justinian im Allerheiligsten der Kirche St. Sophia untergebracht. Einige Zeit später soll der Kaiser von den Worten eines bestimmten Juden erfahren haben, wonach der Schatz dem Ort seiner Aufbewahrung so lange Unglück bringen würde, bis ihn der Tempel von Jerusalem zurück erhielte. Sollte diese Geschichte wahr sein, so war Justinian vielleicht überzeugt, dass das Schicksal

---

findet: „Dass der Ursprung dieses Brauchs in Ägypten zu finden ist, scheint wahrscheinlich. Das in einem ägyptischen Relief dargestellte Brustornament des Hohepriesters von Memphis besteht aus zwölf kleinen Bällen oder Kreuzen, die für ägyptische Hieroglyphen stehen sollen. Da man nicht genau feststellen kann, ob diese Formen aus Edelsteinen gefertigt waren, bleibt ihre Anzahl die einzige Verbindung zu dem hebräischen Schmuckstück, was einen gemeinsamen Ursprung nahelegt, aber nicht beweist. Die Darstellungen auf den Monumenten zeigen, dass der Hohepriester von Memphis bereits in der Vierten Dynastie ein solches Schmuckstück trug, also etwa 4000 v.Chr." (S. 282). Kunz führt weiter aus, dass nach der babylonischen Gefangenschaft vermutlich eine zweite Brustplatte angefertigt wurde (S. 280). Möglicherweise weist die Assoziation der zwölf Steine der Brustplatte mit den zwölf Stämmen und den zwölf Tierkreiszeichen auf einen Einfluss der Babylonier hin, die sich intensiv mit Astrologie befassten und Edelsteine mit Himmelskörpern und deren Einfluss in Verbindung brachten.

von Rom ihm eine Lehre sein sollte und er deshalb Konstantinopel vor einem ähnlichen Unglück bewahren müsste. Von solchen Überlegungen bewegt soll er die „heiligen Gefäße" nach Jerusalem geschickt haben, wo sie in der Kirche des heiligen Grabes aufbewahrt wurden.

Das bringt uns zu den letzten beiden Ereignissen, die überzeugend mit den zwölf mystischen Edelsteinen in Verbindung gebracht werden können – nämlich der Eroberung und Plünderung Jerusalems durch den sassanidischen Perserkönig Khusrau II im Jahr 615 und der Eroberung und Plünderung von Ctesiphon 637. Wenn wir annehmen, dass Khusrau die heiligen Tempelrelikte mit nach Persien nahm, können wir ziemlich sicher sein, dass sie später in die Beute der arabischen Eroberer fielen. King, der sich akribisch bemühte, die Spur der Brustplattenjuwelen nach dem Fall von Jerusalem im Jahr 70 v. Chr. zu verfolgen, vermutet jedoch, dass sie noch immer „in der unbekannten Schatzkammer einer der alten persischen Hauptstädte vergraben liegt."

Was diejenigen, die sich in wilden Spekulationen über den Verbleib der Brustplattensteine ergehen, jedoch fast durchgehend übersehen, ist die Tatsache, dass ein großes jüdisches Kontingent von etwa 26.000 Männern der Truppe angehörte, die gemeinsam mit den sassanidischen Persern Jerusalem eroberte. Diese Männer könnten alle jüdischen Schmuckgefäße, derer die Eroberer habhaft wurden, sehr wohl für sich beansprucht haben. Doch die kostbaren Gegenstände könnten auch in die Hände der Mohammedaner gefallen sein, die Jerusalem im gleichen Jahr eroberten wie Ctesiphon.[61]

Im Gegensatz zu all denen, die glauben, dass die Bundeslade und die Brustplatte im Westen landeten und in die Hände der Vandalen und Visigothen gerieten, hat Kunz Recht, wenn er das oströmische Reich hier ins Spiel bringt und eindeutig sagt: „Seht nach Osten und nicht nach Westen", wenn ihr herausfinden wollt, wo sich der alte jüdische Tempelschatz heute befindet.[62]

61 George Frederick Kunz, „The Curious Lore of Precious Stones", S. 283-285, Hervorhebung vom Autor.

62 Erwägenswert ist in diesem Zusammenhang, dass Kaiser Justinian, dessen erklärtes Ziel die Wiederherstellung der römischen Herrschaft über Rom selbst war, höchstwahrscheinlich mithilfe seines brillanten militärischen Führers Belisar die Vandalen zur Herausgabe aller aus dem weströmischen Reich erbeuteten Schätze nötigte.

C. Schlussfolgerungen

In diesem Kapitel fanden wir die folgenden Beziehungskonstellationen, mit deren Bedeutung wir uns auseinandersetzten:

1) Es gibt mindestens drei verschiedene wichtige Hinweise auf die Existenz einer internationalen Geldmacht in alter Zeit, die sich auf Edelmetalle als Grundlage des Geldwechsels stützte:

   a) Rom verfolgte eine ungewöhnliche Edelmetallpolitik gegenüber dem Osten, die der östlichen Strategie praktisch diametral gegenüberstand, und gewichtete den relativen Wert von Gold und Silber genau umgekehrt. Diese unterschiedlichen Wertungen kamen natürlich der internationalen Geldmacht, die in beiden Regionen operierte, in hohem Maß zugute, denn durch den Transport von Gold in den Osten und den Umtausch in Silber, sowie den Transport von Silber in den Westen und den Umtausch in Gold, konnten die Machthaber nicht nur die jeweiligen Tauschgebühren einkassieren, sondern auch enorme Profite generieren.

   b) Fast überall auf der Welt stand die Münzprägung mit den Tempeln in Verbindung. Das galt vom Mittleren Osten bis hin zu China und Indien.

   c) Und in einer der größten Goldminen der alten Welt in Bisharee, in der Sklaven und Kriegsgefangene arbeiteten, war ein internationales Kontingent von Söldnern aus verschiedenen Ländern und Staaten stationiert.

2) Die Tempel hatten nicht nur mit Münzerei und Geldausgabe und damit auch mit Bergbau zu tun, sondern beschäftigten sich auch mit Astronomie und Astrologie.

3) Astronomie und Astrologie wiederum standen mit kostbaren Steinen in Verbindung, da jeder Stein einem Planeten und dessen Einflüssen zugeordnet war.

4) Die Götterfamilien im Mittleren Osten entsprachen einander, da sie auf einer bestimmten Ebene mit Himmelskörpern assoziiert wurden. Es gab also deutliche Parallelen aufgrund der gleichen astrologischen Zuordnung. An dieser Stelle stellte sich eine wichtige Frage:

a) Könnten die genannten Ähnlichkeiten der Götterfamilien nicht nur auf ihre astrologische Herkunft zurückzuführen sein, sondern auch mit den Aktivitäten einer internationalen Klasse von Edelmetall-Händlern zu tun haben, die offenbar mit den Tempeln aller Länder in Verbindung stand und die Edelmetallpolitik in den verschiedenen Staaten zu ihrem Vorteil manipulierte?

b) Sollte das der Fall gewesen sein, gab es dann einen tieferen Grund für das Praktizieren der Astrologie in diesen Tempeln? Und wenn ja, welchen? Worin bestand die Verbindung von alledem zu Edelsteinen?

c) Nach Ansicht der esoterischen Traditionen der alten Völker verfügten Edelsteine über bestimmte Kräfte, wie beispielsweise die Folgenden:

   i) Sie besaßen die Fähigkeit zu heilen;

   ii) Sie verliehen die Macht, in die Zukunft zu blicken;

   iii) Sie konnten unter bestimmten Bedingungen phosphoreszieren, was höchstwahrscheinlich zu den bestgehüteten Geheimnissen der Tempelpriesterschaften der verschiedensten Zivilisationen gehörte;

   iv) Sie verliehen Unsichtbarkeit;

   v) Sie verliehen die Fähigkeit zu levitieren;

   vi) In Salomons Fall verliehen bestimmte Steine Macht über die Schöpfung.

Wir haben es also mit einer komplexen Dynamik zu tun, und es wird nicht leicht fallen, alle diese Informationen in ein schlüssiges System zu bringen. Doch bevor wir uns dieser Aufgabe widmen können, müssen wir noch mehr Daten sammeln und uns die Aktivitäten dieser alten „internationalen Edelmetall-Händler" näher ansehen, denn diese Aktivitäten werden einen roten Faden freilegen, der alles miteinander verbindet: die Alchemie.

Fünf

Geld, Monotheismus, Monarchien und Militär

Die These des David Astle

„Sie sind nichts weiter als dickliche, schlaue, kleine Männer, die von dem Monster, das sie da geschaffen hatten, ebenso überwältigt wurden wie die törichten Nationen, die ihnen ihre Spielchen erlaubten."

David Astle[1]

A. Die Beweislage und die Notwendigkeit, Vermutungen anzustellen

David Astle hat als Forscher eine äußerst umfangreiche Datensammlung angelegt und wohlbegründete Argumente vorgetragen, welche die Existenz eines internationalen Kartells von Edelmetall-Händler in alter Zeit beweisen. Dieses stand mit den Tempeln in Verbindung und manipulierte hinter den Kulissen Regierungen, Religionen, Pantheons und Politik für eigene Zwecke und zum eigenen Profit. Ich kann an dieser Stelle nur einen kurzen Überblick über Astles Arbeit geben und möchte betonen, dass ich nur einige Beispiele aus Astles umfangreichem Fundus an Beweisen und Analysen anführe.[2]

Astle selbst weist ausdrücklich auf die Schwierigkeiten bei der Beweisführung hin und betont, dass man sich teilweise mit Mutmaßungen behelfen muss. In Zusammenhang mit der Feststellung, dass alle früheren

1 David Astle, „The Babylonian Woe", www.jrbooksonline.com/PDF_Books/the _babylonian_woe.pdf, S. 92.

2 Ich möchte zudem darauf hinweisen, dass ich nicht alle theologischen oder spirituellen Ansichten Astles teile, wenngleich diese dem Hauptanliegen dieses Buches in keiner Weise widersprechen oder von diesem ablenken.

Gesellschaften über ein System staatlicher Lagerhäuser verfügten, die mit Münzprägung und Aufsichtsmacht in Zusammenhang standen, erklärt Astle:

> Nahezu alle Werke großer Archäologen und Gelehrten, die sich mit alten Zivilisationen befassen, schweigen zu einem äußerst wichtigen Thema, nämlich der Frage, durch welches System Nahrungsmittelüberschüsse und Vorräte an all den Waren, die für eine gute und beständige Lebensführung im Rahmen der jeweiligen klimatischen Bedingungen und Bräuche vonnöten waren, verteilt wurden.
>
> In keiner der Schriften dieser großen Gelehrten und Praktiker findet sich ein Sterbenswörtchen über das Wirken dieser mächtigen Maschinerie, die das Element des Tauschhandels unter den Völkern ins Spiel bringt und ohne die keine Zivilisation, wie wir sie kennen, entstehen könnte. Über das damalige Tauschsystem, die Tauscheinheiten und deren Ausgabe durch Privatleute im Gegensatz zur Ausgabe *durch einen souveränen Herrscher kraft seines Amtes, über all diese wichtigen Dinge, die in solch absolutem Maß den Weg dieser Völker in die Zukunft bestimmten, wird nicht ein einziges Wort verloren.*[3]

Es gibt noch eine andere damit zusammenhängende Frage, auf die Astle sofort zu sprechen kommt: Wir finden nahezu keine Beweise, die beleuchten, wie eine solche internationale Klasse von Edelmetall-Händlern an die Macht gelangte oder „wie sie geschaffen wurde."[4] Dieses überall festzustellende, fast universelle Fehlen von Beweisen „grenzt ans Mystische". Zudem werden in der wissenschaftlichen Literatur über die alte internationale Geldpolitik „überhaupt keine Vermutungen über diese wichtigen Themen angestellt." Was nach Astles Ansicht noch wichtiger ist: niemand versucht *„die wahre Natur der Energiequelle, die eine solche Maschinerie antrieb"*, in irgendeiner Weise zu erklären.[5]

In seiner gesamten Abhandlung vertritt Astle die Ansicht, dass diese Energiequelle die weitverbreitete Praxis der Sklaverei in alter Zeit war. Dem können wir gewiss zustimmen, doch es gibt noch eine wesentlich *tiefschürfendere* Frage, auf die Astles Ausführungen hinweisen: Gab es für diese Brüderschaften der alten „Edelmetall-Händler" neben der Sklaverei

---

3 David Astle, „The Babylonian Woe", S. 3; Hervorhebung vom Autor.

4 Ebd.

5 Ebd.; Hervorhebung vom Autor.

noch eine weitere, versteckte Energiequelle, die ihnen zur Verfügung stand oder nach der sie suchten?

Dieses wirklich verblüffende Schweigen über so wesentliche Angelegenheiten verlangt, ja schreit geradezu nach Spekulationen, um die Lücken zu füllen.

> Es scheint praktisch keinerlei Informationen über die Entwicklung privater Geldschöpfung zur Zeit der alten mesopotamischen Staaten zu geben, obwohl man dank der auf gebrannten Tontafeln überlieferten Aufzeichnungen viel mehr über diese Kulturen weiß als über jüngere Zivilisationen. Um die Lücke zu füllen, bedarf es eines gewissen Maßes an Spekulation. *Man weiß nur wenig darüber, wie es dazu kam, dass Privatpersonen in betrügerischer Weise Tauschmittel in Umlauf bringen konnten. Das stand schließlich zu den Gesetzen der Götter, auf welche die Könige alter Zeiten ihre göttliche Abstammung zurückführten, in Widerspruch.*[6]

Wir sehen uns hier einer neuen Dynamik gegenüber: Wenn die Behauptung, es gäbe eine private, international operierende Gruppe von mächtigen Edelmetall-Händlern, der Wahrheit entspricht, dann bestand ein Konflikt zwischen der privaten Geldschöpfungsmacht und den verschiedenen Staaten, in denen sie tätig war. Nach Astle gab es zweierlei Tauschmittel. Zum einen waren Edelmetallmünzen für Tauschzwecke in Umlauf, die von den Tempeln und ihren Verbündeten, den Edelmetall-Händlern stammten, welche Minen und Sklaven kontrollierten, zum anderen gab es – in Mesopotamien – eine Währung aus Ton, die von der Staatsmacht in Zusammenarbeit mit dem Tempel ausgegeben wurde und durch die Überschüsse in den staatlichen Lagerhäusern gedeckt war.[7]

A.1. Alte und neue Bankenverschwörung

Trotz alledem sprechen nach Astles Ansicht, die großenteils auf den im vorherigen Kapitel angestellten Überlegungen beruht, bedeutende Anzeichen dafür, dass in alten Gesellschaften

> [...] die Geldausgabe einer weitreichenden Verschwörung unterlag, die den Gang der Menschheitsgeschichte seit den frühesten Zeiten,

6 David Astle, „The Babylonian Woe“, S. 5; Hervorhebung vom Autor.

7 Ebd.

> über die Aufzeichnungen existieren, beeinflusste. Es zeigt sich auch mehr als deutlich, dass diese Verschwörung die heute allgemein bekannte und völlig offensichtliche Verschwörung hervorgebracht hat.[8]

Mit anderen Worten, die Entwicklung setzte sich ungebrochen von der alten bis in die neue Zeit hinein fort. Nun fragt sich, worauf diese Kontinuität zurückzuführen ist. Wurde nur das Konzept weitergetragen, das auf ähnlichen Zielen, Methoden und Glaubensvorstellung der darin verwickelten Menschen beruhte? Oder reicht sie tiefer? Kann man sie etwa die ganze Geschichte hindurch auf bestimmte Familien und Gruppen zurückführen? Wie wir in diesem Kapitel sehen werden, kann man zumindest die erste Frage mit einem klaren Ja beantworten. Und wir werden gleich sehen, dass auch die zweite Frage in einigen Fällen mit einem Ja zu beantworten ist.

B. Edelmetallbarren als Tauschmittel und Zahlungsanweisungen für staatliche Lagerhäuser

Astles Argumentation ist zwar fundiert, lässt sich aber, da sie über das ganze Buch verstreut ist, nicht so ohne Weiteres erkennen. Es ist notwendig. sie Schritt für Schritt nachzuvollziehen und zu würdigen, um ihr Transparenz zu verleihen. In diesem und dem vorhergehenden Kapitel trafen wir folgende Feststellungen:

1) Die Regulierung des Geldwertes war gesetzlich geregelt und wurde vom Staat oder der Krone beaufsichtigt, deren alleiniges Privileg die Ausgabe und Wertbestimmung der Geldmittel war;

2) Es gab eine tiefgehende und weitreichende Verbindung zwischen Münzerei und der Ausgabe von Geld in Form von Edelmetallmünzen durch Staat oder Krone auf der einen und dem Tempel auf der anderen Seite;

3) *Vor* dieser Periode bestanden die Tauschmittel, wie Astle bemerkt, nur aus Tontafeln, die als Kreditbriefe, ausgestellt auf die Überschüsse in den staatlichen Lagerhäusern zu verstehen waren.

Mit diesem letztgenannten Punkt kommt die Sache, ebenso wie Astles Argumentation erst richtig ins Rollen.

---

8 David Astle, „The Babylonian Woe“, S. 10.

Der Grund ist leicht zu erkennen. Möchte ein Staat *mit einem anderen* Handel treiben, so wäre die Ausgabe von Geld in Form von Kreditbriefen auf die Überschüsse in den staatlichen Lagerhäusern eher hinderlich als förderlich. Man bräuchte also einen anderen Mechanismus, damit die Staaten nicht vor jeder Transaktion erst diplomatische Verhandlungen führen müssen. Zu derselben Zeit, zu der ein internationales Tauschmedium mehr oder weniger akzeptiert wurde, entstand auch eine internationale Händlerklasse, die sich mit dem Handel befasste und einen überwältigenden Einfluss auf die Tauschmittel selbst ausübte. Mit gewohnter Schärfe und Knappheit erklärt Astle:

> Durch die verstohlene Ausgabe von Geld auf Edelmetallbasis, das fortan unter den Völkern zirkulierte und an die Stelle eines Geldsystems trat, das auf einer Ermächtigung durch den Gott der jeweiligen Stadt beruhte und lediglich eine von den Schreibern ausgestellte Anweisung auf die staatlichen Lagerhäuser war, gelang es dieser international orientierten Gruppe, die heimlich im Hintergrund die Fäden zog, den Glauben und das Vertrauen des einfachen Volkes ad absurdum zu führen.[9]

Mit anderen Worten, zu einem bestimmten Zeitpunkt waren zwangsläufig *zwei* Währungen im Umlauf, eine, die von einer privaten Gruppe geschaffen worden war und auf Edelmetallgeld basierte, aber *als Faksimile des staatlichen Geldes ausgegeben wurde, für welches es gehandelt und durch welches es ersetzt werden konnte*, und als zweites die ursprüngliche vom Staat ausgegebene Währung. Bemerkenswert ist, dass sich diese Situation in moderner Zeit fast exakt wiederholte, denn sowohl in England als auch in den Vereinigten Staaten wurde staatliches und auch privates Geld ausgegeben.[10] Früher wie heute wird das staatliche Geld mit gnadenloser Konsequenz langsam durch Privatgeld ersetzt. Damit stärken die privaten Geldgeber ihre Macht über die jeweilige Gesellschaft.

---

9 David Astle, „The Babylonian Woe", S. 9.

10 Man beachte, dass seit der Gründung des Federal Reserve – Systems in den Vereinigten Staaten mehrere Arten von Geldnoten in Umlauf waren: Silber- und Goldzertifikate, US-Banknoten und private „Federal Reserve – Banknoten". Es fällt auf, dass sich heutzutage kaum noch irgendwelche früheren Banknoten in Umlauf befinden. Die Federal Reserve hat es sich nämlich zur Aufgabe gemacht, alle zinsfreien Banknoten einzuziehen, die sie nicht selbst ausgegeben hat. Daneben ziehen oft auch Sammler solche Noten aus dem Verkehr, um sie für ihre Sammlungen oder zum Tausch mit anderen Sammlern zu verwenden.

Aber wie erfolgte diese Ersetzung tatsächlich? Welche List wandten die alten Edelmetall-Händler an, um diesen außergewöhnlichen und allumfassenden Einfluss über die Staaten der alten Zeit zu erlangen? Um diese Frage beantworten zu können, müssen wir noch mehr in die Tiefe gehen.

B.1. Die Kontrolle über Bergbau und Edelmetalle

Die Ausgabe von Geld, das auf Edelmetallen beruhte, impliziert etwas sehr Wichtiges, wie Astle klar erkannte:

> Das Konzept, Edelmetalleinheiten einzuführen, deren festgelegtes Gewicht zum gemeinsamen Nenner des internationalen und nationalen Austausches wurde, konnte eigentlich nur von einer konspirativen Organisation verbreitet worden sein, die sich vollkommen über die Macht im Klaren war, die ihr zuwachsen würde, *wenn sie nur die Kontrolle über den Nachschub an Edelmetallen und den Bergbau aufrechterhalten konnte, der allein sie ihre Existenz verdankte.*[11]

Wir haben bereits erkannt, dass der Betrieb der ägyptischen Minen von Bisharee, in denen ein internationales Söldnerkontingent Dienst tat, die Existenz einer solchen internationalen Klasse von Kaufleuten und Edelmetall-Händlern voraussetzte.

Die unvermeidliche Folge dieses Treibens war, dass „das Gesetz des Herrschers, das früher zum Wohle des Volkes ausgeübt wurde, so dass der Herrscher ein gutes und ehrenhaftes Leben führen konnte, korrumpiert wurde“,[12] denn die Macht der Krone stand dieser Klasse natürlich im Weg und sie machte sich daran, sie zu unterminieren. Diese Tatsache lässt sich durch das Aufkommen von Bestrafungsgesetzen belegen, die dafür sorgten, dass Gesetzesbrecher zu lebenslanger Sklavenarbeit in den halbprivaten Minen verurteilt wurden, denn diese lieferten dem Staat und den Händlern die Tauschmittel, aus denen sie ihren Profit bezogen. Diese Situation findet ihre exakte Parallele in der modernen Zeit, in der wiederum eine private Geldklasse mit der Staatsmacht um die Ausweitung ihrer Macht über die große Masse der Menschen ringt.

Es lässt sich noch eine weitere Schlussfolgerung ziehen, und auch hier fällt die Parallele zur heutigen Zeit sofort ins Auge:

---

11 David Astle, „The Babylonian Woe“, S. 10, Hervorhebung vom Autor.

12 Ebd., S. 8.

> Der Könige wurde weitgehend zum Sprachrohr und Schwertarm dieser halbgeheimen Gesellschaften, die das Material kontrollierten, aus dem Geld bestand, denn als nach außen sichtbare Symbole der Macht wurden nur noch Gold, Silber und Kupfer zugelassen [...]. Das Gebot des Gottes im Himmel, das als treibende Kraft für die Schaffung angemessener Tauschsysteme gesorgt hatte, wurde durch den Willen derjenigen Klasse überrollt, welche die verborgenen Drahtzieher der Zivilisationen steuerte, die Ober-Sklaventreiber, die Karawanenführer, die Ausgestoßenen und die Kriminellen, kurz gesagt alle, die sich am Rande der alten Stadtgesellschaften bewegten [...]. Edelmetall war das Steuerungsinstrument ihres Willens. Die Anführer dieser Klasse lenkten den Nachschub, indem sie ihre Hand auf den Sklavenhandel hielten, denn der Abbau von Edelmetallen war unrentabel, wenn man ihn nicht durch Sklaven verrichten ließ [...].[13]

Um seine Behauptung zu stützen, führt Astle an, dass vor dem 4. Jahrhundert v. Chr. die Sklaverei „eher die Züge eines gutartigen Brauchtums trug und Ähnlichkeiten mit der Leibeigenheit der Diener und Lehrlinge im Europa des 18. und 19. Jahrhundert aufwies."[14] Nach dieser Periode wurde die Sklaverei zum ausgedehnten internationalen Handelszweig – mit Peitschen und Ketten und all den Bildern menschlichen Leids, die man mit dieser Institution in Verbindung bringt.

Hier zeigt sich uns also ein interessantes, expandierendes Beziehungsgeflecht:

1) Eine Beziehung zwischen Priesterkönigen, dem Tempel, der Münzprägung und der Geldausgabe und einer privaten Klasse internationaler Edelmetall-Händler;

2) eine Verbindung der genannten Klasse zum Sklavenhandel, der notwendig war, um die Edelmetalle gewinnbringend abbauen und als Tauschmittel in Umlauf bringen zu können;

3) eine Verbindung zwischen dem Tempel und der Münzerei und Geldausgabe im Auftrag dieser privaten Klasse von Edelmetall- und Sklavenhändlern, und

4) eine Verbindung des Tempels zur Astrologie und allem, was damit zusammenhing, wie Edelsteinen, heiliger Geometrie, ex-

13 David Astle, „The Babylonian Woe", S.8.

14 Ebd., S. 29.

akter Positionierung der Tempel auf Erdlinien, Priester-Magiern, Wahrsagern, etc.

Die Beziehung dieser privaten Klasse zu den Tempeln verschiedener Staaten übte einen entsprechend korrumpierenden Einfluss auf die Priesterschaft aus:

> [...] es ist klar, dass mit dem zunehmenden Austausch von Silber zwischen Privatpersonen und auch zwischen Privatpersonen und Staaten, der nun unvermeidlich wurde, die absolute wirtschaftliche Kontrolle, welche die Götter über ihre Diener der Ziggurat ausgeübt hatten, umgangen wurde. Die Kaufleute konnten nicht länger private Geschäfte auf der Grundlage ihrer Bonität tätigen oder abstrakt Geld schaffen. Durch die Kontrolle über weit entfernte Minenbetriebe gelang es, der vorher ihrem Gott ergebenen Priesterschaft den Gedanken persönlichen Besitztums einzupflanzen. Durch die Kontrolle der Waffenherstellung an entfernten Orten konnten kriegerische Völker bewaffnet und nach Belieben auf diejenigen losgelassen werden, deren Zerstörung die Gruppe wünschte.[15]

Man beachte die subtile Dynamik, die hier angesprochen wird. Durch die Verbindung mit den Priesterschaften der verschiedenen Tempel konnte diese Klasse auch die Kriegspolitik der unter ihrem Einfluss stehenden Staaten bestimmen. Und diese Kriege standen, wie nicht anders zu erwarten, oftmals unter dem Deckmantel religiöser Konflikte.[16]

In seinem ausführlichen Kommentar zu dieser Dynamik zitiert Astle auch den Gelehrten T. B. L. Webster:

> Auf den Alalach-Tafeln wird berichtet, dass Kupfer an die Schmiede geliefert wurde, das aber für die Herstellung von Körben und Pfeilspitzen verwendet werden musste. Der König von Assyrien schickte Kupfer nach Mari, damit die ortsansässigen Handwerker daraus Nägel herstellten. Ein Bericht aus Pylos, wonach die Holzfäller bei zwei Gelegenheiten 150 Achsen und 150 Holme für die Streitwagen-Werkstatt lieferten, lässt sich mit den ugartischen Texten über die Lieferung von Holz zur Waffenherstellung und einer Anweisung zur Lieferung von Holz an die Zimmerleute für die Herstellung von Wagen in Alalach vergleichen. Auch aus Pylos haben wir eine Li-

15 David Astle, S. 14-15.

16 An dieser Stelle sollte nochmals darauf hingewiesen werden, dass nach Lockyears Ansicht die astronomischen Ausrichtungen der verschiedenen ägyptischen Tempel ebenfalls den Stoff für solche Religionskonflikte geliefert haben könnten.

ste der aus Holz hergestellten Objekte, eine Liste der an bestimmte Personen (vielleicht Vogte) an bestimmten Orte geschickten Gefäße und einen Hinweis auf Stücke aus Elfenbein. Diese mageren Beweise mykenischer Handwerkskunst werden jedoch von einem Bericht aus Alalach in den Schatten gestellt, in dem von 64 Betriebsstätten und ihren Produktionen die Rede ist. Dazu zählen Schmiede, Ledermacher, Schreiner und Wagenbauer.[17]

Es scheint so, als existierte das Konzept von Geld in Form eines Silberstandards sowohl in Ugarit als auch in Alalach. Gleichzeitig gab es ein organisiertes Gewerbe, zu der vor allem die private Herstellung von Waffen mit Methoden zählte, die man schon quasi als Massenproduktion bezeichnen könnte. Es ist durchaus nicht ohne Belang, dass in dieser frühen Ära Geld privat ausgegeben wurde (was bei Silbergeld der Fall war). Das damit einhergehende private Gewerbe, besonders die Zweige, die sich mit der Herstellung von Waffen befassten, fiel in bestimmten Gebieten in auffallender Weise mit den massiven Bewegungen kriegerischer Völker und dem Zusammenbruch von alten Reichen zusammen, die lange Zeit einer als altorientalisch bekannten Lebensweise angehangen hatten. Zur Eroberung von Völkern brauchte man die besten Waffen. Die besten Waffen erhielt man von den privaten Herstellern. Die privaten Gewerbetreibenden wiederum benötigten Silber, Gold oder Arbeitskräfte, in diesem Fall Sklaven, als Bezahlung. Infolge der Kriege stand all dies zur Verfügung. Ähnlich, wenn auch nicht genau in der gleichen Weise gilt heute der Grundsatz, je mehr Kriege ausgefochten werden, umso mehr Industrie braucht man und umso stärker sind die Produkte aus den Arsenalen der Geldmacher gefragt. Folglich wurde die absolute Kontrolle einer mächtigen privaten Gruppe von Geldschöpfern, die der Industrie ihren Stempel aufdrückte und den damit zusammenhängenden Sklavenhandel in der einen oder anderen Weise lenkte, immer unausweichlicher.[18]

Die Hinweise waren also immer schon vorhanden, nur schenkte ihnen einfach niemand Beachtung. Die großen kriegerischen Reiche von Mesopotamien waren eng mit privater Waffenherstellung und privater Geldausgabe verknüpft. Diese Tatsache wird im weiteren Verlauf dieses Buches zunehmend deutlicher werden.

---

17 Zitiert aus T.B.L. Websters „From Mycenaean Homer", S. 22.

18 David Astle „The Babylonian Woe", S. 39.

Die Existenz so großer gewerblicher und monetärer Konglomerate führt uns unweigerlich zu der Beziehung zwischen Krone und Tempel zurück. Der bekannte Historiker Christopher Dawson fasst die Grundzüge dieser Beziehung kurz und prägnant zusammen:

> Ursprünglich verfügten nur der Staat und die Tempelbetriebe über die notwendige Stabilität und die erforderlichen Mittel, um weitreichende wirtschaftliche Beziehungen zu knüpfen. Tempeldiener wurden zu weit entlegenen Missionen gesandt. Man gab ihnen Kreditbriefe mit, durch die sie in anderen Städten Waren beziehen konnten. Der Tempel war auch die Bank der Gemeinde. Dort konnte man gegen Zinsen Geld leihen oder als Bauer eine Vorauszahlung auf seine Ernte erhalten. Auf diese Weise entstand in Mesopotamien eine reguläre Geldwirtschaft, die auf Edelmetallen als Austauschstandards beruhte. So wuchsen privater Reichtum und Unternehmertum, und es kam zu einer echten kapitalistischen Entwicklung. Der Tempel und der Palast blieben zwar die Zentren des wirtschaftlichen Lebens der Gemeinschaft, *doch neben ihnen und unter ihrem Schutz entfalteten sich vielfältige Aktivitäten, die in den Gilden der freien Handwerker und Kaufleute und den privaten Unternehmen einzelner Kapitalisten ihren Ausdruck fanden.*[19]

Die Existenz dieser Klasse wird also auch von renommierten Historikern nicht geleugnet. Die internationale Spannweite mancher Gewerbe konnte nicht übersehen werden, denn bekanntermaßen erstreckte sich der Handel von der Stadt „Ur" über die ganze damals bekannte Welt, die sicherlich bis nach Europa hinein reichte. Als Tauschmittel dienten Kreditbriefe, Wechsel und ‚Zahlungsversprechen' (Schecks), die für grundlegende Dinge des täglichen Bedarfs ausgestellt wurden. Das Leben wurde *in Silberstücken bemessen und (vermutlich zu einer festgelegten Zeit des Jahres) in Weizen umgerechnet.*[20] Diese Gepflogenheiten setzten eindeutig voraus, dass eine bestimmte Klasse von Bankern und Kaufleuten auf internationaler Ebene tätig war und mit den Tempeln verschiedener Staaten zusammenarbeitete. Wie aber konnte es dieser Klasse gelingen, das Vorrecht der Krone zur Prägung, Wertfestlegung und Ausgabe von Geld an sich zu reißen?

---

19 Christopher Dawson, „The Age of the Gods", London, 1928, S. 130; Hervorhebung vom Autor.

20 David Astle, „The Babylonian Woe", S. 13-14; Hervorhebung vom Autor, zitiert aus Sir Charles Woolleys „Abraham", London, 1936, S. 124-125.

B.2. Das alte Babylon und das alte Ägypten

Um eine Antwort auf diese Frage zu finden, muss man die zwei bedeutendsten militärischen und finanziellen Mächte der damaligen Zeit, Ägypten und Babylon, genauer unter die Lupe nehmen. Wie bereits erwähnt, bestand das babylonische Geld ursprünglich aus Tontäfelchen, die auf die Überschüsse der staatlichen Lagerhäuser ausgestellt waren. Ihre Ausgabe als Geld wurde folglich streng von der Krone kontrolliert. Wie wir gerade sahen, kam neben diesen Tontäfelchen zu einem gewissen Zeitpunkt – tatsächlich bereits im 3. oder 4. Jahrhundert v. Chr.[21] – Silber aus privaten Quellen ins Spiel, dessen Wert sich ebenfalls nach Weizen oder anderen, in den staatlichen Lagerhäusern aufbewahrten Dingen des täglichen Lebens bemaß. Das babylonische System, bei dem sogar richtige Schecks verwendet wurden, war tatsächlich so weit verbreitet, dass Babylonier sogar dann noch in den Tempeln und Münzereien einiger griechischer Städte arbeiteten, als Babylon selbst bereits von den Assyrern angegriffen worden war.[22] Der Angriff auf Babylon führte also nur dazu, dass seine Händlerklasse in andere Länder versprengt wurde. Mit ihrer Verbreitung ging die Expansion babylonischer Geschäfts- und Bankpraktiken einher.

B.2.1. Frühe Unabhängigkeit Ägyptens von der babylonischen Finanzmacht

In diesem Zusammenhang sollten wir einen Blick auf die ägyptische Finanzmacht werfen, denn wie bereits erwähnt, kontrollierte Ägypten die größten und ergiebigsten Goldminen – die Minen von Bisharee – der antiken Welt. Hier fällt eine weitere Parallele auf, mit all ihren Implikationen:

> Nach Angaben von Breasted wurden zur Zeit des „Alten Reiches" bei größeren Geschäften Gold- und Kupferringe mit einem bestimmten Gewicht ausgetauscht, doch „auf Steingewichten wurde bereits deren Äquivalent an solchen Ringen vermerkt" (eine höchst bedeutsame Feststellung für denjenigen, der das „Bankwesen" oder besser gesagt, die private Schöpfung und Regulierung von Geld studiert). Da solche in Stein gemeißelten „Zahlungsversprechen" in Umlauf gelangten, lässt sich mit hoher Wahrscheinlichkeit annehmen, dass eine ge-

21 David Astle, op. cit., S. 12.

22 Ebd., S. 55.

> heime Bruderschaft am Werke war, deren weitervererbtes Geschäft die private Geldschöpfung war.[23]

In der Tat finden wir in Babylon fast die gleiche Situation vor, nur wurden dort Tontäfelchen als Währungseinheit eingesetzt, während in Ägypten Steingewichte üblich waren, in die ihr Gegenwert in Edelmetall eingraviert war. Doch es gibt einen großen Unterschied. Im Fall von Babylon zirkulierten die Steintäfelchen noch vor der Ausgabe von Edelmetallgeld als Währung, und ihr Wert wurde anhand der Vorräte in den staatlichen Lagerhäusern bestimmt. In Ägypten finden wir eine spätere Entwicklungsstufe vor. Hier wurde der Wert der Steine *nicht anhand der Vorräte im Lagerhaus, sondern anhand des Edelmetalls selbst* festgelegt. Kurz gesagt, das Konzept des Geldes wurde *degradiert.* Damit einhergehend verschwand der sichtbare Bezug zum staatlichen und königlichen Vorrecht der Geldregulierung und Geldausgabe fast vollständig, und natürlich auch zu allem, was praktischen Wert hatte und aufgrund von Fleiß und Kreativität entstanden war, wie beispielsweise Waren.

Die Degradierung des Geldes in Ägypten, also die Tatsache, dass das Zahlungsversprechen jetzt aus der Bewertung des Edelmetalls abgeleitet wurde und nicht das Edelmetall anhand echter Güter bewertet wurde, weist ebenso wie die Existenz der Minen von Bisharee mit ihrem internationalen Söldnerkontingent auf einen sehr wichtigen Punkt hin, der – da äußerst subtil – allzu oft übersehen wird:

> Wenngleich das ägyptische Reich in seinen frühen Jahren *durchaus als neutraler Handelsplatz beschrieben werden kann, der unabhängig von der babylonischen Macht existierte und seine Stärke aus der Entschlossenheit und Bildung eines willensstarken Herrschers ableitete, zeigt der Ablauf der Ereignisse doch, dass über Konzessionen, die das Reich für seine Dienste in Kriegszeiten erhielt, schon bald die internationale Geldmacht wieder in die Grundfesten des ägyptischen Lebens eindrang und wie üblich hinter den Kulissen ihren Einfluss geltend machte* oder sogar, wie in alten Zeiten, wieder die Kontrolle an sich riss und damit den Untergang des „Alten Reiches" einleitete. Man kann ohne Weiteres davon ausgehen, dass diese Geldmacht während oder in den letzten Jahren der 6. Dynastie ihre alte versteckte Machtposition wieder einnahm, die sie schon 1000 Jahre zuvor innegehabt hatte. In dieser Periode waren Steingewichte, die einen ebenbürtigen

23 David Astle, „The Babylonian Woe", S. 36, zitiert aus H. Breasted, „A History of Egypt", S. 97-98.

> Wert an Metallgeld repräsentierten, in ganz ähnlicher Weise im Umlauf, wie Tonnachbildungen zeitgenössischer Münzen.[24]

Anders ausgedrückt, dem Land Ägypten, das einst unter dem Einfluss dieser internationalen Macht von Edelmetall-Händlern gestanden hatte, war es zwar gelungen, diesen Einfluss abzuschütteln, doch ein Jahrtausend später konnte er sich wieder etablieren.

B.3. Verschwörer am Werk

B.3.1. Wirtschaftliche und militärische Autarkie und ihre modernen Analogien: Sparta und die griechischen Tyrannen

Woher *weiß* man eigentlich, dass es in alten Zeiten eine solche internationale Geldmacht gab? Astles Antwort ist ebenso überraschend, wie modern und einfach: Man braucht nur einige alte Kriege und deren Zusammenhang mit den wirtschaftlichen Aktivitäten und politischen Strategien bestimmter Staaten zu betrachten, um zu erkennen, dass da eine verborgene Hand am Werk war. Das beste Beispiel für kriegerische Auseinandersetzungen zwischen einer Geldmacht und einem Staat, der entschlossen war, seine Unabhängigkeit, seine *Autarkie*, zu bewahren, sind die peloponnesischen Kriege zwischen Athen und seinen Verbündeten auf der einen und Sparta auf der anderen Seite. Hier lohnt es sich, Astle und seine Quellen ausführlich zu zitieren:

> Über die Tyrannen alter Zeit in Griechenland und Kleinasien schrieb der Gelehrte Professor Heichelheim:
>
> „Diese Tyrannen gehörten meist dem Adel an und nutzten die neuen politischen und wirtschaftlichen Möglichkeiten ihrer Zeit, um ihresgleichen zu entmachten und den gesamten Staat eine Zeitlang zu unterwerfen. *Die Tyrannen waren oft gezwungen, in dem Gebiet, über das sie herrschten, das System der Münzwirtschaft einzuführen oder zumindest dessen Entwicklung offiziell zu fördern, um über ihre Feinde die Oberhand zu gewinnen [...].*“

(Man fragt sich: Von wem wurden sie gezwungen?)

---

24 David Astle, „The Babylonian Woe“, S. 43.

> […] um die Position der bäuerlichen Schicht ihres Landes zu stabilisieren und die staatliche Wirtschaft auszubauen und zu erneuern, war die *zentrale Verteilung von Geld und Sachgütern, die zum Teil an* Söldner, Leibwächter und verschiedene politische Freunde und zum Teil indirekt an die Massen der Armen gingen, die für umfangreiche Bauprojekte und Verschönerungen entlohnt wurden, ein Charakteristikum tyrannischer Wirtschaft […].[25]

Astle kommentiert dies wie folgt:

> Aus den obigen Anmerkungen von Professor Heichelheim geht hervor, dass „sich neue, politische und wirtschaftliche Möglichkeiten eröffneten. In der Epoche zwischen 650 – 500 v. Chr. blühte die Tyrannenherrschaft wie zu keiner anderen Zeit […]“. Es stellt sich nun die Frage, um welche „neuen politischen und wirtschaftlichen Möglichkeiten“ es sich hierbei handelte […]. Die Antwort ist leicht zu finden: Die Möglichkeiten ergaben sich aus den Aktivitäten der Vertreter einer internationalen Edelmetall-Händlerklasse, die in Häfen wie Argos, Athen und Ägina, wo König Pheidon etwa 680 v. Chr. die ersten griechischen Silbermünzen prägte, den Handel mit Luxusgütern förderte. Die Händler verkauften ihre Waren, die von Perücken bis hin zu Dirnen reichten, gegen die neuen Silbermünzen oder das Versprechen auf deren Zahlung. Entsprechende Möglichkeiten ergaben sich zweifelllos für diejenigen, die an der Monetisierung der Stadt mit all ihren Aktivitäten, Besitztümern und Menschen mitwirkten […].[26]

Das Ergebnis einer solchen „Monetisierung“ des Stadtstaates – durch die jeder Einwohner auf den Status einer bloßen „menschlichen Ressource“ (um einen modernen Ausdruck zu gebrauchen) degradiert wurde – war nach Professor Heichelheim vollkommen vorhersehbar und erinnert in unheimlicher Weise an die „Freihandelsabkommen“ der späten 1980er und 1990er Jahre und ihre desaströsen Auswirkungen auf die Gesellschaften, die sie sich zu Eigen machten (man bedenke, dass Heichelheim seine Abhandlung in den 1940er Jahren schrieb, lange bevor sich solche Abkommen abzeichneten und er sich dabei auf *alte* Zeiten bezog!):

> Die Aristokratien verweigerten den landlosen Kaufleuten und Handwerkern den Status der Gleichheit, und die Reichen unterdrückten die Bauern und ermutigten sie dazu, Schulden zu machen, die sie

25 Zitiert aus „Encyclopedia of World History“, Houghton Mifflin, Verleger, Boston, 1940, S. 48, zitiert in Astle „The Babylonian Woe“, S. 96, Hervorhebung vom Autor.

26 David Astle, op.cit. S. 96, Hervorhebung vom Autor.

> in Sklaverei und ins Exil brachten. So begannen Sklaven mit freien Arbeitskräften zu konkurrieren. Ehrgeizige Personen schlugen aus der Unzufriedenheit Kapital. Sie stürzten die etablierten Regierungen und machten sich selbst zu Tyrannen über alle griechischen Städte, *mit der bemerkenswerten Ausnahme von Sparta.*[27]

Was war so Besonderes an Sparta, dass alle anderen griechischen Stadtstaaten es bekriegten? Astle drückt es klar und einfach so aus:

> [...] ein Staat, der die internationale Geldmacht vor die Tür wies, wie Sparta und Rom in alter Zeit und Russland heutzutage, musste bereit sein, seine vollständige Unabhängigkeit militärisch zu sichern.[28]

Man könnte Astles Liste noch Nazideutschland hinzufügen, denn ebenso wie Russland und das alte Sparta hatte sich das Regime des Dritten Reichs entschlossen, nicht nur die Geldausgabe in staatliche Hände zurückzulegen, sondern auch ein Programm zur militärischen und energetischen Autarkie aufzulegen.[29]

Was genau hatte Sparta getan, das die übrigen griechischen Stadtstaaten so sehr aufbrachte? Die Antwort ist komplex und verlangt einen kleinen Exkurs. Sowohl Plato[30] als auch Aristoteles[31] hatten klar erkannt, dass Geld nur den Wert hatte, der durch die Gesetze des Staates definiert war. Mit anderen Worten, die beiden erkannten indirekt an, dass die Macht, Geld auszugeben und zu regulieren, ein staatliches, nicht ein privates Vorrecht war, obwohl zu ihrer Zeit die private Geldausgabe durchaus üblich war.[32] Betrachtet man die Stadtstaaten der Tyrannen und deren Ausgabe von Silbermünzen, so erkannt man ganz eindeutig, dass eine sorgfältig versteckte und verdeckte Hand im Spiel war:

> Auch wenn die frühesten Münzwährungen Griechenlands erwiesenermaßen nur eine gewisse lokale Verbreitung fanden, ändert sich dadurch keineswegs das vorher skizzierte Bild des Silbergeldes als Teil einer internationalen Verschwörung. Alle griechischen Staaten

---

27 Zitiert aus „Encyclopedia of World History“, Houghton Mifflin, Verleger, Boston, 1940, S. 48, zitiert in Astle „The Babylonian Woe“, S. 96, Hervorhebung vom Autor.

28 David Astle „The Babylonian Woe“, S. 40.

29 Zur energetischen Autarkie und den Technologien der alliierten Militärs siehe meine Bücher „The SS Brotherhood of the Bell“, dt. „Die Bruderschaft der Glocke“, „Secrets of the Unified Field“ und „The Nazi International“.

30 David Astle, op.cit. S. 139.

31 Ebd., S.139- 140.

32 Ebd., S. 140.

> außer Athen, Samos, Siphnos und Corcyra, und vielleicht ein oder zwei anderen, mussten sich das Silber für ihre Münzen im Ausland besorgen. Das zwang sie dazu, mit den Händlern Geschäfte zu machen, die sich auf Edelmetalle spezialisiert hatten. Der Handel mit Edelmetallen lag notwendigerweise in den Händen einer kleinen, äußerst verschwiegenen Gruppe. Das lag zum einen daran, dass die wenigen Fundorte weit verstreut und oft nahe am Ende der bekannten Welt lagen, und zum anderen daran, dass nur eine solche Gruppe auch den Sklavenhandel kontrollieren und Sklaven von siegreichen Völkern, deren kriegerische Aktivitäten sie vorher höchstwahrscheinlich angezettelt hatte, kaufen konnte. Sklavenarbeit war für den Erfolg ihrer Edelmetallförderung von immenser Wichtigkeit.[33]

Sobald die Marschrichtung festgelegt war und die verschiedenen griechischen Stadtstaaten sich entschlossen hatten, auf Edelmetall basierendes Geld auszugeben, das sie allenfalls in geringen Mengen zur Verfügung hatten, gerieten sie zunehmend unter den Einfluss und die Herrschaft der Edelmetall-Händler. Das traf auf alle Stadtstaaten zu. Nur einer weigerte sich, auf Edelmetall basierende Münzen auszugeben:

Sparta.

Nun können wir verstehen, wo Spartas berühmte Härte und militärische Disziplin herrührte, die der gesamten Bevölkerung auferlegt wurden. Wollte Sparta seine Unabhängigkeit von der Geldmacht bewahren, die andere griechische Stadtstaaten infizierte, musste sein Militär das Beste sein. Also gab es einen versteckten, doch sehr realen Grund für den berüchtigten peloponnesischen Krieg – einen Krieg, den weder Athen noch Sparta „gewannen und den keiner verlor". Der Krieg „laugte die beiden mächtigen griechischen Stadtstaaten aus, und an ihre dahingestreckten Körper legten die Diener derselben sarkastischen Geldmacht die Sklavenketten an."[34] Der wahre Grund hinter dem peloponnesischen Krieg „war die Errichtung eines privaten Geldmarktes in der gesamten griechischen Welt, der vollständig unter der Kontrolle der *Trepezitae*, die man heute als Banker bezeichnen würde, stand."[35] Wie man „am Beispiel von Sparta [...] und später von Rom erkennen kann, scheint man in alter Zeit sehr wohl verstanden zu haben, dass dem Edelmetall eine Macht innewohnte, die der Manipulation Tür und

33 David Astle, „The Babylonian Woe", S. 140.

34 Ebd., S. 143.

35 Ebd..

Tor öffnete und dadurch den Status quo einer jeden Rasse und eines jeden Staates zerstören konnte.“[36]

B.3.2. Babylon, Persien und die Geldschöpfung

Ein weiteres, noch einleuchtenderes Beispiel für das Wirken und die versteckte Lenkung durch eine international tätige Geldmacht finden wir im Fall von Babylon und Persien. Hier lohnt es sich, Astle ausführlich zu Wort kommen zu lassen:

> Erst für die assyrische, neobabylonische und persische Ära lässt sich klar nachweisen, dass die königliche Macht vollständig degenerierte und die Könige und sogenannten Kaiser oft nicht mehr darstellten, als mit Orden geschmückte Strohmänner für eine private Geldschöpfungsmacht, die nach Welthegemonie strebte [...]. Man brauchte sie noch, und zwar in erster Linie, damit das Volk zu ihnen aufsehen konnte und somit abgelenkt war und nicht bemerkte, dass der Weg, den ihre Obrigkeiten eingeschlagen hatten, keineswegs in Ordnung war. Das Volk sollte nicht erkennen, welche destruktiven Kräfte an den Wurzeln des Lebensbaumes selbst nagten. Bereits 2.500 v. Chr. marschierte Sagon von Akkad in Anatolien ein, um die Stadt Ganes im Namen der Wirtschaftsgemeinschaft von Mesopotamien zu bestrafen. Wahrscheinlich ging es darum, die Zahlung von Schuldzinsen oder die Rückzahlung von geliehenem Kapital durchzusetzen [...]. Einer der Gründe, warum Kyros, der 550 v. Chr. als kleiner persischer Prinz angefangen hatte und später seinen Herrscher Astyages von Medien stürzte, so erfolgreich war, erschließt sich, wenn man die Umstände seines Sieges über Krösus von Lydien im Jahr 546 v. Chr. betrachtet.
>
> Krösus hatte die internationale Geldmacht beleidigt, weil er den von deren Agenten Sadyattes verwalteten Schatz entwendet und die Geldausgabe vollständig in Staatshand gelegt hatte. An ihm musste ein Exempel statuiert werden, um andere Prinzen von ähnlichen Aktionen abzuhalten. Offenbar wurde der eifrige und ehrgeizige Kyros für die Aufgabe ausgewählt. Nach einem von Professor Sayce für die neunte Auflage der „Encyclopedia Britannica“ verfassten Artikel war Krösus rasch gegen Kyros in den Kampf gezogen, ohne die Ankunft seiner babylonischen Verbündeten unter der Führung von Naba-Nahua, dem Vater des biblischen Belshazzar aus dem Buch Daniel, ab-

36 David Astle, „The Babylonian Woe“, S. 144.

zuwarten. Nimmt man die Dinge genauer unter die Lupe, kann man allerdings feststellen, dass die internationale Geldmacht, die Kyros' Aufstieg gefördert und ihm Söldner und die besten Waffen verschafft hatte, der wesentliche Einfluss hinter diesen Ereignissen war und ebenso die späteren Unternehmungen von Kyros, wie die Belagerung von Babylon 14 Jahre später, gesteuert hatte. Diesem Einfluss war es auch zu verdanken, dass einerseits der Vormarsch von Nabu-Nahua sabotiert wurde und Krösus andererseits falsche Informationen über die Absichten und die Truppenstärken von Kyros und Nabu-Nahua zugespielt wurden.

Kyros gewann die Schlacht und Krösus wurde unendlich gedemütigt. Nachdem Kyros so seine „Eignung" und seine Bereitschaft zur Durchsetzung der Politik der finanziellen Hintermänner bewiesen hatte, arrangierte man für ihn 14 Jahre später die relativ mühelose Eroberung Babylons.[37]

Wer arrangierte die mühelose Eroberung Babylons? Und was noch wichtiger ist, wer finanzierte die gewaltige persische Kriegsmaschinerie? Nach Astle liegt die Antwort in der Bibel. „Es ist interessant, festzustellen", so bemerkt er,

> dass kurz nach dem Eindringen der persischen Streitkräfte in die Stadt den „Kindern Israels" gestattet wurde, in ihre sogenannte Heimat zurückzukehren. Sie erhielten jede nur denkbare Unterstützung zur Erneuerung ihres Staatswesens und zum Wiederaufbau ihres Tempels, der natürlich das Herzstück war [...]. Die besonderen Konzessionen, die Kyros den Hebräern sofort nach seinem Einzug in Babylon gewährte, lassen darauf schließen, dass er erhebliche Unterstützung von ihnen erhalten hatte. Vielleicht hatten sie ihm den Kauf der besten militärischen Gerätschaften finanziert, die nur mit dem Wohlwollen der babylonischen Handels- und Bankhäuser erhältlich waren, oder sie hatten ihn laufend mit Informationen, wie etwa über die militärische Verteidigungslage in der Stadt oder ähnlichem, versorgt.

Man kann mit Fug und Recht annehmen, dass sich die babylonische Geldmacht vollständig einer internationalen Sichtweise verschrieben hatte, was immer sie auch nach außen hin bekundet haben mochte und keinerlei Sympathien für den alten Glauben der Ziggurat und

37 David Astle, „The Babylonian Woe", S. 71.

> die Verehrung von Marduk aufbrachte. Deshalb war sie gegen die damalige Wiederrichtung der Ziggurat in Ur durch Nebukadnezar. Wenn auch in frühassyrischer Zeit die Geldmacht sicher nicht in den Händen der Hebräer lag, wenngleich über Mitglieder der späteren israelitischen Konföderation eine Vernetzung mit den Machthabern bestand [...] darf man wohl annehmen, dass die Hebräer zu neobabylonischer Zeit einen mächtigen Einfluss im internationalen Finanzwesen ausübten.
>
> Die Hebräer [...] waren vermutlich in besonders privilegierte Positionen im babylonischen Geldgeschäft aufgestiegen, und hatten zu jener Zeit wahrscheinlich die geheimen Praktiken der Geldwechsler erlernt, die ihnen nach dem Gesetz von Mose in ihrem Heimatland zweifellos verboten waren.[38]

Wie Astle betont, waren die Hebräer, die nach Palästina zurückkehrten, gezwungen, sich aufgrund von Ezras Edikt von ihren ausländischen Frauen scheiden zu lassen. Zwar könnte man das als eine religiös motivierte Anweisung verstehen, die darauf abzielte, die dogmatische und rassische Reinheit wiederherzustellen, doch merkt Astle an, dass die Praxis der internationalen Eheschließungen bis zum heutigen Tag ein Merkmal der internationalen Bankerklasse darstellt. Ezras Edikt könnte also ein Anzeichen dafür sein, dass die Hebräer während der babylonischen Gefangenschaft tatsächlich in die Kreise der internationalen Geldmacht eingedrungen waren.[39] Es gibt noch weitere Hinweise auf die „Babylonisierung" der hebräischen Religion und Kultur, und zwar den Talmud und das Rabbinat, sowie das bedeutsame, bis zum heutigen Tag geltende Symbol der Hebräer und Juden, den sogenannten *Mogen David* oder Davidstern: ✡

Das Symbol ist babylonischen, nicht hebräischen Ursprungs und eignet sich, wie wir im nächsten Kapitel sehen werden, besonders gut als Symbol für eine Bruderschaft, die „Geheimnisse bewahrt."

C. Wie die Verschwörung funktionierte

Die Entwicklungsgeschichte der privaten Ausgabe von Währungen, die auf Edelmetallen beruhten in den verschiedensten Kulturen alter Zeit, lässt ganz klar die Hand einer internationalen Klasse von Edelmetall-Händlern,

38 David Astle, „The Babylonian Woe", S. 76; siehe auch S. 129.

39 Ebd., S. 76-77..

Kriegskaufleuten, Sklavenhändlern und Minenbetreibern erkennen, denn immer wieder wiederholt sich fast unverändert das gleiche Muster.

C.1. Erste Stufe: Infiltriere den Tempel und verbünde dich mit ihm

Wie auf den vorhergehenden Seiten immer wieder betont wurde, waren sowohl in Griechenland und Rom als auch in den mesopotamischen Kulturen Sumer, Babylon und Assyrien Banktätigkeit und Münzprägung mit dem Tempel verbunden. Die Gründe für diese Verbindung sind, zumindest was Bankwesen und Finanzen anbelangt, leicht nachzuvollziehen:

> Die entsprechenden Personen betrieben von alters her ihre Geschäfte, wenn möglich, im Schatten des Tempels. So sollte die Macht oder das Mysteriums, das an diesem Ort verehrt wurde, ihre Tätigkeit sanktionieren, die oftmals gegen das Wohlergehen der Menschen gerichtet war, die ihnen diesen Ort geöffnet hatten [...].
>
> Die Händler lungerten als kaum wahrnehmbare Schatten hinter der Fassade des Tempels herum. Obwohl man sie selbst kaum sah, stießen sie sehr viel von dem an, was in jenen Tagen geschah. Ihr Hauptinteresse galt dem Ansehen ihrer Meister aus der Priesterschaft, die nach außen hin Frömmigkeit, Rechtschaffenheit und Göttlichkeit zur Schau stellten. Denn indem sie die Stellung der Priesterschaft stützten, stärkten sie ihre eigene Position und geheime Macht. Doch wenn sie irgendetwas anrichteten, vor allem, wenn es übler Natur war, konnten sie sichergehen, dass die gewaltlosen Priester dafür zur Rechenschaft gezogen werden würden.

Mit der Sanktionierung durch den Tempel, der ihrem Treiben Schutz und Tarnung bot, konnte diese Klasse von Edelmetall-Händlern dann zur nächsten Stufe ihrer Bestrebungen übergehen:

C.2. Zweite Stufe: Stelle falsche Quittungen aus

Auf dieser zweiten Stufe ging es darum, gefälschte oder falsche Quittungen für die Guthaben oder Warenüberschüsse in den staatlichen Lagerhäusern auszustellen *und dadurch die Geldmenge selbst zu vergrößern.* Man kann davon ausgehen, dass die Hauptmethode darin bestand, „heimlich und im Privaten die gesamte Geldmenge zu erhöhen, indem man falsche Quittungen für [...] Wertgegenstände ausstellte und in Umlauf brachte, die angeblich in diebstahlsicheren Gewölben gelagert oder in anderer Weise sicher aufbewahrt wurden.“[40] Solche Geldausgaben waren relativ leicht zu bewerkstelligen, denn dank der Durchdringung und engen Verbindung zu den Tempeln verschiedener Länder hatten die Händler Zugang zu den Siegeln und anderen Mitteln zur Beglaubigung von Kreditbriefen der Priesterschaft.

C.3. Dritte Stufe: Ersetze Edelmetall durch Kreditbriefe und verkaufe das als eine Maßnahme zum Schutz gegen falsche Quittungen

Das bringt uns unweigerlich zu Stufe drei. Sobald eine ausreichende Anzahl falscher Quittungen in Umlauf gebracht worden war, erkannten das Volk und die Mitglieder des Tempels dies und plädierten für eine offensichtlich notwendige Geldreform. In dieser Situation kamen die Edelmetall-Händler ins Spiel und boten eine Lösung an: Sie, die praktisch das Monopol für Edelmetallförderung innehatten, schlugen vor, die auf Edelmetall basierende Währung, die durch eine bestimmte Menge tatsächlicher Güter gedeckt war – wie etwa Gerste im Fall von Mesopotamien – durch staatliche Kreditbriefe zu ersetzen. Sobald die Allianz aus Krone und Tempel in irgendeinem Staat diese Lösung akzeptiert hatte, war sie in die Falle getappt. Da sie Edelmetall benötigte, war sie auf die Kaufleute, Sklavenhändler und Minensöldner angewiesen, die das Edelmetall lieferten und über die Technologien verfügten, um es fördern, gießen und prägen zu können.[41]

C.4. Vierte Stufe: Erschaffe Faksimile-Geld

Nachdem sie den Wert der Edelmetalle künstlich stimuliert und gesteigert hatte, vollzog die Händlerklasse den letzten Schritt: *Sie gab Kreditbriefe für Edelmetallbestände anstatt für Warenbestände im Lagerhaus aus* und definierte deren Wert anhand eines bestimmten Edelmetallgewichts.

40 David Astle, „The Babylonian Woe“, S. 13.

41 Siehe David Astles Diskussion auf S. 15 ff. von „The Babylonian Woe“.

Hier sind wir also auf einer Stufe angelangt, auf der wieder unrichtige Quittungen ausgestellt wurden. Nur waren sie jetzt weder falsch noch gefälscht, vielmehr handelte es sich um privat geschaffene Geldnoten oder Zahlungsversprechen für bestimmte Edelmetallmengen (die ebenfalls der Kontrolle der Händler unterstanden). So wurde die Geldmenge nicht nur vergrößert, die Verwendung der Wertpapiere ermöglichte es den Edelmetall-Händlern auch, viel mehr solcher Geldnoten in Umlauf zu bringen, als sie tatsächlich in Edelmetall einlösen konnten. Der entscheidende Punkt war hier die Rechtschaffenheit, die ihnen aufgrund ihrer Verbindung mit dem Tempel unterstellt wurde. Mit diesem Schritt hatten sie ihre Macht und ihren Einfluss auf die verschiedenen Staaten, die sie infiltriert hatten, fast zum Höhepunkt getrieben. Nun konnten sie, ebenso wie ihre modernen Gegenstücke heute, die Geldmenge eines Staates erhöhen oder reduzieren und damit dessen wirtschaftliches Gedeihen oder Verderben bestimmen. In diesem letzten Schritt schufen sie also aus Ton oder Stein (heute sind es Papier oder Plastik) das Faksimile eines Faksimiles staatlich ausgegebenen Geldes (eine auf Edelmetall basierende Währung eigener Schöpfung)!

D. Eine Parallele zu den Nachwehen des kosmischen Krieges und des Zweiten Weltkrieges: Eine globale Agenda und ihre Verbindung zu Geld, Monarchien, Monotheismus und Militär

Ein letztes Puzzlestück fehlt noch an diesem Komplott aus alter Zeit, und das raubt einem fast den Atem. Die Verbindung der Edelmetall-Händlerklasse mit den Tempeln überall in der Alten Welt ließ diese erkennen, dass sich die Pantheons der verschiedenen Zivilisationen und sogar die Geschichten und Taten, die bestimmten Göttern zugeschrieben wurden, erstaunlich ähnelten. Aufgrund dieser Erkenntnis

> wurde den Händlern klar, dass die tatsächlich etwas erschaffen konnten, was wie Geld funktionierte. Sie brauchten nur auf einem Tontäfelchen eine Inschrift eingravieren, die Edelmetall oder Geld versprach. Diese Möglichkeit verdankten sie nur dem Vertrauen in ihre Integrität, das sie in den Augen der Menschen genossen. So scharten sie sich unter Wahrung absoluter Geheimhaltung zusammen und schlossen alle aus, die sich nicht als erprobte Brüder erwiesen hatten. Sie wussten, dass sie den Gott der jeweiligen Stadt als

> Urheber aller Gaben ersetzen konnten. *Da dem so war, konnten sie die Vorstellung von einem einzigen Gott, einem besonderen universellen Gott einführen, der ihr Gott war, ein Gott, der über allen anderen Göttern stand und nicht nur über eine Stadt wie beispielsweise Ur, Kish, Ladash oder Uruk herrschte, sondern über die ganze Welt. Und diese Welt gehörte ihnen, mit allem, was sich darin befand.*[42]

Mit anderen Worten, hinter der Schaffung der riesigen persischen Reiche und später des mazedonisch-griechischen Reichs von Alexander dem Großen steckte das Treiben mächtiger finanzieller Interessen, die danach strebten, die frühe Form einer „Neuen Weltordnung" zu schaffen, einen Zentralstaat in einer religiös-kulturell einheitlichen Welt.[43] Der Mechanismus, der verwendet wurde, um diese religiöse Weltsicht zu fördern, bestand darin, den Menschen langsam aber sicher die Vorstellung nahezubringen, dass alle örtlichen Religionen gleich waren und man den „gleichen Göttern" nur „verschiedene Namen" gegeben hatte.[44] So setzte diese Kabale ihren geballten Einfluss ein, um eine Monarchieform zu fördern, die das neue Reich und den neuen Monotheismus vertrat und durch die modernste militärische Ausstattung gesichert war.

Es wäre jedoch auch eine alternative Sichtweise denkbar. Diese ergibt sich aus dem im ersten Kapitel[45] skizzierten Szenario eines kosmischen Krieges. Sollten sich die Überlebenden einer einstmals wissenschaftlich hochentwickelten Zivilisation jemals wieder auf die vormalige Höhe wissenschaftlicher Macht und Errungenschaft hochschwingen können, die einen interplanetarischen Krieg erst *er*möglicht, und in der Lage sein, die destruktiven Technologien zu erschaffen, die sie für ihre Hegemonie und Ausbreitung im Weltraum benötigten, so müssten sie buchstäblich auf die Ressourcen der ganzen Welt zurückgreifen können. Außerdem müssten sie Kriege und Konflikte auslösen, denn diese treiben die technische Entwicklung schneller voran, als dies unter normalen Umständen der Fall wäre. In diesem Fall würden sie für ihre Zwecke nicht nur Geheimgesellschaften gründen, sondern auch Geld kreieren. Eine enge Verbindung zu den Tempeln wäre die leichteste und ausgeklügeltste Methode, um das zu bewerk-

---

42 David Astle, „The Babylonian Woe", S. 15; kursive Hervorhebung vom Autor.

43 Siehe auch David Astle, op. cit., S. 192..

44 Hierzu gibt es eine moderne Parallele; Rockefeller finanzierte den liberalen Protestantismus und verschiedene ökumenische Organisationen und Bestrebungen.

45 Dieses Szenario eines kosmischen Kriegs habe ich in „The Cosmic War: Interplanetary Warfare, Modern Physics, and Ancient Texts", Adventures Unlimited Press, 2007, genauer beschrieben.

stelligen. Das politische Ziel wäre wieder dasselbe: immer größere Reiche zu schaffen, die schließlich den gesamten Globus umspannen.

Die Verbindung zwischen Geldschöpfung und Tempel mit dem Ziel, eine einheitliche Weltordnung zu schaffen, um eine verlorene Technologie und damit Hegemonie wiederzuerlangen, weist auf einen Punkt hin, an dem die Geschichte *wirklich* interessant wird. Das Komplott verdichtet sich …

Sechs

Alchemie wirft die Ordnung über den Haufen

Das transmutative Medium und die Alchemie der Sterne und Bankster

„Die Hypothese einer transnationalen Verwobenheit der alten Mysterienschulen konnte durch den Fund des Gunderstrup-Kelches – eines herausragenden Beispiels kunstvoller Silberverarbeitung – weiter bekräftigt werden. Dieses in einem jütländischen Torfmoor entdeckte Gefäß ist mit pankulturellen Gottheiten geschmückt."

Brian Desborough[1]

Welche Verbindung könnte also *möglicherweise* zwischen alle dem bestehen? Wieso unterdrückte J. P. Morgan Tesla? Warum beschäftigte sich Tesla damit, „mithilfe der Erde" seiner „drahtlosen Energieübertragung" zum Erfolg zu verhelfen? Warum finden wir tatsächlich eine verblüffende Verbindung zwischen Bankwesen und Physik (in der Form von Astrologie, Astronomie und sogar – wie Hoagland andeutet – heiliger Geometrie)? Warum zeichnete ein RCA-Ingenieur Planetentabellen, die für die ganze Welt wie Horoskope aussahen? Warum widmete ein für die Regierung arbeitender Wirtschaftswissenschaftler wie Edward Dewey sein ganzes Arbeitsleben dem Studium von Zyklen aller Art? Und warum stellte er bewusst und absichtlich einen Bezug zwischen wirtschaftlicher Aktivität und Physik her? Und warum finden wir heute, ebenso wie früher, Banker an den Peripherien solcher Forschungsbemühungen?

---

1 Brian Desborough, „They Cast No Shadows: A Collection of Essays on the Illuminati, Revisionist History, and Suppressed Technologies", San Jose, Kalifornien, Writers Club Press, 2002, S. 175.

A. Wirtschaftsphysik

A.1. Physiker erobern die Finanzwelt: Das moderne Modell als Schlüssel zur paläoantiken Vergangenheit

Die Antwort finden wir zum Teil in unserer modernen Zeit. Um die Zwiebel Schicht für Schicht häuten und eine weitreichende, verwickelte, alte Beziehung entwirren zu können, müssen wir uns einer neuen aufsteigenden Disziplin zuwenden – der Wirtschaftsphysik – und uns ansehen, was in neuerer Zeit geschah, als die Physiker die Bühne der Hochfinanz betraten und ihre Techniken und Methoden angewandter Mathematik und Analyse mitbrachten.

Der Begriff „Wirtschaftsphysik" wurde Mitte der 1990er Jahre von H. Eugene Stanley[2] geprägt, der damit zweierlei zum Ausdruck bringen wollte: Einmal sollte damit der Entwicklung Rechnung getragen werden, dass immer mehr diplomierte Physiker in den Finanzsektor einströmten, wo sie höhere Gehälter und bessere Chancen für die Anwendung mathematischer Analysemethoden vorfanden, als in den üblichen Laufbahnen an Universitäten oder in der Forschung. Zum anderen spiegelte sich in dem Begriff die Faszination für die von den Physikern auf dem Gebiet der Quantenmechanik entwickelten und dann auf die Problemstellungen der Wirtschafts- und Finanzanalyse angewendeten statistischen Analysemethoden.

Wirtschaftsphysik ist also ein „interdisziplinäres Forschungsgebiet, in dem ursprünglich von Physikern ausgearbeitete Theorien und Methoden, vor allem aus den Bereichen Unschärfetheorie, stochastische Prozesse und nichtlineare Dynamiken, eingesetzt werden, um wirtschaftliche Fragestellungen zu lösen."[3] Laut einem Wikipedia-Artikel wurde das Interesse vor allem durch die „riesige Menge verfügbarer Finanzdaten seit den 1980er Jahren" ausgelöst.[4] Wie wir gesehen haben, trifft das nur teilweise zu, denn es gab schon viel früher eine enorme Datenmenge, die zum Teil vom Wirtschaftsministerium zusammengetragen worden war und teilweise aus anderen Quellen und Ländern stammte. Dieser Datenbank bedienten sich Edward Dewey und das Institut zur Erforschung von Zyklen. Die Daten

2 „Econophysics", en.wikipedia.org/wiki/Econophysics, S. 1.

3 Ebd.

4 Ebd.

standen den Mitgliedern des Instituts zur Verfügung, zu denen auch Wirtschaftswissenschaftler großer internationaler Banken zählten.

Physiker waren von der Möglichkeit, ihre Techniken auf finanzielle und wirtschaftliche Systeme anwenden zu können, vor allem deshalb fasziniert, weil gerade in der Wirtschaft meist ein Zustand des Ungleichgewichts[5] herrschte und man eigentlich nie von einer einheitlichen Verteilung der Ressourcen oder des Wohlstands, etc. ausgehen konnte. Physiker und Chemiker hatten erst in jüngster Zeit – nämlich in den 1960er Jahren – damit begonnen, sich mit den im Ungleichgewicht befindlichen physikalischen Systemen und deren erstaunlicher Fähigkeit zur Selbstorganisation auseinanderzusetzen. Daraus erklärt sich ihr Interesse an der Erforschung der Wirtschaft. Sie hofften, durch eine Beschäftigung mit den ungleichgewichtigsten Systemen, die die Menschheit kennt – den Wirtschaftssystemen – ihre Modelle in der physischen Welt praktisch anwenden und mit einiger Erfolgswahrscheinlichkeit die Selbstorganisation wirtschaftlicher System beobachten zu können. Auf dieser Basis wollten sie zu gültigen Voraussagen gelangen. Wie wir gleich sehen werden, ist das ein wichtiger Hinweis auf eine möglicherweise sehr tiefgründige Physik, die in Wirtschaftssystemen am Wirken ist.

Kurz gesagt, die Quantenmechanik hat die Wirtschaft erobert, und die Gründe dafür sind leicht nachzuvollziehen. Wirtschaftliche Aktivitäten sind „das Ergebnis der Interaktion vieler heterogener Akteure. Deshalb besteht ein Zusammenhang mit der statistischen Mechanik, die sich mit der Interaktion von Partikeln befasst.[6] Das Hauptwerkzeug dieser neuen interdisziplinären Richtung ist der quantenphysikalische „Pfadintegralformalismus der statistischen Mechanik".[7]

Was genau bedeutet das?

Zum einen kann man den Zustrom von Physikern in das Gebiet der Wirtschaft als Analogie zu dem betrachten, was vor langer Zeit geschah, denn es ist anzunehmen, dass sich etwas Ähnliches bereits schon einmal ereignete, nämlich als diejenigen, die über „höhere Kenntnisse" der höheren Physik verfügten, in die Welt der Hochfinanz, sprich den Tempel eindrangen, um sich ebenso wie ihre modernen Nachfahren einen besseren Lebensstandard und persönlichen Wohlstand zu schaffen. Sobald sie einmal Zugang zu den geheiligten Hallen und Kammern erhalten hatten, verbündeten sie sich mit

5 „Econophysics", en.wikipedia.org/wiki/Econophysics, S. 1.

6 Ebd., S. 2.

7 Ebd., S. 2.

den Bankern ihrer Zeit, den „Edelmetall-Händlern." Es war eine notwendige Detente nach dem großen kosmischen Krieg, denn wenn die verlorenen Wissenschaften und Technologien jemals wiedergewonnen werden sollten, würde dazu eine Menge Geld und eine Menge wissenschaftlicher Erfahrung vonnöten sein, und beides war in den Tempeln der alten Zeit zu finden.

Ein weiterer Gesichtspunkt ergibt sich, wenn wir einen genaueren Blick auf die Quantenmechanik werfen.

A.2. Quantenmechanik, traditionelle Astrologie und statistische Methoden

Die statistische Charakteristik der Quantenmechanik erschließt man sich am besten über die Betrachtung ihres Grundprinzips, der sogenannten Heisenbergschen Unschärferelation. Einfach ausgedrückt, besagt dieses Prinzip Folgendes: Misst man die Geschwindigkeit eines Elektrons, so kann man seine Position nicht bestimmen. Umgekehrt kann man keine Aussagen über seine Geschwindigkeit treffen, wenn man seine Position feststellt. Will man in der Quantenmechanik also das Verhalten mehrerer Teilchen gleichzeitig untersuchen, so muss man sich auf Beobachtungen und statistische Wahrscheinlichkeiten verlassen. Nur so kann man Voraussagen treffen.

Das Gleiche trifft zu, wenn man einige alte astrologische Texte wörtlich nimmt. Man findet eine exakte Analogie zur Quantenmechanik. Auch in alter Zeit wurden über lange Zeiträume hinweg zahllose Beobachtungen sorgfältig zusammengestellt und die große Anzahl ablaufender Interaktionen statistisch ausgewertet. Wie bereits erwähnt, lassen die babylonischen „Omen-Tafeln" erkennen, dass schon vor Hunderttausenden von Jahren astronomische Beobachtungen der Planetenkonstellationen und der entsprechenden Aktivitäten und Auswirkungen auf der Erde durchgeführt wurden. Das bezeichnen wir heute als Astrologie. Damit haben wir einen weiterer Hinweis darauf, dass in den alten Tempeln neben dem Wirken der Edelmetall-Händler noch ein anderer versteckter Einfluss eine Rolle spielte, nämlich der der alten Astrologen oder Astronomen, die ihre Beobachtungen auswerteten. Wie sich in den vorherigen Kapiteln bereits zeigte, standen die alten Edelmetall-Händler mit den verschiedenen priesterlichen Tempelastrologen in Verbindung.

A.3. Dr. Lis Gauß-Copula-Formel und ihr physikalisches Gegenstück: Das Mehrkörperproblem

Die statistische Vorgehensweise in der Quantenmechanik und die Methodik Jahrtausende langer astronomischer und astrologischer Beobachtungen haben mit Dr. David Lis Gauß-Copula-Formel ein höchst interessantes Phänomen gemeinsam: das Mehrkörperproblem. Dieses zeigt sich in der Schwierigkeit, das Verhalten sehr großer Partikelmengen zu berechnen. Die einzige bis dahin bekannte Methode bestand darin, durch zahlreiche sorgfältige Beobachtungen und ein statistisches Modell zu Aussagen über ein wahrscheinliches Verhalten zu gelangen. Das wurde zunehmend schwieriger, je größer die beobachteten Körper wurden.

Stellen wir uns vor, es ginge nicht um die Berechnung des Gesamtverhaltens mehrerer Partikel, sondern um das mehrerer Planeten und Sterne. Es ist noch relativ leicht, die Anziehungskräfte zwischen zwei sich bewegenden Körpern oder Planeten zu bestimmen und ihr Verhalten vorherzusagen. Fügt man dem beobachtenden System aber immer weitere sich bewegende Körper hinzu, so versagen die mathematischen Berechnungsmethoden zusehends, wenn das Verhalten des dynamischen Gesamtsystems oder seiner einzelnen Bestandteile vorhergesagt werden soll. Dr. Li löste das Mehrkörperproblem der wechselseitigen Verflechtungen wirtschaftlicher Aktivitäten, indem er eine statistische Methode ersann, durch die er das Thema zufälliger Wahrscheinlichkeiten in die Wirtschaft einführte.

Sollten die Zufälligkeiten der Quantenmechanik vielleicht gar auf dem Wirken einer höheren Physik beruhen? Wenn dem so wäre, würde dann diese höhere Physik, die aufgrund physikalischer Modelle in die Wirtschaft Eingang gefunden hat, auch dort gelten?

A.4. Höhere Physik

A.4.1. David Bohms versteckte Variable der Quantenmechanik und sein Modell der impliziten Ordnung

Die höhere Physik, auf die unsere Fragestellung uns hinweist, lässt sich am besten erklären, wenn man die Arbeit eines ihrer prominentesten Vertreter, des berühmten Plasma- und Quantenphysikers David Bohm betrachtet. David Bohm ist vor allem dafür bekannt, dass er eine „versteckte

Variable“ in die quantenmechanische Theorie einführte. Seiner Ansicht nach weist die von Physikern beobachtete und gemessene „Zufälligkeit“ in der Quantenmechanik (von Bohm als „explizite Ordnung“ bezeichnet) auf eine höhere und wesentlich geordnetere hyperdimensionale Realität (Bohms „implizite Ordnung“) hin. Bohm erklärt seine Sichtweise in dem bekannt gewordenen Buch „Wholeness and the Implicate Order“. Anhand dieses Buches werden wir uns mit seinen Konzepten auseinandersetzen.

Für Bohm zeigte sich in der Entfaltung der Quantenmechanik das Wirken einer real existierenden, hyperdimensionalen „impliziten Ordnung“:

> Befasst man sich mit den mathematischen Gleichungen und berücksichtigt man die Ergebnisse der durchgeführten Experimente, so entdeckt man, dass die verschiedenen Teilchen als Projektionen einer höherdimensionalen Realität verstanden werden müssen, die man nicht mithilfe irgendwelcher zwischen ihnen wirkenden Kräfte erklären kann.[8]

Mit anderen Worten, Bohm trifft hier nahezu die gleiche Aussage wie Richard C. Hoagland zu Anfang dieses Kapitels: Misst man das Verhalten von Teilchen in ihrer statistischen Gesamtheit, so stellt man fest, dass sie als rotierende Körper *Portale* darstellen, die einer hyperdimensionalen Realität Zugang zu unserer Welt verschaffen. Während sich Hoagland jedoch mit den hyperdimensionalen physikalischen Auswirkungen auf sehr große Körper, wie beispielsweise Sterne befasst, untersucht Bohm die hyperdimensionale Physik des sehr Kleinen. Das scheint darauf hinzuweisen, dass Größe keine Rolle spielt und das Modell auf Objekte aller Größenordnungen angewendet werden kann, mit denen die Physik sich befasst.

Bohm bezeichnet die Interaktion dieser hyperdimensionalen Welt mit unserer eigenen als Projektion. „Stellen wir uns einmal einen rechteckigen Wassertank mit transparenten Wänden vor“, so Bohm.[9] Es folgt die Abbildung eines Aquariums, an dem zwei Kameras befestigt sind, eine zeigt auf eine Seitenwand, die andere ist im rechten Winkel dazu angebracht. Die beiden Kameras „A“ und „B“ sind mit jeweils einem Bildschirm verbunden. Immer wenn ein Fisch herumschwimmt, werden die entsprechenden Bilder auf den Monitoren sichtbar. Bohm führt dazu Folgendes aus:

> Wir erkennen hier eine gewisse Beziehung zwischen den Bildern auf den beiden Monitoren. Wir sehen das Bild eines Fisches auf dem

8 David Bohm, „Wholeness and the Implicate Order“, London, Routledge, 1999, S. 186 f.

9 Ebd., S. 187.

> Bildschirm A und ein anderes Bild auf dem Bildschirm B. In jedem Augenblick *unterscheiden* sich die Bilder voneinander. Trotzdem stehen die Unterschiede in Bezug zueinander. Immer wenn auf einem Bildschirm bestimmte Bewegungen zu erkennen sind, zeigen sich auch auf dem anderen Bildschirm entsprechende Bewegungen. Bildinhalte, die hauptsächlich auf dem einen Bildschirm zu sehen sind, gelangen schließlich in den Bereich des anderen Bildschirms und umgekehrt. Wenn etwa ein Fisch, der anfangs von Kamera A erfasst wurde, im rechten Winkel abdreht, wird das ursprünglich von A erfasste Bild auf B sichtbar. Der Bildinhalt des einen Monitors steht also immer mit dem des anderen in Beziehung und reflektiert dieses.[10]

Mit anderen Worten, unsere dreidimensionale Welt wirkt wie eine Art „Prisma", das ein einziges hyperdimensionales Objekt in Fragmente aufspaltet, die von verschiedenen Blickwinkeln aus wahrgenommen werden können, deren Bewegungen jedoch immer einen Bezug zueinander aufweisen.

Bohm bezeichnet die von uns wahrgenommene dreidimensionale Welt als Projektion einer höherdimensionalen Realität, die unsere quantenmechanischen Wahrnehmungen beeinflusst und auf eine zugrundeliegende implizite Ordnung hinweist. Seine Worte erinnern stark an die Aussagen Hoaglands über Sterne zu Anfang dieses Kapitels:

> Wir müssen uns jedes „Teilchen" eines Systems als Projektion einer „höherdimensionalen Realität" und nicht als Einzelteilchen vorstellen, das zusammen mit allen anderen im dreidimensionalen Raum existiert. Im Einstein-Podolsky-Rosen-Experiment, von dem früher schon die Rede war, ist jedes der Atome, die zunächst ein Einzelmolekül bildeten, als dreidimensionale Projektion einer sechsdimensionalen Realität zu verstehen.[11]

Sobald Bohm sich den Konsequenzen dieser Sichtweise zuwendet, wird die ganze Bandbreite von Möglichkeiten sichtbar, die diese höhere Physik bietet, und man versteht ein wenig besser, warum sich die Bankster der alten Zeit – von der heutigen Situation ganz zu schweigen! – mit den Tempeln verbanden.

---

10 David Bohm, „Wholeness and the Implicate Order", S.187.

11 Ebd., S. 188.

Um seine Schlussfolgerungen deutlich zu machen, erklärt Bohm zunächst:

> Wendet man die Quantentheorie auf Felder an [...] so stellt man fest, dass die möglichen energetischen Zustände eines Feldes diskret (bzw. quantisiert) sind. Ein solcher Feldzustand ist in gewisser Weise eine wellenförmige Anregung, die sich über einen großen Bereich des Raumes ausbreitet. Nichtsdestotrotz verfügt das Feld aber auch über ein bestimmtes, zu seiner Frequenz proportionales Energiequantum (Impuls) und verhält sich somit in gewisser Weise wie ein Teilchen (z.B. ein Photon). Betrachtet man das elektromagnetische Feld des leeren Raums, so lässt die Quantentheorie erkennen, dass jede „wellenförmige" Anregung des Feldes über die sogenannte „Nullpunktenergie" verfügt, die sie nie verlieren kann, auch wenn das Energieniveau auf das mögliche Minium absinkt. Wollte man die Energien aller „wellenförmigen" Anregungszustände in einem bestimmten Bereich des Raumes addieren, so gelangte man zu einem unendlichen Ergebnis, da eine unendliche Anzahl von Wellenlängen zu berücksichtigen wäre.[12]

Ehe wir fortfahren, sollten wir uns kurz vergegenwärtigen, wie Bohm diese Nullpunktenergie charakterisiert hat. Wie der vorstehende Absatz verdeutlicht, ergibt sich für Bohm die Energie aus dem quantisierten Zustand des Raumes selbst, der wiederum auf wellenförmigen Strukturen – in Bereichen, in denen Verdichtung oder Verdünnung stattfindet – beruht.

Warum es sich so verhält, lässt eine kurze Überlegung erkennen. Wenn ein Physiker erklärt, der Raum sei quantisiert, so bedeutet das lediglich, dass es sich nicht um ein unendlich teilbares Kontinuum handelt, das unendlich oft in immer kleinere Einheiten oder Zellen aufgespalten werden kann. Bohm gibt dafür folgenden Grund an: Wenn der Raum selbst das Ergebnis wellenförmiger Verdichtungs- und Verdünnungsstrukturen ist, so erzeugen diese wellenförmigen Strukturen unweigerlich Zellen in ihrem Inneren. Was wie ein unendlich teilbares Kontinuum erscheint, stellt sich tatsächlich als eine unendliche Anzahl von Wellenlängen heraus, die an jedem beliebigen Ort des Raumvakuums vorhanden sind.

Nach Darlegung dieses Konzepts erklärt Bohm im nächsten Schritt die Quantisierung des Raumes:

---

12 David Bohm, „Wholeness and the Implicate Order", S. 190.

> Es besteht berechtigter Grund zu der Annahme, dass man die Energien, die den immer kürzeren Wellenlängen zuzuordnen sind, nicht immer weiter zusammenzählen muss. *Es könnte eine bestimmte kürzest mögliche Wellenlänge geben*, so dass die Gesamtsumme der Anregungszustände und damit die Energie endlich wäre.[13]

Wir wollen diese kürzest mögliche Wellenlänge als „Bohmsche Wellenlänge" bezeichnen.

Diese „Bohmsche Wellenlänge" hat – entsprechend dem Konzept, dass wellenartige Phänomene selbst quantisiert sind – gewaltige, tiefgründige Auswirkungen auf die „höhere Physik", mit der wir uns hier befassen. Zum einen erinnert diese unbekannte Wellenlänge sehr stark an das „verlorene Wort" der Freimaurertradition oder den „verlorenen Akkord" der esoterischen Doktrin von der Harmonie der Sphären. Dieser verlorene Akkord bezeichnet die Frequenz, die auf irgendeine Weise die gesamte physische Schöpfung zusammenbindet, *welche aus einer Reihe von Harmonien oder Obertönen zu diesem Akkord besteht.*

Mit diesem Konzept kommen wir einer Vereinheitlichung der Physik des sehr Großen und des sehr Kleinen sehr nahe:

> Wendet man die Regeln der Quantentheorie auf die heute allgemein anerkannte Allgemeine Relativitätstheorie an, so stellt man fest, dass das Gravitationsfeld ebenfalls aus „wellenförmigen" Zuständen besteht, die jeweils über ein bestimmtes Minimum an „Nullpunktenergie" verfügen. Damit entziehen sich das Gravitationsfeld und der Begriff Entfernung einer vollständigen Definition. Addieren wir fortwährend weitere Anregungszustände, die mit immer kürzeren Wellenlängen einhergehen, zum Gravitationsfeld hinzu, *so gelangen wir zu einer bestimmten Länge, bei der die Messung von Raum und Zeit vollständig unmöglich wird [sic].* Jenseits dieses Punktes verwischen sich die Konzepte von Raum und Zeit, so wie wir sie kennen und verwandeln sich in etwas, über das wir zum gegenwärtigen Zeitpunkt noch keine Aussagen treffen können. *Man könnte also mit einer gewissen Berechtigung zumindest vorläufig annehmen, dass es sich dabei um die kürzeste Wellenlänge handelt, die für die „Nullpunktenergie" im Raum verantwortlich ist.*[14]

Kurz gesagt, sobald man diese Wellenlänge findet, eröffnet sich die Möglichkeit, die Raumzeit und alles, was sich darin befindet, zu manipulieren.

13 David Bohm, „Wholeness and the Implicate Order", S. 190; Hervorhebung vom Autor.

14 Ebd., S. 190; Hervorhebung vom Autor.

Man könnte diese praktisch unerschöpfliche Energiequelle anzapfen und die Energie für alle gewünschten Zwecke einsetzen. Bohms Ausführungen legen auch den Schluss nahe, dass die Entdeckung dieser Frequenz einen Schritt in Richtung Manipulation der Schwerkraft darstellen würde.

Bohm ist sich über die Möglichkeiten solcher Manipulationen durchaus im Klaren, denn er weiß, dass seine Sichtweise für die „Schaffung und Zusammensetzung" der Materie selbst von Bedeutung ist. Er geht sogar so weit, eine Annäherung an diese besondere Frequenz, die wir als „Bohmsche Wellenlänge" bezeichnet haben, bekannt zu geben!

> Eine Schätzung ergibt, dass diese Wellenlänge bei etwa 10^{-33}cm liegt. Das ist viel kürzer als alles, was bisher bei physikalischen Experimenten nachgewiesen werden konnte (man kam bis etwa 10-17 cm). Berechnet man die Energiemenge, die bei dieser kürzest möglichen Wellenlänge in einem Kubikzentimeter des Raumes anzutreffen wäre, so ergibt sich ein Betrag, der die Gesamtenergie der gesamten Materie des bekannten Universums übersteigt.
>
> Das bedeutet, dass nach diesem Modell der sogenannte leere Raum über ein immenses Energiepotenzial verfügt und *Materie, wie wir sie kennen, nur einen kleinen, „quantisierten", wellenförmigen Anregungszustand vor diesem energetischen Hintergrund darstellt, ähnlich wie ein leichtes Wellenkräuseln auf einem unendlich großen Meer.*[15]

Ehe wir uns näher mit den Konsequenzen des eben Ausgeführten befassen, soll Bohm nochmals zu Wort kommen, um uns das enorme Potenzial seines Konzepts vor Augen zu führen:

> Damit soll zum Ausdruck kommen, dass das, was wir über unsere Sinne als leeren Raum wahrnehmen, tatsächlich die totale Fülle ist und den Hintergrund für die Existenz von allem, uns eingeschlossen, bildet. Die Dinge, die unseren Sinnen als *abgeleitete Formen* vorkommen, können nur dann in ihrer wahren Bedeutung erfasst werden, wenn wir die Fülle des Raumes berücksichtigen, in dem sie geschaffen und von dem sie getragen werden, und in den sie sich letztendlich wieder auflösen müssen.
>
> Nach unserer Sichtweise ist der „Urknall" gerade einmal ein „leichtes Kräuseln". Man erhält ein interessantes Bild, wenn man sich vorstellt, dass inmitten eines riesigen Ozeans (d.h. auf der Oberfläche

15 David Bohm, „Wholeness and the Implicate Order", S. 190-191; Hervorhebung vom Autor.

der Erde) *Myriaden kleiner Wellen immer wieder zufällig aufeinandertreffen und dabei in gewisse Phasenbeziehungen treten, die sie in einen bestimmten kleinen Teil des Raumes führen, wo sie plötzlich eine sehr hohe Welle auslösen, die von nirgendwoher und aus dem Nichts zu kommen scheint. Möglicherweise findet so etwas in dem immensen Ozean kosmischer Energie statt und es entstehen plötzliche Wellenimpulse, aus denen heraus unser „Universum" geboren worden sein könnte.*[16]

Vergegenwärtigen Sie sich genau, was Bohm hier aussagt, denn es erweist sich als äußerst bedeutend für alles, was daraus folgt: *Die Materie selbst in all ihren vielfältigen Erscheinungsformen ist das Ergebnis einer Interferometrie – einer „Vermischung" – verschiedener Wellen unterschiedlicher Länge, die wiederum alle Harmonien oder Obertöne der „Bohmschen Wellenlänge" darstellen. Hier haben wir ein System für die Schöpfung aus dem Nichts, die Fähigkeit des physischen Mediums zur Schaffung von Informationen und Systemen durch Kombination von Wellen. Die Kunst der Erschaffung aus dem Nichts bezeichnen wir als Alchemie.* Aus Bohm Konzept lässt sich noch eine weitere Schlussfolgerung ziehen. Will man solchen Wellen, beziehungsweise den Systemen, die aus solchen Wellen entstanden sind, eine relative, systematische Stabilität verleihen, so gelingt das am einfachsten durch Rotation.

Als Konsequenz ergibt sich, dass rotierende materielle Systeme – seien es Sterne oder Teilchen – als natürliche Resonanzkörper für solche Wellen wirken. Um die Interferenzmuster der Wellen erkennen zu können, muss man also die geometrischen Positionen bedeutsamer Objekte in der Raumzeit beobachten. Das Konzept, wonach Materie ein „Portal" darstellt, das uns Einblicke in eine höherdimensionale Realität und deren Energien gewährt, erklärt zweierlei, nämlich warum man sich in alten Zeiten so intensiv mit Astrologie und mit Alchemie befasste. Beide Disziplinen sind schließlich Manifestationen ein und derselben Physik. Materie ist, einfach ausgedrückt, nur eine stehende Welle, die sich aus der Interferometrie anderer Wellen ergibt. Materie kann als Raster oder Schablone für die Interferenz solcher Wellen bezeichnet werden. Damit vollzieht sich der Brückenschlag zur Alchemie, denn Materie tritt als Information im Feld des physischen Mediums in Erscheinung. Materie ist also veränderbar, oder alchemistisch ausgedrückt, transmutierbar. Das physikalische Medium selbst, der Stein der Weisen par excellence, verwandelt sich in die Diversi-

16 David Bohm, „Wholeness and the Implicate Order", S. 191-192; Hervorhebung vom Autor.

tät materieller Schöpfung. Diese Vorstellung von Materie als Schablone für die Interferometrie von Wellen wird noch eine entscheidende Rolle spielen, wenn wir uns im nächsten Kapitel mit der Platzierung der heiligen Tempel auf bestimmten Punkten des Erdgitters befassen. Was noch wichtiger ist, die Alchemie bietet uns ein einheitliches Konzept, das uns erlaubt, die verschiedenen in diesem Buch angesprochenen Themen am Ende unter einen Hut zu bringen.

A.4.2. Das Institut zur Erforschung von Zyklen erkennt ähnliche Zusammenhänge

Erstaunlicherweise stieß das Institut zur Erforschung von Zyklen auf etwas Ähnliches. Wir erwähnten bereits, dass der Gründer des Instituts Edward Dewey die zahlreichen Zyklen, über die er Aufzeichnungen führte, mit Wellenformen verglich und feststellte, dass verschiedene Zykluswellen „kombiniert" werden konnten wie Klangwellen.

Das Institutsmitglied Ray Tomes schrieb eine interessante Abhandlung, die er im Februar 1990 auf einer Konferenz des Instituts vortrug. Der Titel des Vortrags spricht für sich: „Auf dem Weg zu einer einheitlichen Theorie von Zyklen." Tomes verfolgt darin die Klangwellenanalogie von Dewey und Dakin weiter und gelangt zu einer atemberaubenden Schlussfolgerung:

> Schließlich erkannte ich, dass das Frequenzmuster, das sich bei […] den Preisen für Mais feststellen ließ, *der Frequenzanordnung entsprach, die sich durch die weißen Tasten eines Klaviers ergaben* […]. Das war eigenartig, und als ich mich nochmals mit meinen frühen Untersuchungen wirtschaftlicher Zyklen befasste, erkannte ich, dass die Abfolge 4:5:6:8 genau der eines großen Akkords in der Musik entsprach! Warum spielen wirtschaftliche Abläufe große Akkorde und Tonleitern in **sehr** langsamem Tempo?
>
> Meine Nachforschungen ergaben, dass diese Muster schon früher von einigen Autoren des Magazins *Cycles* beobachtet und beschrieben worden waren.[17] Einer der Autoren war D. S. Castel (1956), der entdeckt hatte, dass die Zyklen des Börsenmarktes zu einer Tonleiter in Bezug gesetzt werden konnten. Das analysierte Muster erstreckte sich über drei Oktaven, und in zumindest einer Oktave wurden die sieben weißen Tasten und eine schwarze Taste angeschlagen.[18]

---

17 Die interne Zeitschrift des Instituts.

18 Ray Tomes, „Towards a Unified Theory of Cycles", Vortrag auf der Konferenz des Instituts zur Erforschung von Zyklen im Februar 1999, www.cyclesresearchinstitute.org, S. 4,

Tomes Ansatz läuft also auf das Gleiche hinaus wie der von David Bohm und besagt, dass man in allen Arten von Zyklen eine „ultimative Wellenlänge“ oder Frequenz finden kann. Alle anderen Wellenlängen stellen nur Harmonien oder Obertöne dieser Frequenz dar.

A.4.3. Das wohltemperierte Klavier: Das erste Beispiel physikalischer Vereinheitlichung

Dieses Konzept liegt nicht so weit von der physikalischen Realität entfernt, wie es zunächst den Anschein haben mag. Die aus zwölf äquidistanten „Noten“ bestehende Tonleiter der modernen westlichen Musik kann man tatsächlich als erstes Beispiel physikalischer Vereinheitlichung bezeichnen. Um das zu erkennen, bietet sich eine einfache Übung an. Drückt man an einem akustischen Klavier still die Note „C“ und schlägt dann eine Oktave tiefer ebenfalls ein „C“ an, so hört man die still gedrückte Saite im Einklang mit der angeschlagenen Note vibrieren. Der Grund dafür ist einfach. Eine Klaviersaite vibriert nicht nur mit ihrer gesamten Länge, sondern gleichzeitig auch mit verschiedenen Bruchteilen ihrer Länge. Jede Note hat also einen Oberton beziehungsweise eine Reihe von Harmonien. Man kann also die nächste Note in der harmonischen Reihe von „C“, die Note „G“, still drücken und wieder dasselbe „C“ anschlagen wie zuvor. Wieder hört man, wie die still gedrückte Note „G“ im Einklang mit dem angeschlagenen „C“ schwingt. Die nächste Note in der harmonischen Reihe von „C“ ist wieder ein „C“, dann ein „E“ und so weiter. Setzt man sich vor die Tastatur eines Klaviers und führt dieses einfache Experiment durch, so stellt man fest, dass die *Intervalle* zwischen dem ursprünglichen „C“ und den jeweiligen harmonischen Obertönen kürzer werden und zuerst eine Oktave (zum ersten still gedrückten „C“), dann eine Quint bis zur Note „G“, dann eine Quart bis zum nächst höheren „C“ und schließlich eine Terz bis zur Note „E“, und so weiter, umspannen. Schließlich führen diese natürlichen Harmonien zu einer Note, die auf der Tastatur irgendwo in der „Spalte“ zwischen „A“ und „H“ liegt.

Warum gibt es diese Note nicht auf dem Klavier (oder irgendeinem anderen Tasteninstrument)? Die Antwort ist einfach. Gäbe es diese Note, so könnte man *unmöglich* ein Stück spielen, bei dem ständig die Schlüssel wechseln. Man könnte nur eine begrenzte Anzahl von Akkorden spielen und müsste bei einem Wechsel von „C“ zu „D“ buchstäblich unterbrechen und die Tastatur neu stimmen. Was war also geschehen?

Als es zwischen der Renaissance und dem Barock zu einem Stilwechsel in der Musik kam, lernten die Musiker die harmonischen Reihen feiner abzustimmen. Sie experimentierten damit herum oder *„temperierten"*, wie sie es zu nennen pflegten. Sie schufen durch eine kleine mathematische Anpassung der natürlichen Obertonreihe zwölf Noten mit gleichen Abständen, *die jeweils Harmonien aller anderen Töne darstellten*. Die Musik konnte also während eines Stückes auf beliebig viele Schlüssel zurückgreifen, ohne dass sie unterbrochen werden und das Instrument neu eingestellt werden musste. Auf diese Weise wurden alle harmonischen Reihen der Klaviertöne, die sich im natürlichen Fall ursprünglich *nicht* vollständig überlappten, so manipuliert, dass sie eine Einheit bildeten.[19]

Mit dieser Analogie als Hintergrund erkennt man nun, dass der Weg zur höheren Physik der Manipulation des Mediums, den der Physiker David Bohm vorschlägt, über die Erkenntnis führt, dass es eine Frequenz geben muss, *zu der alle anderen Frequenzen – von Tonwellen über elektromagnetische Wellen bis hin zu Gravitationswellen – harmonisch sind*. Er greift hier tatsächlich auf ein sehr altes Konzept zurück, die Musik der Sphären, ein wohltemperiertes Klavier des Universums selbst. Damit propagiert er eine moderne physikalische Version des „verlorenen Wortes" oder des „verlorenen Akkords" der esoterischen Überlieferung.

A.4.4. Nikolai Kozyrevs Kausalmechanik und erste manipulative Eingriffe

Während David Bohm eindeutig davon ausging, dass man das physikalische Medium im Rahmen einer „wohltemperierten" harmonischen Vereinheitlichung der Physik manipulieren könnte, ging der russische Astrophysiker Dr. Nikolai Kozyrev noch einen Schritt weiter und behauptete, man könnte nicht nur die *Auswirkungen*, sondern auch die *Ursachen* unmittelbar beeinflussen.

Wir können deshalb davon ausgehen, dass Kozyrev die Zeit wesentlich unkonventioneller betrachtete als die traditionelle Physik. Für Kozyrev war Zeit nicht nur etwas Andauerndes, eine passive Bühne, auf der sich physikalische Ereignisse abspielten[20], sondern vielmehr eine Akteurin auf dieser Bühne, die wie der Raum multidimensionale Züge trug und eine

---

19 Zum Thema der manipulativen Methode der physikalischen Vereinheitlichung im Gegensatz zur theoretischen Vereinheitlichung siehe mein Buch „The Giza Death Star", Adventures Unlimited Press, 2001, dt. „Der Todesstern Gizeh".

20 Vergleiche mein Buch „The Philosophers' Stone", Feral House, 2009, S. 164-165.

multidimensionale Qualität aufwies. Um das zu verdeutlichen, können wir uns einer Analogie bedienen. Die gewöhnliche Physik geht davon aus, dass es in der Zeit Vergangenheit, Gegenwart und Zukunft gibt und stellt damit rein auf ihre Dauer ab.[21] Die natürlichen menschlichen Sprachen betrachten die Zeit aber wesentlich differenzierter und tiefgehender und messen ihr bestimmte „Qualitäten" zu, die in verschiedenen Zeiten wie Futur II, Plusquamperfekt oder Modalitäten wie Aktiv und Passiv zum Ausdruck kommen. In gewissem Sinn betrachtet die natürliche Sprache Zeit also wesentlich tiefschürfender und komplexer als die Physik.

Diese Feinheiten wollte Kozyrev erforschen und in die exakte, klare Sprache der Mathematik übersetzen. Die Komplexität und Subtilität wechselseitiger Beziehungen, die zeitliche Feinabstimmung und die Interaktionen, die Kozyrev im „Rotationsmoment" eines gegebenen Systems fand, kann man sich als eine Reihe von ineinander greifenden, sich gegenseitig beeinflussenden Rotationssystemen vorstellen. Er bezeichnet das als „dynamische Torsion."[22] Die Zeit könnte ihre eigene Intensität in das System einbringen und diesem eine Spin-Richtung geben – Kozyrev spricht hier von „Verdichtung", was wiederum die Möglichkeit des gegenteiligen Zustands, Verdünnung, impliziert.[23] Durch eine Reihe äußerst geschickter Experimente mit Gyroskopen, Waagen und in einigen Fällen auch Teleskopen konnte Kozyrev erkennen, dass seine Messinstrumente vor Beginn einer jeden physikalischen Aktion eine Art „Vor-Aktion" aufzeichneten, so als würden die Instrument die physikalische Aktion „vorhersehen".[24] Damit waren „Ursache" und „Wirkung" das Ergebnis der Aufspaltung oder Zerlegung einer höherdimensionalen Einheit und Symmetrie in der niedrigeren Dimension. Das erinnert stark an Bohms Projektionsanalogie. Kennt man die zeitlichen Bedingungen, die solche „Voraktionen" oder „Vorläufer" auslösen, wird man schließlich diese Vorläufer physikalischer Aktionen *manipulieren* können.

Hält man sich Kozyrevs Konzept der „Manipulation der Vorläufer" vor Augen und geht man davon aus, dass nach Bohms Analyse die Materie selbst als eine Reihe sich beeinflussender Wellen im Medium zu verstehen ist, die, wie Dewey und Dakin es ausdrücken würden, eine „gemittelte" Welle ergeben, so tut sich eine unglaubliche Möglichkeit auf. Man könnte

---

21 Joseph P. Farrell, „The Philosophers' Stone", Feral House, 2009, S. 151-178.

22 Ebd., S. 166-167.

23 Ebd., S. 176-178.

24 Ebd., S. 179.

das exakte spiegelbildliche Gegenstück einer solchen Welle erzeugen und es auf die ursprüngliche Welle einwirken lassen, so dass sich die beiden zu Null addieren, beziehungsweise sich gegenseitig aufheben. Damit würde ein „Etwas" wieder zu einem „Nichts" gemacht. Das höchste Ziel der Manipulation von „Vorläufern" besteht darin, eine Kraft zur Verfügung zu haben, die die Wirkung einer physikalischen Aktion auslöscht, indem sie die Ursache beseitigt.

Wenn, wie Bohms und Kozyrevs Erkenntnisse zeigen, hinter den stochastisch erscheinenden Abläufen der Quantenmechanik eine höhere Physik steckt, müssen die stochastisch erscheinenden Abläufe der Wirtschaftsphysik in ähnlicher Weise höheren physikalischen Prinzipien unterliegen. Wenn es, ohne Kozyrev zu nahe treten zu wollen, möglich ist, die Vorläufer von Auswirkungen – also tatsächlich die Ursachen – zu manipulieren, kann man auch die Vorläufer *wirtschaftlicher* Aktivität manipulieren, denn in beiden Fällen wird das physikalische Medium selbst beeinflusst.

Nun haben wir eine spekulative Grundlage, die uns helfen kann herauszufinden, warum im Laufe der Geschichte immer eine so enge Bindung zwischen der Bankerklasse und den Tempeln bestand. Die Banker waren und sind das Element oder die Klasse in der menschlichen Gesellschaft, die zumindest *ein gewisses* Verständnis für höhere Physik besaß. Bei der Tätigkeit der Banker handelt es sich ja im Endeffekt um eine alchemistische Operation, bei der aus dem Nichts heraus Informationen geschaffen werden, in diesem Fall Informationen über Guthaben und Schulden. Somit finden wir im Reich der Finanz eine verschwommene, blasse Reflexion eines analogen, viel tiefer gehenden physikalischen Ablaufs. Höchstwahrscheinlich wurde die Verbindung gerade deshalb geknüpft, um durch den Einsatz der Physik letztendlich die früheren Technologien und das Wissen über die höhere Physik wiedererlangen zu können. Um dieser Art von Physik also wieder auf die Spur zu kommen, war es notwendig, sich mit so vielen Tempelpriesterschaften wie möglich zu verbünden, denn man konnte davon ausgehen, dass sie alle bruchstückhafte Kenntnisse bewahrt hatten, die bei richtiger Kombination wieder den Zugang zum alten Wissen eröffnen würden. So erklärt sich auch das seit alters her manisch verfolgte Streben dieser Klasse nach „Vereinigung und Beherrschung der Welt". Zum einen würde sie wahrscheinlich gewaltige finanzielle Ressourcen benötigen, um sich diese höhere Physik wieder zu Eigen zu machen – Ressourcen, die den Rahmen einer einzelnen Nation damals wie heute sprengen würden – zum anderen musste sie sich über die ganze Welt ausbreiten, um jegliche unabhängige Entwicklung oder Wiederentdeckung solcher Technologien durch mögliche Rivalen im Keim zu ersticken.

B. Wirtschaft, Astrologie und Astrophysik

Es gibt zwei Datenkategorien, die zusammengenommen möglicherweise erklären können, inwiefern sich eine höhere Physik auf wirtschaftliche Aktivitäten auswirkt. Es handelt sich einmal um die umfangreiche Datenbank über wellenförmige Verläufe des Instituts zur Erforschung von Zyklen und zum anderen um die Implikationen von David Bohms impliziter Ordnung, nach denen die Materie selbst das Ergebnis und somit einen natürlicher Resonanzkörper für Wellen darstellt. Wie im zweiten Kapitel aufgezeigt, kann man aus den vom Institut zur Erforschung von Zyklen zusammengetragenen Daten den Schluss ziehen, dass wirtschaftliche Zyklen, eben weil sie einem bestimmten physikalischen Mechanismus unterliegen – man denke an die Klangwellenanalogie von Dewey und Dakin – in gewissem Sinn und Umfang „der Kontrolle durch den menschlichen Willen entzogen sind."[25] Es gibt noch eine weitere Datensammlung, die Dewey und Dakin *nicht* herangezogen haben, die aber ebenfalls den Schluss nahelegt, dass wirtschaftliche Aktivitäten tief von einer höheren Physik beeinflusst werden.

Diese Datensammlung kennen wir als Astrologie.

Astrologen fertigen seit Jahrzehnten, wenn nicht gar seit Jahrhunderten oder Jahrtausenden „Mundanhoroskope" für verschiedene Länder an. Vor nicht allzu langer Zeit stellten sie fest, dass zwischen bestimmten wiederkehrenden Planetenkonstellationen und Perioden wirtschaftlichen Aufschwungs oder Abschwungs ein merkwürdiger Zusammenhang besteht. Einer von diesen Astrologen ist Robert Gover, der vor Kurzem das faszinierende Buch „Time and Money: The Economy and the Planets" geschrieben hat. Zunächst stellt er fest, dass Saturn für einen Sonnenumlauf 28-30 Jahre, Uranus 84 Jahre, Neptun 165 Jahre und Pluto 248 Jahre benötigt.[26] Dann erklärt er die Wichtigkeit dieser äußeren Planeten für die astrologische Wirtschaftsbetrachtung. Die anderen Planeten – Jupiter, Mars, Erde, Venus und Merkur – bewegen sich so rasch um die Sonne, dass sie sich nicht als Anhaltspunkte „für die Analyse von Jahre oder Jahrzehnte umfassenden

25 Dewey und Dakin, „Cyles: The Science of Prediction", S. 191.

26 Robert Gover, „Time and Money: The Economy and the Planets", Hopewell Publications, 2005, S. 2.

wirtschaftlichen Zyklen eignen."[27] Schließlich stellt Gover seine Hauptthese vor, die unter Astrologen mehr oder weniger bekannt ist, außerhalb dieser Kreise aber kaum Beachtung gefunden hat:

> Jedes Mal, wenn die USA eine große Depression erlebten, bildeten die langsamen Planeten ein großes Kreuz zur Sonne und zum Saturn im Geburtshoroskop der USA, wie es im Astrologenjargon heißt. Jedes Mal wenn der Uranus zu seiner Geburtsstellung im Horoskop der USA vom 4. Juli 1776 in den ersten Graden des Zeichens Zwillinge zurückgekehrt war, erlebte Amerika seine schlimmsten Kriege. Jedes Mal, wenn Uranus und Pluto Konjunktionen oder Quadrate bildeten, die zu sensiblen Punkten des amerikanischen Geburtshoroskops in Konjunktion, Opposition oder im Quadrat standen, erlebte das Land soziale Veränderungen oder Aufstände [...].
>
> Es kam auch zu Kriegen, wenn der Geburtsuranus im Horoskop der USA von Planeten im Transit berührt wurde. Das geschah beispielsweise, als das World Trade Center und das Pentagon angegriffen wurden. Saturn und Pluto bilden drei Mal pro Jahrhundert eine 180°-Opposition. Das letzte Mal war das am 11. September 2001 der Fall. Die davorliegende Saturn-Pluto-Opposition fiel in die stürmische Periode der 1960er Jahre, die wiederum davorliegende war zur Zeit der Großen Depression.[28]
>
> Sodann erklärt Gover die wichtigsten Konjunktionen und Aspekte. Wir werden zwei davon herausgreifen.
>
> Die Aspekte bilden ein **großes Kreuz**, wenn vier Planeten gleichzeitig Quadrate oder Oppositionen zueinander bilden. Diese seltene Konstellation steht für Hindernisse, Spannungen und Frustrationen. Ein großes Kreuz zum Sonne-Saturn-Quadrat der USA trat jedes Mal auf, wenn das Land eine große Depression erlebte.
>
> Das **große Trigon** ist ebenfalls ein seltener Aspekt. Er entsteht, wenn drei Planeten in 120°-Winkeln zueinander stehen und so ein Dreieck bilden. Es bedeutet harmonischen Energiefluss, Glück und gute Gelegenheiten.[29]

---

27 Robert Gover, „Time and Money: The Economy and the Planets", Hopewell Publications, 2005, S. 2

28 Ebd., S. 2-3.

29 Ebd., S. 10; Hervorhebung im Original.

Merkwürdigerweise ähnelt das große Kreuz sehr stark den Planetentabellen des RCA-Ingenieurs Nelson.

Große Kreuze treten so häufig bei Depressionen in den USA auf, dass Gover daraus eine Art astrologisches Gesetz formulierte: „Kein großes Kreuz, keine große Depression."[30] Gover weist jedoch darauf hin, dass eine astrologische „Vorhersage" nicht falsch verstanden werden darf:

> Betrachten wir unser Sonnensystem und die uns umgebenden Planeten als riesige Himmelsuhr, so lehrt uns die Geschichte als erstes, dass diese Himmelsuhr nicht über die mechanische Präzision unserer irdischen Uhren verfügt. Zwar können wir aus der Geschichte entnehmen, wann wieder ähnliche wirtschaftliche Ereignisse fällig werden, doch die Präzision eines Uhrwerks kann nicht erwartet werden. *Bestimmte Planetenkonstellationen weisen auf Zeiten hin, zu denen man mit bestimmten Arten von Ereignissen rechnen kann.* Die Planeten können uns jedoch nicht verraten, wie sich die Ereignisse gestalten und wie wir reagieren werden. Wir wissen, wann der Winter ansteht, doch nicht wie kalt er werden wird. Einige Hurrikan-Saisonen bringen große Verwüstungen mit sich, andere laufen glimpflicher ab.[31]

Unter dieser Prämisse können wir uns nun Govers Horoskopen zuwenden. Die erste große amerikanische Depression fand in den 1780er Jahren statt. Das zugehörige Horoskop sieht wie auf nächsten Seite folgt aus.

Nimmt man sich die Zeit, die Planetensymbole zu entziffern, so stellt man fest, dass „sich Saturn auf 15° Steinbock und damit in Opposition zur Geburtssonne der USA auf 13° Krebs befand. Zudem war Mars bei 21° Widder im Orb einer Opposition zum Geburtssaturn der USA auf 15° Waage."[32] Kurz gesagt, die laufenden Planeten bildeten während der großen Depression der 1780er Jahre mit den Geburtsplaneten der USA ein großes Kreuz.

Auch während der großen Depression der 1870er Jahre formte sich ein großes Kreuz.

---

30 Robert Gover, „Time and Money: The Economy and the Planets", Hopewell Publications, 2005, S. 51.

31 Ebd., S. 70; Hervorhebung vom Autor.

32 Ebd., S.41.

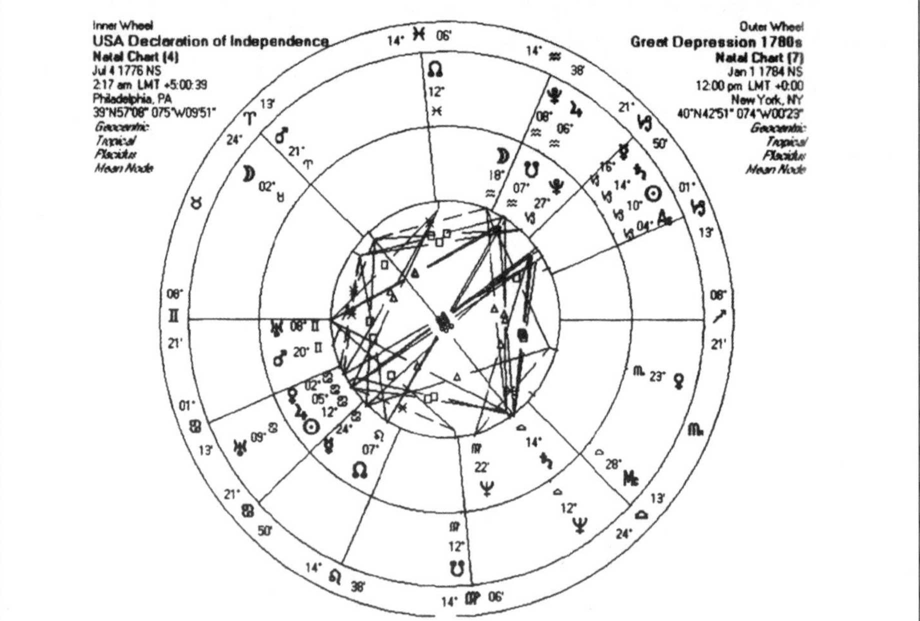

Robert Govers Horoskop für die große amerikanische Depression der 1780er Jahre.[33]

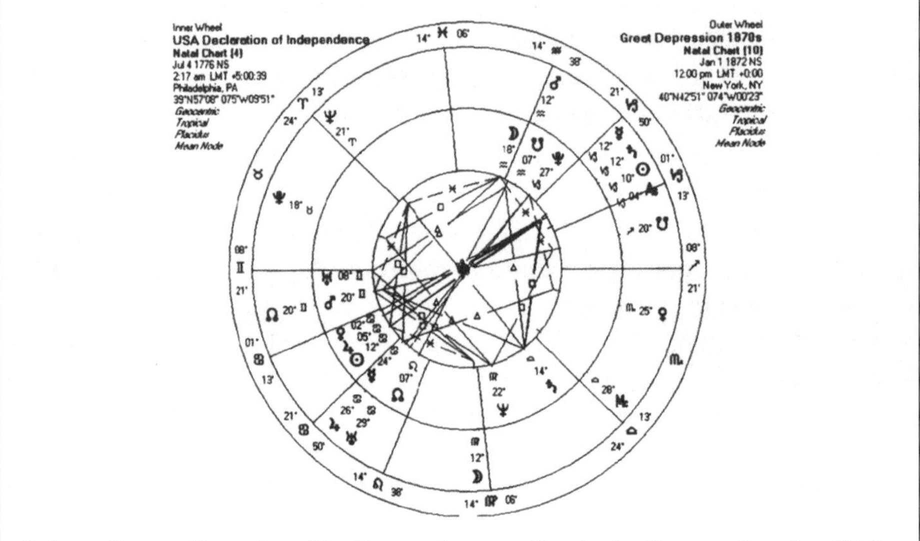

Robert Govers Horoskop für die große amerikanische Depression der 1870er Jahre[34]

33 Robert Gover, „Time and Money: The Economy and the Planets", Hopewell Publications, 2005, S.40.

34 Ebd., S. 41.

Zu jener Zeit „bildete der Saturn im Steinbock ein Quadrat zu Neptun im Widder und formte mit der Geburtssonne und dem Geburtssaturn der USA ein großes Kreuz.“ [35]

Schließlich war auch während der Großen Depression der 1930er Jahre ein großes Kreuz zu erkennen.

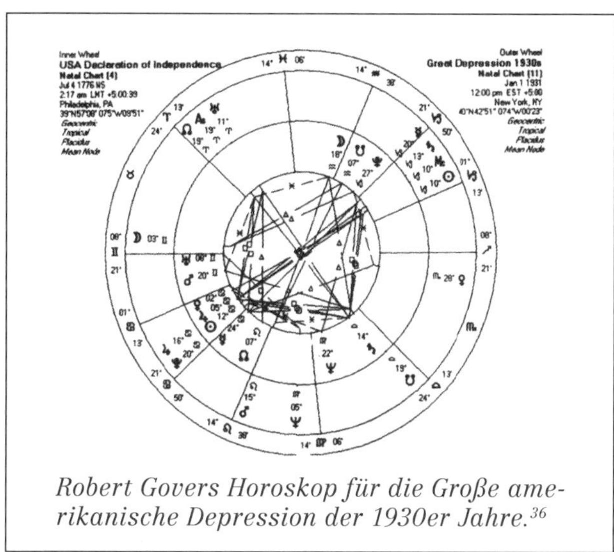

Robert Govers Horoskop für die Große amerikanische Depression der 1930er Jahre.[36]

Das Horoskop zeigt ein großes Kreuz zwischen Saturn auf 13° Steinbock im Quadrat zu Uranus auf 11° Widder in Opposition (d.h. im 180°-Winkel) zur Geburtssonne und zum Geburtssaturn der USA.[37]

Es scheint zumindest auf den ersten Blick so, als würden diese großen Kreuze einen üblen Einfluss ausüben, den man als gegeben hinnehmen muss. Aber gibt es eine physikalische Korrelation in der realen Welt?

Um diese Frage zu beantworten, braucht man nur eines von Nelsons Diagrammen heranziehen, die er im Rahmen seiner Untersuchung über Planetenkonstellationen und die Ausbreitung von Radiosignalen für das RCA erarbeitet hatte.

35 Robert Gover, „Time and Money: The Economy and the Planets“, Hopewell Publications, 2005, S. 41.

36 Ebd., S. 44.

37 Ebd., S. 47.

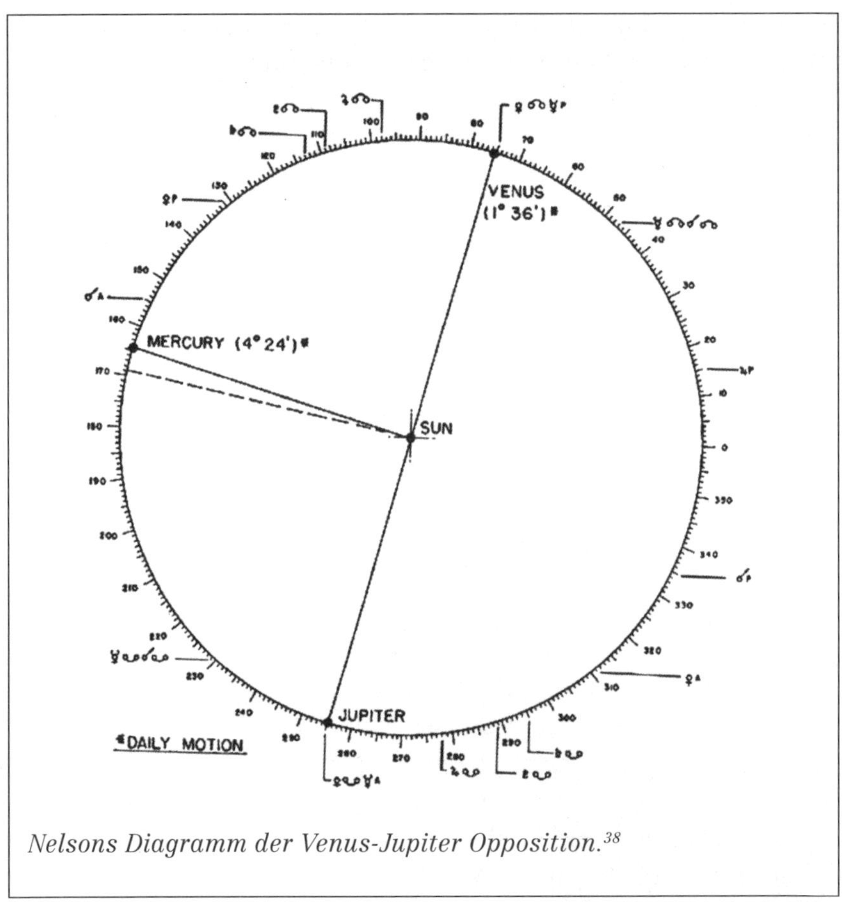

Nelsons Diagramm der Venus-Jupiter Opposition.[38]

Man beachte die Ähnlichkeiten. Auch hier stehen die Planeten, in diesem Fall die *inneren* Planeten, in bestimmten Beziehungen zueinander. Es handelt sich jeweils um 90°-Winkel oder Harmonien davon, wie 180° oder 270°.[39]

38 James Nelson, „Shortwave Radio Propagation Correlation With Planetary Positions", Konferenzpapier vorgetragen vor dem AIEE-Unterausschuss für Energiequellen anlässlich der Winterhauptversammlung im Januar 1952.

39 Ebd. Auch die Unterschiede sollten beachtet werden, denn Gover konzentriert sich hauptsächlich auf die äußeren Planeten, nämlich die Gasriesen und Pluto (dem erst kürzlich der Status eines Planeten aberkannt wurde). Darüber hinaus nennt Gover nach klassischer astrologischer Tradition jeweils die Häuser des Tierkreises, in denen sich die Planeten befinden, Nelson dagegen nicht.

Wenn wir die Datenbanken des Instituts zur Erforschung von Zyklen und die Horoskope von Gover (und anderen Astrologen) als Hinweise nutzen, kommen wir einem Verständnis der Beziehungen zwischen Bank und Tempel in alter Zeit wesentlich näher. Seit alters her müssen beiden Institutionen die astrologischen Daten wirtschaftlichen Aufschwungs und Abschwungs bekannt gewesen sein. Für die „Finanzmächte, die über das Wissen verfügten" war die Verfügbarkeit solcher Daten von entscheidender Wichtigkeit, um die Grundtendenzen von Aufschwung oder Abschwung in einem Zyklus verschärfen oder dämpfen zu können.

Mit dieser Vorinformation können wir nun einen Blick auf die Beweise werfen, die Ellen Hodgson Brown, deren Buch in der Einleitung erwähnt wurde, zusammengetragen hat, denn eine Betrachtung der Aktivitäten der Bankster im Vergleich zu Govers Horoskopen ist äußerst aufschlussreich.

C. Ellen Hodgson Brown

C.1. Die Depression der 1780er Jahre und die Bankster

Brown weist auf etwas hin, das den meisten modernen Amerikanern nicht bekannt ist, und zwar, dass vor der amerikanischen Revolution die meisten Kolonien ihr eigenes – *schuldenfreies* - Papiergeld druckten und ihren Bauern und Geschäftsleuten Kredite gewährten. Die Folge waren eine blühende Wirtschaft und nahezu Vollbeschäftigung. Als Benjamin Franklin vor der Revolution nach England reiste, fragten ihn „die Direktoren der Bank von England" nach der Quelle dieses Wohlstandes. Franklin antwortete, dass die Kolonien „entsprechend den Bedürfnissen von Handel und Industrie Papiergeld ausgaben." [40]

Wodurch aber war das Geld „gedeckt"? Die Kolonien hatten kaum Silber oder Gold, um ihre Papierwährungen zu decken. Womit also wurden sie gedeckt? Der damals berühmte protestantische Geistliche Cotton Mather,

---

40 Ellen Hodgson Brown, „Web of Debt: The Shocking Truth about Our Money System und How We Can Break Free", Baton Rouge, Louisiana, Third Millenium, 2008, S. 39. Wenn der Leser ein Buch über die Geschichte des schuldenbehafteten Privatgeldes im Gegensatz zum staatlichen Kreditgeld lesen sollte, dann ist es dieses Buch. Das Werk ist gründlich dokumentiert und gut geschrieben. Besonders Browns Abrechnung mit der törichten Annahme, eine bloße Rückkehr zum „Goldstandard" würde das Problem lösen, ist hervorragend gelungen. Wie wir bereits sahen, kann Edelmetall leicht von den „Edelmetall-Händlern" oder Bankstern manipuliert werden.

der in Neuengland lebte, stellte klar, wie die Deckung der kolonialen Berechtigungsscheine funktionierte, indem er einige prägnante Fragen stellte:

> Ist eine Schuldverschreibung oder ein Wechsel (über 1000 Pfund) etwas anderes als ein Stück Papier? Und ist es deshalb weniger wert als derselbe Betrag in Silber oder Gold, ausreichende Zahlungssicherheit vorausgesetzt? *Welche andere Sicherheit steht also hinter ihrem Papiergeld als das Ansehen des ganzen Landes?*[41]

Brown führt weiter aus: „Mather hatte das Geld neu definiert. Es stand nicht länger für Gold oder Silber. Es stand für Ansehen, das Ansehen des gesamten Landes."[42] Im Kontext der bisher zusammengetragenen Beweise und insbesondere der Analyse von David Astles Werk im fünften Kapitel erkennen wir, dass Mather hier in Wirklichkeit zu dem uralten Geldkonzept zurückgekehrt ist, das vor dem Aufstieg der internationalen Klasse der Bankster und Edelmetall-Händler in alter Zeit üblich war. Er sprach wieder davon, dass Geld als eine durch die Überschüsse staatlicher Lagerhäuser gedeckte *Schuldverschreibung* zu verstehen war und nicht als *verzinsliches, privat ausgegebenes Papier.*

Franklin drückte es etwas anders aus: „Man muss die Reichtümer eines Landes nach der Menge der Arbeitskraft bemessen, die es zu erwerben im Stande ist und nicht nach der Menge an Gold und Silber, die es besitzt."[43] Dieser Unterschied ist wesentlich:

> Wenn Gold als Tauschmittel fungiert, bestimmt Geld die Produktion und nicht die Produktion die Geldmenge. Solange Gold in ausreichender Menge vorhanden ist, werden Dinge produziert. Vom Staat ausgegebene Berechtigungsscheine haben den Vorteil, dass sie mit der Produktion Schritt halten können, damit Potenzial zu echtem Wohlstand wird.[44]

Franklin setzte seinen englischen Gastgebern die Quelle des Wohlstands der Kolonien genau auseinander. Es lohnt sich, seine Worte im Gedächtnis zu behalten, denn sie verdeutlichen sehr klar den Unterschied zwischen einem geschlossenen System von „Schuldgeld" beziehungsweise „monetisierten Schulden" und einem offenen System, in dem Geld als Tauschmittel vor dem Hintergrund von *Produktion und Ansehen* eingesetzt wird:

---

41 Ellen Hodgson Brown, op. cit., S. 37

42 Ebd.

43 Ebd.

44 Ebd.; Hervorhebung vom Autor.

> In den Kolonien geben wir unsere eigene Geldwährung aus, die wir als koloniale Berechtigungsscheine bezeichnen. Wir geben sie aus, um für angemessene Ausgaben und Sozialleistungen aufkommen zu können. Dabei stellen wir sicher, dass die Ausgabemenge dem rechten Maß entspricht und die Waren leicht vom Hersteller zum Verbraucher gelangen können [...]. Indem wir auf diese Weise unser eigenes Papiergeld schaffen, lenken wir seine Kaufkraft und brauchen an niemanden Zinsen abzuführen. Sehen Sie, eine rechtmäßige Regierung **kann Geld in den Kreislauf einbringen, indem sie es ausgibt oder verleiht, eine Bank dagegen kann nur ihre Schuldscheindarlehen in bedeutenden Mengen verleihen** und nur einen kleinen Bruchteil des von den Menschen benötigten Geldes vergeben oder ausgeben. **Wenn Ihre englischen Banken Geld in Umlauf bringen, handelt es sich immer um eine bestimmte Kreditsumme, auf die Wucherzinsen zu entrichten sind. Sie haben also immer zu wenig Kapital im Umlauf, um den Menschen Vollbeschäftigung geben zu können.** *Sie haben nicht zu viele Arbeitskräfte, Sie haben zu wenig Geld im Umlauf, und das Geld, das sich tatsächlich in Umlauf befindet, trägt für alle Zeit die Last unbezahlbarer Schulden und den Stempel des Wuchers.*[45]

Franklin erkannte, dass das zentrale Bankwesen im Wesentlichen auf kriminellem Betrug basierte. Regierungen, die sich auf eine Politik der „Monetisierung von Schulden" einlassen, bringen sich in Abhängigkeit von einem Privatmonopol, das „Schuldgeld" ausgibt. Die Kolonien dagegen – und die sehr *frühen* Staaten – erfuhren, dass *echtes* Geld eine *Gutschrift auf den Produktionsüberschuss eines Staates darstellte* und daher *nur der Staat solches Geld ausgeben konnte.*

Es erübrigt sich zu erwähnen, dass Englands Bankster diese Situation nicht länger dulden konnten. Sie konnten nicht zulassen, dass die Kolonisten Wohlstand erwarben, ohne die parasitären Schatullen der Banken zu füllen. Die Bank von England machte also ihren Einfluss beim Parlament geltend und sorgte dafür, dass 1764 das Währungsgesetz verabschiedet wurde, das die eigene Geldausgabe der Kolonien für illegal erklärte. Und, wie Franklin vorausschauend bemerkt hatte, waren ein Jahr später die Straßen der Kolonien voll von Arbeitslosen und Bettlern.[46] Dieser Einsatz

45 Ellen Hodgson Brown, op. cit., S.40-41; kursive Hervorhebung im Original; fett gedruckte Hervorhebung vom Autor.

46 Ebd., S. 41.

von Schuldgeld, das Ersetzen von *echtem* Geld durch Faksimilegeld war nach Franklins Ansicht der wahre Grund für die Revolution.[47]

Als schließlich der Unabhängigkeitskrieg ausbrach, finanzierte der Kontinentalkongress das ganze Unternehmen dadurch, dass er als Notlösung wiederum eigene Berechtigungsscheine als Schuldverschreibungen des Staates in Umlauf brachte, die später einmal in barer Münze ausgezahlt werden sollten.[48] Natürlich gab der Kontinentalkongress viel zu viele dieser Berechtigungsscheine aus, etwa 200 Millionen Dollar, so dass die Scheine bei Kriegsende praktisch wertlos waren.

Die Lektion bestand jedoch nicht darin, die Gefahr zu erkennen, die darin lag, dass ein Staat eine Hyperinflation seiner eigenen Berechtigungsscheine auslöste, sondern dass die Berechtigungsscheine des Kontinentalkongresses

> immer noch das Erstaunen und die Bewunderung der ausländischen Beobachter hervorriefen. Schließlich ermöglichte dieser Schritt den Kolonien etwas zu tun, was noch niemand zuvor getan hatte. Es gelang ihnen, ohne eine eigene „harte" Währung einen Krieg gegen eine größere Macht zu finanzieren, und zwar *ohne ihre eigenen Leute dafür zu besteuern*. Während des Krieges schrieb Franklin: „Das Ganze war sogar für die Politiker ein Rätsel. Wie konnten wir mit Papier bezahlen, für das vorher kein spezieller Einlösungsfond bereitgestellt worden war? *Die Währung, die wir da in unserer Hand haben, ist eine wunderbare Maschine*. Thomas Paine nannte sie einen „Pfeiler" der Revolution: „Jeder Stein in der Brücke, die uns ans andere Ufer brachte, verdient unsere Hochachtung. Die Währung aber war ein tragender Pfeiler, deren Nützlichkeit nicht in Vergessenheit geraten darf."[49]

Nun, diese Lektion scheinen das amerikanische Volk und die beiden Parteien, die es angeblich „repräsentieren" in der heutigen Zeit fast vollständig vergessen zu haben.

Natürlich war den Briten vollkommen klar, wie ihre rebellischen Kolonien ihre Revolution finanzierten, und sie bemühten sich, deren Währung mithilfe einer altbewährten Taktik zu zerschlagen – der Geldfälschung. Ein britischer General, den Brown in ihrem Buch zitiert, gab zu, dass jede erdenkliche Art von Fälschung versucht wurde, zu seinem Kummer die „Wäh-

---

47 Ellen Hodgson Brown, op. cit., S.40-41.

48 Ebd.

49 Ebd.; Hervorhebung im Original.

rung aber dennoch nicht scheiterte."[50] Erst nach dem Erfolg der Revolution versagte der kontinentale Berechtigungsschein. Die Gründerväter waren verständlicherweise desillusioniert, hatte doch die inflationäre Ausgabe der Scheine – ganz zu schweigen von den in Umlauf gebrachten Fälschungen – zu einer Abwertung geführt. Sie taktierten also absichtlich gegen den amerikanischen kontinentalen Berechtigungsschein. Das Ergebnis war abzusehen. Die Gründerväter wendeten sich gegen das Papier, das ein Anrecht auf künftige produktive Überschüsse nach dem Krieg verkörperte, indem sie festlegten, dass der Kongress die Macht zur Herstellung und „*Prägung*" von Geld haben sollte. Mit anderen Worten, der Kontinentalkongress war in die Falle getappt und hatte Faksimilegeld ausgegeben, Schuldgeld, auch wenn diese Schuld auf den künftigen Überschüssen des Staates lag.

> Die Scheine verkörperten eine Schuld und diese Schuld war nun fällig geworden. Die Inhaber erwarteten ihr Gold, aber das Gold war nicht verfügbar. Es gab zu wenig Geld, um Handel zu treiben. Die Eindämmung der Geldmenge durch die Beschränkung auf Münzgeld hatte rasch zu einer weiteren Depression geführt. 1786 brach in Massachusetts ein Bauernaufstand unter der Führung von Daniel Shays aus. Die Bauern schwangen ihre Heugabeln und beschwerten sich darüber, dass sie immer weiter in die Verschuldung gerieten, wo es doch genügend Papiergeld gab. *Als dieses Papiergeld nicht mehr verfügbar war und Schulden in Form der wesentlich rareren „harten" Münzen der britischen Banker beglichen werden mussten, verloren viele Bauern ihre Höfe.*[51]

Als unmittelbare Folge dieser ersten großen Depression in Amerika wurde natürlich der Ruf nach einer stärkeren Zentralregierung laut, der die Mittel in die Hand gegeben werden sollten, „die Geldmenge zu vergrößern". So wurde die Versammlung einberufen, die schließlich die heutige amerikanische Verfassung entwarf.[52]

An dieser Stelle lohnt es sich, Ellen Browns Kommentar in aller Ausführlichkeit wiederzugeben:

> Die Lösung, die Finanzminister Hamilton fand, bestand darin, das staatliche Defizit zu „monetisieren" und es so in eine Geldquelle für das Land umzuwandeln. Er schlug vor, dass eine staatliche Bank

50 Ellen Hodgson Brown, op. cit., S. 44.

51 Ebd., S.47; Hervorhebung vom Autor.

52 Ebd.

ermächtigt werden sollte, Banknoten zu drucken und diese gegen die staatlichen Schuldverschreibungen einzutauschen. Der Staat sollte regelmäßig Schuldzinsen zahlen, die er aus Importzöllen und dem Verkauf öffentlichen Landes finanzierte. Die Gegner hielten Hamilton vor, dass die Anerkennung staatlicher Schulden zu ihrem Nennwert die Spekulanten in unfairer Weise belohnen würde. Diese hatten die Schuldverschreibung oft für ein Butterbrot von den Soldaten, Bauern und kleinen Geschäftsleuten erworben, die sich diese redlich verdient hatten. Hamilton konterte und argumentierte, dass sich die Spekulanten diesen Geldsegen durch ihren „Glauben an das Land" verdient hätten. Er war der Auffassung, dass der Staat sich die Unterstützung der Spekulanten sichern müsste, *denn sonst würden diese dem neuen Geld des Landes das Gleiche antun, wie der alten kontinentalen Währung* [...].

Jefferson, der politische Hauptgegner von Hamilton, fürchtete, dass die Interessen der wohlhabenden Bürger, denen man Eigentumsrechte an der Bank einräumte, *zu* stark mit denen der Bank verknüpft würden. Der Staat würde zur Oligarchie werden, einer Regierung der Reichen im Kampf gegen die Arbeiterklassen. Eine Bank, die privaten Anteilseignern gehört, deren Hauptinteresse auf Gewinn gerichtet ist, wird weniger auf die Bedürfnisse der Öffentlichkeit eingehen als eine Bank, die dem Volk gehört und der öffentlichen Aufsicht untersteht. Die Anteilseigner einer Privatbank werden ihre Finanzentscheidungen hinter verschlossenen Türen treffen, ohne Wissen und Kontrolle der Öffentlichkeit.

Aber Hamiltons Plan konnte zusätzliche strategische Vorteile aufweisen und setzte sich schließlich durch. Er bot einen hübschen Ausweg aus dem belastenden staatlichen Defizit. Indem man die „wohlhabenden Leute" an Bord holte, sicherte man sich die Loyalität der einzelnen Staaten, die ihre Schulden nun ebenfalls gegen Anteile an der neuen Bank eintauschen konnten. Dieser Schritt war umstritten. Doch da Hamilton die wacklige finanzielle Situation der Staaten stabilisieren konnte, brachte er sie auf seine Seite und vereitelte die Pläne der pro-britischen Fraktion, die darauf gehofft hatte, die Staatengemeinschaft zu spalten und eine Nordkonföderation zu schaffen.[53]

53 Ellen Hodgson Brown, op. cit., S.47-4; Hervorhebung vom Autor.

Hier sollten wir einen Augenblick innehalten und uns anhand von Govers Horoskop der großen Depression der 1780er Jahre vergegenwärtigen, womit wir es hier zu tun haben:

1) Der Berechtigungsschein des Kontinentalkongresses war etwas *grundlegend* anderes als der koloniale Berechtigungsschein, denn es handelte sich um Schuldgeld, das mit dem Versprechen einer *künftigen* Zahlung verknüpft war. Teilweise wurde Zahlung in Edelmetall versprochen, das die Kolonien *nicht* gerade im Überfluss besaßen. Somit wurden durch den kontinentalen Berechtigungsschein unweigerlich der Spekulation und der Geldfälschung durch genau die europäischen und britischen Bankster Tür und Tor geöffnet, die praktisch das Monopol über die Edelmetallbeschaffung innehatten.

2) Als der Wert des kontinentalen Berechtigungsscheins nach der Revolution abstürzte und die Geldmenge schrumpfte, weil zu wenig Edelmetall vorhanden war, gerieten die postrevolutionären Staaten natürlich in Zahlungsschwierigkeiten. Die Geldmenge nahm ab und private Schuldner konnten ihre Schulden nicht zurückzahlen.

3) Alle diese Ereignisse zusammengenommen führten dazu, dass der Ruf nach einer verfassunggebenden Versammlung laut wurde, die schließlich das heutige Verfassungssystem ins Leben rief. Die erste privilegierte Privatbank der Vereinigten Staaten, die Faksimilegeld auf der Grundlage monetisierter Schulden ausgab, wurde gegründet.

4) Die alternative Angst, der Hamilton Ausdruck verlieh, bestand darin, dass „private Spekulanten" jede neue amerikanische Währung durch Spekulation und Geldfälschung manipulieren und damit wertlos machen könnten. Sie könnten die junge amerikanische Nation spalten, wenn man ihnen nicht als ein angestammtes Klassenrecht Anteile an der neuen Währung gewähren würde.

Kurz gesagt wurde schon ganz am Anfang des heutigen Verfassungssystems der Vereinigten Staaten ein beunruhigender Kompromiss – eine Détente – mit den Bankstern ausgehandelt, damit die junge Nation überleben und diese Klasse reich werden konnte. Während dieser Zeitperiode standen, wie Gover feststellte, die Planeten in bestimmten Konstellationen zueinander [...].

C.2. Die Depression der 1870er Jahre und die Bankster

Die amerikanische Depression der 1870er Jahre folgte wiederum auf einen amerikanischen Krieg, den Krieg zwischen den Staaten. Und ebenso wie im Unabhängigkeitskrieg beschloss, wie man heute weiß, mindestens einer der Führer der kriegführenden Parteien, seine Seite durch Ausgabe staatlichen, schuldfreien Geldes zu finanzieren, das eine Gutschrift auf die produktive Leistung der Nation verkörperte. Sein Name war natürlich Abraham Lincoln. Die finanzpolitischen Lektionen seiner Präsidentschaft und der Zeit unmittelbar danach verdienen eine genauere Untersuchung.

Der deutsche Reichskanzler Otto von Bismarck verfasste 1876 einen bemerkenswerten Kommentar über die Finanzpolitik der Lincoln-Administration:

> Ich weiß mit absoluter Sicherheit, dass die Teilung der Vereinigten Staaten in Föderationen gleicher Stärke von den Kräften der Hochfinanz in Europa beschlossen worden war, lange ehe der Bürgerkrieg ausbrach. Die Banker hatten Angst vor den Vereinigten Staaten, denn würden diese als ein Block und eine Nation bestehen bleiben und wirtschaftliche und finanzielle Unabhängigkeit erlangen, wäre ihre finanzielle Dominanz über Europa und die Welt zerstört. Natürlich hatte im ‚inneren Zirkel' die Stimme der Rothschilds das stärkste Gewicht. Sie sahen die Gelegenheit, üppige Beute zu machen, wenn sie eine starke, autarke Republik durch zwei schwache Demokratien ersetzen könnten, die mit Schulden gegenüber den Finanziers belastet waren. Sie schickten also ihre Botschafter ins Feld, um das Sklaverei-Thema auszuschlachten und einen Keil zwischen die beiden Teile der Union zu treiben [...]. *Der Bruch zwischen den Nordstaaten und den Südstaaten wurde unvermeidlich; die Meister der europäischen Finanzmacht setzten all ihre Kräfte ein, um diesen Bruch herbeizuführen und ihn zu ihrem Vorteil zu drehen.*[54]

Da gab es nur ein Problem. Präsident Lincoln weigerte sich, bei der privaten Klasse der Bankster Schulden aufzunehmen, um die Kriegsführung der Nordstaaten in diesem Bürgerkrieg zu finanzieren. Der Kommentar von Reichskanzler Bismarck ist hier sehr aufschlussreich:

> Die Regierung und die Nation entkamen dem Komplott der ausländischen Finanziers. Diese verstanden sofort, dass sich die Vereini-

54 Ellen Hodgson Brown, op. cit., S.89-90; Hervorhebung von Brown.

> gten Staaten ihrem Zugriff entziehen würden, und damit war der Tod Lincolns beschlossene Sache.[55]

Bismarck konstatiert hier in der ihm eigenen direkten Art, dass der „innere Zirkel der europäischen Finanziers unter der Leitung der Rothschilds Lincoln zur Strafe ermorden ließ und damit eine Botschaft an alle schickte, die es wagen sollten, ihre Macht in Frage zu stellen".

Während Lincoln damit beschäftigt war, seine schuldenfreien Greenbacks auszugeben, schmiedeten die Bankster bereits durch ihre eigene Kongressfraktion ein Komplott gegen ihn. An dieser Stelle folgt ein ausführliches Zitat von Ellen Brown, das erhellt, um welches Komplott es sich handelte und wie es in die Tat umgesetzt wurde:

> Während eine Fraktion damit beschäftigt war, Greenbacks auszugeben, um den Krieg zu finanzieren, bereitete die andere Fraktion das staatliche Bankengesetz vor, das den Wall Street Bankern und ihren europäischen Geschäftspartnern das Geldschöpfungsmonopol für den Staat verschaffen sollte. Das staatliche Bankengesetz wurde als Sicherung des neuen staatlichen Bankensystems „verkauft". Zwar stellte es den ersten wichtigen Schritt auf dem Weg zu einer echten Staatsbank dar. Doch letztlich war es nur ein Kompromiss mit den Bankern und gab ihnen, versteckt im Kleingedruckten, genau das, was sie haben wollten. In einem privaten Schreiben eines Rothschild-Investmentinstituts in London an eine verbundene Bank in New York vom 25. Juni 1863 findet sich folgendes Eingeständnis:
>
> Die wenigen, die das System verstehen, werden entweder so stark an dessen Vorteilen interessiert oder so abhängig von dessen Gunst sein, dass von dieser Klasse keine Opposition zu erwarten ist. Andererseits wird die große Masse der Leute geistig nicht in der Lage sein, das Ganze zu verstehen […] und ohne Murren die Lasten tragen."
>
> Das Gesetz sah auf den ersten Blick gut aus. Es setzte eine staatliche Währungskontrollinstanz ein, deren Genehmigung erforderlich war, ehe die staatliche Bankenvereinigung ihre Arbeit aufnehmen konnte. Das Gesetz enthielt Vorschriften über Mindestkapital, Rücklagenerfordernisse, uneinbringliche Forderungen und Berichterstattung. Die Währungskontrollbehörde konnte jederzeit Kontrolleure ernennen, um die Geschäfte einer staatlichen Bank unter die Lupe zu nehmen.

55 Ellen Hodgson Brown, op. cit., S. 91.

Jeder Bankdirektor musste amerikanischer Staatsbürger sein, und drei Viertel der Direktoren mussten in dem Staat ihren Wohnsitz haben, in dem die Bank tätig war. Die Zinssätze wurden durch staatliche Anti-Wucher-Gesetze begrenzt. Soweit keine konkreten Bestimmungen galten, lag die Obergrenze bei sieben Prozent. Die Banken durften Grundbesitz, mit Ausnahme ihrer Bankgebäude, nicht länger als fünf Jahre behalten. Die staatlichen Banken durften keine selbstgedruckten Banknoten in Umlauf bringen. Stattdessen mussten sie beim Schatzamt US-Anleihen in Höhe von mindestens einem Drittel ihres Grundkapitals hinterlegen. Dafür erhielten sie vom Staat gedruckte Banknoten.

Wo lag also das Problem? Obwohl die neuen staatlichen Banknoten technisch gesehen von der Währungskontrollbehörde ausgegeben wurden, handelte es sich um eine reine Formalität, ebenso wie heute der Druck der Federal Reserve Banknoten durch die Bundesdruckerei. Das Geld trug den Namen der Bank, welche die Anleihen hinterlegt hatte, und wurde nach Belieben der Bank ausgegeben. *Im Endeffekt ermächtigte das staatliche Bankengesetz die Banken dazu, ihr eigenes Papiergeld auszugeben und zu verleihen.* Die Banken „hinterlegten" die Anleihen beim Schatzamt, waren aber immer noch deren Eigentümer, *und sie bekamen ihr Geld sofort in Form von Banknoten zurück.* Und um dem Ganzen die Krone aufzusetzen, beseitigte das staatliche Bankengesetz jede Konkurrenz für diese Banknoten. Es erlegte den staatlich lizenzierten Banken hohe Steuern für ihre Banknoten auf und zog sie damit praktisch aus dem Verkehr. Das Gesetz beschnitt auch die Konkurrenz durch die Greenbacks, die auf bestimmte Ausgaben beschränkt wurden, während die Banker nach Belieben Banknoten in Umlauf bringen konnten. *Finanzminister Salmon P. Chase und andere beschwerten sich darüber, dass die Banken die Greenbacks mit ihren eigenen Banknoten aufkauften.*[56]

Tatsächlich verschaffte das staatliche Bankengesetz den Bankstern im Endeffekt die Möglichkeit, mehr von ihrem schuldenbelasteten Geld in Umlauf zu bringen, als an staatlichen Greenbacks vorhanden war, und mit ihrem eigenen Geld dann Greenbacks aufzukaufen und so aus dem Verkehr zu ziehen!

1873 setzten die Bankster noch ein weiteres Gesetz obendrauf, das im Umgangsjargon als „Verbrechen von 73" bezeichnet wurde. Durch dieses

56 Ellen Hodgson Brown, op. cit., S. 91-92; Hervorhebung vom Autor.

Gesetz wurde die Prägung von Silbermünzen als gesetzliches Zahlungsmittel verboten, und so galt für Amerika tatsächlich wieder der Goldstandard. Wie vorherzusehen war, führte dieses Gesetz zu einer starken Abnahme der zirkulierenden Geldmenge, zu Arbeitslosigkeit und schließlich zur Depression der 1870er Jahre. Diese führte im Ergebnis zu ähnlichen Geschehnissen wie nach der von den Bankstern inszenierten Depression der 1780er Jahre. Es kam zu einer „Revolte" einflussreicher Bauern, die eine Partei mit dem passenden Namen Greenback Party gründeten. Sie forderten vom Staat die unmittelbare Ausgabe schuldenfreien Geldes. Damit sollte den Menschen wieder Arbeit verschafft und die Infrastruktur des Landes verbessert werden.[57] Obwohl es der Greenback Partei nie gelang, einen eigenen Kandidaten ins Weiße Haus zu bringen, wurde ihre Botschaft verstanden. 1881 wurde James Garfield Präsident der Vereinigten Staaten. Er proklamierte:

> Wer auch immer die Geldmenge eines Landes steuert, ist der absolute Herr über Industrie und Handel [...]. Wenn man erkannt hat, wie leicht das ganze System auf die eine oder andere Weise von wenigen Männern an der Spitze kontrolliert werden kann, muss man nicht mehr lange suchen, um die Gründe für Perioden der Inflation oder der Depression zu finden.[58]

Wie Brown anmerkt, wurde „Garfield ermordet, kurz nachdem er diese Erklärung abgegeben hatte, nach nicht einmal vier Monaten im Amt."[59] Wir werden gleich noch genauer auf Garfields Aussage zurückkommen. Auf jeden Fall steht fest, dass er unzweifelhaft andeutete, dass die Zyklen von Aufschwung und Abschwung *künstlich von den Bankstern geschaffen werden, wohingegen die von Edward Dewey gesammelten Daten über Zyklen und die von Gover präsentierten astrologischen Werte eindeutig auf eine Ursache hinweisen, die wesentlich tiefer reicht als menschliches Handeln und die in gewisser Weise unvermeidbar ist. Was trifft also wirklich zu?*

Vielleicht können uns die folgenden Tatsachen weitere Hinweise geben:

1) Zu den beiden bisher untersuchten Depressionen kam es jeweils *nach* einem großen Krieg.

2) Beide Male traten Depressionen auf, nachdem die jeweilige Regierung beschlossen hatte, einen Krieg durch Ausgabe von schul-

---

57 Siehe Browns Diskussion auf S. 93-95.

58 Ebd., S. 94, Hervorhebung vom Autor.

59 Ebd.

denfreiem Geld zu finanzieren und damit die Bankster vollständig überging.

3) Die Bankster schlugen zurück und griffen die Währung durch verschiedene Arten von Spekulation und Manipulation an. Sie fälschten Geld oder zogen die staatliche Währung auf andere Weise aus dem Verkehr.

4) In jedem Fall wurde die Geldmenge bewusst verringert und es kam zum Verlust von Arbeitsplätzen, Einbrüchen in der Produktion und einer wirtschaftlichen Depression.

Diese Muster finden ihren Höhepunkt in der größten Depression von allen – der Großen Depression der 1930er Jahre.

C.3. Die große Depression der 1930er Jahre und die Bankster

Zur der Zeit, als die große Depression ausbrach, war der ständige Kampf zwischen der Bundesregierung der Vereinigten Staaten von Amerika und den privaten Banksteren bereits entschieden, denn mit der Schaffung der privaten Federal Reserve Bank im Jahr 1913 und ihrer kaum getarnten Polizeitruppe, dem Internal Revenue Service, hatten die Bankster den Sieg davon getragen. Die Aufgabe des Internal Revenue Service war es, die neu geschaffene Bundeseinkommenssteuer einzutreiben, die extra eingeführt worden war, um die regelmäßigen Zinszahlungen an die Bankster zu finanzieren, die dem Staat gegen Zinsen Geld geliehen hatten. Damit begann der absichtliche und in aller Stille inszenierte Countdown für die Große Depression:

> Das Problem begann in den goldenen Zwanzigern, als die Fed viel Geld fließen ließ, indem sie die Zinssätze niedrig hielt. Geld schien reichlich vorhanden zu sein. Doch was wirklich floss, waren „Kredite" oder „Schulden". Die Produktion wuchs schneller als die Löhne stiegen, so dass mehr Waren zur Verfügung standen als Geld, um sie zu bezahlen. Aber die Menschen konnten sich Geld leihen. Ende der 1920er Jahre wurden größere Konsumgüter wie Autos oder Radios (die damals sperrige, auf dem Boden stehende Möbelstücke waren) hauptsächlich auf Kredit erworben. Geld war so leicht zu bekommen, dass viele sich Geld liehen, um zu investieren, und sich dafür der

kurzfristigen Kredite mit niedrigen Zinsen bedienten, die mühelos von den Banken zu bekommen waren.

Die Börse war für die meisten Menschen kaum interessant, bis die „Räuberbarone" dafür die Werbetrommel schlugen, nachdem sie selbst riesige Mengen von Aktien zu sehr niedrigen Preisen zusammengerafft hatten. Sie verkauften den Leuten die Idee, dass man schnell reich werden konnte, wenn man Aktien auf Marge (oder Kredit) kaufte. Der Investor konnte eine Anzahlung auf die Aktien leisten und den Rest zahlen, sobald der Aktienpreis gestiegen war. Dabei konnte er einen saftigen Gewinn einstreichen. Diese Investitionsstrategie verwandelte die Börse in eine Spekulationspyramide, in der das meiste investierte Geld überhaupt nicht existierte [...]. Die Menschen ließen sich voller Begeisterung auf dieses System ein. Im Spekulationsfieber setzten viele buchstäblich „Haus und Hof aufs Spiel." Unbelastete Häuser wurden an die Banker verpfändet, die das Fieber noch schürten, indem sie günstige Kreditbedingungen und Zinssätze anboten. Die Federal Reserve ermöglichte diese günstigen Konditionen, indem sie den Diskontsatz drastisch senkte – also den Zinssatz, den Mitgliedsbanken zahlen mussten, um sich von der Fed Geld zu leihen. Die Fed machte es den Banken also leicht, zusätzliche Rücklagen anzulegen, aufgrund derer sie die Geldmenge durch Kreditvergaben um ein Vielfaches steigern konnten.[60]

Warum, so fragte sich Ellen Brown, wollte die Federal Reserve die amerikanische Wirtschaft mit einer inflationär aufgeblähten Menge von geliehenen Federal Reserve – Dollarnoten überschwemmen?

Die Antwort lässt einem kalte Schauer den Rücken hinunterlaufen.

„Die Beweise", so Brown, „führen zu einem Komplott zwischen Benjamin Strong, dem Gouverneur der Federal Reserve Bank von New York, und Montagu Norman, dem Leiter der Bank von England, das darauf abzielte, einer kleinen Gruppe von privaten Zentralbankern die Kontrolle über die Finanzsysteme der ganzen Welt in die Hände zu spielen."[61] Der Hintergrund war nach Ansicht von Dr. Carroll Quigley von der Georgetown School of International Relations, einem Insider, der selbst Zugang zu den Plänen der Bankster hatte, dass die privaten Zentralbanken in den 1920er Jahren entschlossen waren, „die Finanzmacht Großbritanniens und der Vereinigten Staaten

60 Ellen Hodgson Brown, op. cit., S. 140.

61 Ebd.

einzusetzen, um alle größeren Länder der Welt in den Goldstandard zu zwingen und dieses System dann durch Zentralbanken zu verwalten, die frei von jeglicher politischen Kontrolle waren [...]."[62] Der Plan bestand also darin, zwangsweise durchzusetzen, dass das Geld den Goldvorräten der Welt zu entsprechen hatte und *damit die als Schulden im Umlauf befindliche Menge des Geldes drastisch zu beschneiden*. Das löste die Große Depression aus.

Der Plan war genial in seiner kalten Berechnung und Hinterhältigkeit:

Norman, der Leiter der Bank von England war entschlossen, das britische Pfund gegen Gold konvertibel zu halten, und zwar auf einem Niveau wie vor dem Ersten Weltkrieg, obwohl das Pfund während des Krieges gegenüber dem Gold erheblich an Wert verloren hatte. Das Ergebnis war eine starke Aushöhlung der britischen Goldreserven. Um zu verhindern, dass Gold von England in die Vereinigten Staaten floss, unterstützte die Federal Reserve unter der Leitung von Strong die Bank von England, indem sie die amerikanischen Zinssätze niedrig hielt und damit den US-Dollar inflationierte. Die höheren Zinssätze in London machten diese Stadt für Goldanleger zu einem attraktiveren Ort, und so zogen sie ihr Gold aus den USA ab und brachten es nach England. Die niedrigeren Zinssätze in den USA führten dagegen zu einer Inflationsblase, die bald außer Kontrolle geriet. Die Treffen zwischen Norman und Strong fanden im Geheimen statt. *Es gibt jedoch Hinweise darauf, dass die beiden im Februar 1929 zu dem Schluss kamen, dass ein Kollaps des Marktes unvermeidlich war und es das Beste wäre, dem Markt eine „natürliche" Selbstkorrektur zu ermöglichen* („natürlich" hieß in diesem Fall mit ein wenig Unterstützung der Federal Reserve). Sie schickten Warnungen an eine ausgewählte Liste bevorzugter Kunden [...] und forderten sie auf, sich aus dem Markt zurückzuziehen. *Dann begann die Fed Staatspapiere auf dem offenen Markt zu verkaufen und verringerte die Geldmenge, indem sie die zur Deckung zur Verfügung stehenden Rücklagen beschnitt. Die Zinsen für Bankkredite wurden erhöht und damit stiegen die Zinssätze für Maklerdarlehen auf 20 Prozent.*

Das führte zu einem gewaltigen Liquiditätsengpass – einem Mangel an verfügbarem Geld. Kurzfristige Kredite wurden auf einmal nur noch gegen wesentlich höhere Zinsen angeboten. Damit wurde der

---

62 Caroll Quigley, „Tragedy and Hope", S. 326.

> kreditfinanzierte Kauf von Aktien wesentlich unattraktiver. Da weniger Leute kauften, fielen die Aktienpreise. Für neue Käufer bestand wenig Anreiz, die Aktien zu kaufen, die von früheren Käufern auf Marge erworben worden waren. Viele Investoren waren gezwungen, mit Verlust zu verkaufen, wenn die Makler einen Margenausgleich forderten (die Makler also die Investoren aufforderten, ihr Margenkonto bis zu einem bestimmten Betrag aufzufüllen, nachdem die Aktien gefallen waren). Es kam zu einer Panik. Die Anleger versuchten ihre Aktien so schnell wie möglich und egal zu welchem Preis loszuwerden. Die Börse brach über Nacht zusammen. Die Menschen hoben ihre Ersparnisse von der Bank ab und die Ausländer holten sich ihr Gold zurück. Damit wurden die Rücklagen, auf denen der Geldvorrat beruhte, weiter ausgehöhlt [...]. Das Drama, das sich abspielte, zeigte beispielhaft, wie gefährlich es ist, die Macht zur Kontrolle der Geldmenge an eine Einzelperson, nämlich den autokratischen Leiter einer autonomen Körperschaft zu übertragen.[63]

Vergleichen wir die Beweise mit den Daten von Gover, stellen wir fest, dass zu dem Zeitpunkt, zu dem die Planeten bestimmte Aspekte zueinander bildeten, die Bankster bestimmte Strategien verfolgten. Zuerst blähten sie die Geldmenge künstlich auf, indem sie günstige Kredite gewährten und das Schuldenmachen erleichterten, dann verringerten sie die Menge plötzlich, was die Aktienkurse verfallen ließ und es den Bankster ermöglichte, für unglaublich wenig Geld Grundbesitz zu erwerben.

Während all das geschah, war Herbert Hoover gerade Präsident und wir haben bereits gesehen, dass er still und heimlich den Wirtschaftswissenschaftler des Wirtschaftsministeriums Edward Dewey mit der Erforschung der Ursachen für Depressionen beauftragt hatte.

C.4. Schlussfolgerungen

Kehren wir nun zu den vorher zitierten Aussagen von Präsident James Garfield und den dadurch aufgeworfenen Fragen zurück. Wir erinnern uns, dass er unzweifelhaft andeutete, dass die Zyklen von Aufschwung und Abschwung *künstlich von den Bankstern geschaffen werden, wohingegen die von Edward Dewey gesammelten Daten über Zyklen und die von Gover präsentierten astrologischen Werte eindeutig auf eine Ursache hinweisen,*

63 Ellen Hodgson Brown, op. cit., S.141-142; kursive und fette Hervorhebungen vom Autor.

die wesentlich tiefer reicht, als menschliches Handeln und die in gewisser Weise unvermeidbar ist. Was trifft also wirklich zu? In jedem der bisher untersuchten Fälle kam es bei bestimmten Planetenkonstellationen und, was noch wichtiger ist, zu dem aufgrund von Deweys Zyklusdaten zu erwartenden Zeitpunkt zu einem Abschwung, der aufgrund der ermittelten Werte mehr oder weniger *unvermeidlich* war, was immer die verschiedenen Regierungen oder Bankster auch anstellen mochten. Das galt besonders für die Große Depression der 1930er Jahre.

Aufgrund der gesammelten Daten können wir also Folgendes annehmen:

1) Die Zyklusdaten von Dewey ließen einen unvermeidlichen Abschwung genau zur Zeit der Depression der 1930er Jahre erwarten; die von Gover zusammengetragenen kosmologischen Daten deuteten an, dass in der amerikanischen Geschichte weitere ähnliche Depressionen unvermeidbar sein würden;

2) Die seit alters her festzustellende Anwesenheit der „Bankerklasse" im Tempel mit seinem astrologischen Wissen *blieb bis in die moderne Zeit unverändert bestehen*. Das lässt sich leicht erkennen, wenn man die Mitgliedschaft von Wirtschaftswissenschaftlern großer Banken in Deweys Institut betrachtet. Govers astrologische Daten waren sogar für jeden Astrologen zugänglich, der in der Lage war, ein Mundanhoroskop zu erstellen. Also konnte jeder Interessierte solche Horoskope mit den geschichtlichen Daten über die Aufschwünge und Abschwünge verschiedener Volkswirtschaften vergleichen.

Somit liegt eine erstaunliche und in der Tat atemberaubende Schlussfolgerung nahe: Es scheint so, als könnte jeder, der das Wissen über Deweys Zyklen besitzt oder über ähnliche astrologische Daten verfügt wie Gover, durch sorgfältige politische Manipulation und Verringerung der Menge eines auf dem Faksimilesystem beruhenden Schuldgeldes die allgemeinen Aufwärts- oder Abwärtstrends innerhalb eines Zyklus dramatisch verschärfen und daraus Kapital schlagen. Zudem *scheint genau das bei den drei großen Depressionen der amerikanischen Geschichte geschehen zu sein.*

Der genaue *Mechanismus*, der die subtilen physikalischen Einflüsse auf das Verhalten des Menschen bestimmt, ist jedoch nicht bekannt. Möglicherweise führen bestimmte Konstellationen dazu, dass sich im Kollektiv gewisse *Verhaltensweisen* zeigen, die wiederum Bedingungen schaffen, welche eine bestimmte Art von Politik oder eine bestimmte Handlungsweise im Vergleich zu anderen begünstigen. Entsprechend könnten bestimmte Einflüsse die generelle Fähigkeit der Menschen beeinträchtigen, die subtilen Manipulationen der Möchtegern-Herren und Manipulatoren zu durchschauen, während andere Einflüsse die menschliche Wahrnehmungs- und Unterscheidungsfähigkeit stärken. Wir wissen einfach nicht, wie das Ganze funktioniert. Allerdings wissen wir *sehr wohl*, dass die astrologische Komponente und ihre Verbindung mit der Bankerklasse so alt ist wie die Zivilisation, die im Allgemeinen mit der Astrologie assoziiert wird – Babylon. Diese Verbindung ist ebenso alt wie die Beziehung der alten Priesterschaften und Tempel nicht nur zu den Sternen, sondern auch zu den Edelmetall-Händlern. Interessanterweise behaupten einige, dass die Rothschild-Familie die Abstammung ihrer Dynastie heimlich bis zu dem sumerischen Tyrannen Nimrod zurückführt.[64]

D. Folgen der Manipulierbarkeit: Die alte alchemistische Beziehung

Das alles weist darauf, dass wirtschaftliche Trends „manipuliert" werden können, auch wenn man nicht die Technologien oder die Mittel besitzt, um das physikalische Medium und damit die *Zyklen selbst* zu beeinflussen. Besitzt man eine aussagekräftige Datenbank, die es einem ermöglicht, die unvermeidlichen Zyklen von Aufschwung und Abschwung im Voraus zu kennen, kann man zwar die Zyklen selbst noch immer nicht ändern, aber deren Gesamtauswirkungen erheblich verschärfen oder abmildern.

Der Schlussstein in einem Bogen, der alle die verschiedenen Konzepte – Wirtschaftsphysik, Astrologie, Astronomie, die Manipulation der Ursachen nach Bohm und Kozyrev, die Edelmetall-Händler und die alten Tempel – verbindet, ist die Alchemie. Diese zielt in ihrem exoterischen Aspekt auf die Schaffung des Steins der Weisen ab, einer Substanz, die einfaches Metall in Gold verwandeln kann, und befasst sich in ihrem esoterischen Aspekt mit der Möglichkeit, auf die transmutativen, Information schaffenden Eigenschaften des physischen Mediums selbst zuzugreifen, um so die Macht zu erlangen, schaffen oder zerstören zu können. Hinsichtlich

64 Fritz Springmeir, „Bloodlines of the Illuminati", S. 237. Springmeir führt aus: „Nach ihrer eigenen heimlichen Familiengenealogie, die in einem heiligen Geheimbuch aufgezeichnet ist, stammen die Rothschilds von Nimrod, dem großen babylonischen Armeeführer ab." Da es sich um ein „heiliges Geheimbuch" handelt, können solche Behauptungen natürlich nicht bewiesen werden. Wie wir im nächsten Kapitel sehen werden, gibt es jedoch einen allgemeinen Zusammenhang, in dem solche Behauptungen gedeutet und in gewisser Weise bestätigt werden können.

des exoterischen Aspekts wäre es für die Edelmetall-Händler also immens wichtig, eine entsprechende Technologie zu kontrollieren. Nur so könnten sie andere Faktionen davon abhalten, die Technologie selbst einzusetzen, um den künstlich geschaffenen Wert des Edelmetalls zu vernichten und damit die private Geldschöpfungsmacht der Bankster zu ruinieren. Dementsprechend wäre es für diejenigen, die das Monopol der Edelmetall-Händler brechen wollen, von unmittelbarem Interesse, diese Technologie zu besitzen. Die Edelmetall-Händler versprechen sich von der Beherrschung des exoterischen Aspekts der Alchemie einen Zugang zu der gewaltigen Macht des esoterischen Aspekts, nämlich der Fähigkeit, das physikalische Medium selbst zu manipulieren und zu verändern, und damit auch die Zyklen menschlichen Verhaltens und menschlicher Aktivitäten. Sobald sie wieder über diese Macht verfügten, könnten sie ungehindert und mit eisernem Griff diese Macht ausüben.

Führen wir uns nochmals die verschiedenen Phasen vor Augen, die wir in den letzten Kapiteln untersucht haben:

1) In der ersten Phase greifen die Edelmetall-Händler auf eine Art *falsche* Alchemie zurück und schaffen privat Guthaben (und Schuldzinsen), einfach durch fiktive Eintragungen in Kreditbücher. Darin liegt die Scharlatanerie der Finanziers. Sie erschaffen etwas buchstäblich aus dem Nichts. Dieses „Etwas“ *bleibt* natürlich nur so lange wertvoll, wie die allgemeine Gesellschaft ihm einen solchen Wert beimisst, denn es handelt sich nicht um echte Informationen. Tatsächlich werden durch die Erschaffung von Schulden und Zinsen „negative Informationen“ erzeugt. Es entsteht ein schwarzes Loch finanzieller Entropie, das unweigerlich jede Form kreativer Produktion einsaugen wird und nichts entkommen lässt – ein finanzielles Krebsgeschwür, das seinen Wirt auffrisst und dadurch seinen eigenen Tod herbeiführt. Geht das Vertrauen verloren, verschwindet der Wert. Daher ist es wichtig, dass die Gruppe der Edelmetall-Händler diesen „negativen Wert“ durch eine Verbindung zwischen ihren Aktivitäten der Geldprägung und Geldausgabe und der Heiligkeit und Integrität der verschiedenen Tempelpriesterschaften in den jeweiligen Zivilisationen sanktioniert und sichert.

2) In der zweiten Phase wird die Alchemie um ihrer selbst willen betrieben, und zwar nicht nur, um die Menge des Edelmetalls zu vergrößern, sondern auch um die Methode zu monopolisieren, damit nicht durch ein zu starkes Anwachsen der Edelmetallmenge der

Wert des von den Bankstern selbst geschaffenen Geldes ruiniert werden kann. Die Edelmetall-Händler müssen also unbedingt die Methode monopolisieren. Sonst würden Könige ihr Geldmonopol in Frage stellen und wieder zu ihrem Vorrecht als Herrscher zurückkehren, die selbst Geld ausgeben, entsprechend der kreativen Produktion ihrer Staaten und Untertanen. Um sich das Monopol zu sichern, müssen die Edelmetall-Händler buchstäblich alle Gesellschaften und Zivilisationen infiltrieren, die möglicherweise zur Entwicklung der Alchemie in der Lage sein könnten. Es liegt in der Natur der Sache, dass die Verschwörung in jedem Fall im internationalem Rahmen erfolgen muss, denn nur durch internationale Einflussnahme kann sichergestellt werden, dass die Wirtschaftssysteme geschlossen bleiben.

3) In der dritten Phase auf dem Weg zu ihrem Endziel versuchen die Edelmetall-Händler, die höchste aller alchemistischen Methoden zu entwickeln, um das physikalische Medium und die Zyklen unmittelbar manipulieren zu können. Da die Alchemie in ihrem *exoterischen* Aspekt auf dem *esoterischen* Aspekt, also dem Konzept des physikalischen Mediums als einem Informationen schaffenden, transmutativen Etwas beruht, muss natürlich auch diese Methode monopolisiert werden, denn hätte irgendein Gegner Zugang zu diesem Wissen, könnte er das Monopol der Geldausgabe erfolgreich zu Fall bringen und, was noch wichtiger ist, er hätte die Macht, die Edelmetall-Händler, wenn nötig mit Gewalt, zu stürzen.

Ob es sich nun um die Unterdrückung von Tesla durch Morgan, Teslas unbeeinflusste Anwendung seiner drahtlosen Transmittertechnologie als Waffe in der Tunguska, Nazi-Deutschlands Wiedereinführung des staatlichen, schuldenfreien Geldes und sein Projekt „Glocke" zur Erforschung einer höheren, auf „Torsion" basierenden Physik, Spartas und Roms Versuche, ihre wirtschaftliche Autarkie wiederherzustellen oder die Verbrennung ägyptischer Alchemiebücher durch Rom handelte, das Muster war stets das Gleiche:

Bei jedem privaten Geldschöpfungsmonopol findet man unweigerlich auch eine verdeckte Allianz mit dem Tempel der Wissenschaften und ein gemeinsames Bemühen, auf der Grundlage einer höheren Physik heimlich Methoden zur alchemistischen Manipulation des Mediums zu entwickeln. Denn damit erschließt sich die absolute Macht, zu schaffen und zu zerstören, und diese geht weit über den blassen Abklatsch hinaus, mit dem die internationalen Bankster durch die Erfindung ihre Kreditbücher diese Macht imitieren.

Die Verbindung mit dem Tempel lieferte den Edelmetall-Händlern der alten Zeit noch einen weiteren Hinweis auf ihrem Weg zur Wiedererlangung der verlorenen einheitlichen Physik, und diese lag in der Positionierung der Tempel auf der Erdoberfläche und den aus ihrer Anordnung ersichtlichen, immer wiederkehrenden Strukturen der heiligen Geometrie, wie sie den alten Priestern und Initiierten bekannt war …

III.

Die Monster in der Maschine

„Im Bestreben, ihr globales Reich zu erschaffen, lassen die großen Wirtschaftsunternehmen, Banken und Regierungen (die man gemeinsam als „Corporatokraten" bezeichnen kann) ihre finanziellen und politischen Muskeln spielen, um sicherzustellen, dass sämtliche Schulen, Unternehmen und Medien ihr törichtes Konzept und alles, was dazu gehört, unterstützen. Sie haben uns an einen Punkt gebracht, an dem unsere globale Kultur zu einer monströsen Maschinerie wurde, die in exponentiell steigendem Maß immer mehr Treibstoff und Wartung benötigt. Das wird so weit gehen, dass sie sich alles in ihrer Reichweite einverleibt und schließlich keine andere Wahl hat, als sich selbst zu verschlingen."

John Perkins, „Confessions of an Economic Hit Man", S. xv.

Sieben

Heilige Stätten und skalare Tempelanlagen

Das Erdgitter und das transmutative Medium

„Das moderne Bankensystem erschafft Geld aus dem Nichts. Das ist wohl der erstaunlichste Taschenspielertrick, der jemals ersonnen wurde […].

Wollen Sie Slaven der Banken werden und die Kosten Ihrer eigenen Sklaverei bezahlen, dann lassen Sie zu, dass die Banken Geld erschaffen."

Lord Josiah Stemp, früherer Direktor der Bank von England[1]

„Die Grundhaltung einer globalen, überwiegend männlichen Unternehmerbande kommt besonders gut in einer Aussage von David Rockefeller zum Ausdruck, der im Juni 1991 bei einem Treffen der Bilderberger in Baden-Baden in Deutschland für die „supranationale Herrschaft der intellektuellen Elite und der Weltbanker" plädierte, „die sicherlich der in den letzten Jahrhunderten praktizierten Selbstbestimmung vorzuziehen ist."

Daniel Estulin über David Rockefeller[2]

Es bestehen kaum Zweifel, dass viele alte Tempel – von Gizeh über Stonehenge bis hin zu Teotihuacan in Mexiko – nach astrologischen Erscheinungen oder bestimmten Sternen oder astronomischen Konstellationen ausgerichtet sind. Wie in Kapitel vier bereits erwähnt, steht aber ebenso fest, dass für viele dieser Tempel andere Ausrichtungs- oder Orientierungskriterien eine Rolle spielten, die ihre mit Bedacht gewählte Position auf

1 Zitiert in Robert Gover, „Time and Money: The Economy and the Planets", S. 4.

2 Daniel Estulin, „The True Story of the Bilderberger Group", S. 61.

der Oberfläche des Planeten Erde erklären. Viele Forscher, die sich mit dieser besonderen Standortwahl befassten, konnten aufzeigen, dass die Standorte als Gesamtsystem betrachtet, eine Art imaginäres „Gitterwerk" oder Linienraster rund um den Globus bilden. Zudem scheinen bei diesen Gebäuden, sei es die Große Pyramide von Gizeh, der Parthenon in Athen oder eine ausgedehnte alte Pyramidenanlage in Mexiko, ganz bestimmte Maße verwendet worden zu sein, die auf Konstanten der „Heiligen Geometrie" beruhen.

Um die verzwickten Beziehungen zwischen höherer Physik und Hochfinanz begreifen zu können, müssen wir noch etwas weiter ausholen. Wie wir bereits sahen, gab es seit alters her eine tiefe Verbindung zwischen den Tempeln und Priesterschaften mit ihrem astrologischen Wissen auf der einen und den „Edelmetall-Händlern" auf der anderen Seite. Wenn nun, wofür einiges spricht, diese Verbindung auf eine versteckte Motivation der letzteren Gruppe hinweist, sich die zugrunde liegende Physik zunutze zu machen und zu manipulieren, dann können uns die Anordnung von Stätten und Tempeln ebenso wie deren besondere Maße einen weiteren Hinweis liefern. Solche Informationen sollten auf jeden Fall berücksichtigt werden. Der Forscher Brian Desborough trifft zu diesem Thema einige erstaunliche Aussagen:

> Die Heilige Geometrie, der in allen echten Mysterienschulen der alten Welt eine tragende Rolle zukam, *wurde bei der Konzeption der Gebäude berücksichtigt. Die Bauwerke wurden damit zu Resonanzkörpern, die im Einklang mit den dynamischen, überall im Kosmos anzutreffenden Energien schwangen.* Es handelte sich um das gleiche Energiekontinuum, das 2.000 Jahre später von Nikola Tesla und anderen Wissenschaftspionieren – Menschen, die sich nicht damit zufrieden gaben, innerhalb der lähmenden Grenzen der akademischen Welt zu forschen – angezapft wurde.
>
> Die Grundregeln der Heiligen Geometrie wurden in den Mysterienschulen so verschiedener Länder wie Indien, Britannien und Ägypten gelehrt. *Damit haben wir einen deutlichen Hinweis darauf, dass diese Institutionen nicht für sich standen, sondern vielmehr ein transnationales Netzwerk bildeten.* Das bedeutet, dass die eher esoterisch orientierten [...] Sekten nicht als individuelle Religionsgemeinschaf-

ten agierten, sondern mit den Mysterienschulen anderer Länder in Verbindung standen.[3]

Der Aufstieg einer internationalen Klasse von Edelmetall-Händlern, die in enger Verbindung zu den Tempeln stand, veranschaulicht die Art und Weise, wie die transnationale Ausrichtung der Mysterienschulen zustande kam, denn die Verbreitung von Ideen geschah vermutlich über sie.

Was noch wichtiger ist: Desborough weist eindeutig auf einen okkulten physikalischen Zweck hin, der hinter der Berücksichtigung von Parametern der Heiligen Geometrie in der Architektur der alten Tempel steckte. Diese Gebäude sollten nach seinen Worten als „Resonanzkörper“ oder „gekoppelte harmonische Oszillatoren“, wie der Physiker sagen würde, für die „überall im Kosmos anzutreffenden dynamischen Energien“ wirken. Mit dieser letzten Aussage trifft Desborough ins Schwarze, denn wie wir bereits sahen, implizieren die von Kozyrev und Bohm entdeckten physikalischen Prinzipien, die für die ständige Dynamik des Kosmos mit seinen rotierenden Systemen in rotierenden Systemen sorgen, dass Materie entsteht, wenn sich Netzwerke oder Interferenzmusters der im physischen Medium erzeugten Wellen bilden. Damit wird Materie zum natürlichen Resonanzkörper für eben diese Wellen. Bei bestimmten Konstellationen und Maßverhältnissen kann diese Resonanz spürbar verstärkt auftreten. Leider versäumt es Desborough, seine kühne Behauptung zu begründen oder zu beweisen.

Es stellt sich also unausweichlich die Frage: Gibt es auf der Erde ein Netzwerk von heiligen Stätten? Beruhen die Tempelkonstruktionen auf einer Geometrie, die diese Bauwerke als Resonatoren wirken lässt?

A. Die Erfolgsgeschichte der Erdgittertheorien in der modernen Zeit

A.1. Ivan Sanderson

Beschäftigt man sich nur ein wenig mit den Erdgittertheorien, findet man jede Menge wilder Spekulationen und fantasievoller Ideen. Die Popularität solcher Theorien in der heutigen Zeit kann man in erster Linie einigen russischen Chemikern und dem westlichen Wissenschaftler Ivan Sanderson

3 Brian Desborough, „They Cast No Shadows: A Collection of Essays on the Illuminati, Revisionist History, and Suppressed Technologies“, San Jose, Kalifornien, *Writers Club Press,* 2002, S. 174; Hervorhebung vom Autor.

zuschreiben, der sich besonders für „anomale Phänomene" interessiert. Sanderson ist eigentlich, was seine Ausbildung und seinen Hintergrund betrifft, Biologe. 1972 veröffentlichte er in der Zeitschrift *Saga* einen Artikel mit dem Titel „The Twelve Devil's Graveyards Around the World".

Sanderson hatte Daten über das Verschwinden von Schiffen und Flugzeugen, ein Phänomen, das auch dem „Bermuda-Dreieck" zugeschrieben wird, aus der ganzen Welt gesammelt und mithilfe moderner Kommunikationstechniken und geophysikalischer Tabellarisierung eine geografische Karte der entsprechenden Orte angefertigt. Diese stimmten mit den zwölf Gebieten überein, in denen magnetische Anomalien „und andere energetische Erscheinungen mit einer ganzen Reihe von merkwürdigen physikalischen Phänomenen"[4] auftraten. Die grafische Darstellung zeigt die zwölf Regionen, in denen solche Phänomene öfter als statistisch wahrscheinlich, auftreten:

Ivan Sandersons Karte mit den zwölf „widerlichen Wirbeln".

Sanderson fiel auch auf, dass in einigen dieser Gebiete merkwürdige megalithische Konstrukte zu finden waren. Zum Beispiel markiert eines der in der obigen Karte eingezeichneten Dreiecke das Gebiet im Pazifischen Ozean westlich von Südamerika, in dem sich die Osterinseln mit ihren bekannten riesigen Steinskulpturen stilisierter menschlicher Köpfe befinden. In einem anderen Gebiet, in der algerischen Wüste, findet man ebenfalls megalithische Strukturen.

4 www.vortexmaps.com/devils-triangle.php

A.2. Die Russen mischen mit

Sandersons Entdeckung führte zu einer regelrechten Flut von Aktivitäten, und andere Forscher, allen voran der Ingenieur und Mathematiker Carl Munck erkannten, dass praktisch alle antiken Stätten nach einem Schema angeordnet waren, das sich an einer Art „Erdgitter" orientierte. Beim Bau waren wesentliche Prinzipien der Heiligen Geometrie und alte Maßeinheiten wie das „megalithische Yard" berücksichtigt worden. Keine geringere als die sowjetische Akademie der Wissenschaften engagierte sich auf diesem Gebiet und veröffentlichte in ihrem Magazin „Khimiy I Zhizn" [deutsch: „Chemie und Leben"] einen Artikel mit dem Titel: „Ist die Erde ein riesiger Kristall?" eines ungewöhnlichen Autorentrios.

Einer der Verfasser war Nikolai Goncharov, ein Historiker, der sich voller Begeisterung der antiken Welt und ihrer Geschichte widmete. Goncharov hatte auf einer Weltkarte alle „Zentren frühester menschlicher Kulturen" zusammengestellt."[5] Er lernte den Bauingenieur Vyacheslav Morozov und den Elektronikforscher Vaelry Makarov kennen. Die drei setzten ihre jeweiligen Fähigkeiten gemeinsam ein und formulierten, angeregt durch frühere sowjetische Wissenschaftler, die These, dass die Erde zu Anfang tatsächlich ein Kristall „mit bestimmten Winkelmaßen" gewesen sei, der sich erst nach „Jahrtausende langer Bewegung und durch Einwirkung verschiedener Kräfte zu einer Kugel rundete." Aufgrund dessen finden sich versteckt unter der Erdoberfläche noch die alten Kanten der kristallinen Struktur, die möglicherweise sogar noch schwach erkennbar sind.[6]

Später bauten die Forscher Bill Becker und Bethe Hagens auf dem russischen Artikel auf und stellten eine eigene erweiterte Version dieser These vor. Hagens beschreibt ihre Reaktion auf die russischen Forschungsergebnisse und deren Bedeutung wie folgt:

> Ich sah eine Welt mit einem lustigen Gitterwerk rundherum. Es sah aus, als hätte jemand Buckminster Fullers Kuppeln über die Erde gestülpt. Die Anordnung stach mir gleich ins Auge. Als ich den zugehörigen Artikel las [...] erfuhr ich, dass man genau das getan hatte. Drei Russen (ein Ingenieur, ein Historiker und ein Linguist) hatten herausgefunden, dass man kuppelförmige geometrische Gebilde so auf der Erdoberfläche anordnen konnte, dass die Streben bestimmte größere geologische Strukturen (wie Bergketten oder Flusssysteme)

5 www.vortexmaps.com/grid-history.php

6 www.vortexmaps.com/grid-history.php, S. 1-2

markierten. Verband man die Streben, so fielen die Verbindungspunkte auf die Kultstätten wichtiger früher Zivilisationen.[7]

Hagens und Becker erweiterten das russische Konzept und erstellten die folgende interessante Karte, die tatsächlich wie eine verrückte Kreation von Buckminster Fuller aussieht:

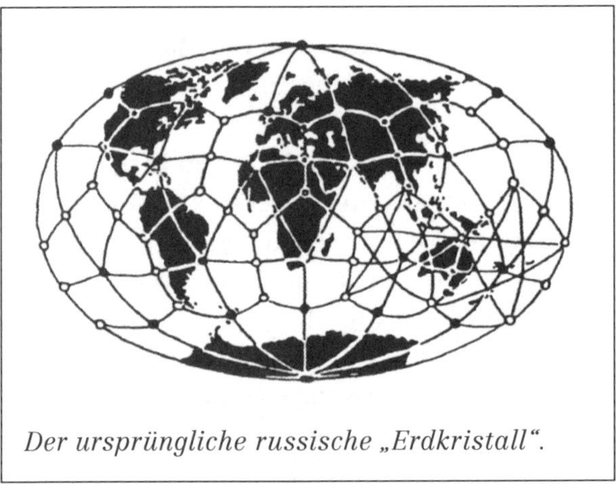

Der ursprüngliche russische „Erdkristall".

Bringt man die Projektion ins Zweidimensionale und fügt man die Ergebnisse der Forschungen von Becker und Hagens hinzu, so erhält man die folgende Erdkarte:

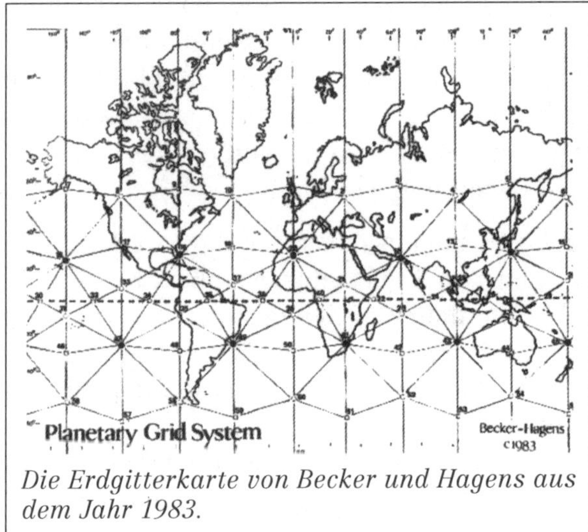

Die Erdgitterkarte von Becker und Hagens aus dem Jahr 1983.

7 www.vortexmaps.com/grid-history.php, S. 1-2

Bei genauerer Betrachtung der Karte entdeckt man einige interessante Besonderheiten. An der Stelle, an der im südlichen Pazifik westlich von Lateinamerika mehrere Linien zusammenlaufen, befinden sich, wie gesagt, die Osterinseln mit ihren megalithischen Steinstatuen. Eine Line verläuft in nordsüdlicher Richtung durch England, nahe an der berühmten Stonehenge-Stätte vorbei. Ein Knotenpunkt mehrerer Linien läuft durch den Standort des berühmten Coral Castle in Florida, das von Edward Leedskalnin gebaut wurde, obwohl niemand das so ganz sicher weiß. Ein Knoten fällt fast exakt auf das Gizeh-Plateau in Ägypten. Um nicht den Verdacht aufkommen zu lassen, dass es sich dabei um die Fantasievorstellungen von New-Age-Amateuren und Spinnern handelt, sei erwähnt, dass William Becker als Professor für Industriedesign an der Universität von Illinois tätig war und Bethe Hagens als Professorin für Anthropologie an der Governors-Staatsuniversität von Illinois arbeitete.[8]

Die Erwähnung von Buckminster Fuller könnte uns einen wichtigen Hinweis liefern und erklären, worum es sich bei dem Erdgittersystem eigentlich handelt. Mithilfe einer Reihe ungewöhnlicher Experimente wollte Fuller herausfinden, welche Arten von Wellenmustern entstehen, wenn man Kugeln einer akustischen Belastung, also einer Belastung durch Longitudinalwellen aussetzt. Fuller bemalte die Oberfläche von Ballons, tauchte diese ins Wasser und leitete dann Klangwellen verschiedener Frequenzen ins Wasser. Er entdeckte, dass die Kugeln vibrierten und dabei auf der Oberseite der Ballons stehende Wellen entstanden, aufgrund derer sich die Farbe auf der Oberfläche an bestimmten Punkten ansammelte und Linien und gitterartige Muster bildete.[9]

Es ist leicht, von diesem Konzept eine Brücke zu den Modellen von Kozyrev, Bohm und anderen zu schlagen. Wenn Materie aus den Interferenzmustern „longitudinaler Wellen im Medium" (oder „skalarer" Wellen, wie sie manchmal bezeichnet werden) *entsteht* und damit ein natürlicher Resonator für solche Wellen ist, werden diese Wellen auch permanent in jedem Planetenkörper erzeugt und führen zu dem genannten Gitterwerk. Es ist daher nicht weiter verwunderlich, dass Tesla bei seinen Bemühungen *Energie* drahtlos zu irgendwelchen Teilen der Erde zu schicken, die Einbeziehung der Erde für notwendig befand. Die Wellen, die mit den ständig wechseln-

8 www.soulsofdistortion.nl/SOD_chapter7.html, S. 1.

9 Ähnliche Experimente führte auch der Physiker Hans Jenny durch. Er verwendete eine Platte und gewöhnlichen Sand und erhielt einige schöne Muster, die sich in einer gitterartigen Struktur stehender Wellen anordneten. Die Bilder und die Grundlagen von Jennys Arbeit können dem faszinierenden Buch „Cymatics" entnommen werden.

den Dynamiken der Planeten in Resonanz standen, bildeten eine praktisch unerschöpfliche Energiequelle. Ebenso wenig verwundert es, dass J. P. Morgan mit seinen engen Verbindungen zur Ölindustrie und seinem Verständnis von Energie als einem nicht erneuerbaren geschlossenen System, das nur begrenzt vorhanden war, schließlich Tesla sabotierte.

A.3. Zurück zu den Nazis

Es sollte jedoch nicht vergessen werden, dass die erste größere Weltmacht, die ein Interesse an Erdgittertheorien bekundete, nicht die Sowjetunion sondern Nazi-Deutschland war. Wie ich in meinem früheren Buch „The Philosophers' Stone" näher darlegte, führte Karl Maria Wiligut, den man als „Himmlers Rasputin" bezeichnete, Himmler in die geomantische Vorstellungswelt von Günther Kirchhoff ein. Dieser war überzeugt, dass ein weltweites Gitterwerk von alten Stätten existierte, die an Kraftpunkten errichtet worden waren, um die Erdenergie anzuzapfen.[10]

B. Konstantin Meyls paläophysikalische Erklärung

B.1. Alte Tempel als skalare Resonanzkörper

Wenn man sich Materie als ein System oder ein Gitterwerk aus Interferenzen stehender Longitudinalwellen im Medium vorstellt, kann man damit die *Platzierung* bestimmter alter Tempel auf der Erdoberfläche erklären. Wie aber steht es mit der Einbindung heiliger geometrischer Parameter in die Architektur solcher Bauwerke?

Ein Wissenschaftler, der sich unmittelbar mit dieser Thematik auseinandersetzte, ist der deutsche Physiker und Ingenieur Prof. Dr.-Ing. Konstantin Meyl. Meyl verfasste die wahrscheinlich umfangreichste – und mathematisch hochkomplizierte – Abhandlung über die Erzeugung von skalaren oder longitudinalen Wellen im Medium. Der Titel des 654 Seiten umfassenden Werkes lautet: „Skalarwellen und die technische, biologische und historische Nutzung longitudinaler Wellen und Wirbel", engl. „Scalar Waves:

10 Joseph P. Farrell, „The Philosophers' Stone: Alchemy and the Secret Research for Exotic Matter", S. 254-155.

From an Extended Vortex and Field Theory to a Technical, Biological, and Historical Use of Longitudinal Waves".[11] Dem technisch und mathematisch Interessierten bietet dieses Buch eine gründliche Einführung in die Theorie und Praxis der Skalarwellen.

Der Wissenschaftler Meyl arbeitet überlegt und bewusst an der Wiederentdeckung der physikalischen Prinzipien, die alten Mythen, Texten und Tempeln zugrunde liegen – ein Gebiet, das ich in meinen verschiedenen Büchern über alte Geschichte und alte Texte als „Paläophysik" bezeichne. Wie die letzten Seiten seines Buches enthüllen, geht er dabei aufs Ganze.

Die folgende Tabelle fasst zusammen, in welch besonderer Art und Weise er die alten Tempel und Mysterien „dekodiert":

Alter Tempel	=	Kurzwellensender und –empfänger
Einem Gott gewidmet	=	Einstellung der Frequenz
Der höchste Gott Zeus, der Vater aller Götter	=	Kurzwellenspektrum, alle Kurzwellenfrequenzen
Priester, Stellvertreter des Gottes	=	Amateurfunker mit Sendelizenz
Hohepriester	=	Chefintendant
Pontifex Maximus, „oberster Brückenbauer"	=	Leiter des Amtes und der Telegrafenstationen
Orakel	=	Telegrafenempfänger
Runen, Keilschrift	=	Telegrafische Symbole
Meter, Hexameter	=	erhöhte Redundanz
Orakelpriester	=	Telegrafiedeuter
Dreifuß	=	Empfangsschlüssel, elektroakustischer Konverter
Eingeweideschau, Opferritus	=	Ablesen von Konvulsionen, elektrooptischer Konverter
Tempelbücher	=	Nachrichtenaufzeichnungen
Seher, der in die Welt der Götter blickt	=	Amateurfunker der Telegrafiestation

11 Villingen-Schwenningen, Deutschland, 2003.

Homer	=	Funker der alten Zeit
Götterkunde	=	Hochfrequenztechnologie
Name Gottes	=	Radiodatensystem, Senderkennung
Mitglied der Götterfamilie	=	Sendestudio einer Sendestation
Erdstrahlung	=	Energiequelle
Huldigung an einem Wochentag	=	Zeitliche Begrenzung des Sendebetriebs
Zeus schmiedet „Donnerkeile“	=	elektrostatische Entladungen bei Oszillation des Tempels
Ritueller Akt	=	technische Vorkehrungen für Sendung und Empfang
Cella (im Tempelinneren)	=	fein eingestimmte Höhlung
Obelisk	=	Antennenstab*

Auch wenn diese Vergleiche und Dekodierungen auf den ersten Blick höchst implausibel, wenn nicht gar bizarr wirken mögen, nimmt Meyl bei der Erklärung seiner tabellarischen Zusammenstellung kein Blatt vor den Mund:

> Es soll nachgewiesen werden, dass bereits in alter Zeit Rundfunktechnik auf der Grundlage von Skalarwellen eingesetzt wurde. Die Beweisführung beginnt mit einer These.
>
> Die Tempel der alten Zeit waren allesamt Kurzwellensender. Als Energiequelle wurde die Feldenergie verwendet, beispielsweise die Erdstrahlung in den Tempeln irdischer Götter. Im Fall des Sonnengottes wurde die Strahlung der Sonne genutzt und in den Tempeln, die den planetaren Göttern gewidmet waren, diente die Neutrinostrahlung der Planeten als Energiequelle.[12]

Meyl Ansicht ist also äußerst radikal. Betrachtet man das hypothetische Szenario, mit dem wir dieses Buch in Kapitel eins eröffneten, so ist diese Deutung allerdings bestechend. Denkt man an die engen Beziehungen

12 Prof. Dr.-Ing. Konstantin Meyl, „Skalarwellen“, S. 609.

* Ebd., S. 608, 610 (der englischen Übersetzung)

der alten Edelmetall-Händler zu den Tempeln, kann man davon ausgehen, dass sie ebenso wie ihre modernen Gegenstücke heute ein weitreichendes Kommunikationsnetzwerk benötigten, das schneller war, als die für das gemeine Volk zur Verfügung stehenden Kommunikationsmittel. Von diesem Standpunkt aus betrachtet, passt Meyls These perfekt zu den Bedürfnissen der gegebenen Situation.

Jedoch erst mit der Erörterung der Heiligen Geometrie, die in diesen Tempeln Anwendung fand, gewinnt Meyl These eine geradezu atemberaubende Bedeutung. Um seine These zu untermauern, verwendet Meyl Abbildungen von den Grundrissen und in einigen Fällen den Seitenansichten oder Querschnitten alter Tempelanlagen. Wir geben diese Zeichnungen im Folgenden wieder, um seine These zu veranschaulichen und seine Anmerkungen und Kommentare ins rechte Licht zu rücken. Zuerst zeigt Meyl den Grundriss und die Vorderansicht des Zeustempels von Olympia, der auf dem Goldenen Schnitt oder Phi (φ=0,61818...) beruht:

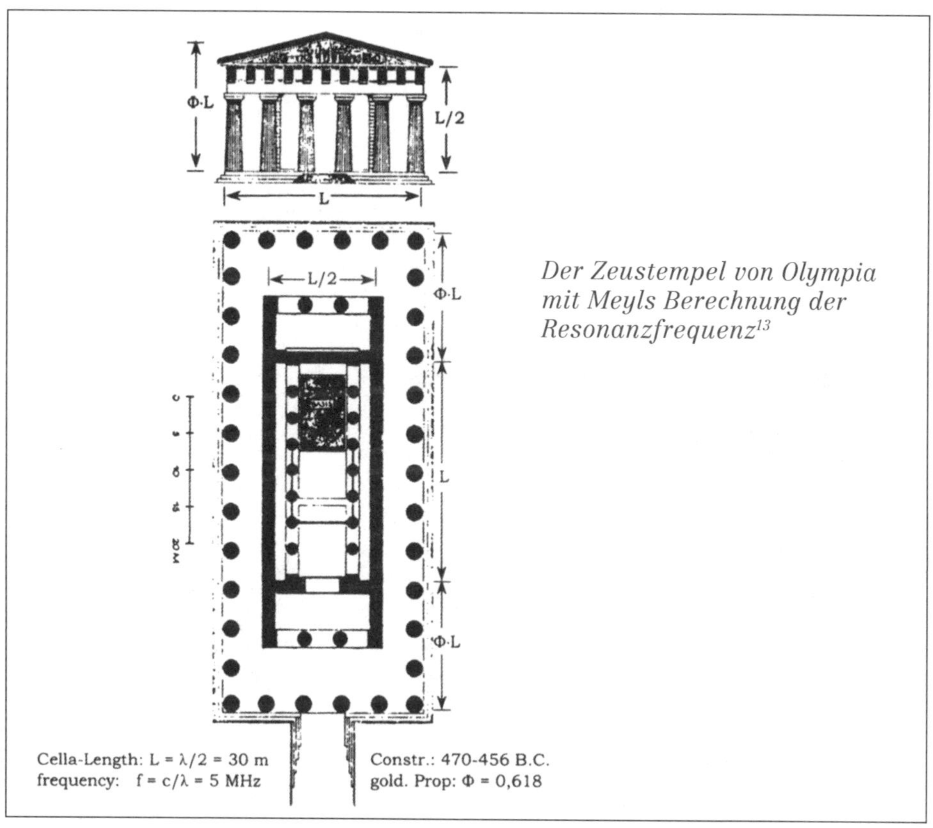

Der Zeustempel von Olympia mit Meyls Berechnung der Resonanzfrequenz[13]

13 Konstantin Meyl, „Skalarwellen“, S. 612 (der englischen Übersetzung)

Meyls Berechnung der Resonanzfrequenz befindet sich unten auf der linken Seite des Diagramms: 5 MHZ, also 5 Megahertz. Auf der rechten Seite erkennen wir, dass die verschiedenen Tempelmaße Harmonien zur Tempellänge darstellen. Die Länge wird als L bezeichnet, die verschiedenen Harmonien dieser Grundgröße als L/2. In einer Art Steinkammerversion von Deweys in Kapitel zwei erwähnten Orgelpfeifen finden wir das Maß φ-L. Diese Analogie ist keineswegs so weit hergeholt, wie es zunächst den Anschein haben mag. Doch um den Zusammenhang erklären zu können, müssen wir uns zunächst mit einigen weiteren Diagrammen von Meyl befassen.

Die nächste Abbildung zeigt den frontalen Grundriss und die Seitenansicht des Tempels der Athena Alea, der etwa aus dem Jahr 350 v. Chr. stammt:

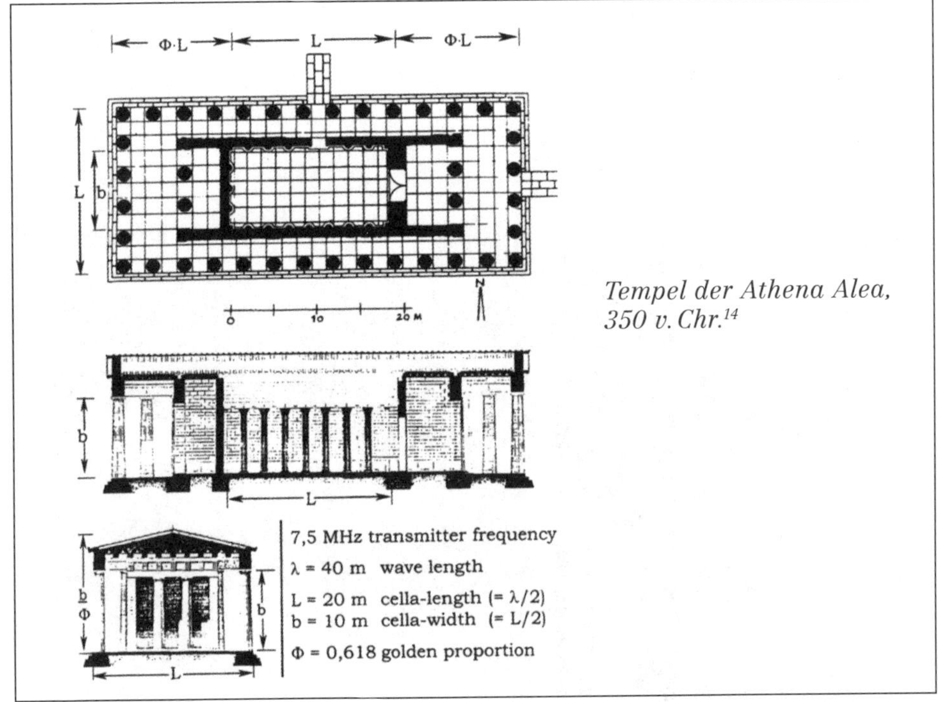

Tempel der Athena Alea, 350 v. Chr.[14]

Auch hier fällt auf, dass der Tempel vielschichtige harmonische Beziehungen des Grundmaßes L, also der Tempellänge, aufweist. Wiederum ist auch hier φ-L ein herausragendes Konstruktionsmerkmal. Meyls Berechnungen ergeben bei einer resonanten Wellenlänge des Gebäudes von 40 Metern eine „Sendefrequenz“ von 7,5 Megahertz. Als nächstes folgt ein

14 Konstantin Meyl, „Skalarwellen“, S. 614 (der englischen Übersetzung)

Diagramm des Tempels der Hera von Selinunt, der etwa aus dem Jahr 460 v. Chr. stammt:

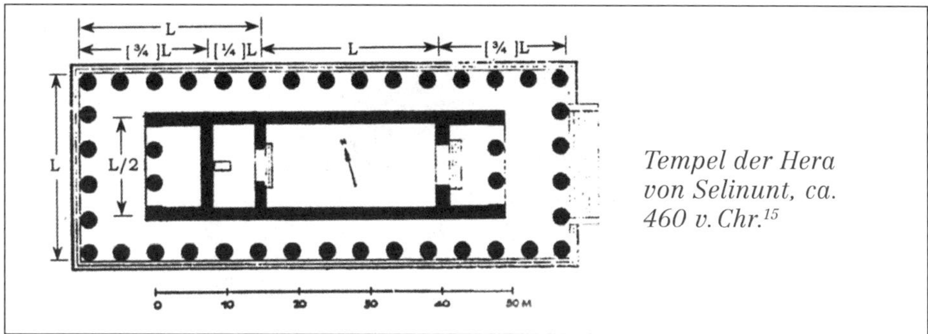

Tempel der Hera von Selinunt, ca. 460 v. Chr.[15]

und des Tempels des Apollo von Korinth:

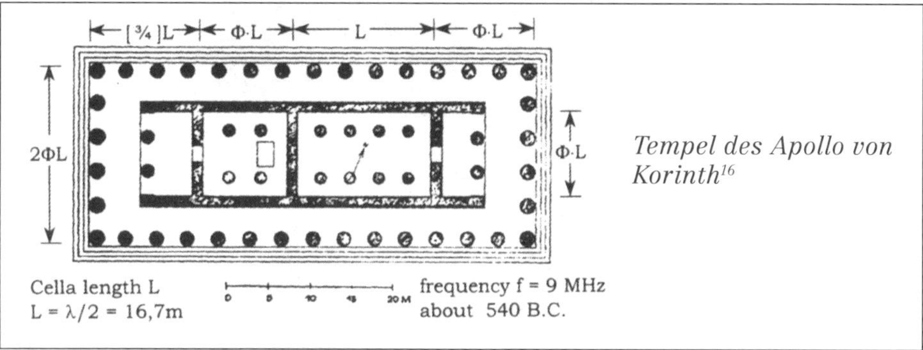

Tempel des Apollo von Korinth[16]

Ähnliche harmonische Beziehungen findet man auch bei späteren römischen Tempeln, wie dem Tempel der Venus und der Roma in Rom, der etwa von 136 n. Chr. datiert:

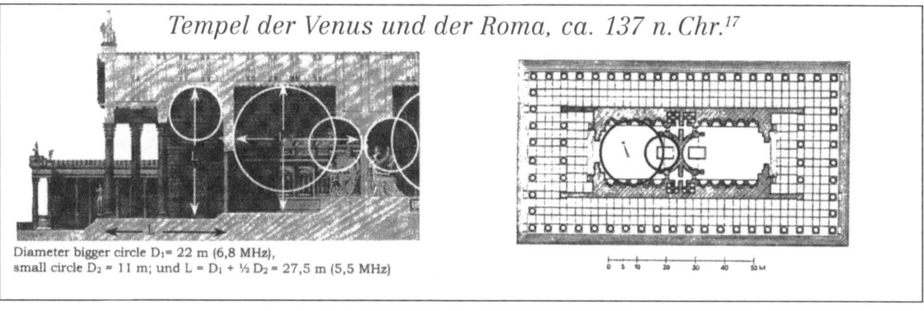

Tempel der Venus und der Roma, ca. 137 n. Chr.[17]

15 Konstantin Meyl, „Skalarwellen“, S. 618 (der englischen Übersetzung)

16 Ebd.

17 Ebd., S. 620 (der englischen Übersetzung)

Und schließlich haben wir den Tempel der Tempel, das römische Pantheon:

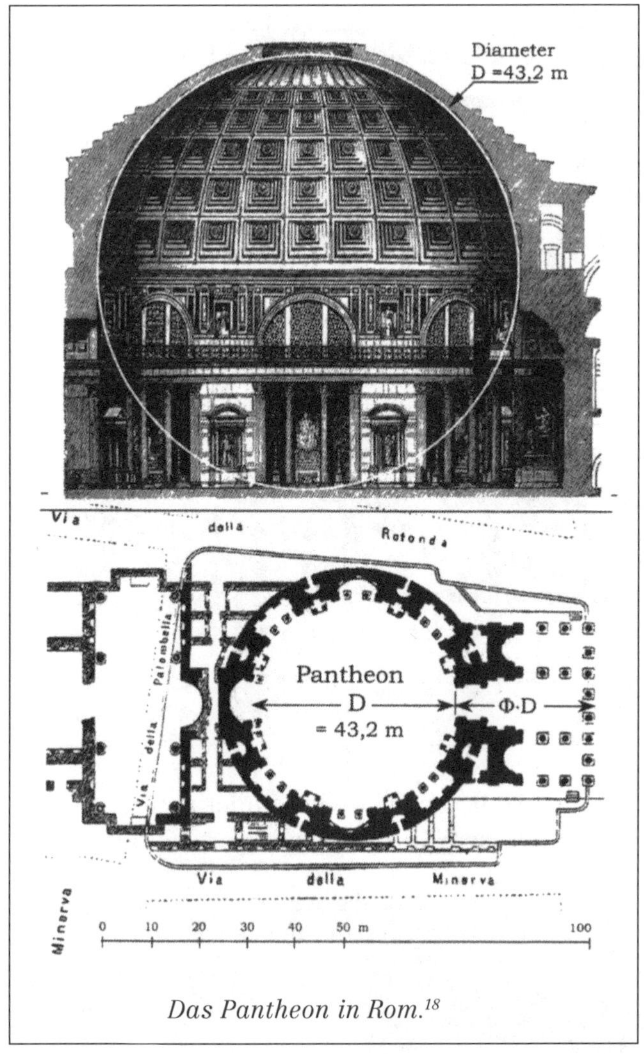

Das Pantheon in Rom.[18]

Als Meyl den Grundriss des Pantheons sorgfältig untersuchte, stach ihm, dem geschulten Ingenieur, etwas ins Auge, was ihm äußerst vertraut vorkam und in Aufsehen erregender Weise seine These bestätigte, dass die alten Tempel absichtlich als Sender und Empfänger von skalaren „Funkwellen" konstruiert worden waren.

---

18 Konstantin Meyl, „Skalarwellen", S. 624 (der englischen Übersetzung)

Er beschloss, nach weiteren ähnlichen Grundrissen zu suchen und er fand sie auch. Ein Beispiel ist der Tempel im Palast des Kaisers Diokletian:

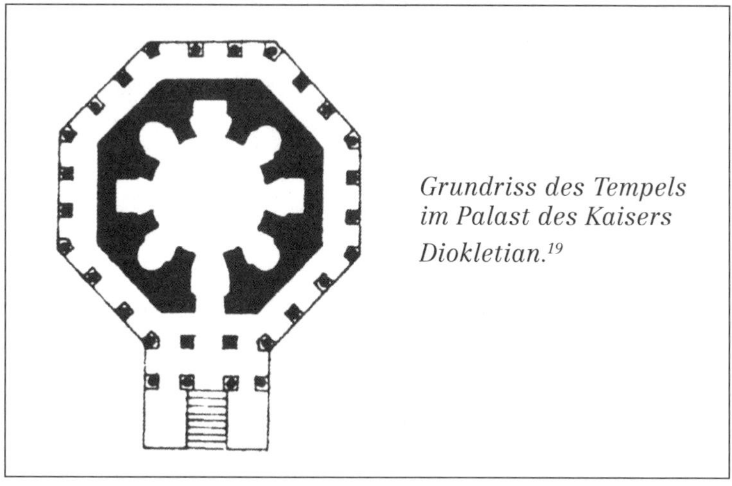

Grundriss des Tempels im Palast des Kaisers Diokletian.[19]

Ein anderes der Grundriss des Tempels der Minerva Medica in Rom, der etwa 320 n. Chr. erbaut wurde:

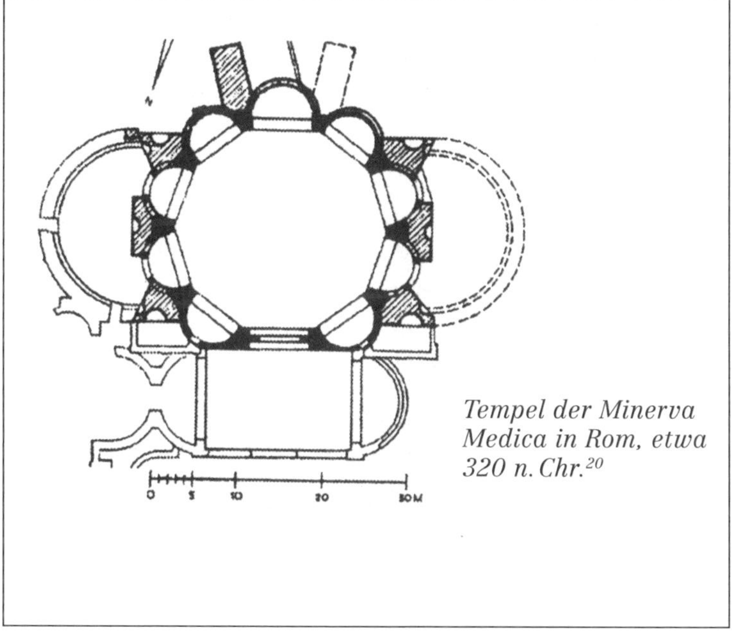

Tempel der Minerva Medica in Rom, etwa 320 n. Chr.[20]

19 Konstantin Meyl, „Skalarwellen", S. 622 (der englischen Übersetzung)

20 Ebd.

Was war nun so Erstaunliches an den Grundrissen später römischer Tempel?

Ihre verblüffende Ähnlichkeit mit einem modernen Gerät, das für den Betrieb von Radios und Radaranlagen unverzichtbar ist – das Magnetron:

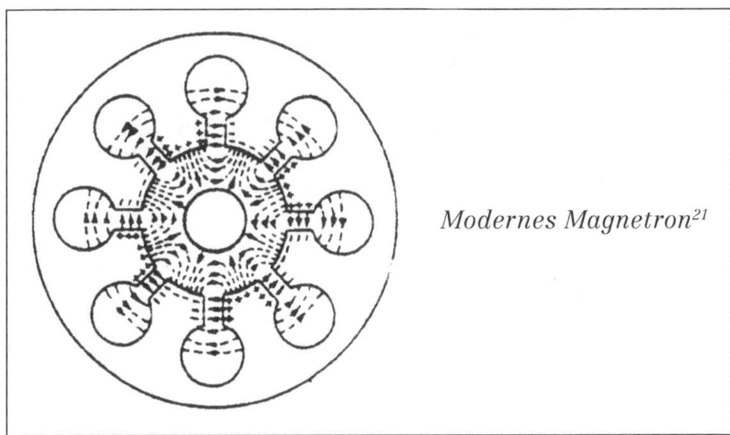

Modernes Magnetron[21]

Meyls Kommentar zu diesen Diagrammen ist lesenswert, denn er zeigt, wie viel dafür spricht, dass einige der alten Tempel, tatsächlich sogar ziemlich viele Tempel, heimlich genau für den Zweck gebaut worden waren, eine Kommunikation über weite Strecken hinweg zu ermöglichen. Dabei bediente man sich einiger sehr fortschrittlicher physikalischer Konzepte:

> Gehen wir einmal vom üblichen Lehrbuchwissen über die moderne Hochfrequenztechnik aus und stellen wir einem gut ausgebildeten Ingenieur die folgende Aufgabe, die er systematisch und mithilfe seiner technischen Kenntnisse lösen soll. *Er soll einen Sender von maximaler Reichweite bei minimaler Sendeleistung konstruieren*, also in klassischer Weise nach dem Optimum suchen. *Dabei spielt der materielle Aufwand keine Rolle!*
>
> Nach reiflicher Überlegung wird der Ingenieur erkennen, dass es nur eine Lösung gibt. Er entscheidet sich für einen Telegrafie-Sender am langwelligen Ende des Kurzwellenbandes, also bei f=3 MHz. Das entspricht einer Wellenlänge von λ=100m. In diesem Bereich benötigt man weniger als 1 Watt Sendeleistung, um einmal rund um die Erde zu funken [...].

21 Konstantin Meyl, „Skalarwellen", S. 622 (der englischen Übersetzung)

> Der Ingenieur arbeitet an der weiteren Optimierung. Ihm fällt ein, dass bei hohen Frequenzen, z. B. Mikrowellen-Sendern keine Kabel sondern Hohlleiter verwendet werden, weil mit diesen ein höherer Wirkungsgrad erreicht werden kann. Bei einem Hohlleiter werden Streufelder durch Ausrichtung und Konzentration der Felder im Innern des Leiters minimiert. Bei Antennen dagegen zerstreuen sich die Felder nach außen und verursachen erhebliche Streuverluste. Der Ingenieur kommt also zu dem Schluss, dass man den Sender als eine fein eingestimmte Höhlung und nicht als Antenne bauen sollte!
>
> Er errichtet also auf dem Land ein enorm großes fensterloses Gebäude mit 50m Länge (=λ/2), und 25 m (=λ/2) oder 12,5m (=λ/8) Breite. Die Höhe mh berechnet er nach dem Goldenen Schnitt, um die Skalarwellen zu verstärken. *Damit nähert er sich den Maßen, die für die fensterlosen Cellas griechischer Tempel verwendet wurden.*
>
> Für den Betrieb eines solchen Senders genügte in alter Zeit offenbar die Rauschleistung der kosmischen Strahlung, die von der Sonne und den Planeten auf die Erde gelangte. Durch Vergrößerung der Bodenfläche konnte auch die aufgefangene Feldenergie und die Sendeleistung erhöht werden. Für die Energieleistung galt also, dass der Tempel mit der größtmöglichen Wellenlänge die stärkste Sendeleistung versprach, zumindest in der Antike.
>
> Unser Ingenieur beschließt weiter, die Trägerfrequenz bei einem bestimmten Taktimpuls an- oder abzuschalten. Er entscheidet sich daher für Funktelegrafie. Der Vorteil dieser Methode liegt in einer maximalen Erhöhung des Empfangsbereichs. Zu diesem Zweck müssen die Signale beim Sender kodiert und beim Empfänger wieder dekodiert werden. Wegen ihrer Verschlüsselung sind die Inhalte nur den „Insidern" zugänglich, die den Code kennen, *eine Voraussetzung für die Entwicklung der Hermetik und letztendlich eine Frage der Macht!*[22]

Sodann kommt Meyl zu seinem nächsten Beweispunkt. Man könnte auch sagen, er tritt in die nächste Stufe der Entschlüsselung der Daten alter Zeit ein, die auf die Existenz einer echten, funktionierenden Technologie hinweisen, und befasst sich mit antiken Texten.

> Es gibt auch unmittelbare Beweise, und die findet man in alten Texten. Allerdings stellt sich die Frage, ob historische Texte, die sich mit

22 Konstantin Meyl, „Skalarwellen", S. 613 (der englischen Übersetzung); Hervorhebung vom Autor.

der Funktechnik früherer Zeiten befassen, richtig übersetzt worden sind. Es ist von Orakeln, Mysterienkulten und Erdprophezeiungen die Rede, wenn eigentlich der Empfänger gemeint ist. Die technisch meist unbedarften Historiker attestierten den Römern ein gestörtes Zeitgefühl, denn schließlich konnten die Kuriere die langen Wege kreuz und quer durch das römische Reich nicht in so kurzer Zeit zurückgelegt haben, wie der lateinische Text angibt: „Sie schickten dem Kaiser von Rom per Kurier eine Botschaft und erhielten die Antwort [...]." Die Antwort traf nämlich spätestens am nächsten Abend bei der Truppe ein. Richtig übersetzt müsste es eigentlich heißen: „Sie telegrafierten" oder „sie sendeten dem Kaiser von Rom eine Nachricht und erhielten die Antwort [...]."

Ein so großes Reich wie das Römische konnte tatsächlich nur mithilfe leistungsstarker Kommunikationstechniken regiert werden. Cicero prägte das Wort: „Wir haben die Völker der Welt durch unsere Funktechnik erobert [...]"! Der Begriff Funktechnik wurde jedoch aus Unwissenheit mit Frömmigkeit übersetzt. Wenn aber Ingenieure die unrichtigen Übersetzungen überarbeiten, entdeckt man, dass in zahlreichen Texten von Funktechnik die Rede ist. Es gibt also zahlreiche unmittelbare Beweise für die praktische Anwendung dieser Technologie.

Für die römischen Militärkorrespondenten, die das Rückgrat der Reichsverwaltung bildeten, war die Informationsgewinnung aus Naturbeobachtungen wie dem Vogelflug oder den von Geomantikern aufgefangenen Signalen zu unzuverlässig. Sie gewannen ihre Informationen aus den Zuckungen der Eingeweide frisch geschlachteter Tiere. Bei den Opfertieren auf dem Altar konnten alle äußeren Einflüsse ausgeschlossen werden. Nachteilig war allerdings, dass eine enorme Menge an Opfertieren benötigt wurde. Wer etwas erfahren wollte, musste zunächst ein Tier mitbringen, welches dann dem Gott „geopfert" wurde. Eigentlich wurde es jedoch als Empfänger für einen bestimmten Funksender missbraucht. Die Innereien dienten als Biosensoren und Empfänger der Nachrichten.[23]

Man benötigte eine außerordentlich sensible Membran, um die sehr subtilen gepulsten Signale der übertragenen Funksendungen auffangen und aufzeichnen zu können, die naturgemäß sehr schwach waren.

23 Konstantin Meyl, „Skalarwellen", S. 615 (der englischen Übersetzung)

Wie man auch zu den Spekulationen Meyls stehen mag, mit seiner Grundprämisse hat er sicherlich Recht. Die alten Tempel entsprachen zu genau den technischen Voraussetzungen für die Übertragung schwacher Radiosignale, als dass das ein Zufall gewesen sein konnte. Man sollte auch nicht übersehen, aus welchen *Materialien* die alten Tempel errichtet wurden. Oftmals fanden Kalkstein, Granit und andere Steine mit kristallinen Einschlüssen Verwendung, die sich, wie allgemein bekannt ist, für den Empfang von Funksignalen eignen.

Warum aber hebt Meyl in seiner Argumentation die skalare Komponente so stark hervor und betont, dass die Tempel tatsächlich fein eingestimmte Resonanzkörper waren? Der Schlüssel liegt im wohl absurdesten Teil seiner Rekonstruktion und seiner Behauptung, dass die Membranen von Tiereingeweiden verwendet wurden, um gepulste Signale aufzuzeichnen, denn es handelte sich ja nicht um gewöhnliche Hertzsche „Sprungseilwellen", sondern um „Zollstockwellen" im *longitudinalen oder skalaren Bereich*:

> Die Argumentation muss mathematisch-physikalisch belegt werden, und die Grundlagen dafür wurden in den vorherigen Kapiteln ausgebreitet.[24] Folgende Gesichtspunkte konnten gezeigt und abgeleitet werden:
>
> 1. Die Wellengleichung (die inhomogene Laplace-Gleichung) beschreibt die Summe von zwei Wellenanteilen, wobei
> 2. jede Antenne beide Anteile aussendet,
> 3. den transversalen Anteil, die so genannte elektromagnetische Welle (Hertzsche Welle)
> 4. und den vom Entdecker als Skalarwelle bezeichneten longitudinalen Anteil (Tesla-Strahlung), besser bekannt als Antennenrauschen.
> 5. Die Wellengleichung beschreibt allgemein die Verbindung beider Wellenanteile und im Besonderen die Konversion eines Anteils in den anderen und damit
> 6. das Auf- und Abrollen von Wellen in Feldvortizes (als Rauschen messbar).

24 Mit anderen Worten, in seinem ganzen Buch mit allem, was diesem Schlusskapitel vorausgeht!

7. Wie aus der Ableitung ersichtlich, erfolgt der Übergang proportional zum Goldenen Schnitt (Kapitel 29.7 – 29.9).

Im letzten Punkt wird die elektromagnetische Fragestellung zur geometrischen Fragestellung, was die Verwendung von Skalarwellen anbelangt. Die Geometrie der Antenne ist hier ausschlaggebend, und *der Goldene Schnitt liefert das notwendige Grundmuster für die Konstruktion.*

Das rechtfertigt die Annahme, dass die in früherer Zeit nach dem Goldenen Schnitt errichteten Gebäude technische Anlagen für Skalarwellen darstellten. Vielleicht richteten sich die Erbauer nach Spezifikationen, für die es physikalische Gründe gab und die mathematisch bewiesen werden konnten.

Das liefert uns völlig neue Aspekte, und wir können nun Gebäude, besonders die aus alter Zeit, anhand des aus der fundamentalen Feldgleichung abgeleiteten Goldenen Schnitts beurteilen und deuten. Haben wir erst einmal ihre Funktionsweise verstanden, können wir daraus viel für unsere eigene Zukunft und die künftige Konstruktion von Anlagen für Skalarwellen lernen.

Die Funktechnologie der alten Zeit konnte zudem nur funktionieren, wenn genügend Feldenergie zur Verfügung stand. Wir gehen von der Annahme aus, dass

1) der Erdmagnetismus und die kosmische Neutrino-Strahlung durch Vorgänge im Erdkern eng miteinander verbunden sind,
2) der Erdmagnetismus in der Antike nachweisbar (annähernd) tausendmal so stark war wie heute (das lässt sich anhand von Messungen an Tonscherben feststellen),
3) folglich in der Antike die Neutrino-Strahlung ebenfalls tausendmal so stark gewesen sein muss und
4) die kosmische Neutrino-Strahlung den Sendestationen der Antike als Energieträger diente.

Völlig absurd wäre es, die technische Funktion eines Tempels von sich zu weisen, nur weil man diese heute nicht mehr nachvollziehen kann. Die künstlerischen und ästhetischen Gesichtspunkte, die von Kunsthistorikern aus Ignoranz über den wahren Zweck in den Vordergrund gerückt worden, sind nur sekundär.[25]

---

25 Konstantin Meyl, „Skalarwellen", S. 611 (der englischen Übersetzung)

Angesichts meiner eigenen spekulativen Analyse, die für mich ergab, dass das Erdgitter als *Ergebnis* der natürlichen Eigenschaft der Erde entsteht, als Resonanzkörper für stehenden Longitudinalwellen zu wirken, kann nur der Schluss gezogen werden, dass *sowohl* die Verwendung „Heiliger Geometrie" beim Tempelbau *als auch* die Platzierung einiger Tempel exakt auf den Knotenpunkten dieses Gitters gezielt und klar den Zweck verfolgten, diese Gebäude zu möglichst effektiven Resonanzkörpern zu machen. Berücksichtigt man noch die Tatsache, dass die Muster oder Interferenzen der von diesen verschiedenen Bauwerken erzeugten Longitudinalwellen entsprechend ihrer relativen Positionierung zueinander und dem kosmischen Hintergrund der Galaxie im Lauf der Zeit Veränderungen unterworfen waren, hat man den physikalischen Grund dafür, dass so viele dieser Tempel auf astronomische Punkte oder Ereignisse ausgerichtet waren.

Kurz gesagt, das alles sieht sehr danach aus, als hätte jene sehr hochstehende und sehr alte Zivilisation, die sich selbst durch eben diese Technologie in die Luft gesprengt hatte, schnell und zielgerichtet agiert, um so viel wie möglich von dieser Technologie zu retten. Zu diesem Zweck forcierte sie vermutlich die Gründung und Förderung der alten Tempel und Mysterienschulen und sorgte ebenso umgehend dafür, dass die ihr nachfolgenden Zivilisationen – wenn es überhaupt jemals wieder Zivilisationen geben sollte – wussten und verstanden, dass ein Austauschmedium notwendig war, das auf dem kreativen und produktiven Ausfluss des physikalischen Mediums und der daraus entstandenen differenzierten Geschöpfe, der Menschen, beruhte. Es verwundert daher kaum, dass diejenigen, die nach der Wiedergewinnung dieser Technologie strebten, um Meisterschaft und Hegemonie über ihre Mitmenschen zu gewinnen, sich rasch mit diesen Tempeln und Mysterienschulen verbanden. Dann fingen sie an, die zugrunde liegende Physik in eine finanziell orientierte, falsche Alchemie zu pervertieren, die genau das Gegensteil schuf: „negative Informationen" in Form von zinsbelastetem Schuldgeld. Indem sie ein geschlossenes Finanzsystem schufen, wollten sie für sich selbst das offene System nachkonstruieren, das ihnen Macht und Hegemonie sichern sollte.

Lebende Organismen – wie von Dr. Meyl angedeutet – und allen voran die Menschen bringen uns zur letzten Komponente – einem besonderen Resonanzkörper für diese Form von Energie. Es handelt sich um die menschliche DNS, die in erstaunlicher Weise ebenfalls die Züge der „Heiligen Geometrie" trägt.

Acht

Strukturmuster, Genome und Bankster

Oder: Warum heiraten sie alle ihre Cousins und Cousinen und bekommen kolossal dumme Kinder?

> *„Der Inzest in europäischen Königsfamilien ging im Vergleich zu früher leicht zurück. Das liegt vermutlich daran, dass genetische Degeneration eindeutig wissenschaftlich nachgewiesen werden konnte."*
>
> „Inzest", Wikipedia[1]

In alter wie in moderner Zeit können wir eine ununterbrochene Verbindung der internationalen Bankster-Klasse mit denjenigen feststellen, die sich mit fortschrittlicher wissenschaftlicher Forschung befassen. Wir haben auch gesehen, dass diese Klasse stets danach strebte, nicht nur ihre falsche alchemistische Macht zur Ausgabe von Faksimile-Schuldgeld zu monopolisieren, sondern auch wahre alchemistische Macht durch Beherrschung der physikalischen Prinzipien des transmutativen physischen Medium für sich allein zu beanspruchen. Was aber geschah in dem Zeitraum *zwischen* diesen weit auseinander liegenden historischen Epochen? Existierte diese Klasse ununterbrochen? Und wenn ja, was tat sie die ganze Zeit über? Gibt es Beweise dafür, dass sie damals wie heute mehr oder weniger ununterbrochen als Klasse bestand? Gibt es Beweise dafür, dass sie stets stark an wissenschaftlichen Errungenschaften interessiert war und diese überwachte?

Wie wir erfuhren, behaupten einige, dass die Familie Rothschild ihren Familienstammbaum heimlich bis zu dem sumerischen Eroberer Nimrod

---

1 „Inbreeding", Wikipedia, en.wikipedia.org/wiki/Inbreeding, S. 4.

zurückverfolgt. Ist daran etwas Wahres und gibt es für solche Behauptungen irgendeine klare Bestätigung?

A. Das alte Rom

Um diese Fragen beantworten zu können, müssen wir einen näheren Blick auf das alte Rom werfen.

Professor Tenney Frank, der zur Jahrhundertwende an der Johns-Hopkins-Universität lehrte, verfasste die bekannte Abhandlung: „An Economic History of Rome." Dieses Buch wurde zum Standardwerk auf diesem Gebiet und zur Grundlage von Beiträgen in „Cambridge Ancient History" und „Oxford History of Rome".

Im Lauf seiner Recherchen entdeckte Professor Frank eine interessante Besonderheit der Bevölkerung des alten Roms in der Zeit zwischen der Republik und der endgültigen Etablierung des Reiches. Er fand heraus, dass die Bevölkerung keineswegs römisch oder lateinisch war, sondern – kurz gesagt und ungelogen – babylonisch. In einem Artikel, den Frank für *American Historical Review* verfasste, erklärt er zunächst, wie er auf diese die römische Rasse betreffende Fragestellung aufmerksam wurde. Beim Besuch alter Grabanlagen in Rom war ihm, wie anderen Historikern auch, etwas Merkwürdiges und Eigenartiges aufgefallen:

> […] man findet zwar aussagekräftige Vornamen und Namen, doch die Beinamen scheinen *allesamt* abwegig zu sein. L. Lucretius *Pamphilus*, A. Aemilius *Alexa*, M. Clodius *Philostoasgas* klingen nicht gerade nach jungfräulichem Latein. Bei den römischen Schriftstellern der Zeit wird der Historiker kaum Antworten auf die Fragen finden, die solche Inschriften in jedem Fall aufwerfen. **Lassen diese Namen darauf schließen, dass die römische Grundbevölkerung sich nach den Tagen von Cicero völlig verändert hatte? Hatte der Satiriker (Juvenal) eine Tatsache beschrieben, als er beklagte, dass der Tiber die Wasser des syrischen Orantes in sich aufgenommen hatte?** Wenn ja, waren diese Ausländer gewöhnliche Immigranten oder wurde Rom zu einer Nation von ehemaligen Sklaven und deren Nachkommen?[2]

2 Tenney Frank in *The American Historical Review*, Band 21, 21. Juli 1916, S. 689; kursive Hervorhebung im Original, fette Hervorhebung vom Autor.

Franks Versuch, diese Fragen zu beantworten, sind sogar noch beunruhigender als die Fragen selbst. Bei seiner Untersuchung von 14.000 Namen hatte er entdeckt, dass die Bevölkerung des italienischen Roms zwischen 300 v. Chr. und 300 n. Chr. eine so drastische ethnische Veränderung erfahren hatte, dass am Ende dieses Zeitraums die große Mehrheit der römischen Bevölkerung griechische, und nicht lateinische Nachnamen trug:

> Aus Gründen, die ich gleich erläutern werde, nehme ich an, dass die griechischen Beinamen echte Hinweise auf eine nur kurze Zeit zurückliegende ausländische Herkunft darstellen. Da im Land geborene Bürger normalerweise keine Ehen mit (Freien) schlossen, zeigt der griechische Beiname eines Kindes oder Elternteils in schlüssiger Weise dessen Status (d. h. Ausländer) an.[3]

Schnell zerstreut Professor Frank die Vorstellung, dass dieses Phänomen nur der „Popularität" bestimmter Namen und einem Modetrend geschuldet sein könnte:

> Andererseits wurde die Frage gestellt, ob ein Mann, der einen griechischen Beinamen trug, unbedingt Ausländer gewesen sein musste. Könnten griechische Namen nicht so beliebt geworden sein, dass sie, wie heute biblische oder klassische Namen, von den einheimischen Römern angenommen wurden? In den letzten Tagen des Reiches mag dies der Fall gewesen sein. Die Inschriften *beweisen* aber, dass griechische Beinamen keinen besonders guten Ruf hatten. Ich habe diese Frage untersucht, indem ich 13.900 Inschriften klassifizierte, in denen die Namen von Vater und Sohn aufgeführt waren. Dabei zeigte sich, dass Väter mit griechischen Namen sehr stark dazu neigten, ihren Kindern lateinische Namen zu geben, *was umgekehrt nicht der Fall war.*[4]

Professor Frank zieht die offensichtliche Schlussfolgerung:

> Ganz eindeutig galt unter den römischen Plebejern ein griechischer Name als Zeichen einer dubiosen Herkunft. Die Familien von Freigelassenen, die nach einem gewissen sozialen Status strebten, versuchten ihn deshalb so schnell wie möglich los zu werden. Aus diesen Gründen nehme ich an, dass das Auftauchen eines griechischen Namens in der direkten Familie beweist, dass die Person, von der die Inschrift handelt, einen dienenden Status hatte oder Ausländer

3 Tenney Frank in *The American Historical Review*, Band 21, 21. Juli 1916, S. 681.

4 Ebd., S. 692-693.

> war. Als Schlussfolgerung aus unseren Pros und Contras ergibt sich, dass nahezu 90 Prozent der in Rom geborenen Bevölkerung, die in den oben erwähnten Grabinschriften genannt werden, ausländischer Herkunft waren.[5]

Das wirft ein gewaltiges Problem auf. Um zu erkennen, welches Problem gemeint ist und wie Professor Frank damit umging, müssen wir uns ein wenig mit der allseits bekannten Geschichte befassen.

Die Tatsache, dass ein griechischer Name in einer Grabinschrift auftaucht, bedeutet nicht unbedingt, dass der Grabinhaber *Grieche* ist, und zwar aus dem einfachen Grund, weil die griechische Sprache sich nach der Eroberung von Mesopotamien, Persien und Ägypten durch Alexander den Großen sehr weit verbreitet und zu einer Art „internationaler" Sprache geworden war, ähnlich wie heute Englisch oder Französisch. Ein griechischer Name auf einem Grab lässt also nicht automatisch den Schluss zu, dass in allen Gräbern Griechen bestattet liegen. Damit stellt sich nun aber eine weit umfassendere und wichtigere Frage. Wenn diese Menschen nicht unbedingt Griechen waren, wer waren sie dann? Aus welcher ethnischen Gruppe stammten sie vorwiegend? Frank nimmt kein Blatt vor den Mund:

> Wer ist dieser neue römische Typus und woher kommt er? Wie viele dieser Menschen sind Immigranten und wie viele sind Diener? *Welcher Rasse gehören sie an?*[6]

Frank setzt sich mit dieser Frage auseinander, indem er die klassischen Schriftsteller und Satiriker Roms beim Wort nimmt. Daraus erhellt sich eine äußerst bedeutsame Tatsache.

Nachdem er erkannt hatte, dass „die meisten soziologischen und politischen Informationen über das Reich von Satirikern stammen", kommt Frank zu einer höchst bemerkenswerten Schlussfolgerung:

> Wenn Tacitus uns mitteilt, dass zu Neros Zeiten sehr viele der römischen Senatoren und Edelleute von Sklaven abstammten und die einheimische Bevölkerung auf eine verschwindend geringe Zahl gesunken war, wissen wir nicht, ob wir diese Aussagen als Übertreibungen eines indignierten Römers aus der ursprünglichen Bevölkerung verstehen sollen [...]. Um neues Licht auf diese fundamentalen Fragen der römischen Geschichte zu werfen, habe ich versucht, die

5 Tenney Frank in *The American Historical Review*, Band 21, 21. Juli 1916, S. 93; Hervorhebung vom Autor.

6 Ebd., S. 693.

> fragmentarischen Informationen zusammenzustellen, die man aus den vorhandenen Inschriften gewinnen kann. Die Beweise sind hinsichtlich ihres Sinngehalts natürlich nicht endgültig und es liegt in der Natur der Sache, dass sie nur bruchteilhaft vorliegen. Doch in jedem Fall können sie uns helfen, unsere literarischen Quellen in gewisser Weise zu interpretieren. *Ich zumindest bin zu der Überzeugung gelangt, dass Juvenal und Tacitus nicht übertrieben haben.* Zu der Zeit, als diese Männer ihre Werke verfassten, konnten wahrscheinlich nur wenige Plebejer, die damals die Straßen von Rom bevölkerten, eine rein italienische Abstammung nachweisen. *Der weitaus größere Teil, vielleicht sogar 90 Prozent, hatten orientalisches Blut in ihren Adern.*[7]

Man muss nur ein wenig zwischen den Zeilen lesen, um zu erkennen, was Professor Frank hier andeutet. Wir erinnern uns, dass Juvenal sich darüber beschwerte, der syrische Fluss „Orantes" würde „in die Wasser des Tibers fließen", eine Metapher dafür, dass Menschen chaldäischer – d. h. babylonischer – Herkunft in die Blutlinien der alten römischen Bevölkerung „strömten". „Dieser Abschaum nennt sich Griechen", beklagt er sich, „doch welch geringer Teil stammt wirklich aus Griechenland; seit langer Zeit fließt der Fluss Orantes in den Tiber."[8]

Die geschichtlichen Ereignisse sind in ihren Grundzügen klar. Die Eroberungswelle der Römer drang bis ins östliche Mittelmeergebiet vor und so eroberten die Römer schließlich das alte seleukidische Reich – also den Teil von Alexanders Reich, dessen Zentrum in Mesopotamien mit seiner Hauptstadt Babylon lag. Viele der eroberten Völker gelangten als Sklaven auf die italienische Halbinsel. Die Römer verfolgten eine sehr lockere Politik hinsichtlich der Freilassung von Sklaven nach dem Tod ihres Eigentümers. Die ehemaligen Sklaven wurden zu Freien und bildeten schließlich das Rückgrat der römischen Wirtschaft, mitten im Zentrum des Reiches.

---

7 Tenney Frank in *The American Historical Review*, Band 21, 21. Juli 1916, S. 689-690; Hervorhebung vom Autor.

8 Juvenal, „Satires", III:62.

A.1. Wandel im Genpool und der imperialen Politik Roms

Das bringt uns zum wirtschaftlichen und finanziellen Aspekt der Geschichte, der für unsere Zwecke am allerwichtigsten ist:

> Das Problem der umwälzenden Veränderung der römischen Bevölkerung wirft eine ganze Reihe weiterer Fragen auf, doch es ist äußerst schwierig, statistisches Material aufzutreiben, um sie zu beantworten. Man fragt sich beispielsweise, ohne je auf eine befriedigende Antwort hoffen zu können, warum die ursprüngliche Bevölkerung sich nicht besser hielt. Dafür gibt es etliche Gründe. Wir wissen beispielsweise, dass nach der Verwüstung Italiens durch Hannibal und nachdem große Teile der Bevölkerung durch das Schwert umgekommen waren, enorme Sklavenkontingente im Osten beschafft wurden, um die Lücken zu schließen. Im zweiten Jahrhundert v. Chr. wurde es modern, Plantagen von Sklaven bewirtschaften zu lassen. So wurden immer mehr echte Römer von den kleinen Bauernhöfen vertrieben. Viele von ihnen ließen sich in den Provinzen des ständig weiter expandierenden Reiches nieder. In den 30 Jahren vor Tiberius Gracchus zeigen die Bevölkerungsstatistiken daher keinen Zuwachs. Im ersten Jahrhundert v. Chr. wurden weiterhin Gefangene und Sklaven importiert und die einheimischen Bürger in sozialen, sullischen Bürgerkriegen aufgerieben. Augustus bestätigte, dass er eine halbe Million Bürger bewaffnet hatte. Das war ein Achtel der gesamten römischen Bevölkerung, und mit Sicherheit gehörten die kräftigsten Männer dazu. Zur frühen Zeit des Reiches gab es 20 bis 30 Legionen, die aus den besten Männern der einheimischen Bevölkerung rekrutiert wurden. Sie verbrachten die zwanzig Jahre ihrer Lebensblüte mit dem Dienst in den Kasernen, während die Sklaven, die von solchen Verpflichtungen freigestellt waren, zu Hause blieben und sich vermehrten. Mit anderen Worten, die einheimische Bevölkerung erreichte nur eine unterdurchschnittliche Geburtenrate, während die ausländische Bevölkerung sich nicht nur in normalem Maß fortpflanzte, sondern auch von der liberalen Freilassungspolitik profitierte, die ihre Reihen mehrte.[9]

---

9 Tenney Frank in *The American Historical Review*, Band 21, 21. Juli 1916, S. 703.

Das Ergebnis dieser Kombination aus verfehlter Politik, Kriegen und großer Abhängigkeit von Sklavenarbeit war, dass die ursprüngliche römische Rasse – zumindest auf der italienischen Halbinsel – „unterging".[10]

Der Import mesopotamischer Sklaven bewirkte zweierlei. Zum einen brachten diese Sklaven natürlich ihre Kultur und Religion mit. Zum anderen importierten sie ihre „babylonischen Geschäfts- und Bankpraktiken". Obwohl diese Menschen Sklaven waren, lagen doch die täglichen Geschäfte Roms – wie beispielsweise die Landwirtschaft, das Baugewerbe, das Unterrichtswesen und so weiter – überwiegend in ihren Händen. Nach ihrer Freilassung drangen nicht nur ihre Religion und Kultur in gravierendem Maße in die römische Gesellschaft ein, sondern diese Gruppe selbst errang nach und nach die höchsten Stufen der römischen Staatsmacht.[11] Das führte im Ergebnis dazu, dass die mesopotamischen und syrischen Kaufleute faktisch die ans Mittelmeer grenzenden römischen Provinzen kolonialisierten. Das römische Bankwesen wurde fast ganz in ihren Händen monopolisiert, je weiter sich die mesopotamischen Mysterienkulte überall im Reich ausbreiteten. Die Tempel standen auch weiterhin mit Kommerz in Verbindung. In gewissem Sinn könnte man das römische Reich als letzte imperiale Front dieser alten Klasse von „Edelmetall-Händlern" bezeichnen. Die Änderung der ethnischen Bevölkerungszusammensetzung auf der italienischen Halbinsel, also mitten im Herzen des Reiches, erklärt, warum die Währungspolitik Roms gegenüber dem Fernen Osten das Ergebnis absichtlicher Manipulation zu sein schien.

A.2. Die nächste Stufe: Venedig und das Bankwesen

Ein kurzer Blick auf die weitere Geschichte dieser Klasse macht uns auf Verbindungen aufmerksam, die bis in die heutige Zeit reichen. Die nächste Stufe dieser Fortsetzungsgeschichte beginnt nämlich mit Attila dem Hunnenkönig, der die italienische Halbinsel und sogar Rom selbst verwüstete und so viele Händlerfamilien zwang, nach Norden zu fliehen und in den Lagunen und Sümpfen in der Nähe des Ortes Schutz zu suchen, der im Mittelalter zum Zentrum des Handels und des Bankwesens in Europa werden sollte – Venedig. Ganz zu Anfang des 9. Jahrhunderts wurde Venedig formell als Teil des Oströmischen Reiches anerkannt. Damit begann der

10 Tenney Frank in *The American Historical Review*, Band 21, 21. Juli 1916; S. 704.

11 Vergleiche *Cambridge Ancient History*, Band X, S. 727.

Aufstieg der Stadt zur Finanzmacht, denn ihr wurden überall im Reich Sonderhandelsrechte und Steuervergünstigungen eingeräumt.

Das Muster aber blieb gleich – eine Händler- und Bankerklasse, die besondere imperiale Privilegien genoss. Wie in Kapitel vier bereits dargelegt, führte der vierte Kreuzzug zur Eroberung Konstantinopels. Damit brach das Reichsmonopol zur Prägung von Goldmünzen zusammen, und westeuropäische Monarchen begannen mit der Geldprägung. Doch es war Venedig, das die Söldnerarmee aus französischen Edelleuten finanziert hatte, die Konstantinopel schließlich eroberte, und so konnte der venezianische Doge Enrico Dandolo für das alte östliche Reich eine Marionettenregierung einsetzen. Zu jener Zeit hatten sich die großen venezianischen Oligarchen-Klans bereits etabliert und ihre *fondi*, also ihr Familienvermögen (wörtlich „Fonds") eingerichtet. Es gab die Fonds der Cornaro, der Dandolo, der Contarini, der Morosini, der Sorzi und der Tron.

A.3. Weiter geht es mit Amsterdam, London, der Reformation und den Religionskriegen

Der Forscher Webster Tarpley skizziert in drei kurzen Absätzen, wie sich das venezianische Bankenwesen und Politiksystem durch die weitere europäische Geschichte zieht – durch die Reformation und die Gegenreformation ebenso wie durch die Zeitspanne bis zur „glorreichen Revolution" in England:

> Warum bezeichnete man die liberalen britischen Imperialisten als Venezianische Partei? Nun, aus einem einzigen Grund: Sie nannten sich selbst so. Ehe er Premierminister wurde, schrieb Benjamin Disraeli in seinem Roman „Conningsby", dass die Whig-Aristokraten 1688 „in England eine Republik des Hochadels nach venezianischem Modell gründen wollten, in der die Könige zu Dogen wurden und in der eine ‚venezianische Verfassung' galt."
>
> Während des Krieges der Liga von Cambrai in den Jahren 1509-1517 drohte eine Allianz, der praktisch alle europäischen Mächte angehörten, die venezianische Oligarchie auszulöschen. Die Venezianer wussten, dass Frankreich oder Spanien sie wie Fliegen zerquetschen könnten. Sie reagierten, indem sie die protestantische Reformation inszenierten und dafür drei Strohmänner – Luther, Calvin und Heinrich VIII an die Front schickten. Zur gleichen Zeit stilisierten

> (Kardinal) Contarini und seine Jesuiten Aristoteles zur Kernfigur der katholischen Gegenreformation und des Konzils von Trient hoch und setzten Dante und Piccolomini auf den Index der verbotenen Bücher. Das führte zu Religionskriegen, die eineinhalb Jahrhunderte andauerten und ein „kurzes dunkles Zeitalter" markierten, das mit der großen Krise des 17. Jahrhunderts seinen Höhepunkt erreichte.
>
> Venedig war ein Krebsgeschwür, das gezielt seine eigenen Metastasen plante. Von ihrer Lagune aus suchten sich die Venezianer eine Sumpflandschaft und eine Inselgruppe vor dem Nordatlantik aus: Holland und die britischen Inseln. Hier wollte die Giovanni-Partei ihr Familienvermögen, ihre *fondi* unterbringen und ihrer Erkenntnislehre eine neue Heimat geben. Auch Frankreich wurde kolonialisiert, doch die Haupteinsätze wurden weiter nördlich platziert. Zuerst wurde (Kardinal) Contarinis Verwandter und Nachbar Francesco Zorzi als Sexberater zu Heinrich VIII entsandt, dessen wilde Libido den Venezianern Anlass zu größter Hoffnungen gab. Zorzi brachte Rosenkreuzer-Mystizismus und Freimaurerei in ein Land, das die venezianischen Banker schon seit Jahrhunderten ausgeplündert hatten [...].[12]

Wenn man zwischen den Zeilen liest, entdeckt man auch hier wieder das nebulöse Strukturmuster einer Allianz zwischen den alten Edelmetall-Händlern und dem Tempel, in diesem Fall dem Tempel des Renaissance-Katholizismus und des aufkeimenden Protestantismus. Beide werden von derselben Macht gesteuert, die ihren Konflikt zum eigenen Vorteil manipuliert. Und noch ein weiteres, viel wichtigeres Muster taucht auf – düster und vertraut – David Rockefellers „Republik" einer globalen Elite von Intellektuellen und Bankern, die an der Spitze einer Machtpyramide stehen.

---

12 Webster Tarpley, „Lord Palmerston's Multicultural Human Zoo", www.mail-archive.com/ctrl@listserv.aol.com/msg17357.html, S. 4. Siehe auch Tarpley: „Venice's War Against Western Civilisation", www.schillerinstitute.org/fid_91-96/952_venice.html, S. 5-7. Dort findet man weitere Einzelheiten, besonders was die Rolle von Gasparo Cardingal Contarini bei diesen Machenschaften anbelangt.

B. Die Abstammung der Rothschilds von Nimrod:

B.1. Ein zweiter Blick auf einen Mythos

Hier tut sich ein interessanter Zusammenhang auf, in dessen Kontext die Behauptungbetrachtet werden muss, die Familie Rothschild würde ihre Dynastie heimlich bis zu Nimrod, dem eng mit dem Turmbau zu Babel assoziierten, alttestamentarischen Eroberer zurückverfolgen.[13] Dem aufmerksamen Leser wird in diesem und den vorhergehenden Kapiteln aufgefallen sein, dass sich auf mindestens *drei verschiedenen Ebenen eine geschichtliche Kontinuität* ausmachen lässt:

1) Die angebliche Kontinuität der Blutlinie oder Familie, etwa bei den Rothschilds, die ihre Familienabstammung heimlich auf Nimrod und damit auf die babylonischen „Edelmetall-Händler zurückführen;

2) die Kontinuität der *Methoden*: die Allianz mit dem Tempel und das Agieren unter dem Deckmantel des Tempels; die Kultivierung der Wissenschaft und die Unterdrückung bestimmter wissenschaftlicher und technischer Entwicklungen; die Förderung von Faksimilegeld, das als privat ausgegebenes Schuldgeld in Umlauf gebracht wird und die Heiratspolitik solcher Familien, die nur innerhalb ihrer eigenen Klasse, manchmal auch der eigenen Blutlinie heiraten und

3) die Kontinuität der *Klasse*, der *Kultur*, der *Familienvermögen* und – wie aus der offenkundigen Abstammung venezianischer Banker

13 Hinsichtlich dieser Verbindung siehe mein Buch „Giza Death Star Destroyed", 2006, S. 77-78 und „The Cosmic War", 2007), S. 311-318. Siehe auch David Rohl „The Lost Testament", 2002, S. 73-76. Rohl identifiziert eindeutig den mesopotamischen Gott Ninurta mit Nimrod und stützt sich dabei auf diverse Überlegungen. Er weist damit deutlich auf die massiven chronologischen Probleme hin, die ich im Vorwort zu meinem Buch „The Cosmic War" andeutete. Die archäologischen Funde stützen nämlich die sehr frühe Datierung des Ereignisses *nicht*, wie ich in dem genannten Buch näher erläuterte. Nimmt man im Gegensatz dazu die alten Texte ernst und betrachtet sie im Licht der Hypothese vom explodierten Planeten, dann ist eine so frühe Datierung allerdings gerechtfertigt. Aus dieser Zwickmühle kommt man meiner Ansicht nach heraus, wenn man anerkennt, dass die alten Texte und Mythen der Sumerer und anderer Kulturen absichtlich so formuliert wurden, dass die auf einer *Vielzahl* von Ebenen – auch chronologischen Ebenen – gleichzeitig Gültigkeit haben.

von der orientalischen Rasse der nach Rom importierten Sklaven ersichtlich – der *ethnischen Herkunft*.

Geht man diese Liste durch, so wird offensichtlich, dass die Behauptung der Rothschilds, von Nimrod abzustammen, in das Muster passt und anhand der Punkte zwei und drei umfassend bestätigt werden kann. Gibt es aber vielleicht spezifischere Hinweise, die Punkt eins bestätigen oder ihm zumindest eine gewisse Wahrscheinlichkeit zusprechen könnten?

Die gibt es in der Tat.

In dem unter dem Namen *Burke's Peerage* bekannt gewordenen Adelsregister von England finden wir zahlreiche Beispiele für Eheschließungen zwischen den Mitgliedern des europäischen Rothschild-Klans. So heiratete beispielsweise Evelina de Rothschild, die Tochter von Lionel Nathan Baron de Rothschild und Charlotte de Rothschild, Ferdinand James Anselm Rothschild, den Sohn von Anselm Salomon Rothschild und Charlotte Rothschild.[14] Salomon Albert Anselm Rothschild, der Sohn von Anselm Salomon und Charlotte Rothschild heiratete Bettina Caroline de Rothschild, die Tochter von Alphonse Mayer de Rothschild und Leonora de Rothschild.[15]

Inmitten dieses ganzen Inzestgewirrs bekamen Alphonse Mayer Rothschild und Clarice Sebag-Montefiore im Jahr 1922 einen Sohn, dem sie interessanterweise den eigenartigen jüdisch-christlich-„babylonischen" Namen Albert Anselm Salomon Nimrod Rothschild gaben.[16] Das Kind starb 1938 im Alter von nur 16 Jahren.

Natürlich reicht ein einziger männlicher Erbe in dem ganzen Wildwuchs der Rothschild-Verflechtungen nicht als Beweis aus. Doch man kann den Schluss ziehen, dass der Name für den Klan zumindest eine gewisse, nur ihm selbst bekannte Bedeutung hatte. Doch es gibt noch eine andere ernst zu nehmende Bestätigung für diese Behauptung. Im weit gespannten Finanznetzwerk des Bankerklans finden wir eine Finanzgruppe, die schon viel missbilligendes Aufsehen erregte – die „Rothschild Nemrod Diversified Holdings".[17] Der Name „Nemrod" ist natürlich nur eine phonetische Abwandlung des Namens „Nimrod", denn der biblische Name wurde im Hebräischen ohne Vokale einfach als NMRD geschrieben. Man kann ihn also als Nimrod, Nimrud, Nemrod, Nemrud, etc. vokalisieren. Der Name eines biblischen Eroberers als Bezeichnung für eine Investmentfonds-Gruppe

14 www.thepeerage.com/p19533.htm, S. 1.

15 Ebd.

16 Ebd., S. 2

17 www.trustnetoffshore.com/Factsheets/Factsheet.aspx?fundCode=R1F58&univ=DC.

steht also für Aggressivität, Risikofreudigkeit und die Absicht zu dominieren und zu erobern (in finanzieller Hinsicht, versteht sich).

Woher aber kommt die offensichtliche Obsession dieser Familien, entfernte Verwandte und Mitglieder der eigenen Klans und Klassen zu heiraten – wie wir am Beispiel der Rothschilds aufzeigten? Um diese Frage beantworten zu können, müssen wir einen Blick auf die menschliche DNS mit ihrer bemerkenswerten Verbindung zur Heiligen Geometrie und der alchemistischen Physik des Mediums werfen, und auf den Familienstammbaum von Nimrod.

C. Menschliche DNS und der hermetische Kodex

C.1. Das I Ging

Die alte esoterische Doktrin besagt, dass der Mensch als „Mikrokosmos“ zu begreifen ist, als eine Art „kleines Universum“, und in seiner Konstitution – d. h. in seiner Größe, Gestalt und Zusammensetzung und, was am wichtigsten ist, in seiner einzigartigen Kombination physischer Komponenten (die den Körper ausmachen) zusammen mit einer spirituellen, oder man könnte auch sagen „hyperdimensionalen“ Komponente (Seele und Persönlichkeit[18]) – das große Universum widerspiegelt.[19] Der britische Forscher Michael Hayes setzte sich ernsthaft mit dieser Doktrin auseinander und beschloss, sie einer näheren Untersuchung zu unterziehen. Dabei fand er atemberaubende Zusammenhänge zwischen den Codes der Heiligen Geometrie, der Faszination, die bestimmte Zahlen auf den Menschen ausüben und der menschlichen DNS.

> Um mir selbst eine Art visuelle Hilfe zu geben, ein Abbild des Codes in Aktion, hatte ich ein Diagramm gezeichnet, in dem die Schlüsselzahlen der an dem Prozess beteiligten biochemischen Komponenten erfasst waren. Es handelte sich um die Zahlen 4, 3, 64 und 22. Es gibt vier Arten von chemischen Basen. Jeweils drei von ihnen (Basen-

18 „Seele und Persönlichkeit“; hier ist keine überflüssige Wiederholung beabsichtigt. Der Autor ist vielmehr der Auffassung, dass „Seele“ und „Persönlichkeit“ zwei verschiedene Dinge sind. Die Frage, wie es dazu kam, dass die beiden Begriffe im Denken vieler westlicher Menschen gleichgesetzt wurden, würde ein eigenes Buch verdienen.

19 Ein kurzer Überblick über diese Doktrin im Licht anderer paläophysikalischer Themen findet sich in meinem Buch „Giza Death Star Destroyed“, Kapitel 3.

triplett) bilden ein so genanntes Codon. Codons kodieren in 64 verschiedenen Varianten die Aminosäuren. Jedes Codon steht mit einer von 22 komplexen Komponenten in Verbindung – 20 verschiedenen Aminosäuren und zwei kodierten Instruktionen, die für die Ingangsetzung und die Beendigung des Syntheseprozesses verantwortlich sind. In meinem Diagramm stellte ich die Zahl 64, die Anzahl der Triplett-Codon-Kombinationen (4 x 4 x 4), als Schachmuster dar, mit jeweils acht waagrechten und acht senkrechten Unterteilungen.[20]

Als er das Diagramm vor sich hatte, fiel Hayes eine merkwürdige, verblüffende Verbindung zu einem der ältesten esoterischen Weisheitssysteme auf – dem chinesischen I Ging: „Ich erkannte, dass das ganze Diagramm dem Format des berühmten als I Ging (Yi King) bekannt gewordenen chinesischen Werkes entsprach, dessen 64 Grundaussagen jeweils durch ein aus sechs Linien bestehendes Zeichen, das so genannte Hexagramm, symbolisiert werden."[21]

Inwiefern aber haben die Zahlen 4, 3, 64 und 22 aus Hayes Diagramm etwas mit dem I Ging oder dem hermetischen Code der Heiligen Geometrie zu tun? Hayes erklärt es so:

> Das I Ging […] wurde als Orakel geschaffen. Man stellt eine Frage, wirft drei Münzen und stellt fest, auf welche Seite sie gefallen sind. Überwiegen die Kopfseiten, so steht das für eine durchgezogene Linie und bedeutet „Yang" oder positiv. Erhält man öfter eine Zahl, so zeichnet man eine unterbrochene Linie für „Yin" oder negativ […].

Man zeichnet also durchgezogene oder unterbrochene Linien.

> Nach sechsmaliger Wiederholung hat man eines der Hexagramme vor sich, und der zugehörige Text gibt einem die Antwort.[22]

Wiederholt man den beschriebenen Ablauf also sechs Mal und zeichnet die jeweiligen Ergebnisse als unterbrochene oder durchgezogene Linien übereinander, erhält man eine von 64 möglichen Kombinationen. Anhand des entsprechenden Piktogramms oder Hexagramms sucht man im Buch den zugehörigen Text, der die divinatorischen Eigenschaften des Zeichens erklärt.

Wie passen nun die anderen Zahlen – 4, 3 und 22 – in dieses Bild?

---

20 Michael Hayes, „The Hermetic Code in DNA: The Sacred Principles in the Ordering of the Universe", S. 13, 15.

21 Ebd., S. 15.

22 Ebd.

> Beginnen wir mit der Zahl vier, der Anzahl der chemischen Grundbasen im genetischen Code (Adenin, Thymin, Guanin und Cytosin), von denen die Synthese der Aminosäuren abhängt. Wie ich feststellen konnte, enthält das I Ging das gleiche Prinzip. Die 64 Hexagramme setzen sich aus vier grundlegenden zweilinigen Symbolen, den so genannten Hsiang zusammen, die wiederum aus durchgezogenen und unterbrochenen Linien – symbolisch für Yin und Yang – bestehen.
>
> Kommen wir nun zur Zahl drei. Der genetische Code wird offenkundig durch die Dynamik aus drei Kräften bestimmt, weshalb an seiner Entstehung nur Triplett-Codons beteiligt sind. Diese drei Kräfte sind nach dem Buch der Wandlungen die beiden ursprünglichen Elemente Yin (negativ, weiblich) und Yang (positiv, männlich) sowie ein drittes „mystisches" Ingrediens, das unsichtbar und neutral ist: das Tao [...].[23]

Hayes erinnert sich noch, wie er auf diese Entdeckung reagierte:

> Nachdem ich so viele Ähnlichkeiten zwischen dem I Ging und dem genetischen Code gefunden hatte, war ich überzeugt, etwas von besonderer Bedeutung entdeckt zu haben. Das spiegelte sich in meinem emotionalen Zustand wider: Ich war wie elektrisiert. Auf keinen Fall, so wurde mir klar, konnte die exakte Übereinstimmung der beiden Systeme das Ergebnis eines reinen Zufalls sein. Beide schienen nicht nur identisch aufgebaut zu sein, sondern auch den gleichen Zweck zu verfolgen – die Förderung der Evolution.[24]

So weit, so gut. Doch was ist mit der Zahl 22? Gab es auch hier Übereinstimmungen zwischen dem I Ging und der DNS? Hayes formulierte es so:

> Diese Hexagramme bestehen, wie bereits gesagt, ebenso wie die biochemischen Hexagramme des genetischen Codes aus je zwei Trigrammen, also zwei dreilinigen Symbolen, die übereinander angeordnet sind. Die Trigramme, von denen es acht an der Zahl gibt, ergeben sich aus den vier Hsiang, wenn man diese jeweils durch eine unterbrochene oder eine durchgezogene Linie ergänzt. Zeichnet man also nochmals eine unterbrochene oder eine durchgezogene Linie über jedes der acht Trigramme, erhält man 16 Abbildungen, die jeweils aus vier Linien bestehen. Durch Hinzufügen einer weiteren

23 Michael Hayes, „The Hermetic Code in DNA", S. 15-16.

24 Ebd., S. 16.

> Linie erhält man 32 fünflinige Symbole und durch Wiederholung dieses Vorgangs schließlich die 64 Hexagramme.
>
> Im Gegensatz zu den vierlinigen und fünflinigen Abbildungen kommt den acht Trigrammen oder Kuas eine besondere Bedeutung zu. Darüber dachte ich lange nach und jonglierte mit Zahlen hin und her. Acht Dreierfiguren, drei Achterfiguren: 24. Ich brauchte aber 22. Ich war nahe dran, aber nicht nahe genug. Auf jeden Fall war die Zahl acht als Quadratwurzel der magischen Zahl 64 ein wesentlicher Bestandteil der Gesamtsymmetrie. Aber warum passte die Anzahl der Trigramme nicht zu den 22 Codon-Signalen des genetischen Codes? Warum 24? Warum 8?[25]

Hayes fand die Antwort, nachdem er sich erinnert hatte, dass die Zahlen 4, 3, 64, 8 und 22 wichtige Komponenten des hermetischen Kodex und der Heiligen Geometrie des Westens bildeten und insbesondere eine direkte Verbindung zur *Musik* aufwiesen.

Die Zahl 22 war, „vor allem wegen ihres musikalischen Aspekts“ die Schlüsselzahl des pythagoräischen Systems.[26] 22 steht für „drei Schwingungs- oder Notenoktaven, also drei Achtergruppen von Tönen und somit insgesamt 24 Komponenten.“[27] Wie passt die 22 in dieses System?

Die Antwort ist sehr einfach. Schlägt man auf einer Klaviertastatur die Note „C“ an und geht dann über die weißen Tasten acht Noten höher, so kommt man zur Note „C“ der nächsthöheren Oktave. Wiederholt man den Vorgang, so kommt man bei der 16. Note und ebenso bei der 24. Note wieder zu einem „C“. Zwei dieser „Cs“ sind aber nur Wiederholungen des ursprünglichen „C“. Aus diesem Grund kann man ebenso gut sagen, dass drei Oktaven aus 22 Noten bestehen, wie aus 24.[28]

Hayes erkannte rasch, dass dies eine Entdeckung von enormer Tragweite war:

> Von dieser Zeit im Sommer 1984 an brachte ich einige Jahre damit zu, die verworrenen Annalen der Geschichte zu durchforsten. Wenn die Chinesen und Griechen Zugang zu dieser alten Wissenschaft hatten, dann, so nahm ich an, mussten wohl auch einige andere Traditionen und Zivilisationen damit vertraut gewesen sein […]. Und es stellte sich heraus, dass die Beweise überwältigend waren. Wohin

25 Michael Hayes, „The Hermetic Code in DNA“, S. 17.

26 Ebd., S. 18.

27 Ebd.

28 Ebd., S. 19.

> ich auch blickte, überall sah ich musikalische Symbole. Jede größere Religion und esoterische Tradition der überlieferten Geschichte hatte diese Wissenschaft gekannt [...]. Hier war der Verbindungsfaktor, dessen Existenz ich seit Langem vermutet hatte, das magische Ingrediens, das religiösen Bewegungen die Macht verliehen hatte, das Denken und die Herzen von Milliarden Menschen tief und nachhaltig zu berühren. Sie alle stützten sich ausnahmslos auf das Prinzip der Harmonie, einer Harmonie, die buchstäblich ihren Widerhall in jeder einzelnen Zelle des Körpers, in unserer DNS und in unserem genetischen Code fand. Diese Harmonie ist also eine Harmonie der Natur selbst [...].[29]

Die Zahlen des hermetischen Kodex und der Heiligen Geometrie scheinen das Vermächtnis einer längst untergegangenen Zivilisation gewesen zu sein, die allen Hochkulturen der klassischen Ära – Sumer, Ägypten, Mesopotamien, China – vorausging. Die Essenz dieses Kodex ist nicht musikalischer sondern genetischer Natur. Es handelt sich, wie Hayes feststellt, um eine „natürliche Harmonie“, *mit der die DNS im Einklang schwingt und die sie zu übertragen vermag.*

C.2. Der wohltemperierte Kosmos

Mit der Vorstellung, dass wir es mit einer „natürlichen Harmonie“ zu tun haben, stoßen wir jedoch auf eine weitere Schwierigkeit. Hier zeigt sich nun, wie außergewöhnlich und ausgeklügelt der alte hermetische Kodex tatsächlich war. Wie ich in meinem ersten Buch über alternative Wissenschaft und Geschichte, „Todesstern Gizeh“ erklärte, findet man auf einer Klaviertastatur keine natürlich auftretende harmonische Reihe. Um das Problem zu erkennen, können wir ein einfaches Experiment durchführen, das uns veranschaulicht, was Physiker (und Musiker) unter einer harmonischen Reihe verstehen.

Nehmen wir an, wir drücken auf der Tastatur eines akustischen Klaviers still die Note „C“ mit der einen Hand und schlagen dann mit der anderen Hand eine oder zwei Oktaven tiefer ein „C“ an, so hören wir die Saiten der still gedrückten Note „C“ im Einklang mit der angeschlagenen Note „C“ schwingen. Diese „Oktave“ gilt als erster harmonischer Akkord, das „C“ als „Oberton“ des ersten (angeschlagenen) „C“. Wiederholen wir das Experi-

29 Michael Hayes, „The Hermetic Code in DNA“, S. 19-20.

ment in abgewandelter Form und drücken wir still die Note „G", während wir eine oder zwei Oktaven tiefer die Note „C" anschlagen. Wieder hören wir die Note „G" im Einklang mit der angeschlagenen Note „C" schwingen. „G" ist der zweite Oberton, die zweite harmonische Note zum ursprünglichen „C", jedoch mit einem kürzeren Intervall. Musiker bezeichnen das Intervall zwischen „C" und „G" als *Quinte* (beginnt man bei C und zählt C als die erste Note, so gelangt man beim fünften Ton zum „G"). Führt man das Experiment fort, wobei man die Intervalle immer weiter verkürzt, erhält man eine *Quart* von „G" entfernt wieder ein „C" als Oberton. Mit einer großen *Terz* gelangen wir zur Note „E", mit einer kleinen *Terz* zur Note „G". Nun haben wir ein Problem, denn das *nächste natürliche Intervall*, also das Intervall zwischen der kleinen Terz und der großen Sekund oder anders ausgedrückt *die Note zwischen B und A ist auf der Tastatur nicht zu finden. Sie läge eigentlich in dem „Spalt" zwischen den beiden Tasten.*

In alter Zeit wusste man von diesem Intervall und nannte es das „pythagoräische Komma", da es den Pythagoräern wohl bekannt war. *Doch die Analogie zwischen alten Esoterikschulen und moderner Wissenschaft greift nach Hayes Worten nur, wenn man eine moderne Tastatur verwendet.* Doch aus welchem Grund?

Kurz gesagt – eine erschöpfende Erklärung dieser Beziehung würde nämlich ein eigenes Buch erfordern – im Westen kam es *während der Renaissance zur Wiederentdeckung esoterischer Traditionen.* Diese wurden *auf die Musik angewendet*, und Musikinstrumente, besonders Tasteninstrumente, wurden entsprechend gestimmt. Man *„pfuschte"* ein wenig mit den natürlich vorkommenden Harmonien herum, und schuf durch eine geringfügige mathematische Anpassung der Tonleiter genau gleich große Intervalle zwischen allen Noten. *Jede Note wurde damit zu einem Oberton jeder anderen Note.* Infolgedessen konnte man innerhalb eines Musikstücks von einem Schlüssel in einen anderen wechseln und auch fernliegende Schlüssel integrieren, ohne innehalten und das ganze Instrument neu stimmen zu müssen. Die „temperierte Tastatur" leitete die Ära der modernen westlichen Musik ein, in der Künstler wie Vivaldi, Scarlatti, Rameau und J.S. Bach wirkten. Bach feierte diese Errungenschaft sogar mit einem eigens komponierten Musikstück mit dem Titel *Das wohltemperierte Klavier*, das man genauso gut die *„WOHLMANIPULIERTE Tastatur"* hätte nennen können. Die Noten hatten nun keine eigenen, einzigartigen Harmonien *ohne* Überschneidungen mehr, denn jede Note war zu einer Harmonie jeder anderen Note geworden. Hier – *und nicht in Maxwells elektromagnetischer Theorie – fand* *die erste Vereinheitlichung der Physik statt, denn es gab nicht länger eine unendliche Anzahl von „Noten" mit jeweils eigenen harmonischen Reihen, sondern nur noch zwölf Noten, die mit allen anderen Noten harmonierten.* Das moderne musikalische System basiert also auf einer geringen Angleichung des Maßes der musikalischen Intervalle.

Dieser kleine Ausflug in das Reich der Musik erhellt einen Aspekt von enormer Wichtigkeit. Es zeigt sich nämlich, *dass man früher über dieses musikalische System sehr wohl Bescheid wusste und ebenso erkannt hatte, dass es eine gewisse Beziehung zur DNS aufwies.* Damit haben wir einen profunden Hinweis darauf, dass es sich bei dem esoterischen beziehungsweise hermetischen Kodex um das Vermächtnis einer sehr hochstehenden wissenschaftlichen und musikalischen Kultur handelt.

Hayes erkannte sofort die Bedeutung solcher Überlegungen in Bezug auf die moderne Quantenmechanik, nach der sich die Quantenrealität dieses Universums nonlokal und wechselseitig verwoben darstellt. Es überrascht daher nicht weiter, dass er sich auf David Bohm bezieht, den Physiker, der die tiefgreifende harmonische Verwurzelung des Systems in einer nonlokalen, hyperdimensionalen Realität so beispielhaft veranschaulichte.

> In dem Versuch, das Prinzip der Nonlokalität und das Konzept der umfassenden Verwobenheit des gesamten Kosmos zu erklären, führte der an der Universität von London tätige Physiker David Bohm den Begriff Quantenpotenzial ein. Darunter verstand er eine neue Art von Energiefeld, das ebenso wie die Schwerkraft überall im Kosmos anzutreffen war, dessen Wirkkraft sich aber mit wachsendem Abstand nicht verringerte.
>
> Einen ersten Hinweis auf dieses Quantenpotenzial fand Bohm, als er sich mit Plasmen beschäftigte, das sind Gase, die eine große Dichte an Elektronen und positiven Ionen (Atomen mit positiver Ladung) aufweisen. Ihm fiel auf, dass sich die Elektronen, sobald sie sich im Plasma befanden, im Einklang bewegten, so als wären sie alle Teile eines größeren, verwobenen Ganzen. Gab es beispielsweise Verunreinigungen, so brachte sich das Plasma stets selbst wieder in Ordnung und schob alle Fremdkörper in eine Ausscheidungszone – ebenso wie ein lebendiger Organismus Giftstoffe in einer Eiterbeule einkapselt. Bohm beobachtete auch in Metallen und Supraleitern ähnlich fein abgestimmte Massenbewegungen von Elektronen, wobei jedes Elektron sich so verhielt, als „wüsste" es genau, was zahllose Milliarden anderer Elektronen im Begriff waren zu tun. Nach Bohm beruht das

> Verhalten der Teilchen auf dem Einfluss des Quantenpotenzials, das als Kraftmatrix die Bewegungen des Ganzen auf der Ebene der Subquanten koordiniert.
>
> Offenbar sehen Plasmen, die unreine Substanzen ausscheiden und sich selbst regenerieren, wie wirbelnde Massen aus wohl organisiertem Protoplasma aus. Dieses merkwürdige „biologische" Verhalten veranlasste Bohm zu der Aussage, dass ihm das Meer der Elektronen in gewisser Weise „lebendig" vorkäme. Er wollte das vermutlich nicht im wörtlichen Sinne verstanden wissen, so als wäre die Elektronenmasse ein lebendiger Organismus wie etwa eine Amöbe. Dennoch überzeugten ihn die hochkoordinierten Symmetrien im Plasma davon, dass Elektronen auf eine oder mehrere „intelligente" Anweisungen reagierten, die dem Gewebe des Kosmos selbst immanent waren.[30]

Hayes kommentiert seine Beobachtungen und deren Bedeutung und weist dabei besonders auf das „Ineinandergreifen" aller Phänomene mittels Resonanz hin:

> Das gesamte Universum ist in ständiger Bewegung. Fortwährend interagieren alle Wellen/Teilchen miteinander und trennen sich wieder. Das bedeutet, dass der nonlokale Aspekt des Quantensystems als grundsätzliches Merkmal der Natur zu begreifen ist. In der physischen Welt sorgt dieses Prinzip zweifellos für eine Harmonie höchster Ordnung. Es ist eine Sache, das Universum als harmonisches Ganzes zu bezeichnen, weil es vollständig auf achtfachen chromodynamischen und atomaren Matrizes basiert, eine ganz andere Sache ist es dagegen, aufgrund der Nonlokalität die Existenz einer wesentlich tiefgreifenderen Harmonie anzunehmen, welche die Grundlage aller physischen Phänomene bildet und dafür sorgt, dass alles mit der gleichen Subquanten-Frequenz schwingt, also alles mit allem „harmoniert",[31]

so als handelte es sich um „Noten" auf einem wohltemperierten kosmischen Klavier, das den Oberton für alle anderen Noten in einer gigantischen, wechselseitig verwobenen Harmonie vorgibt.

An dieser Stelle kommt nun die DNS ins Spiel. Hayes konnte aufzeigen, dass die DNS in gewisser Weise als ein „wohltemperiertes" Klavier für das

30 Michael Hayes, „The Hermetic Code in DNA", S. 93.

31 Ebd., S. 159.

ganze System betrachtet werden kann. Hier haben wir den Menschen als „Mikrokosmos“, so wie er in alter Zeit gesehen wurde. Gibt es zwischen der modernen Wissenschaft und dieser alten esoterischen Doktrin irgendeinen Zusammenhang?

Den gibt es in der Tat.

In meinem Buch „The Philosophers’ Stone: Alchemy and the Secret Research for Exotic Matter“ beziehe ich mich auf eine wissenschaftliche Arbeit von Freeman W. Cope mit dem Titel: „Evidence from Activation Energies for Super-Conductive Tunneling in Biological Systems at Physiological Temperatures“, ein Titel, der die Augen glasig werden lässt, bis man die enorme Bedeutung entdeckt, die hinter dieser schwerfälligen wissenschaftlichen Formulierung steckt. Doch zunächst die trockenen Worte der Wissenschaft:

> Mit dieser Arbeit lege ich die Beweise für eine andere Kategorie von biologischen Festkörperprozessen vor. Ich behaupte, dass das *Einzelelektronen-Tunneln zwischen supraleitenden Regionen verschiedene nervliche und wachstumsrelevante Prozesse regulieren kann. Das bedeutet, dass bei physiologischen Temperaturen in den Zellen supraleitende Mikroregionen existieren, welche die theoretische Erwartung organischer Supraleitung bei hohen Temperaturen rechtfertigen.*
>
> Als Supraleitung bezeichnet man die Bewegung des Elektronenstroms ohne Erzeugung von Wärme und damit ohne jeglichen elektrischen Widerstand. Ein solches Verhalten konnte bisher nur bei anorganischen Stoffen und nur bei Temperaturen unter 20.000° beobachtet werden, obwohl in der Theorie die Supraleitfähigkeit in organischen Stoffen bei Zimmertemperatur zu erwarten war. Elektronen, die über Schnittstellen zu angrenzenden supraleitenden Schichten geführt werden, verhalten sich anders als ein Stromfluss über gewöhnliche feste Verbindungen. Das Elektronen-Tunneln über Schnittstellen zu supraleitenden Schichten oder Regionen konnte bereits theoretisch formuliert werden. Dabei zeigte sich eine besondere Form von Temperaturabhängigkeit […].
>
> Es gibt einige wenige Hinweise darauf, […] dass es sich bei der DNS um die Art von biologischem Molekül handeln könnte, in dem Elektronen eine Supraleitung erfahren […].[32]

32 Freeman W. Cope, „Evidence from Activation Energies for Super-Conductive Tunneling in Biological Systems at Physiological Temperatures“, in *Physiological Chemistry and Physics* 3, 1971, S. 403-410, S. 403-404; Hervorhebung vom Autor.

In meinem Buch „The Philosophers' Stone" konzentrierte ich mich auf die enorme Bedeutung der Supraleitfähigkeit der DNS. In diesem Buch gilt mein Interesse jedoch dem anderen Aspekt des von Cope entdeckten Phänomens, dem Elektronen-*Tunneln*.

Was unter Quantentunneln zu verstehen ist, erkennt man am besten, wenn man sich vor Augen führt, was dabei eigentlich geschieht. Stellen Sie sich eine undurchdringliche, unüberwindliche Barriere vor, wie die Wand einer biologischen Zelle, eine dicke Mauer zwischen zwei Zimmern oder die Barriere der Raumzeit. Stellen Sie sich nun vor, dass ein Wellenpaket, etwa ein Interferenzmuster aus zwei Radarstrahlen sich dieser Barriere nähert und zum Radarsender zurückreflektiert wird, der das Wellenpaket auf den Weg gebracht hatte. Entsprechend der für die Quantenmechanik geltenden Wellengleichung taucht genau in dem Augenblick, in dem das Paket auf die Barriere auftrifft und zum Radarsender *zurückreflektiert* wird, ein schwaches „Echo" des ankommenden Wellenpakets auf der *anderen* Seite der Barriere auf und bewegt sich von der Barriere weg. Das ankommende Signal „tunnelt" also durch die Barriere – fast als würde es durch ein Wurmloch schlüpfen – und sein „Echo", das auf der anderen Seite auftaucht, bewegt sich im 180°-Winkel zu dem reflektierten, zum Radarsender zurückkehrenden Signal von der Barriere weg. Wie Cope in dem obigen Ausschnitt aus seinem Artikel erklärt, handelt es sich bei der DNS genau um die Art von Biomolekül, das zu einer solchen Leistung imstande ist! Es sieht so aus, als wäre eine organische Lebensform ein komplexes System, das durch Supraleitfähigkeit und Quantentunneln zusammengehalten wird – ein riesiges biologisches, „nonlokales Netzwerk" von tunnelnden Nervenimpulsen. Wenn dem so wäre, hätte man eine Erklärung für paranormale Phänomene wie Fernwahrnehmung, denn die DNS könnte *unmittelbar* mit dem im Feld des nonlokalen physischen Mediums befindlichen Informationsinhalt interagieren.[33]

Nun haben wir also die letzte – genetische und biologische – Komponente der alten Technologie und Wissenschaft gefunden und können wieder auf die Bankster zurückkommen und uns fragen, warum diese ein solch außerordentliches Interesse an diesen Geheimnissen an den Tag legen.

33 Damit würde sich auch eine Tatsache erklären lassen, die ich zum ersten Mal in meinem Buch „The Cosmic War: Interplanetary Warfare, Modern Physics, and Ancient Texts" ansprach, und zwar dass sich die den alten Göttern zugerechnete Hochtechnologie anscheinend nur in unmittelbarer Nähe oder bei tatsächlichem physischen Kontakt mit den Besitzern aktivieren ließ. Siehe dazu Kapitel 8 und 9 dieses Buches.

D. Eine alte Beziehung: Der Rothschild-Nimrod-Mythos in einem erweiterten Kontext

Wenn die DNS als Resonanzkörper und Leiterin von Informationen aus dem lokalen Feld des physischen Mediums wirkt, versteht es sich von selbst, dass *bestimmte* Genotypen diese Resonanzfähigkeit effektiver als andere verkörpern. Zahllose alte Schriften, seien es die Bibeltexte, die sumerischen Epen, die Hindu-Überlieferungen Indiens, die Legenden über das japanische „Yamato-Volk" oder die Erzählungen der mesoamerikanischen Indianer, berichten, dass zu einer im Nebel der „Frühgeschichte" verlorenen Zeit die „Götter" auf die Erde kamen, sich unter die Menschen mischten und mit menschlichen Frauen Kinder zeugten. Aus vielen dieser Legenden geht hervor, dass diese alten Götter, welche die Menschheit „zivilisierten", offenbar der kaukasischen Rasse angehörten, denn davon berichten viele Mythen – beispielsweise die der Mesoamerikaner, der südamerikanischen Inkas und sogar der Japaner.

Welcher Wahrheitsgehalt auch immer in solchen Behauptungen stecken mag, feststeht, dass seit alters her eine internationale Bankerklasse die ständige Verbindung zu den Tempeln pflegte, um damit einerseits ihren Finanzaktivitäten den Mantel der mit dem Tempel assoziierten Ehrenhaftigkeit überzustülpen und dadurch ihr Treiben zu vertuschen, und andererseits um Zugang zu den verbliebenen Bruchstücken der verlorenen Wissenschaft und Technologie zu erlangen, in der Hoffnung, diese eines Tages wieder zusammenzusetzen und rekonstruieren zu können. Wie ein roter Faden zieht sich seit den alten Zeiten von Sumer und Babylon die hartnäckige Behauptung durch die Geschichte, dass zumindest ein *Teil* der Menschheit von „göttlichen" Vorfahren abstammt, die mit den Menschen Kinder gezeugt hatten. Anhand der genetischen Gesetze kann man wahrscheinlich, sofern man über eine umfangreiche Datenbank verfügt, diese genetische Vermischung genauer nachvollziehen.

Das Humangenom-Projekt legt dem Menschen der heutigen Zeit genau diese Datenbank in die Hände. Viele Forscher weisen auf das offenkundig tödliche Potenzial dieses Projekts hin, das die Grundlage für die Konzeption und Herstellung von rassenspezifischen Biowaffen liefern kann. Ich wage jedoch zu behaupten, dass das Projekt noch einen weiteren verborgenen Zweck verfolgt, nämlich die Identifizierung und Isolierung der menschlichen Genotypen, die auf eine „außerirdische" Verbindung hinweisen. Der Mythos von der Abstammung der Rothschild von Nimrod – der selbst der

Spross einer solchen Rassenvermischung war, wenn man den sumerischen Aufzeichnungen glauben will – zeigt, dass sich zumindest eine Bankerdynastie dieser Verbindung bewusst ist.

Wie die Forscher Glen Yeadon und John Hawkins nachweisen konnten, besteht hier tatsächlich ein Zusammenhang, denn die anglo-amerikanische Klasse der internationalen Bankster hatte beim Humangenom-Projekt heimlich ihre Hand im Spiel. Sie ist ebenso tief in die amerikanische Eugenik-Bewegung mit ihrem Nimbus einer Überlegenheit der weißen Rasse involviert:

> Derzeit steht das Humangenom-Projekt unter der Leitung [des Cold Spring Harbor Laboratory]. Zweifellos kann das Genomprojekt viele medizinische Möglichkeiten für die Zukunft erschließen, doch ebenso kann es die Tür zur Herstellung von Biowaffen oder, noch schlimmer, von genomspezifischen Biowaffen öffnen. Im *Project for the New American Century* [PNAC] werden genomspezifische Waffen als politisch nützliche Werkzeuge gepriesen. Das PNAC diente der Administration von George W. Bush als Blaupause, und viele Regierungsmitglieder waren eng mit dem PNAC verbunden.
>
> Angesichts des verächtlichen Umgangs der Bush-Administration mit den Menschenrechten und des Verbots von Atomwaffentests *muss es als alarmierend betrachtet werden, dass das Cold-Spring-Harbor-Labor fest in den Händen derjenigen Familien ist, die auch in der amerikanischen Eugenik-Bewegung führend sind. Die derzeitigen Direktoren William Gerry und Allen Dulles Jebsen sind die Enkel von Averill Harriman und Allen Dulles. Wenn Projekte oder Organisationen unter die Kontrolle von Familien wie den Bushs und den Rockefellers geraten,* können sie als moderne Völkermordwaffen eingesetzt werden.[34]

Zweifellos gibt die enge Verbindung „der gleichen alten Familien" mit dem Genom-Projekt aus den von Yeadon und Hawkins genannten Gründen Anlass zur Sorge, doch im Rahmen des weiteren Kontexts, den dieses Buch aufzeigt, beunruhigt die enge Verbindung dieser Familien mit dem Projekt noch aus einem weiteren Grund. Es scheint nämlich so, als würden diese Familien durch ein breit gefächertes Netzwerk von Stiftungen, Fördergeldern, Firmen und anderen ihnen zur Verfügung stehenden Mitteln ihr Bestes versuchen, um so viel wie möglich über diese alte Wissenschaft, und

---

34 Glen Yeadon und John Hawkins, „The Nazi Hydra In America: Suppressed History of a Century", Progressive Press, 2008, S. 173; Hervorhebung vom Autor.

vielleicht über ihre eigene Familiengeschichte herauszufinden und wieder in ihren Besitz zu bringen.

Mit der DNS haben wir das letzte Puzzleteil für unser physikalisches Rätsel gefunden. Die anderen Puzzleteile waren, wie wir sahen, die Datensammlung über wiederkehrende wirtschaftliche Zyklen, die genaue Übereinstimmung zwischen astrologischen Konstellationen und wirtschaftlichen Depressionen und das Konzept einer tiefgreifenden Beziehung zwischen der Physik des Mediums und der falschen Alchemie der Bankster. Wir stellten fest, dass Nationen immer wieder versuchten, sich vom Einfluss dieser Klasse zu befreien – im Fall von Nazi-Deutschland verbunden mit dem Versuch, in Rekordzeit die Paradigmen einer neuen – und zugleich sehr alten – Physik zu formulieren. Wir befassten uns mit der ununterbrochenen Beziehung zwischen Bankstern und Religion oder Tempeln, der konsequenten Beschäftigung der Tempel mit astronomischen Konstellationen und der Positionierung des globalen Erdgitters sowie der merkwürdigen Einbeziehung von Prinzipen der „Skalarphysik" in die Konstruktion und die Maßverhältnisse der Tempelbauten.

Nun ist es an der Zeit, die verschiedenen Teile zusammenzusetzen, zu erklären, was eigentlich vor sich geht und eine spekulative Erklärung für das *Warum* der Geschehnisse zu liefern …

Neun

Das eigentliche Treiben der Bankster

Ein Geflecht aus Kriegen, Knappheit, Unterdrückung, Sklaverei und Monopolisierung

Im Laufe der nächsten Jahrzehnte könnte sich eine wohl funktionierende Struktur globaler Kooperation basierend auf den geopolitischen Realitäten herauskristallisieren und allmählich die Rolle eines modernen „Weltregenten" übernehmen, der für eine gewisse Zeit die Verantwortung für Stabilität und Frieden in der Welt trägt. Ein geostrategischer Erfolg in dieser Angelegenheit wäre ein passendes Vermächtnis Amerikas in seiner Rolle als einzige, führende und wahrhaft globale Supermacht."

Zbigniew Brzezinski[1]

Mehrere Tatsachen liefern uns Hinweise darauf, dass die klassischen Zivilisationen – vielleicht dank des Vermächtnisses einer sehr hochstehenden Zivilisation, aus der sie entsprangen – durch die Vermählung von Bankwesen und Astrologie eine schwache Erinnerung an eine verlorene Wissenschaft bewahrten, die Physik, Wirtschaft und Finanzen vereinte. Viele der alten Tempel, mit denen wir uns bisher befassten, waren aufgrund astrologischen Wissens exakt nach den Sternen ausgerichtet. Die Bauten basierten auf den Prinzipien der Heilige Geometrie und wurden auf Knotenpunkten des „Erdgitters" errichtet, um über die stehenden Wellen des lokalen Raums das Medium selbst anzapfen zu können. Hinzu kommt noch, dass Goldwechsler auffallend oft in den Tempeln anzutreffen waren,

1 Zbigniew Brzezinski, „The Grand Chessboard: American Primacy and Its Geostrategic Imperatives", Basic Books, 1997, S. 215.

woraus sich schließen lässt, dass die Tempel eine enge Verbindung zum internationalen Bankgeschäft pflegten.

A. Historische Muster der Unterdrückung

A.1. Finanzielle Alchemie und das Konzept von Geld als Guthaben einer Nation

Wir haben auch Beweise dafür gefunden, dass die Bankster-Klasse sowohl rassisch als auch ethnisch mehr oder weniger ununterbrochen existierte und im Verlauf der gesamten Geschichte die stets gleichen Methoden und Taktiken anwendete. Außerdem spricht einiges dafür, dass zumindest eine Familiengruppierung aus dieser Klasse – die Rothschilds – ihre Herkunft direkt auf Nimrod, einen Angehörigen der sumerischen Elite, zurückführt.

Immer wieder finden wir die gleiche Strategie:

1) Die Grundmethode der Bankster bestand in alter wie in neuer Zeit stets darin, ein Geldkonzept durch ein anderes zu ersetzen. Damit wurde die staatliche Macht zur Schaffung und Ausgabe von Geld ausgehebelt und durch ein privates Geldschaffungsmonopol ersetzt. Zuerst galt Geld als eine Art Beleg für die Waren und Dienstleistung, die der Staat produzierte. Geld war somit „echtes" Geld, eine Informationseinheit, ein Tauschmittel, das auf den kreativen Aktivitäten eines gesamten Staates beruhte. Daher wurde es auch vom Staat ausgegeben und zwar frei von allen zinspflichtigen Schulden. Die Bankster dagegen führten „falsches" Geld oder Faksimilegeld ein, das auf einem Privatmonopol gründete, zinspflichtig war und wie Geld zirkulierte. Faksimilegeld stellt eigentlich eine Schuldnote, eine Schuld dar. Diese Schuld kann nur ständig weiter wachsen, aber niemals zurückgezahlt werden. Beim erstgenannten Konzept steht Geld für die Schaffung von *Information*. Es handelt sich um ein Tauschmittel, das *entsprechend dem Produktionsausstoß eines Staates ausgegeben wird und eine echte Information in der physischen Welt verkörpert*. Geld bildet also ein Analogon zu den tatsächlichen alchemistischen und transmutativen Eigenschaften des physischen Mediums. Beim zweiten Konzept steht Geld für das *genaue Gegenteil*, es bezieht sich nicht auf Produktion, sondern auf Schuld

und verkörpert somit eine „negative Information", die unweigerlich exponentiell wachsen wird und muss, und dabei den produktiven Ausstoß des Staates weit überholt. Geld hat also keinerlei Bezug zur physischen Wirklichkeit. Es handelt sich um eine Art falsche Alchemie, ein finanzielles schwarzes Loch, in das der gesamte produktive Ausstoß eines Staates unausweichlich hineingesogen wird. *Aus diesem Loch kann es niemals wieder auftauchen, es sei denn das zugrunde liegende Konzept des Faksimilegeldes wird klar abgelehnt und endgültig verworfen.* Das System des Faksimilegeldes wurde bewusst nur zu dem Zweck geschaffen, diejenigen zu fördern und zu bereichern, die die Geldausgabe kontrollierten. Geld kann also niemals dem allgemeinen öffentlichen Wohl dienen, denn dafür wurde es nicht *konzipiert.*

a) Hinsichtlich der Methoden zur Ersetzung des Geldes durch Faksimilegeld folgte die Bankster-Klasse, wie wir gesehen haben, durch die Jahrhunderte hindurch unverändert dem immer gleichen, wohlbekannten Drehbuch. Das echte staatliche Geld wurde gefälscht oder nachgeahmt, was zum Verlust des Vertrauens in dieses Geld führte. Manchmal wurde auch das staatliche Geld aufgekauft und aus dem Verkehr gezogen, so dass nur noch das schuldenbelastete Geld als Tauschmittel übrig blieb.

b) Wie wir anhand der historischen Beispiele auf den vorangegangenen Seiten erkennen konnten, mobilisierte die internationale Bankster-Klasse jedes Mal, wenn ein Staatsoberhaupt oder ein Staat versuchte, sich vom Prinzip des Faksimilegeldes zu lösen, diejenigen Staaten, die sie durch ihre Praktiken in der Hand hatte und schickte sie in den Krieg gegen die „Abtrünnigen". Alternativ dazu konnte es auch vorkommen, dass ein Staatsoberhaupt, das zu einem System staatlich ausgegebenen Geldes zurückkehren wollte, passenderweise ermordet wurde. Das geschah so durchgehend, dass kein Zufall im Spiel gewesen sein kann. Wir führten dazu auf den vorangegangenen Seiten folgende Beispiele an:

[1] In der modernen Zeit:

[a] Der manipulierte Zusammenbruch der vom kontinentalen Kongress ausgegebenen Währung in den 1780er

Jahren durch Rückkehr zum „Goldstandard" beziehungsweise „Edelmetallstandard", der die Geldmenge in Amerika verknappte und zur Depression führte. Das geschah genau zu der Zeit, als planetare Konstellationen auf einen wirtschaftlichen Kollaps beziehungsweise eine Schrumpfung hinwiesen.

[b] Die Ermordung von Präsident Abraham Lincoln, der schuldenfreie Greenbacks ausgegeben hatte, um die Unternehmungen der Nordstaaten während des amerikanischen Bürgerkriegs zu finanzieren. Nach einer in ähnlicher Weise eingeleiteten Depression, die während vergleichbarer planetarer Konstellationen ausbrach, wurde dann das Staatswährungsgesetz verabschiedet.

[c] Die Ermordung von Präsident James Garfield nur wenige Monate nach seiner Wahl, nachdem er seine Pläne für die Rückkehr zum staatlichen, schuldenfreien Geld bekannt gegeben hatte.

[d] Die Manipulation der Geldmenge in Amerika vor und während der Großen Depression. Das geschah, indem man zuerst großzügig Kredite vergab und anschließend die Geldmenge drastisch verknappte, und zwar gerade während einer Planetenkonjunktion, die wirtschaftliche Unruhen erwarten ließ, und in der Phase des Zyklus, für die Edward Deweys für das Wirtschaftsministerium zusammengestellte Daten einen unausweichlichen wirtschaftlichen Abschwung verhießen.

[e] Wie wir auf den vorangegangenen Seiten sahen, vermuten einige Forscher, dass der Krieg gegen Nazi-Deutschland einen geheimen Zweck verfolgte. Die westliche Bankenelite hatte Adolf Hitler und den Nazis zum Aufstieg verholfen. Dass Nazi-Deutschland sich danach anschickte, wieder zum staatlichen, schuldenfreien Geld zurückzukehren und sich noch dazu intensiv mit der Erforschung alternativer physikalischer Paradigmen befasste, die das Land energetisch unabhängig und autark machen sollten, versetzte die Banker in heftige Unruhe.

[f] Vielen Forschern fiel auf, dass Präsident John F. Kennedy ermordet wurde, nachdem er nur fünf Monate vorher dem amerikanischen Schatzamt den präsidialen Auftrag erteilt hatte, $ 4.000.000.000 schuldenfreie, staatliche Geldnoten zu drucken, womit er die in Privatbesitz befindliche und von Privatleuten gelenkte Federal Reserve Bank vollständig umging.

[2] In alter Zeit ereignete sich Folgendes:

[a] Die Politik, die Rom hinsichtlich des Wertes der Edelmetalle Gold und Silber gegenüber seinen Handelspartnern im Osten verfolgte, deutet stark darauf hin, dass an beiden Enden der Handelsrouten manipuliert wurde. Von einer solchen Manipulation profitierte letztendlich die Klasse, die die verfügbare Menge an Edelmetall kontrollierte.

[b] Ähnliche Taktiken konnten besonders im Fall des alten Babylons aufgezeigt werden. Belege wurden gefälscht und staatliche Währungen kopiert, um schließlich schuldenbelastetes, durch Edelmetalle gedecktes Geld auszugeben.

[c] Im Falle von Sparta erfuhren wir, dass von allen altgriechischen Stadtstaaten nur dieser eine Staat sich einer derartigen Finanzpolitik widersetzt hatte. Das führte letztlich zum peloponnesischen Krieg und der Unterwerfung Spartas unter die politischen Spielregeln der Bankster. So wurde das Land wieder unter die Herrschaft der Klasse gezwungen, die im Hintergrund die Fäden zog.

A.2. Physikalische Alchemie und die Energie des Mediums

2) Wir stellten fest, dass die Bankerklasse in alter wie in neuer Zeit konsequent bestimmte Verbindungen und Beziehungen knüpfte:

   c) Früher bestand eine Beziehung zur Religion und damit zum *Tempel*. Der Tempel wiederum befasste sich damals mit:

[1] Astronomie und Astrologie, also der „Wissenschaft" der Vorhersage menschlicher Ereignisse;

[2] Heiliger Geometrie. Das spiegelte sich sowohl in den Maßverhältnissen der Bauwerke, als auch in der Wahl von deren Standorten auf dem Erdgitter und ihrer astrologischen Ausrichtung wider;

[3] der Ausgabe von Geld in Form von echtem Geld und zinsbelastetem Faksimilegeld;

[4] Sklaverei.

d) In moderner Zeit werden Verbindungen nicht nur zur Religion, sondern auch zur Wissenschaft und zu Wissenschaftlern gepflegt, die entschlossen daran arbeiten, aus dem auf nicht erneuerbaren Energien beruhenden Paradigma der Energieknappheit auszubrechen, und neue physikalische Paradigmen für fortschrittliche Energietechnologien zu entwickeln.

e) Wir stellten auch fest, dass sich in der modernen Zeit Großunternehmen und Banken für die riesigen Datenbanken interessieren, die eine Entsprechung und Korrelation zwischen wirtschaftlichen Zyklen und Zyklen rein physikalischer Vorgänge aufzeigen, Zyklen, die nach Deweys Einschätzung unausweichlich sind, *weil sie auf tieferen physikalischen Gründen beruhen und sich nicht alleine aus politischen Strategien und dem menschlichen Handeln in seiner Gesamtheit ergeben.*

Die durch all das hindurchscheinende entscheidende Frage lautet also: *Warum* stehen die Bankster ständig mit diesen Dingen in Verbindung? Warum manipulieren sie ausgerechnet dann die Geldzufuhr in drastischer Weise, wenn die zyklischen und astrologischen Daten ohnehin auf einen unaufhaltsamen Abschwung hindeuten?

Um eine Antwort darauf geben zu können, müssen wir alle auf den vorangegangenen Seiten gesammelten *physikalischen* Puzzleteile zusammensetzen und in ein geordnetes System bringen. Dann gilt es, die geltenden Grundprinzipien zu ermitteln und das Ganze schließlich zu den Aktivitäten und Strategien der Bankster in Bezug zu setzen. Erst wenn die Motivationen der Bankster und vielleicht auch ihre verdeckte Agenda klar werden, tritt die beunruhigende Antwort zutage und es ergibt sich ein komplettes Bild.

B. Physik, finanzielle Alchemie und Bankster

B.1. Die Puzzleteile ergeben ein Bild

Fassen wir die physikalischen und finanziellen Erkenntnisse der vorhergehenden Kapitel zusammen, springen folgende markante Besonderheiten ins Auge:

1) Nach Dewey und Dakin vom Institut für die Erforschung von Zyklen folgen wirtschaftliche Aktivitäten einem Zyklus von Aufschwung und Abschwung. Die Zyklen entsprechen den physikalischen *Longitudinalwellen* und ihrer Abfolge von Verdichtung und Verdünnung, denen wir bei auch Tönen begegnen. In gewissem Sinn gelten diese unbestechlichen Zyklen unausweichlich für jedes menschliche Handeln. Die *Aufwärts-* und *Abwärtstrends* innerhalb eines Zyklus können durch menschliche Strategien und Handlungen jedoch gedämpft oder verstärkt werden.

2) Dewey und Dakin postulierten, dass den wirtschaftlichen Zyklen Prinzipien einer höheren Physik zugrunde liegen könnten – eine Sichtweise, die von Nelsons Studien über die unterschiedliche Ausbreitung von Radiosignalen bei bestimmten planetarischen Konstellationen ebenso wie von Govers Untersuchungen der amerikanischen Depressionen bestätigt zu werden scheint, die jeweils annähernd mit einem so genannten astrologischen großen Kreuz zusammenfielen. Es fällt auf, dass das von Gover erwähnte große Kreuz sehr genau der Art von Planetenkonstellation entspricht, von der auch in Nelsons Studie für das RCA die Rede ist.

3) Eine weitere Bestätigung fanden wir in der Global-Scaling-Theorie von Dr. Hartmut Müller, dem aufgefallen war, dass physische Objekte – soziale und demografische Vorgänge in der Menschheit eingeschlossen – zur Ballung an bestimmten Knotenpunkten stehender Wellen im logarithmischen Raum neigen. Müller deutete an, dass diese Knotenpunkte auf die wahren physikalischen Regeln hinweisen könnten, die für das physische Medium gelten, die Ballung also durch Interferenz longitudinaler Wellen im physischen Medium ausgelöst würde. In dieser Hinsicht kommt Müllers Theorie sehr nahe an die Sichtweise der traditionellen Alchemie heran, die das physische Medium als transmutatives Medium versteht, das

differenzierte Informationen erschafft, die sich schließlich als physische Objekte der Schöpfung manifestieren. Wir stellten fest, dass das Deutsche Institut für Raum-Energie-Forschung mithilfe dieser Theorie die höhere Physik zu erklären sucht, die hinter sozialen Handlungen und Organisationen des Menschen stehen.

4) Der Quanten- und Plasmaphysiker David Bohm formulierte eine ähnliche Definition und betrachtete Materie als Anordnungs- oder Interferenzmuster aus Wellen.

5) Da sich nach den genannten Konzepten Materie also aus Anordnungen oder Interferenzmustern von Wellen im Medium ergibt, wirken große Massen wie Planeten und Sterne als *natürliche Resonanzkörper* für solche Wellen. Besonders Sterne schwingen mit diesen Wellen, da sie als rotierende Plasmakugeln (die nach David Bohms Ansicht „selbstorganisierende" Fähigkeiten aufweisen und auf „intelligente" Anweisungen des physischen Mediums reagieren) besonders effektive, natürliche Resonanzkörper des Mediums darstellen. Wie Richard C. Hoagland bemerkt, schienen die frühen Gesellschaften, die in den Sternen „Portale" oder „Tore" zu höheren Dimensionen sahen, eine Erinnerung an diese höhere Physik bewahrt zu haben.

6) Als natürliche Resonanzkörper der stehenden Wellen im Medium formten die Planeten ein Netzwerk aus geordneten Welleninterferenzmustern auf ihrer Oberfläche. Das könnte die Grundlage für das beobachtete „Erdgitter" sein, um dessen Knotenpunkte die alten Stätten und Tempel hauptsächlich angeordnet waren. Auch Tesla ging von der Existenz eines solchen Gitters aus, als er auf Long Island seine als Wardenclyffe bekannt gewordene Anlage zur drahtlosen Übertragung von Strom errichtete. Nach Teslas Angaben musste man „die Erde miteinbeziehen", wenn das System funktionieren sollte.

7) Dr. Konstantin Meyl fiel auf, dass viele Tempelanlagen offenbar mit ganz bestimmten Maßen gebaut wurden, um als natürliche Resonanzkörper für die Wellen dienen zu können. Meyl behauptete, dass diese Tempel tatsächlich mittels Skalarwellen Radiosignale übertragen konnten. Um die Pulsierung der Wellen aufzeichnen und ablesen zu können, verwendete man die empfindlichen Membranen in den Eingeweiden frisch geschlachteter Tiere.

8) Der britische Forscher Hayes erkannte, dass die DNS in ihrem Aufbau und ihrer Funktion exakt den Prinzipien der Heiligen Geometrie und des hermetischen Kodex folgt. Damit dürfte auch die DNS selbst als Resonanzkörper für die Wellen fungieren.

B.2. Das Grundprinzip

Betrachten wir die obigen acht Punkte, erkennen wir ein offenkundiges physikalisches Aktionsprinzip, das sich in drei Komponenten zerlegen lässt:

1) Jede Bewegung im physischen Medium der Raumzeit erfolgt durch Longitudinalwellen mit ihrer Abfolge von Verdichtung und Verdünnung.

2) Aus diesen geht die Materie hervor, die in der Form von Planeten und vor allem Sternen (rotierenden Plasmakugeln) wiederum als natürlicher Leiter für diese Wellen dient.

3) Ein aus solchen Körpern bestehendes System – also ein Sonnensystem – mit seiner ständig in Veränderung begriffenen Dynamik schwingt mit diesen Wellen mit und sendet seinerseits ständig wechselnde dynamische Interferenzmuster und Wellenanordnungen aus. Vielleicht liegt darin die wahre, heute verloren gegangene wissenschaftliche Basis für die Astrologie. Da die DNS ebenfalls ein natürlicher Resonanzkörper für die Interferenzmuster und Wellenanordnungen zu sein scheint, konnte man durch Beobachtung über lange Zeiträume hinweg vermutlich die über die DNS gesteuerten Reaktionen der Menschheit *als Ganzes* vorhersagen – und genau das beanspruchte die alte sumerische Astrologie für sich. Auch Dewey und Dakin gehen von dieser Möglichkeit aus. Ebenso spricht der vermehrte Einzug der Physiker und ihrer analytischen Methoden in die Welt der Wirtschaft und Finanz in der zweiten Hälfte des 20. Jahrhunderts eine deutliche Sprache.[2]

2 Daraus ergibt sich zwangsläufig eine interessante Schlussfolgerung: Dr. Lis Gauss-Copula-Formel musste nicht nur aus den im Vorwort dargelegten Gründen scheitern. Es gab noch eine weitere Ursache. Sie musste versagen, weil sie die Prinzipien der höheren Physik nicht berücksichtigte, die eine wichtige Rolle spielten. Die Daten, die vom Institut zur Erforschung von Zyklen zusammengetragen wurden, legen wie andere in diesem Buch vorgestellte Forschungsergebnisse den Schluss nahe, dass zumindest *einige* Mitglieder der internationalen „Finanzgemeinde" *sehr genau* über diese Hypothese Bescheid wissen und ihr Handeln danach ausrichten.

B.2.1. Warum die Bankster seit alters her die Verbindung zum Tempel suchten

Nun sind wir endlich in der Lage zu erkennen, warum man zumindest in früheren Zeiten eine ununterbrochene Präsenz der „Edelmetall-Händler" oder „Bankster" im Tempel feststellen kann. Da sich die Tempel mit Astrologie und Weissagung befassten, erhielt die Bankster-Klasse so direkten Zugang zu:

1) Vorhersagen, d. h. einem Vorauswissen über die Zyklen menschlichen Tuns und emotionaler Reaktionen.

2) Kommunikationstechniken. Sollte Meyls Hypothese durch wissenschaftliche Untersuchungen und Experimente bestätigt werden können, würde das bedeuten, dass der Zugang zum Tempel gleichzeitig den Zugang zu einer praktisch verzögerungsfreien Kommunikationsmöglichkeit über weite Teile der Erdoberfläche hinweg eröffnete.

3) Damit hätte diese Klasse ein Mittel in Händen gehabt, um ihre Aktivitäten abzustimmen und zu koordinieren und die *Gesellschaft zu manipulieren*. Die Edelmetallpolitik des alten Rom gegenüber dem Fernen Osten weist stark auf eine solche Koordination hin.

4) Hält man das Szenario eines kosmischen Krieges in alter Zeit für wahr, das wir zu Anfang des ersten Kapitels skizzierten, dann kann man davon ausgehen, dass die Bankster sich eng mit den Tempeln verbanden, um an die Überreste der damals verloren gegangenen Wissenschaft zu gelangen. Damit waren sie auf dem besten Weg, die in diesem Szenario anklingenden alten Technologien zur Hegemonieerlangung und Massenvernichtung *wiederzuerlangen* oder zu *rekonstruieren*, denn diese basieren auf den exakt *gleichen* physikalischen Regeln.

Anhand der obigen Zusammenstellung erkennt man sehr leicht, dass die beschriebenen Muster sich bis in die moderne Zeit hinein fortgesetzt haben – man denke etwa an die enge Verbindung zwischen Morgan und Tesla, die schließlich mit der *Unterdrückung* Teslas durch Morgan endete. Natürlich gibt es noch zahlreiche weitere Beispiele: Die Unterdrückung von Philo Farnsworths erfolgreichen Plasmafusionsexperimenten oder die Unterdrückung der „Fusionsexperimente" von Dr. Ronald Richter in Argentinien[3] – die Liste ließe sich endlos fortsetzen. Die gleichen Muster zeigen

3 Joseph P. Farrell, „Nazi International", Kap. 8 und 9.

sich auch an der Schwelle zwischen alter und neuer Zeit. Damals zeigten die europäischen Königshäuser ein lebhaftes Interesse an Alchemie, der Kunst, einfache Metalle in Gold zu verwandeln. Die Gründe dafür leuchten ein. Die Ausgabe von privatem, zinsbelastetem Faksimilegeld durch die Bankster hatte die Herrscher und Könige ihres uralten Vorrechts beraubt – des Rechts, schuldenfreies Geld auf der Grundlage des produktiven Ausstoßes ihres Landes auszugeben.

Aus *physikalischer* Sicht liegen die Motive des Adels daher klar auf der Hand. Denn schließlich versuchten die Bankster damals sowohl des alten physikalischen Wissens habhaft zu werden, als auch Zugriff zur echten finanziellen Alchemie der staatlichen Geldschöpfung zu erlangen. Bankster waren zu allen Zeiten der Geschichte anzutreffen. Sie behalfen sich mit der falschen Alchemie der Schulden, schufen also in gewisser Weise „negative Finanzinformationen" und förderten zur gleichen Zeit diejenigen Wissenschaftler, die ihnen womöglich den Schlüssel zum alten physikalischen Wissen verschaffen konnten. Man denke etwa an Isaac Newtons starkes Interesse an Alchemie und seine Mitgliedschaft in der von den Freimaurern gelenkten Royal Society mit ihren engen Beziehungen zu den niederländischen Bankern, die still und heimlich, und ohne zu zögern, die Kontrolle über Englands Geld an sich rissen.[4]

B.3. Die mögliche Agenda

Dem aufmerksamen Leser wird nicht entgangen sein, worauf alle bisherigen Ausführungen hinauslaufen. Schon in alter Zeit bestand der Plan der internationalen „Edelmetall-Händler", der Bankster, darin, durch gemeinsames Handeln einen immer größeren Einfluss auf die Welt auszuüben, immer größere und noch größere Reiche zu schaffen, dadurch immer mehr und immer weitere Kriege zu provozieren und daran immer mehr und noch mehr zu verdienen. Damit finden wir uns wieder dort, wo wir begonnen haben – in der heutigen Zeit, und alle Überlegungen und Hinweise führen uns unausweichlich zu dem Schluss, dass die Bankster-Klasse wahrhaftig nach globaler Hegemonie strebt. Wie wir in Kapitel fünf darlegten, wies vor allem David Astle darauf hin, dass diese nach Hegemonie strebende Gruppe schon sehr früh in ihrer Geschichte erkannte, dass alle alten Pantheons und

4 Die ganze Geschichte darüber, wie es dazu kam, kann man in Alexander Del Mars Buch „Barbara Villiers: A History of Monetary Crimes" nachlesen.

Mythen mehr oder weniger gleich waren. Die Religion schien also nicht nur den Schlüssel zur Rekonstruktion der verlorenen Wissenschaft zu bergen, hinter der sie her war, man konnte sie auch als mächtiges Werkzeug zur Manipulation der Massen im Sinne der eigenen Agenda einsetzen. Nicht zufällig hat die Rockefeller-Dynastie die Arbeit und die Ziele des Weltkirchenrates und ähnlicher Gremien mit einer „passenden" sozialen Agenda stets gefördert, ebenso wie auch die Rothschilds ähnliche Bestrebungen unterstützt haben. Mit dem Mäntelchen „Monotheismus" verdecken sie nur ihre eigenen Ziele. Sie machen sich für die von den drei großen monotheistischen Religionen – Christentum, Judaismus und Islam – erhobenen Ansprüche stark, denn diese sind wie geschaffen dafür, Menschen zu manipulieren und Konflikte auszuschlachten.

Doch welchem Ziel dienen all diese Machenschaften?

Zwar haben sich schon viele Menschen Gedanken darüber gemacht, was diese ausgedehnte, seit alters her bestehende Verschwörung im Innersten antreibt, doch eine endgültige Antwort hat bisher noch niemand gefunden. Gewiss kann auch ich nicht für mich beanspruchen, die Lösung gefunden zu haben. Eine Möglichkeit drängt sich jedoch auf, wenn man die vorangegangenen Seiten gelesen hat, nämlich, dass die Bankster tatsächlich versuchen eine längste verlorene mystische Vergangenheit wieder aufleben zu lassen, ein globales „Goldenes Zeitalter" einzuleiten, in dem sie mithilfe fortschrittlicher Wissenschaft herrschen und die Erde unterwerfen. Um die ersehnte Wissenschaft aber in dem Umfang wieder nachkonstruieren zu können, wie sie das für ihre Unternehmungen brauchen, müssen sie praktisch den gesamten Planeten besitzen und über alle seine Ressourcen verfügen können.

Die Frage, was die Bankster anschließend anstellen wollen, würde den Rahmen und den Zweck dieses Buches sprengen. Eine mögliche Antwort schimmert jedoch durch, wenn wir uns vergegenwärtigen, dass ja zumindest eine der Bankerdynastien – die Rothschilds – ihre Abstammung bis zu Nimrod zurückverfolgen. Nimrod war der halb menschliche, halb göttliche Spross der „Götter", die einstmals zur Erde herabgestiegen waren und mit den menschlichen Frauen Kinder gezeugt hatten. Vielleicht wollen die Bankster letztendlich wieder zu den Sternen zurückkehren.

Aber wollten wir ihren Stammbaum genauer untersuchen und uns fragen, welche Motive hinter ihren Zielen stecken – hätten wir bereits den Stoff für eine ganz *andere* Geschichte …

Aus *dieser* Geschichte können wir jedoch ein ganz klares Fazit ziehen: Die falsche Alchemie der Bankster, die Faksimilegeld ausgeben, kann nur *Knappheit* und *Schulden* schaffen, denn dieses System muss sich auf nicht erneuerbare Energiequellen konzentrieren und auf ganz bestimmte physikalische und energetische Grundsätze abstellen. Damit ist es letztlich dazu verdammt, sich in endloser Sklaverei und Kriegen selbst zu verschlingen.

Es ist höchste Zeit, dass wir die Bankster loswerden.

Bibliografie

- Kein Verfasser, „Econophysics“, en.wikipedia.org/wiki/Econophysics.
- Kein Verfasser, „Edward R. Dewey“, Wikipedia, en.wikipedia.org/wiki/Foundation_for_the_Study_of_Cycles.
- Kein Verfasser, „Hermann Josef Abs“, moversandshakersofthesmom.blogspot.com/2008/08/hermann-abs.html.
- Kein Verfasser, „RCA Astrology“, *Time*, Montag, 16. April 1951, www.time.com/magazine/article/0,9171,814720,00.html.
- Kein Verfasser, www.cycleslibrary.org/synchronies/
- Kein Verfasser, „Tesla's Wireless Torpedo: Inventor Says He Did Show that it Worked Perfectly“, *New York Times*, 19. März 1907.
- „Mr. Tesla's Invention: How the Electrician's Lamp of Aladdin May Construct New Worlds“, *New York Times*, 21. April 1908.
- Kein Verfasser, „Earth Grid Theories“, www.vortexmaps.com/devils-triangle.php.
- Alfvén, Hannes, „Existence of Electromagnetic-Hydrodynamic Waves“, *Nature*, Nr. 3805. 3. Oktober 1942, S. 405-406.
- Alfvén, Hannes, „On Hierarchical Cosmology“, *Astrophysics and Space Science*, Bd. 89, Boston, D. Reidel, 1983.
- Astle, David, „The Babylonian Woe“, ellhn.eee.gr. Kein Datum.
- Bohm, David, „Wholeness and the Implicate Order“, London, Routledge, 1995. ISBN 0-415-11966-9.
- Brzezinski, Zbigniew, „The Grand Chessboard: American Primacy and Its Geostrategic Imperatives“, Basic Books, 1997. ISBN 978-0-465-02726-2.
- Brown, Ellen Hodgson, J.D. „Web of Debt: The Shocking Truth about Our Money System and How We Can Break Free“, Baton Rouge: Third Millennium Press, 2008. ISBN 978-0-9795608-2-8.
- Childress, David Hatcher, Hrsg. „The Fantastic Inventions of Nikola Tesla“, Kempton, Illinois, Adventures Unlimited Press, 1993. ISBN 0-932813-19-4.

- Cope, Freeman A., „Evidence from Activation Energies for Super-conductive Tunneling in Biological Systems at Physiological Temperature", Physiological Chemistry and Physics 3 (1971), S. 403-410.
- Dawson, Christopher, „The Age of the Gods", London, 1928.
- Del Mar, Alexander, „Barbara Villiers: A History of Monetary Crimes", Honolulu, University Press of the Pacific, 2004. ISBN 1-4102-1102-9.
- Del Mar, Alexander, „A History of Money in Ancient Countries from the Earliest Times to the Present", Kessinger Publications, Nachdruck von George Bell and Sons, 1885. ISBN 0-7661-9024-2.
- Del Mar, Alexander, „A History of Monetary Systems", Honolulu, University Press of the Pacific, 2000. ISBN 0-89875-062-8.
- Del Mar, Alexander, „A History of the Precious Metals from the Earliest Times to the Present", Elibron Classics, 2005. ISBN 1-4021-7302-4.
- Desborough, Brian, „They Cast No Shadows: A Collection of Essays on the Illuminati, Revisionist History, and Suppressed Technologies", San Jose, Kalifornien, Writers Club Press, 2002.
- Dewey, Edward R. und Edwin F. Dakin, „Cycles: The Science of Prediction", Henry Holt and Company, 1947. (Nachdruck von Kessinger Publishing.) ISBN 1436710219.
- Estulin, Daniel, „The True Story of the Bilderberg Group", Walterville, Oregon, TrineDay LLC, 2007. ISBN 978-0-9777953-4-5.
- Farrell, Joseph P. „The Cosmic War: Interplanetary Warfare, Modern Physics and Ancient Texts", Kempton, Illinois, Adventures Unlimited Press, 2006. ISBN 978-1931882750.
- Farrell, Joseph P., „The Nazi International: The Nazi's Secret Postwar Plan to Control Finance, Conflict, Physics, and Space", Kempton, Illinois, Adventures Unlimited Press, 2008. ISBN 978-1931882934.
- Farrell, Joseph P., „The Philosophers' Stone: Alchemy and the Secret Research for Exotic Matter: The American „Gold", The Soviet „Mercury" and The Nazi „Serum", Port Townsend, Washington, Feral House, 2009. ISBN 978-1932595406.
- Frank, Tenney, „An Economic History of Rome", *The American Historical Review*, Bd. 21, 21. Juli 1916.

- Gover, Robert, „Time and Money: the Economy and the Planets“, Titusville, New Jersey, Hopewell Publications, LLC, 2005. ISBN 0-9726906-8-9.
- Hayes, Michael, „The Hermetic Code in DNA: The Sacred Principles in the Ordering of the Universe“, Rochester, Vermont, Inner Traditions, 2008. ISBN 978-159477218-4.
- Heri, Sesh, „The Handprint of Atlas: The Artificial Axis of the Earth and How it Shaped Human Destiny“, Highland, Kalifornien, Corvos Books, Lost Continent Library Publishing Co., 2008.
- Hoagland, Richard C., „Hoagland's Mars: Vol. 2: The United Nations Briefing: (UFO TV DVD)“.
- Kunz, George Frederick, „The Curious Lore of Precious Stones“, Dover, 1971. ISBN 0-486-22227-6.
- LaViolette, Paul A., „Secrets of Antigravity Propulsion: Tesla, UFOs, and Classified Aerospace Technology“, Rochester, Vermont: Bear & Company, 2008. ISBN 978-159143078-0.
- Lerner, Eric J., „The Big Bang Never Happened“, New York, Vintage Books, 1992.
- Lockyer, J. Norman, „The Dawn of Astronomy: A Study of Temple Worship and Mythology of the Ancient Egyptians“, Mineola, New York, Dover Publications. ISBN 0-486-45012-0.
- Manning, Paul, „Martin Bormann: Nazi in Exile“, Lyle Stuart, Inc., 1981.
- Marrs, Jim, „The Rise of the Fourth Reich: The Secret Societies that Threaten to Take Over America“, New York, Wm. Morrow, Harper Collins, 2008. ISBN 978-0-06-124558-9.
- Meyl, Konstantin, „Scalar Waves“, Villingen-Schwenningen, Deutschland, 2003. ISBN 3-9802-542-4-0.
- Müller, Harmut „An Introduction to Global Scaling Theory“, *Nexus*, Jahrgang 11, Nr. 5, September-Oktober 2004.
- Nelson, J. H., „Planetary Position Effect on Short-Wave Signal Quality“, *Electrical Engineering*, Mai 1952.

- Nelson, J. H., „Shortwave Radio Propagation Correlation With Planetary Positions“, Konferenzpapier für den AIEE-Unterausschuss für Energiequellen, Winterhauptversammlung der AIEE, Januar 1952.
- Nichelson, Oliver, „Tesla Wireless Power Transmitter and the Tunguska Explosion of 1908“, Prometheus.al.ru/English/phisik/onichelson/Tunguska
- Perkins, John, „Confessions of an Economic Hit Man“, New York, Plume Books, Penguin Group, 2006. ISBN 978-0-452-28708-2.
- Quigley, Carroll, „The Anglo-American Establishment: From Rhodes to Cliveden“, San Pedro, Kalifornien, GSG and Associates, Hrsg., 1981. ISBN 0-945001-01-0.
- Quigley, Carroll, „Tragedy and Hope: A History of the World In Our Time“, Los Angeles, Wm. Morrison, 1974. ISBN 0913922-14-4.
- Salmon, Felix, „A Formula for Disaster“, in *Wired*, März 2009.
- Springmeier, Fritz, „Bloodlines of the Illuminati“, Ambassador House, 2002. ISBN 0-9663533-2-3.
- Stevens, Henry, „Hitler's Suppressed and Still-Secret Weapons, Science, and Technology“, Kempton, Illinois, Adventures Unlimited Press, 2005.
- Tarpley, Webster, „Lord Palmerston's Multicultural Human Zoo“, www.mail-archive.com/ctrl@listserv.aol.com/msg17357.html.
- Tarpley, Webster, „Venice's War Against Western Civilisation“, www.schillerinstitute.org/fid_91-96/952_venice.html.
- Tesla, Nikola, „Tesla's New Device Like Bolts of Thor: He Seeks to Patent a Wireless Engine for Destroying Navies by Pulling a Lever; to Shatter Armies Also“, in *New York Times*, 8. Dez. 1915.
- Tomes, Ray, „Towards a Unified Theory of Cycles“, Konferenzpapier für die Tagung des Instituts für die Erforschung von Zyklen, Februar 1990, www.cylcesresearchinstitute.org.
- Weidner, Jay und Bridges, Vincent, „The Mysteries of the Great Cross of Hendaye: Alchemy and the End of Time“, Rochester, Vermont, Destiny Books, 2003.

NEXUS MAGAZIN

BERICHTERSTATTUNG VON DEN GRENZEN DER REALITÄT

Wir freuen uns, Ihnen seit Oktober 2005 das australische NEXUS-Magazin in deutscher Sprache zu präsentieren. Aufregende Themen erwarten Sie, die in dieser Ausführlichkeit weltweit in keiner anderen Publikation zu finden sind. Wir richten uns an intelligente, weltoffene Leser, die Inhalte mehr schätzen als bunte Bilder, und die sich von inhaltsreichen Texten mehr beeindrucken lassen als von schreierischen Schlagzeilen.

Das NEXUS-Magazin sieht die Menschheit in einer Periode tiefgreifender Transformation. Aus dieser Überzeugung heraus möchte die Redaktion dazu beitragen, „schwer erhältliche" Informationen verfügbar zu machen, um damit den notwendigen gesellschaftlichen Wandel zu unterstützen. Wir begreifen uns als ein Medium am Rande des Mainstreams und versuchen, mit minimal zur Verfügung stehenden Mitteln einen maximalen Beitrag zur Bewusstwerdung zu leisten und damit letztlich zur Überlebensfähigkeit unserer Kultur beizutragen.

Einzelpreis: 7,00 €
Jahresabo (6 Hefte): 40,00 €

www.nexus-magazin.de

JOSEPH P. FARRELL

DIE BRUDERSCHAFT DER GLOCKE

Ultrageheime Technologie des Dritten Reichs jenseits der Vorstellungskraft

482 Seiten
24,00 €
ISBN: 978-3-928963-27-5

Das Nachfolgewerk von „Das Reich der Schwarzen Sonne“ greift die eigenartige Geschichte auf, die am Ende des vorliegenden Buchs nur kurz erwähnt wurde: 1945 verließ ein geheimes Hightech-Waffenprojekt mit dem Codenamen *Die Glocke* seinen unterirdischen Bunker in Niederschlesien – und mit ihr Hans Kammler, Viersterne-General der SS. An Bord der letzten Junkers 390 verschwanden die Glocke, Kammler und sämtliche Projektunterlagen für immer von der Bildfläche. Wohin ging der Flug?

Der Großteil der Wissenschaftler und Techniker, die an diesem Projekt gearbeitet hatten, wurden von der SS kaltblütig ermordet. So verschwand eine Geheimwaffe, die laut einem deutschen Physik-Nobelpreisträger als „kriegsentscheidend“ eingestuft worden war – eine Sicherheitsstufe, die sogar höher lag als die der Atombombe. Welche bahnbrechenden physikalischen Geheimnisse waren mit der Glocke verbunden?

Joseph Farrell enthüllt hier eine Reihe exotischer Technologien, die im Dritten Reich erforscht wurden. Er wirft damit ein neues, verstörendes Licht auf die gängige Sichtweise über den Ausgang des Zweiten Weltkrieges – und nimmt mittels neuerer Dokumente den Roswell-Vorfall und Majestic-12 unter die Lupe, das mysteriöse Geheimkomitee der amerikanischen Regierung zur Untersuchung von UFOs.

JOSEPH P. FARRELL

DER TODESSTERN GIZEH

Die Paläophysik der Großen Pyramide und der militärischen Anlage bei Gizeh

Waren die Pyramiden von Gizeh Teil eines gigantischen militärischen Experiments, bei dem eine „Todesstern-Waffe" erzeugt wurde? Und könnte es sein, dass dieses Experiment in Tod und Verwüstung endete?

Joseph Farrell deckt in diesem bahnbrechenden Buch die Umrisse einer Physik auf, die alles übersteigt, was uns bekannt ist.

Wenn er Recht hat, dann gab es vor unserer Zivilisation schon eine andere ... und die Kriege, die von ihr entfacht wurden, waren möglicherweise todbringender als jede Nuklearwaffe.

Dies ist keins der üblichen Esoterik-Bücher über die Pyramiden. Hier wird eine Waffentechnik beschrieben, die schaudern macht. Und möglicherweise wird diese Technologie in der heutigen Zeit gerade wieder neu erfunden.

264 Seiten
24,00 €
ISBN: 978-3-928963-25-1

Aus dem Inhalt:

* Beweise über den Einsatz einer Massenvernichtungswaffe in grauer Vorzeit
* Hermetische Philosophie und Paläophysik
* Pythagoras, Plato, Planck und die Pyramide
* Die Waffen-Hypothese
* Die Große Galerie und ihre Kristalle
* Gravito-Akustische Resonatoren
* Die Maschinen-Hypothese
* Hochfrequenz-Impulstechnologie

Eine aberwitzige Tour-de-Force durch die Welt einer Wissenschaft, die an die Grenzen der Fantasie stößt. Doch es gibt starke Anhaltspunkte dafür, dass sie nur allzu real ist.

JOSEPH P. FARRELL

DAS REICH DER SCHWARZEN SONNE

Geheimwaffen der Nazis und die Nachkriegslegende der Siegermächte

Warum fürchteten die Allierten 1944 einen Atombombenangriff?

Warum drohten die Sowjets, Giftgas gegen die Deutschen einzusetzen?

Warum bestand Hitler darauf, dass der Krieg für das Dritte Reich nur dann zu gewinnen sei, wenn man Prag halten könne?

Warum hatte es General Pattons 3. Armee so eilig, die Skoda-Werke in Pilsen einzunehmen, anstatt auf Berlin vorzurücken?

Warum war die Hiroshima-Atombombe nie zuvor getestet worden?

Warum flog die Luftwaffe im Jahr 1944 knapp 20 km dicht an New York heran und wieder zurück?

Auf der Suche nach Antworten auf all diese Fragen entführt dieses Buch den Leser in die Grenzbereiche der Wissenschaft im Dritten Reich. Ausgehend von der These, die Deutschen hätten bereits 1944 eine funktionierende Atombombe getestet, deckt Joseph Farrell geheime Forschungen auf, die im Bereich exotischer Physik und neuer Energiequellen durchgeführt wurden. Sein faszinierendes Werk schließt mit einem neuen Blick auf die Legende über deutsche Flugscheiben, wobei beunruhigende Parallelen zwischen den mutmaßlichen UFO-Abstürzen von Roswell und Kecksburg mit supergeheimen Projekten der SS zutage treten.

Pflichtlektüre für alle, die sich für alternative Geschichtsforschung und UFOs interessieren.

372 Seiten
24,00 €
ISBN: 978-3-928963-02-2